詹明信重讀班雅明

班雅明多重面向

THE BENJAMIN FILES

FREDRIC JAMESON

詹明信——著

莊仲黎——譯

獻給蘇珊

……把危機轉移到語言的核心裡。

資料來源與代號說明

本書的正文裡，本人以括弧內的字母、羅馬數字和阿拉伯數字來標示文獻資料的出處、卷數和頁數。括弧內若有兩組未冠上字母代號的羅馬數字和阿拉伯數字，則表示引用的資料先後出自英譯版的《班雅明選集》（*Selected Writings*, edited by Michael W. Jennings & Howard Eiland & Gary Smith, Harvard 1996-2003，共四冊）和德文原版的《班雅明全集》（*Gesammelte Schriften*, edited by Rolf Tiedemann & Hermann Schweppenhäuser, Suhrkamp 1974-89，共七冊）。若括弧內出現A這個字母代號，則表示資料引自英譯版的《採光廊街研究計畫》（*The Arcades Project*，由 Howard Eiland & Kevin McLaughlin 譯自德文原版《班雅明全集》第五冊 *Das Passagen-Werk,* Harvard 1999）。

如果資料來源出自英譯版的《德國哀劇的起源》（*The Origin of German Tragic Drama*，由 John Osborne 譯自德文原版《班雅明全集》第一冊 *Ursprung des deutschen Trauerspiels,* Verso 2009），本人會在括弧內的阿拉伯數字前標以T。至於C和B這兩個字母代號，則分別表示資料出自英譯版的《班雅明書信集》（*The Correspondence of Walter Benjamin, 1910-1940*, translated by Manfred R. Jacobson & Evelyn M. Jacobson, Chicago 2012）和德文原版的《班雅明書信集》（*Walter Benjamin: Gesammelte Briefe*, Suhrkamp 1966）。此外，本書所引用的英譯版《莫斯科日記》（*Moscow Diary*, Harvard 1986）是 Richard Sieburth 從德文原版《班雅明全集》第六冊的 *Moskauer Tagebuch: 1926-1927* 譯介而來的。

譯者序

為了讓讀者更清晰流暢地掌握詹明信這部英文著作的內容，本人在譯介此書時，做了以下的處理和補充：

一、為了讓詞語的指涉更為清楚明確，本人在中譯時，已將英文原著裡的許多代名詞還原為相關的名詞。

二、鑒於本書的內容有一定的難度，再加上作者的行文論述有時過於簡略，若不依據班雅明的思想和德文原著內容加以補充，中文讀者其實無法了解作者的辭意，所以，本人在譯文裡便以「譯按」和「譯註」補入一些相關的內容；至於「原按」，則是作者在引用班雅明著作時的補充說明。

三、原文書內容有若干訛誤之處。舉例來說，第14頁的 Eingang 應改為 Zugang，第26頁的 Überlegungen 應改為 Meinungen，第50頁的 Ur-speech 應改為 Ur-language，第85頁的

language mysticism 應改為 linguistic mysticism……在此不一一列舉。還有，第 1, 5, 30, 46, 60, 65, 69, 71, 72, 94, 97, 102, 121, 125, 128, 157, 211, 224, 226, 227, 236 這幾頁的德文引文出處也不正確。為了不把這些錯誤的內容再傳遞給中文讀者，本人在中譯時，已將上述較小的筆誤和德文原著出處的錯誤，直接在譯文裡修正，至於作者在論述上較明顯的錯誤，則下譯註加以說明。

四、本書是作者討論班雅明思想的英文著作。由於作者採用的班雅明原著的英譯版，有些地方與德文原文仍有所出入，因此，本人對作者所引用的班雅明原著內容的中譯，是依據班雅明的德文原文譯介而成的。讀者如果對這部分的翻譯有所質疑，請回歸德文原文與本人討論。

五、作者在本書裡，若未提及引文出自何人的著作，便是節錄自班雅明的著作。此外，本人在譯文裡，還以譯註標示引文的出處；如果作者連續從同一份著作裡節錄好幾段引文，本人只在第一段引文出現時，下譯註標示其出處，其餘一概省略。

六、關於西文的引用，本人考慮到有些概念比較重要、或比較艱深難懂，因此，會在譯文裡重複引用，以便於讀者理解和掌握這些概念。作者在這部英文著作裡，如果直接引用德文、法文或拉丁文概念，而未附上其英譯詞彙，中文譯文就不會出現相關的英譯；如果作者只使用其英譯詞彙，本人在中文譯文裡就會附上它們的原文；如果作者使用的英譯詞彙在些英文翻譯上不夠貼切，為了避免英譯和本人依據原文的中譯之間的語意落差，造成讀者閱讀的違和感，這類英譯詞彙本人若未在譯註裡加以說明，通常會直接捨棄不用。

作者在本書裡引用了不少法文原文，這部分的翻譯承蒙法文譯者江灝先生慨允協助，在此本人要特地向他表達由衷的謝忱。

總之，本人對這部英文論著的譯介，已盡了最大的努力！讀者若對譯文有任何意見，敬請不吝給予指教。

莊仲黎

二〇二二年初春於台北

目次

第 1 章

拂動船帆的陣陣吹風

一

這位辯證學家所關切的，就是讓世界史的陣陣吹風漲滿自己的船帆。對他來說，思考意味著張起自己的船帆，而其中的關鍵則是張起船帆的方式，至於詞語不過是他的船帆罷了！正是船帆張起的方式把船帆的詞語變成了概念。（IV, 176; V, 591）[1]

我們往往因為班雅明的文字很容易閱讀（就讀者而言），以致於難以理解它們的深奧性（換言之，在班雅明看來）。這句話似乎確認了一個顯而易見的事實：班雅明本身對於歷史（或至少對於跟歷史有關的種種）的熱情，驅使他提筆寫下他的著作裡的一切。然而，他的寫作所呈現的意象（figure）卻愈來愈縹緲曲折，其中的多重寓意便紛紛把我們導向互為相反的方向，而讓我們無所適從，並且還拋出一些我們無法回答的問題：比方說，水手如何利用船帆捕捉到的風力來對抗船身下方反向流動的潮水，如何在行船時搶風調向，以及如何依照船舶大小來配備帆、桅、繩索等船具這些問題。由於隱喻（metaphor）本身已直接且立即

1 譯註：出自班雅明的《採光廊街研究計畫》一書。

和指涉對象同一化（identification），因而能夠「去敘事化」（denarrativize），相較之下，歷史的陣陣吹風當然是一個傳統的意象。不過，這個傳統的意象卻成為其他意象所使用的原始材料，而它們所產生出來的東西，卻是一份教導人們如何操作船舶的使用手冊，而非一張賦予人們航行方向感的地圖。當我們無法統合地解讀班雅明作品時，代表詞語的船帆便因為風力減弱而無法鼓脹起來，詞語的語意便逐漸消散，船隻也因而停滯不前。於是我們開始察覺到，我們在班雅明作品裡所讀到的，並不是隱喻，而是寓言（allegory; Allegorie）[2]。寓言是一種憑藉區隔和差異才能存在的、且終將發生演變的形式，因此，不同於憑藉與指涉對象之同一性（identity）而得以存在的隱喻。

若要張起詞語的船帆，當然得靠繩索。班雅明便想透過這些繩索——也就是可操作的意象——傳達出我們所相信的種種批判性符號或理論性語言。但是，張起詞語之船帆的繩索卻受制於當前的時代環境，也就是受制於政治局勢，由此可見，這些繩索是實用主義（pragmatism），而不是哲學的相對主義（philosophical relativism）。實用主義不會致力於達成批判性符號的融合或前後一致性，實際上正好完全相反：實用主義會設法讓批判性符號

2　譯註：班雅明的寓言不同於一般所謂的寓言，也就是那些含有道德教訓或人生智慧的短篇故事。班雅明的寓言在於呈現悲慘、苦難和崩毀的廢墟世界，因為，世人只有認清現世的悲哀和轉瞬即逝，才能看到彌賽亞救贖的希望。

適應人們所面對的時局、危機和需求。另一方面，實用主義還訴諸計策、謀略，以及敏銳而切實的察覺，以便有效利用多重性和批判性的符號與意義系統來捕捉歷史的陣陣吹風。

班雅明在寫作的生涯裡，雖曾修改他所表述的意象，卻從未改變本身的出發點，但是，他在身後所留下的某些可明確論證的文句卻受到德希達（Jacques Derrida, 1930-2004）論述的無可確定性（undecidabilities）的干擾。另一方面，身為思想家的班雅明會不停地干涉身為作家的班雅明，反之亦然，這樣的內在衝突便導致他以不同的詞語來表述和鋪陳他的概念。因此，讀者閱讀他的著作，宛如走在鋼索上一般。然而，他使用詞語的游移不定，卻使他的作品富有創造性，因為，這種書寫方式增強了空間（space）與現世時間性（temporality）[3]之間的張力。當這股張力處於極限狀態時，我們便得以窺見對立雙方之間的中空地帶，即「停頓靜止」（standstill; Stillstand）。「停頓靜止」是班雅明思想的著名概念，而人們在窺見「停頓靜止」的那一瞬間，已分不清什麼是歷史，什麼是當下的此刻。我們將在本書中看到，班雅明曾使用不同的語言來形容這股張力的特徵，不過，我們如果勉強地接受——即使只是暫時地接受——其中某一種語言，我們便無法窺見其中的「停頓靜

3 譯註：也就是非永恆的時間性。

止」，而只能看到一種被人們泛泛而談的停頓狀態，換言之，只能把班雅明的用語或概念具體化，只能以描述的方式來書寫班雅明。至於波特萊爾以典型的具象語言註解現世短暫易逝的「現代」概念（「藝術的一半是……暫時性、偶發性與變化無常，而另一半則是永恆與歷久不變。」）就和其他的「現代」概念一樣，對於我們掌握班雅明思想的特色很有幫助。

這艘船正在移動，但它不只受到歷史陣陣吹風的推動。我們雖然無法控制氣流，卻可以張起船帆來捕捉風力，從而掌控自己的命運（譯按：即船隻的行駛）。不過，這個行船意象只會讓我們提出更多問題，卻無法解決問題；無論如何，我在本書一開頭談到這個意象，不僅可以把歷史概念問題化，還可以把我們的注意力從歷史是否具有發展方向，轉向如何記錄歷史的發展方向（假定歷史有其發展的方向）這個問題。後者的答案只能在次要的歷史實驗裡獲得確認，而這全端視我們的歷史概念能呈現多少的史實性（historicity）。由於歷史就是變遷本身，對於這個事實的察覺，或許也讓我們本身的歷史概念，更傾向於歷史的起伏不定與變化無常。因此，當我們從歷史的變動性來質疑歷史的概念化，而讓自己回到歷史的意象化（figuration）時，我們所看到的歷史文本（text）已不只是文本本身的呈現，和一些空洞的內容：畢竟歷史的文本確認了過往某個時刻的歷史內容的多變性與短暫性，而且還顯示本身的時間結構正是過往時間裡的某一片刻。所以，我們必須暫時從時間層面，掌握這種涉及空間的歷史意象的易變性。

二

據說，班雅明和許多朋友、和彼此有書信往來的熟人，以及有智識交流的至交密友交遊互動時，會謹慎地不讓他們互有交集。他大方地向他們敞開胸懷，但他們卻不知道他還有其他的對談者，甚至不知道有這些人的存在！班雅明認為，一些沒必要讓朋友知道的事情，如果不加以保密，就會演變成戲劇性事件和人際的勾心鬥角，而這無異於在智識界裡上演金屋笑劇（bedroom farce）[4]！（比方說，修勒姆〔Gershom Scholem, 1897-1982〕[5]曾警告班雅明要提防布萊希特〔Bertolt Brecht, 1898-1956〕可能對他造成的不良影響。）在班雅明的書信裡，我們還驚訝地發現，他對每位收件人的關切和遣詞措句都不一樣（儘管討論的主題都符合他的寫作方向，畢竟他的書信內容幾乎都在談論他所閱讀的書籍，以及他自己的寫作計畫），不過，他對每位收件人卻不一定表現出不同的個性和個人形象，而這兩者通常被視

4 譯註：以性、偷情和外遇為基調的通俗鬧劇。
5 班雅明的摯友，也是猶太教神祕主義者。

為現代主義者的特徵。在他的想法裡，這兩者代表不同的語言領域，或代表某些已超越他的能力所能改變的東西，或某些被我們不恰當地稱為「風格體裁」或「互不相關之主題內容」的東西。翻譯是班雅明最喜愛的興趣之一，因此，人們這樣的主張是恰當的：他的譯寫揭示出他不斷把某一種語言譯介為另一種語言的過程，而且他的翻譯過程尤其凸顯出不同語言之間的不連續性。他仔細而審慎地觀察這些不連續性，並且把它們當作基本原則，保存在自己的思維內容和思維形式裡。

通常知道班雅明的人，會立刻把他和三個關鍵詞聯想在一起：遊蕩者（flâneur）、靈光（aura）和星座布列的態勢（constellation; Konstellation）[6]。這三個概念確實特別受到他的重視，但如果我們把它們並列，就會馬上發現，它們在可能的語意和語詞使用上迥然不同，因為它們都各自被一組和本身有關的事物所圍繞：這或許已充分提醒我們，「星座布列的態

---

6 譯註：作者在本書使用的 constellation 這個英文詞彙，有時也作為德文 Konstellation 的英譯，因而指涉這個德文詞彙的語意。constellation 和 Konstellation 雖是英文和德文的對等詞彙，但它們在語意上卻不盡相同。英文的 constellation 是指「一群」、「一組」，在天文學方面則是指「星座」、「星群」；至於德文的 Konstellation 是指「由彼此相關的各部分所構成的態勢」，在天文學方面，則有「一組星體（即星座或星系）所布列的態勢」之意。因此，本書的 constellation 應該依據作者的敘述脈絡，而有不同的中文翻譯。

勢」這個詞語本身的相對性（relativity），而它也是班雅明的《德國哀劇的起源》的著名導論〈含有知識論批判性的序文〉（Epistemo-Kritik Prologue）裡的主要概念。不論「星座布列的態勢」一詞含有什麼意義，我們現在必須保留該詞對各個「星座布列的態勢」之間的根本性差異的暗示，並維持它那種質疑任何（想把各個「星座布列的態勢」關聯起來的）系統性努力的功能。這麼一來，「星座布列的態勢」這個詞語就是一種破壞性武器，一種用於對抗系統、尤其用於對抗系統哲學（systematic philosophy）的工具，而且還意味著哲學語言之同質性（homogeneity）的瓦解（因此也破壞了可以促進宇宙眾星之關聯性的秩序）。

在一個像我們當代這樣的理論時代（an age of theory）裡，歷史的境況會澄清某些不證自明的東西：對班雅明那個年代來說，他的青年歲月和智識造就的階段，正是新康德主義（neo-Kantianism）稱霸的時期。當時的學院哲學幾乎只剩下知識論，而且處處受制於自然科學，因此，人們應當以自然科學這種作為唯一真理的知識典範，來關切哲學和一般性思考。尼采（Friedrich W. Nietzsche, 1844-1900）、狄爾泰（Wilhelm Dilthey, 1833-1911）、柏格森（Henri Bergson, 1859-1941）、克羅采（Benedetto Croce, 1866-1952）和齊美爾（Georg Simmel, 1858-1918）連同一些現象學家和精神分析學家，則紛紛挺身抗議和反叛這個主流思潮。他們大部分都曾嘗試在學院哲學的知識論霸權下，開闢一個可接納本身思想的空間，只可惜終究仍以失敗收場！

班雅明從未追隨任何一場思想運動，或任何一位思想偉人，雖然他曾從許多思潮和思想家那裡學到不少東西。他自己發展出解決問題的方法，而且我們可以清楚地看到，他在青年時期所下的功夫，使他注定要一再地面對康德（Immanuel Kant, 1724-1804）所提出的哲學問題：不論是把康德非常狹義的「經驗」（experience; Erfahrung）概念解釋成某種更廣泛、更富有存在與形而上意義的東西，而藉此挪用康德思想，或在惱怒之下，完全把康德思想排除在外。（班雅明曾在早年的一封書信中談到，「康德思想一直都是我〔原按：本身的思想〕最大的對手」〔C, 125; B, 187〕）。至於黑格爾（Georg W. F. Hegel, 1770-1831）思想對班雅明來說，從來不是解決之道。無論黑格爾早期的論著多麼普遍地顯示他對於語言的重視，這只是他個人的研究傾向，實際上，他從未把語言當作一種方法論（methodology）來解決問題（在黑格爾的年代，語言學從任何嶄新而廣泛的意義來說，仍在等待本身的復興）。而除了禮格爾（Alois Riegl, 1858-1905）這個顯著的例外[7]，歷史毋寧是觀念論式的、不斷演進的時間連續體（後來則以「進步」作為本身的目標），而非時間的斷裂

7 譯註：奧地利藝術史學家，曾大力駁斥古希臘羅馬的古典主義對羅馬帝國晚期藝術的影響，而強調該時期在藝術創作上的獨特性。

（breaks），後者是把歷史進行分期（periodization）的先決條件，班雅明後來在這些分期上投注了極大精力（如巴洛克風格、法蘭西第二帝國，以及當代法國與蘇聯作家的「情況」〔situations〕）。

班雅明只是以「星座布列的態勢」（constellation）一詞來論述他當時正在探索的歷史不連續性的議題，也就是將歷史切分成各個不同的時期。如果我們把他所謂的「星座布列的態勢」當作一個哲學概念，即「共相」（universal；Universalien）[8]概念，那麼，它在班雅明思想裡，便失去了存在的理由。伴隨著我們對班雅明思想之敘述所建議的解讀過程，而出現的東西，其實需要一種不同的語言，而不是哲學的抽象化：我們將把這種語言稱為「意象化」，並透過另一個名稱，以及另一種對於班雅明的「星座布列的態勢」所要傳達的意思的詮釋來說明使用這種「意象化」語言所帶來的結果。

環形全景幻燈屋（panorama; Kaiserpanorama）仍存在於班雅明的青年時期。他曾在著作裡多次提到它，不過，這種風行於十九、二十世紀之交的大眾娛樂媒體早在波特萊爾

8 譯註：自柏拉圖時代以來，哲學家便將事物分成兩類：「殊相」是指一種同時只能出現在一個地方或一個事物上的東西，例如這張椅子、那根香蕉。「共相」則是指同時能夠出現在許多地方或許多事物上的東西，例如顏色，像這張椅子和那根香蕉所顯現的黃色。

（Charles Baudelaire, 1821-1867）的時代便已出現。環形全景幻燈屋其實和班雅明在著作中所探討的許多事物一樣，具有多重用處：

它為班雅明在《柏林童年》（*Berlin Childhood; Berliner Kindheit um Neunzehnhundert*）裡的那些富有自傳色彩的描述，提供必要的內容物，而且還作為《單行道》（*Einbahnstraße*）的表現形式，因為此書以全景式觀點描繪出德國威瑪共和時期的惡性通貨膨脹和城市生活。環形全景幻燈屋的影像形式就是先後呈現出一個又一個的靜態畫面，因此，觀眾會看到一連串不連續的影像。班雅明在《柏林童年》裡談到：「由於觀眾圍坐觀賞迴轉式播放的影像，因此每個影像都會經過每個座位前面。」（III, 346; VII, 388）這種畫面不連續的缺點就是在預告，影像媒體技術即將出現重大的創新：環形全景幻燈屋所放映的不連續的影像便「透過照相術而預示著無聲和有聲電影的問世。」（III, 35; V, 48）[9]

在〈攝影小史〉（Kleine Geschichte der Photographie）裡，班雅明為我們略述從事全景式繪畫創作的法國畫家、也是照相術（即銀版攝影法〔daguerreotype〕）發明人達蓋爾

9 譯註：出自班雅明的〈巴黎，一座十九世紀的都城〉（Paris, die Hauptstadt des XIX. Jahrhunderts）一文。班雅明這句話其實不是針對環形全景幻燈屋而言，而是針對十九世紀逼真地再現自然景觀的全景式繪畫（Panorama）。請參照莊仲黎譯著：《機械複製時代的藝術作品：班雅明精選集》，商周出版，二〇一九年，頁77。

（Louis Daguerre, 1787-1851）的生平。班雅明希望他對達蓋爾的介紹，可以訓練我們敏銳地辨識出偉大的創新者和發明家，並使我們學會為藝術家和作家進行分類，進而了解到，其中的佼佼者以新穎的方式所達到的成就，正是拜科技進步之賜。這些人士並未忽略書籍讀本，不過，當環形全景幻燈屋出現時，他們便認為，這種影像媒體預示著一種新類型的、屬於城市居民的感官知覺，也就是關注逐一出現之靜態影像的許多細節與精采之處的感官知覺。（他們還表示，採光廊街〔Passagen〕[10]及其在結構上創新地採用鋼鐵建材，也是科技進步的意象所帶給人們的另一個收穫。）

因此，意象化是環形全景幻燈屋的影像語言的複合形式。人們以這種影像語言記錄某種不連貫性，並賦予其名稱，不過，這種不連貫性卻也具有多重的、似乎還具有間接的用法和效用。同樣地，星座布列的態勢也可以成為我們思考天文學（和筆跡學〔graphology〕）[11]的理由，或讓我們聯想到波特萊爾詩作裡的星辰主題。不過，我們如果要為所謂的概念化（conceptualization）尋求適當的意象，緊接著就會出現這種現象：

10 「採光廊街」（Passagen）是一種連接兩條街道、上方有採光天棚、兩旁商店林立的穿廊。由於「採光」是這種商業廊道的主要特色之一，而且其玻璃頂罩未必呈拱狀。因此，中譯為「採光廊街」比現在所通行的中文譯名「拱廊街」更為貼切。

11 譯註：一門從筆跡判斷書寫者性格和命運的學問。

我們可能會忽視，在生產過程中扮演如此關鍵角色的裝配流水線，從某種意義來說，它們就相當於（譯按：影像）消費過程中的電影膠卷。（III, 94; I, 1040）

在這裡，我們不只已把下層建築和上層建築（superstructure）綁在一起，而且還有機會以艾森斯坦（Sergei Eisenstein, 1898-1948）的「吸引力蒙太奇（montage of attractions）[12]」來展現「不連續的美學」（aesthetic of discontinuity）新穎的特色，畢竟這種「不連續的美學」就類似於其他現代主義者的創作——例如美國現代主義詩人龐德（Ezra Pound, 1885-1972）所創作的圖象式表意符號（ideogram）。如果是這樣的話，我們最好也把班雅明的思想跟——比如布萊希特所代表的——異端的現代主義（而不是統一由學院所界定的現代主義）關聯起來。實際上，班雅明的寫作和布萊希特的敘事劇場（epic theater[13]；在此先不談其中著名的「疏離效果」〔V-effect; Verfremdungs-effekt〕[14]）之間，也有許多共通之處，

---

12 譯註：「蒙太奇」是蘇聯導演艾森斯坦所發明的電影剪接手法，即透過不同鏡頭的分切和穿插組合，營造出影像的藝術效果。「吸引力蒙太奇」是艾森斯坦早期重要的電影理論，它的意思是指，採用並組合任何可誘發觀眾情緒和心理的電影元素來吸引觀眾，進而把觀眾引導到特定的方向。

13 譯註：布萊希特的 epic theater 亦被中譯為「史詩劇場」。

14 譯註：「疏離效果」是布萊希特為了確保觀眾不被劇情發展所牽引，進而使觀眾能理解戲劇演出所要傳達的真正意涵，而以插入旁白所產生的一種戲劇效果。

而且這種戲劇的分析性和其內容是相關的：布萊希特把戲劇的每一幕或每一個事件分解成它們本身的構成部件，並賦予它們名稱。這種做法就像你們在一幅繪畫或攝影作品的下方為它下標題（或為默片裡的段落標上「次標題」），或像十八世紀的小說在每一章的結尾，預告下一章即將出現的主題那樣。舉例來說，布萊希特在《三便士歌劇》（*Die Dreigroschenoper*）裡，便曾以「此時皮契爾先生（Mr. Peachum）……」等台詞來預告接下來的情節。

或許除了「不連續的美學」之外，我們最好不要把某種公認的美學歸屬於班雅明。我們若要探討班雅明的思想，似乎比較安全和建設性的做法，就是把進步、心理學、藝術史、美學和唯美主義（aestheticism）這些令他反感的東西羅列出來，而不要把某幾道明確的公式強加在他的思想上。他所依從的藝術準則的特徵，就是邊緣性、怪異性，以及強烈的非正規性，而非種種普遍的正規價值。

鑒於否定（the negative）在班雅明思想裡占有主流地位——即使作為真實片刻的經驗（Erfahrung）是他的事物體系裡最珍貴的東西，但他卻認為，經驗違背了體驗（Erlebnis）[15]，

15 譯註：關於班雅明的「經驗」（Erfahrung）和「體驗」（Erlebnis）這兩個概念的差異，請參照《機械複製時代的藝術作品：班雅明精選集》，頁108。

或違背了創作者在某個時間點所刻意製造的震驚；即使藝術作品的靈光是他所珍視的，但他卻認為，靈光與機械性複製背道而馳，因而導致本身的消失——所以，我比較不敢斷言，究竟是什麼原因促使班雅明採用他本身的插曲式手法（如果不是布萊希特的插曲式手法）。插曲（episode）正是中斷（interruption）本身，也就是斷裂、間斷（gap）和分開（這也是青年馬克思的主要思想範疇），而硬生生地把自己所要引用的文句從它們原本存在的脈絡裡，也就是從原始的文本中抽離出來，正是班雅明最典型的寫作過程（即班雅明慣有的「手勢」〔Gestus〕）。在這裡我們可以看到，班雅明這種破壞（destruction）的寫作方法和他的思想是一致的，雖然這一點頗出乎我們意料之外。

縱使班雅明有時格外受到德國浪漫派詩人施雷格爾（Friedrich Schlegel, 1772-1829）那種由片斷（fragments）所構成的、不連續的創作語言的誘惑，但我們卻不該讓自己陷入這種誘惑。（無論如何，施雷格爾的用語總是在暗示我們，文學作品其實缺乏整體性，它們不過是一些片斷的組合。我們將在本書中看到，班雅明為了本身的創作語言，而重新創造出這種缺乏連續性的意象。）班雅明作品裡的插曲，或許乍看之下類似於片斷，但其實不像片斷那麼零星而不完整，畢竟插曲就像詩歌中的某幾節或某幾段。插曲之所以看起來像片斷，是因為插曲帶有必要的間斷。雖然超現實主義現在已不時興，但插曲卻讓我們聯想到超現實主義

（surrealism）意象裡的某些夢境的瞬間或某些必要的間斷。班雅明曾有一段時期，十分著迷於超現實主義的作品。

在更傾向於虛無主義的精神裡，班雅明寫作裡的那種「打斷」（interruption）[16]的霸權，其實不該使人們聯想到沒完沒了地剝開一層又一層的洋蔥皮，或聯想到貝克特（Samuel Beckett, 1906-1989）在作品裡把事物切分成最小的、終將化為空無的原子單位。（無論如何，我已在其他的地方指出，貝克特作品那種顯而易見的虛無，總是不斷受到資產階級最沉悶乏味的家庭生活回憶的干擾。）班雅明曾用以下這兩句富有暗示性的話，直截了當地反對這種不該沒完沒了地將事物一再細分的過程：

> 重要的是，讓自己停留在這許多細瑣的想法上。讓自己一整晚都停留在某一個想法上。（II, 122; VI, 200）[17]

其實班雅明發現，明確地表述將事物一再細分之過程的方式，並非透過讓自己停留在某

16 譯註：interruption 在本書裡，也中譯為「中斷」。

17 譯註：出自班雅明的〈論義大利人的作風〉（Über die Art der Italianer, zu diskutieren）一文。

一片斷裡——甚至一整夜都停留在該片斷裡——而是透過「單子」（monad; Monade）這個取自哲學光譜另一端的用語。換言之，他偏好以「單子」來描述這種一再細分之過程的特徵。不過，接下來我們將會看到，我們也必須對班雅明的「意象」（image; Bild）語言存疑，尤其是著名的「辯證意象」（dialectical image; dialektisches Bild）的語言。意象就其本身而言，仍是個完整的世界，而班雅明就是把他的單子視為意象（並把單子當作意象來收集）。

這正是為什麼班雅明不一定要解決自柏拉圖以降最迫切需要解決的哲學難題，也就是「共相」和抽象化（abstraction）的難題：對他來說，這兩個難題都不是思考和概念化的難題，而是書寫、意象化和單子式描述的難題。因此，他以不同於哲學界的解決方式來處理思考和概念化的難題，例如柏拉圖的「理型」（Idea）[18]和李維史陀（Claude Lévi-Strauss, 1908-2009）的「野性的思維」（pensée sauvage）[19]所涉及的難題。換句話說，他採取一種個殊的（idiosyncratic）、非日耳曼人所固有的解決之道，也就是使用歌德的「原型」（Ur-

18 譯註：柏拉圖的「理型」是指精神世界裡永恆不變的絕對存在，而現象世界裡不斷流變的一切不過是仿效理型的「近似物」而已。

19 譯註：《野性的思維》（*La Pensée Sauvage*）是法國人類學家李維史陀的名著。

form）概念。他喜歡從「起源」（origin; Ur-sprung）的角度切入歌德所謂的「原初形式」，也就是我們的「青春繁盛和匆忙喧鬧之混亂」所表現出的、最令人費解的形式（在這裡，我們還應該區別班雅明對於承襲自奧地利猶太裔諷刺作家暨劇作家卡爾・克勞斯〔Karl Kraus, 1874-1936〕的「起源」概念的使用，以及後結構主義〔poststructuralism〕對這個概念的哲學性批判。）不過，班雅明在使用「起源」一詞時，比較著眼於它的現象學「本質」（essence; Wesen），而不是它的時間性。在班雅明的思想裡，一切關於「起源」的現象學本質都會演變成歌德所謂的「細緻的經驗主義」（tender empiricism; zarte Empirie）；在古希臘思想裡，「實證論」還同時衍生出「經驗」〔experience〕和「實驗」〔experiment〕這兩個概念，而且它們對班雅明或布萊希特來說，都是最重要的概念。）對此，歌德寫道：

> 溫柔而親切的實證論由於深切地認同經驗對象，因而形成了真正的理論。[20]

（在此順便一提，或許這一點值得注意：正是班雅明本身對色彩獨特的看法，使他能以令人印象最深刻的方式，詳述他的共相論：純粹的色彩就是「理型」；有顏色之物體乃經某

20 原註：請參照 *Sprüche in Prosa*, 167; *Maximen und Reflexionen*, 509.

種方式而「有分於」〔participate〕「理型」。）[21]

即使班雅明抱持堅決的反哲學立場，他仍必須聲稱，自己的思想具有某種哲學基礎。在這裡，我把他所聲稱的哲學基礎置於界限（limit）和分界（boundary）的辯證當中，也就是把存在的界限，和兩個實體之間的分界線區分開來。這種辯證正是黑格爾用以超越康德（並超越康德所謂的人類認識能力的「界限」〔limit; Grenze〕，以及不可知的物自體〔Ding an sich〕）所不可缺少的工具。此外，班雅明也憑藉這種辯證而得以斡旋於插曲（即許許多多不連續的單子）各自的孤立性之間，斡旋於插曲在更廣大之單子領域的相互關係之間，從而在寫作上取得語意模糊的空間。現在我們可以確定的是，每一個星座就是一個單子。不過，我們可以依據史料和我們當前的「時代環境」（即政治態勢）來決定，如何標示出星座的布列，以及如何把星座（即單子）當作一組比其本身更微小之單子的組合物來進行探索。

我們當然可以從班雅明這種中斷的辯證或美學裡推斷，他從來沒有（從來都無法或從來都不想）沿襲一般的撰著方式來書寫一本著作。如果這句話聽起來過於武斷（或粗率），或許我們還可以這麼表示：班雅明嚴格來講，只完成一本認可我們正開始檢視的間斷現象

21 原註：請參照 Howard Caygill, in *Walter Benjamin: The Colour of Experience*, London: Routledge, 2016. 此書以錯綜複雜的方式，詳盡地探討班雅明對於色彩主題的關注。

（phenomenon of gaps）的著作，即《單行道》。不過，我們在仔細檢視他的著作時，就會發現，他的《德國哀劇的起源》其實也是由幾個互不相同、亦互不相關的章節所組成的；如果更進一步檢視，我們還可以看到，這幾個章節就好像他的大部頭著作《採光廊街研究計畫》裡的那些零散的筆記一樣，已裂解成一些互不相同、亦互不相關的要素和主題（這部論著確實是這樣拼湊組合起來的）。至於他的《採光廊街研究計畫》這部未完成的拼貼式論著，在內容上的不連貫性，並非只是時代環境的偶然所造成的。實際上，這種不連貫性恰恰符合班雅明思想更深層的發展，而且還構成——如果你要這麼說的話——這部著作的不可思議性所呈現的嶄新形式。班雅明的《採光廊街研究計畫》也因此而得以加入從帕斯卡（Blaise Pascal, 1623-1662）的《思想錄》（*Pensées*）、葛蘭西（Antonio Gramsci, 1891-1937）的《獄中札記》（*Prison Notebooks*）到拉岡（Jacques M. É. Lacan, 1901-1981）的「講座系列論文」（Seminars of Jacques Lacan）這個卓越的著述傳統。然而，人們卻主觀而輕率地把《採光廊街研究計畫》當作一部未寫完的、僅由一些文字片斷所組合而成的作品，誤以為它具有札記和筆記的特性，而且還把它歸類為傅萊（Northrop Frye, 1912-1991）或巴赫汀（Mikhail Bakhtin, 1895-1975）所謂的「曼氏諷刺」（Menippean satires）[22]。這兩位文

22 譯註：即西元前三世紀古希臘犬儒派哲學家曼尼普斯（Menippus）的諷刺文學。

學批評家曾以精采而令人鼓舞的、卻欠缺說服力的方式，試圖把「曼氏諷刺」提升為一種新的文類，從而改造既有的文類系統（system of genres）；誠如西班牙文學評論家紀廉〔Claudio Guillén, 1924-2007〕所指出的，文類系統本身就是一種星座布列的態勢）。他們認為，只有這種新的文類系統才能引導文學的形式分析，並使該分析找到超越本身的方式（正如班雅明意識到，自己應該設法超越他個人對於盧卡奇〔György Lukács, 1885-1971〕和阿多諾〔Theodor W. Adorno, 1903-1969〕論文形式的看法）。

三

有一種獨特的概念性語言（conceptual language），仍然存在著。由於它不完全是哲學語言，而是神學本身，所以，班雅明似乎願意尊重和維護它的屬性。班雅明作品的評論者對班雅明神學觀的看法，已使班雅明遭受最嚴重的誤解。因此，我們從一開始就強調，神學對班雅明來說，其實和上帝無關，這一點是很重要的。神學在班雅明看來，並非一種信仰系統，而是一種宗教語言或符碼（code）。神學之所以還能存在，是因為哲學在傳統上所負責的形而上領域，後來出現了一片真空地帶，而啟蒙運動思想和新康德主義的倫理學所使用的工具，一般來說，又過於薄弱，不足以處理這片真空地帶。隨著十八世紀晚期真正的歷史思考的出現（隨著那場獨一無二、尚未被理論化、且仍未蒙上哲學色彩的歷史大事件的出現，即所謂的「法國大革命」），這片真空的或缺乏處理的地帶便益發顯著。此時的「歷史」意味著個體動力學（individual dynamics）和集體動力學（collective dynamics）的間斷和落差，或意味著某些學術概念的不合時宜。這些學術概念已在法國大革命以後的新時代的各個領域裡受到修正，因此，人們也可以在其他的領域裡繼續使用它們。

倫理學是一組針對個體行為所設計的概念，因此，對於支配大規模國族運動和革命運動的新時代集體動力學來說，它只具有斷斷續續的（和意象的）適當性。個人主義倫理學（individualistic ethics）最重要的部分——即善惡的二元對立——如果套用在集體上，充其量只具有意識形態（ideology）的意義。

雖然神學符碼（theological code）在傳統上同時是為個體與集體範疇而設計的，但我們卻不該認為，神學符碼可以斡旋於這兩個範疇之間，更別提降低它們的不可比較性。對此二者來說，神學符碼頂多只能居間調和，就像作曲家使樂曲流暢地轉調一般。因此，不論翻譯本身是一個多麼神祕的語言轉換過程，就其功能而言，它似乎最恰當地顯示出神學的特徵，也呈現出最典型的班雅明風格。神學符碼應該繼續作為一個獨特的語言場域，而讓其他不同的語言可以在這個場域裡相互接觸，並讓人們可以評估這些語言的意義可能性所涵蓋的範圍。

通常我們不會記得，倫理學思想有一個和學院哲學的取向完全不同的分支，即「生活格言」（Lebensweisheit）、「智慧文學」（wisdom literature）或法國道德家（moralistes）的那些悖論（paradoxes）。我個人則傾向於把這個倫理學的分支當作倫理學的一個類型，一種和倫理學有關的書寫或呈現方式。我要這麼說：在這個倫理學分支裡，個人和群體的關係已完全逆轉。當許多政治思想出現，而導致個體範疇被不正當地轉移到集體範疇時，這個倫理學分支的論述，則把個人倫理學當作政治倫理學，因而聚焦於封建時代晚期所形成的某些政治新範疇、或聚焦於那些和人際關係（尤其是在專制王權下的宮廷情勢裡）有關的、以國家利益（raison-d'état）為導向的政治新範疇。在這裡，我們還要提到馬基維利（Niccolò Machiavelli, 1469-1527），因為，他為文藝復興時期創立了新的範疇（不論他的讀者願不願意公開承認這一點）。到了十七世紀，一些法國道德家和葛拉西安（Balthazar Gracián, 1601-1658）[23]——後者尤其重要——便針對剛出現於個人關係和社會關係裡的新事物（源

23 譯註：西班牙耶穌會教士，也是散文作家和哲學家。

於戰爭、計謀與策略之術對人們的潛移默化），而制定一套嶄新的政治範疇。班雅明曾把葛拉西安的著作送給流亡於丹麥斯溫堡（Svendburg）的布萊希特，並以這種獨特的方式確認雙方的志同道合，這同時也讓我們注意到他們兩人這個極少被提到的交往層面。畢竟他們在這方面的互動，已脫離了歷史的能見度範圍，以及人們的個人主觀層面。

因此，班雅明對神學固有範疇之合乎時宜的感知，便同時具有表徵性和預言性。猶太教神學在班雅明那個年代，已經過柯恩（Hermann Cohen, 1842-1918）和羅森茨威格（Franz Rosenzweig, 1886-1929）這兩位猶太哲學家暨神學家的重新斟酌與修正，因此，班雅明可以從中發現一些最有用的東西。由於猶太教傳統——你也可以說，它是一種保守落伍的傳統——仍訴諸集體的歷史，因此，猶太教當時還沒有必要考慮基督教和伊斯蘭教所要面對的個人主義。[24]（我們將在後面看到，基督教和伊斯蘭教的命運預定論（predestination）和神意決定論（providential determinism）因為在歷史上遭遇一些難題，而陷入困境。）

一般來說，神學是世俗邏輯（secular logic）和意象化的折衷：神學經由這種折衷所產生的形式——而且不限於基督教獨領風騷的中世紀時期——都是一些獨特的詞語概念，而其

---

24 譯註：即教徒的個人選擇和自由意志等。

結構乃取決於神學家把敘事（narrative）融入純世俗抽象化（purely secular abstractions）的那種令人難以置信的努力，此時世俗抽象化之邏輯所付出的代價，便是神話或故事述說之時間性的消失。如果依照韋伯（Max Weber, 1864-1920）的看法，宗教是一個為了撫慰人心而存在的專門化領域，那麼它勢必得在本身的敘事裡，處理人類的時間以及人際的交流。至於這種敘事的先驗內容（transcendental content）或神聖性質，對宗教來說，反而是次要的東西。無可否認地，我們若要確認這種神學敘事的基礎，往往得設法讓自己從神學當中跳脫開來，而脫離神學的途徑則有兩種：其一，透過簡化啟蒙運動思想的理性主義，而把神學貶斥為迷信（「迷信」使班雅明一再想起「神話」這個詞語）；其二，採取超越宗教和理性主義、主體和客體之分歧、且更富有神祕主義色彩的「第三種途徑」（third way），而提供人們某種誇張的、去個人化的（depersonalized）、卻具有敘事性質的思維模式，比如奧利金（Origen, 185-254）、普羅提諾（Plotinus, 205-270）和史賓諾沙（Baruch Spinoza, 1632-1677）的思想，或現代哲學的黑格爾學說、尼采超越善惡的哲學觀，以及歷史唯物論。班雅明所提到的Geistesgegenwart（presence of mind；聚精會神的當下）這個令人費解的德文詞彙有時似乎意味著某種關注（attentiveness），而且這種關注已超越了僅止於清醒狀態的世俗知覺（secular perception）。也許人們在「聚精會神的當下」——班雅明並未在他的著作裡繼續發展這個概念——的種種發現，就是「歷史唯物主義者（historical materialist; historischer Materialist）」所認識的東西，而這些東西甚至可能已存在於「世俗的啟示」（profane illumination; profane Erleuchtung）或賀德林（Friedrich Hölderlin, 1770-1843）[25]所謂的「神聖的清醒」（heilige Nüchternheit）裡。[26]

班雅明不只在他人生或智識發展的若干階段裡，而是在他整個寫作生涯裡，都一直求助於神學語言。無論如何，我們都應該在他個人所顯示的困境的脈絡裡，了解他向神學語言的求援。他所陷入的困境也是一種智識的困境，而且我們終究必須理解該困境的政治層面。

神學語言領域的基本範疇就是和解（reconciliation; Versöhnung）、救贖、彌賽亞、寓言和神話，至於另一個最重要的範疇則是語言本身。即使班雅明關於語言的某一基本說法，曾採取評論《舊約・創世記》的形式，但嚴格說來，語言其實和神學無關，而且似乎在非神學

25 譯註：十九世紀德國浪漫派詩人，跟黑格爾和謝林（Friedrich W. J. von Schelling, 1775-1854）是杜賓根大學新教神學院的同窗好友。

26 原註：美國哥倫比亞大學教授克雷里（Jonathan Crary, 1951-）曾在他的著作《知覺的停滯》（*Suspensions of Perception*, Cambridge: MIT Press, 2001）裡指出，「關注」（attention）的問題正是班雅明那個時代的西方知識分子的生活核心，而且還逐漸成為「意識」（consciousness）的同義詞。

的脈絡裡，才能獲得最好的說明。和解[27]在羅森茨威格的神學思想裡占有十分重要的地位，只要和解作為神學語言領域的第一個基本範疇，暗示著人們對於這個世界的贊同，或許我們可以認為，班雅明對和解的批判，其實與阿多諾無異。或許我們可以認為，班雅明對和解的批判，其實與阿多諾無異。尤其是「和解」在某種情況下，已變成和法西斯主義的「和解」時，儘管這個動詞聽起來比較不刺耳，但這樣的演變卻是顯而易見的，而且顯然令人無法接受。

至於「救贖」全然是另一回事，而且人們必須從集體層面，而非從個體層面來了解它。救贖主導著班雅明的思維，即使它沒有左右班雅明對整體歷史的思考，至少影響了他對過去和已故者的看法：對班雅明來說，救贖就像人們應該負有的責任義務和應該回報的恩惠那般發揮著本身的作用，而且已和共產主義與革命的理想融合在一起。在本書最後一章〈歷史與彌賽亞〉裡，我們還會詳細地探討這個神學概念。

此外，「彌賽亞」概念以及班雅明所提出的「希望」（hope; Hoffnung）概念的特殊辯證結構，當然也是〈歷史與彌賽亞〉這一章的討論重點。因為，基督教和伊斯蘭教都以「彌

27 譯註：即「人與上帝的和解」，以及「人與人之間的和解」。

賽亞已透過某種方式啟示祂在世間的子民」這個信念作為信仰的基礎，而只有猶太教的彌賽亞（猶太教有自己的「彌賽亞」歷史）的作為確實不同於現世時間性，尤其不同於現世時間性的未來面向，以及現世時間性將未來概念化的方式。只要「彌賽亞」的概念或異象（vision）被認定為個別意象的敘事性再現（narrative representation），「彌賽亞」概念的不可思議性便預先被凸顯出來，而且也會被弱化（在班雅明看來）。然而，「彌賽亞」概念正是藉由本身的不可思議性，而讓班雅明可以經由某種獨特的方式、而非經由比較世俗的方式（包括馬克思主義的方式）來思考烏托邦和革命。我們在後面，還會再討論這個問題。

至於「神話」這個範疇則是一種前神學（pre-theological）領域，而且它的存在還早於過往的歷史本身。我們也可以像阿多諾和霍克海默（Max Horkheimer, 1895-1973）合著的《啟蒙的辯證》（*Dialektik der Aufklärung*，商周出版，二〇〇九）的論述那般，把「神話」視為一個指稱「非理性」的詞語。畢竟「神話」就像「神學」一樣，是一個橫跨在敘事與哲學分界線上的詞語，而且也是一個無法令人滿意的概念，因此，只有採取否定的形式（negative form），人們才會把它當作非歷史和非哲學的概念來使用。「神話」概念就像「夢」和「幻象」（phantasmagoria; Phantasmagorie）的概念一樣（這些概念雖曾受到阿多諾強烈的批評，卻是班雅明在一九二〇年代末期剛開始構思和書寫《採光廊街研究計畫》

時，所使用的核心概念），難以解決本身的「實用性」問題。從班雅明敘述本身吸食大麻（在這方面，班雅明追隨他的第二自我〔alter ego〕，也就是波特萊爾）的記錄裡，我們似乎可以看到，他當時針對曾這個奇幻領域進行理性的探索，但始終沒有解決其中的問題。我相信，這正是為什麼他後來對於探索克拉格斯（Ludwig Klages, 1872-1956）[28]和榮格（Carl G. Jung, 1875-1961）強調人類非理性的思想，總是顯得很敏感的原因。（霍克海默曾建議班雅明，應該透過分析本身思維的「非理性」來釐清本身的思維，但班雅明始終未動筆書寫這一類的自我評析。）

雖然班雅明沒有解決奇幻領域的非理性問題，但它卻益發重要——至少在榮格所謂的「集體無意識」裡——因為，它已讓班雅明的思想普遍陷入另一種類神學的（quasi-theological）困境，也就是眾多性範疇（the category of multiplicity）的困境。我們在這裡所碰到的眾多性範疇——就其最抽象、最合乎黑格爾思想的形式而言——必然主導著班雅明普遍對大眾的思考。在班雅明的關注裡，大眾的存在已從波特萊爾筆下的人群（以及那些觀察人群的遊蕩者），變成上帝所要救贖的、已亡故的眾罪人。這正是集體本身令人無法想像的

---

28 譯註：德國哲學家，也是現代筆跡學的創始人，以及以筆跡分析性格而聞名的心理學家。

層面，也是班雅明堅決信仰革命和列寧主義的真正原因。不過，我們卻無法從哲學層面來思考集體本身（今天處於全球化時代的我們，甚至更清楚地看到人類的集體，關於這方面，斯洛特戴克〔Peter Sloterdijk, 1947-〕[29]確實提出一個很好的問題：在這個全球化時代，誰可以跟世界上其他數十億人的存在妥協呢？）；至於集體存在的神學形式僅僅是一種思考的必要性，而非思考本身。從氏族、國族、種族到人類，然後再回到群體和族群（Ethnie）這些社會學概念，這一連串指涉其他社會之大眾的舊名詞已經證明，創造一個指稱集體的新名詞及其概念，確實有其迫切性！

四

我在本章的最後一節，特別提到班雅明在《採光廊街研究計畫》這部深刻探討歷史的著作裡，所使用的「接近」（access; Zugang）[30]概念，似乎是重要的。有時班雅明會把人們對文本的「接近」，稱為文本的「易讀性」（legibility; Lesbarkeit，這「只發生在某個時

29 譯註：德國當代哲學家暨文化理論家，長期任教於卡爾斯魯爾藝術大學（Staatliche Hochschule für Gestaltung Karlsruhe）。

30 譯註：Zugang 這個德文詞語的字面意義為「接近」、「入口」或「通道」，但在使用上，經常被引申為「理解」和「掌握」。

刻」〔A462, N3, 1; V, 577〕），這一點使我們注意到歷史文本分析者當時的立場，而且正式成為一個涉及史實性的哲學問題（這個哲學問題的探討曾以令人難忘的方式出現在柯靈烏〔Robin. G. Collingwood, 1889-1943〕和高達美〔Hans-Georg Gadamer, 1900-2002〕的著作裡，也曾以含蓄的方式出現在葛蘭西把「馬克思主義」概念視為「絕對歷史主義」〔absolute historicism〕的闡論裡。）在這個脈絡下，我們應該記住，班雅明使用「可認知過往的現在」（the now of recognizability; das Jetzt der Erkennbarkeit；班雅明經常把它簡稱為「此時此刻」〔now-time; Jetztzeit〕）來指稱過往那種多變的屬性，以及人們認出某段過往亦屬於現在的那一刻。

班雅明在撰寫《採光廊街研究計畫》時，全神貫注於法蘭西第二帝國時期的巴黎。由於他當時沉浸在法國這個和首都巴黎緊密結合的歷史時期裡，因此，在他看來，自己和這段歷史之間沒有距離。換言之，他覺得，比較不需要去關注「接近」過往這個問題。不過，我們如果回顧法蘭西第二帝國以前的時期，「接近」這個簡單的詞語（即德文原文的Zugang）卻可以使我們留意並警覺到我們和歷史的距離，畢竟我們本身已無法再「接近」那些時代，例如賀德林那個時代。班雅明曾在人們終於重新重視和真正發現賀德林著作（隨著賀德林作品全集的印行問世，尤其是他在精神失常後所完成的作品）的時刻裡，這麼談論賀德林的世界，從而喚起揭示過往所帶來的力量：「我們不太可能找到進入他那個獨一無二、且已完全整合之世界的入口。」（I, 24; II, 111）[31]。此外，「接近」也是班雅明用來研究悲劇（tragedy）的術語，他曾從奧地利文學家暨評論家馮．霍夫曼史塔（Hugo von Hofmannsthal, 1874-1929）和德國新教神學家暨作家朗恩（Florens Christian Rang, 1864-1924）的著作裡蒐集悲劇的要素。他以「接近」概念研究悲劇，乃基於兩方面的理由：其一，他要再度強化那股經由發現極其不同的（只有悲劇的原初形式才能表現出來的）「沉默無言」所產生的力量。其二，「接近」概念可以讓他確實掌握現代哀劇（Trauerspiel）[32]和古希臘悲劇的根本差異。現代哀劇通常已被古希臘悲劇同化，因此我們普遍無法掌握這兩個劇種在戲劇史上的原創性。班雅明曾表示，他已設法「接近」往往已被古希臘悲劇同化的現代哀劇，並已發現它們真正的形式和精神。

人們基於本身需要「接近」過往的意念，而確定了自己所在的當下，和過往的任何時刻的根本差異，同時也保留了過往再度被發現時的生動性。因此，人們只有在需要接近過往的情況下，才有可能接近過往，也才有權利要求解釋過往。（舉例來說，班雅明曾提醒大家，

31 譯註：出自班雅明的〈賀德林的兩首詩〉（Zwei Gedichte von Friedrich Hölderlin）一文。
32 譯註：即德國巴洛克時期的哀劇。

表現主義〔expressionism〕就是一股重新發現德國巴洛克哀劇和羅馬帝國晚期藝術的時代風潮〔II, 668; III, 336〕。）奧地利藝術史學家禮格爾在表現主義濫觴時期所發表的論著[33]，使西方藝術界和文化界重新發現了羅馬帝國晚期的藝術。揭示歷史過往所帶來的震驚，正是班雅明的歷史經驗的關鍵特徵，而我們都知道，班雅明曾在其他地方[34]將它稱為「虎躍」（tiger's leap; Tigersprung）[35]。Einfühlung（empathy；移情）這個德文詞彙往往使人聯想到實驗心理學。遲至一九〇三年，Einfühlung 概念才被提出，隨後才因為沃靈爾（Wilhelm Worringer, 1881-1965）[36]的倡導而普及，不過，這個概念似乎在誤導人們對於過往的「接近」：班雅明曾運用「移情」，並激進地把它重新定位為「辯證意象」，由此看來，「移情」必定也在我們試圖理解班雅明思想的嘗試中，占有至關重要的地位。那麼，我們如今是否還能期許自己，憑藉我們本身的想像來重溫班雅明著作的內容，而毋須讓班雅明

---

33 譯註：即一九〇一年所發表的《羅馬帝國晚期的藝術產業》（*Die spätrömische Kunst-Industrie*）。

34 譯註：即〈論歷史的概念〉（Über den Begriff der Geschichte）一文。

35 譯註：更完整地說，就是「老虎朝向過往的撲躍」（Tigersprung ins Vergangene）這個概念。

36 譯註：德國藝術史學家沃靈爾於一九〇八年出版的名著《抽象與移情》（*Abstraktion und Einfühlung*）對表現主義的發展產生了關鍵性的影響。

所置身的一九二〇、三〇年代的時代環境閃現在我們的眼前，亦毋須對班雅明所經歷的那場誓不兩立的、法西斯主義和共產主義之爭產生「移情」和共鳴？不過，話說回來，當時的法西斯主義和共產主義之爭，不僅界定了班雅明那個時代，也有助於我們了解他所書寫的一切。

第 2 章

涉及空間的文句

一

許多有趣的理由使人相信，《單行道》是班雅明唯一真正的（only real）著作。此書就像一盒應該貼上「小心！內含使人上癮的成分！」這個警示標語的巧克力。由於裡面的巧克力太多，無法一次把它們吃完，因此，你們陸續在取用這些巧克力時，就好像從舊紙盒裡取出一張張舊照片，而且心裡還納悶著照片裡的人究竟是誰？你們在《單行道》的每張照片上所消磨的時間，已超出自己的想像，而且還因此陷入莫名其妙的狀態。你們覺得這些舊照片還不錯，也就是你們在上面所看到的一切（choses vues），不過，這些畫面卻帶有可操作的辯證意象。如果你們認為這些舊照片只具有純粹的視覺性，而且還把它們和一些簡單的想法以及有趣的觀察相混淆，那可就錯了！更何況有趣的觀察就和詳細的描述一樣，不一定可靠！這裡所存在的，其實是一些已各自分離的、罕見而微小的、卻內含相互勾連之身心元素的事物。在《單行道》裡，危險就是各個完整的段落之間的裂口，無論班雅明多麼巧妙地處理其中的主題，也無法彌補這些確實存在的、非比尋常的裂口。它們與深淵無異，相當於某些非經驗性事物、靜止的瞬間和片刻，以及被抽離出來的東西。不過，它們卻不是夢之邏輯的跳躍（leap of the dream logic）、場所的變換、關注的喪失，或記述時注意力暫時的渙散。至於此書各個段落古怪的內容，則變成一些接連出現的奧祕。

你們在《單行道》裡所吸收的那幾頁，正好修正了你們跟閱讀及書寫的關係（在大大地違反你們的意願和認知的情況下），並使你們確認了這些內容所包含的危險刺激物（stimulant）。這種刺激物當然希望你們察知它的存在，並且會把你們的察知轉變成一種矛盾的隱喻，而使你們無法受益於抽象化，或受益於任何一種你們可能用來解釋某項操作或行動的思想。齊美爾著作的晦澀難懂始終是因為其中的經驗內容（empirical content）；也就是歌德所謂的「細緻的經驗主義」（tender empiricism; zarte Empirie）[1]，他雖盡力地分析論述一番，卻仍無法有條理地歸納那些經驗內容，這就是他所得到的教訓。班雅明在驅散一片迷霧的同時，也讓我們看到，齊美爾無法歸納的經驗內容正是波特萊爾文學的精確性（precisions）裡，最頑強、最具體的東西。城市依然存在於《單行道》裡，而且還扮演核心角色，然而，一種近乎諷刺的、德國哲學的深奧性，卻已向其對立面讓步。我們在《單行道》裡，非常專注地察看自己駐足停留的每一間店面的外觀。我們會一直堅持到最後嗎？

所以，《單行道》的內容——就像這個書名在某種程度上所暗示的——其實就是當時尚

1 譯註：歌德的「細緻的經驗主義」就是使想像、直覺和靈感在學術研究中所扮演的角色正當化，並使其具有一定的分量。

未成為班雅明寫作主題的遊蕩者，穿梭於城市密集建築群之間的閒逛，而其中的街道和巷弄則是「由工程師般的阿霞．拉齊絲（Asja Lacis, 1891-1979）[2]所打通的（durchgebrochen）」。這句引言（出自《單行道》前面的獻詞）使我們想起，身為作家的班雅明對本身著作那種奇異的構想，畢竟在他的眼裡，人們在外逗留也是一種城市的復甦：人們已從傳統的都市景觀中，開闢出、或用堆土機修建出這條特殊的、全新的單行道。車輛在這些單行道裡朝著單一方向行進，或許它們正駛向（面向著從過往吹來的陣陣強風的）「新天使」（Angelus Novus）[3]背後的那個未來。

《單行道》頭幾頁的內容確實讓我們聯想到，那是班雅明隨意對我們曾經過的建物和設施（加油站、釘有門牌號碼的獨棟房宅、公寓大樓、大使館和建築工地）之外部所進行的觀察，同時這樣的描述也促使他繼續敘寫這些建築無法直接被看到的內部，尤其是它們裡面的間室（早餐室、走廊、家具、地下挖掘工程，甚至是威瑪歌德故居的書房）。然而，我們眼前的一切，以及可能作為我們的目標或甚至終點的一切，卻未被揭露出來：這條街道是否終

---

2 譯註：一九二四年，班雅明在義大利南部的卡布里島（Capri）認識了立陶宛裔蘇聯劇場導演暨革命家拉齊絲，並與她墜入情網。在她的引介下，班雅明開始涉獵左派思想，並轉而信奉馬克思主義，後來還將《單行道》這部著作題獻給她。

3 譯註：〈新天使〉是瑞士畫家保羅．克利（Paul Klee, 1879-1940）的著名畫作，也是班雅明收藏的藝術品。

止於郊區的鄉間？它是否穿越整座城市？它是否受阻於某條更大的主要幹道，而屈辱地戛然而止？

實際上，《單行道》的最後一篇短文〈通往天文館〉（Zum Planetarium）似乎已超越城市的限制，而指出某種至今尚未被確認的東西。由於城市人口愈來愈多，隨之而來的便是建築物的擴增，大型啤酒館的林立，以及節慶活動和嘉年華會的蓬勃發展，但弔詭的是，人們的感官知覺卻對它們愈來愈沒有反應。班雅明在《單行道》裡寫道：「莎士比亞和卡爾德隆（Pedro Calderón de la Barca, 1600-1681）劇作的最後一幕，一再充斥著軍事戰鬥，『舞台便上演著』國王、王子及其侍從和隨員的『逃跑』。」（I, 484; IV, 143）[4]

因此，《單行道》的城市漫遊在若干不同地方的駐足停留，從未符合任何適當而普遍的範疇。這種具有普遍性的範疇當然不是一組零碎的片斷；它不是歌德所謂的 aperçu[5]（依據歌德的用法，這個法文詞語乃意指人們在某個短暫的一瞥，而將內在精神性或所謂的「原

4 譯註：出自《單行道》裡的短文〈面具的掛架〉（Masken-Garderobe）。

5 譯註：aperçu 的法文原義為「短暫的一瞥」和「概觀」。一七九七年，德國文學家席勒（Friedrich Schiller, 1759-1805）把 aperçu 引進德文裡，而後席勒的摯友歌德便把它引申為「人們在瞬間瞥見時，所產生的內在精神與外在世界的融合」。aperçu 是歌德所使用的重要概念，尤其在他的著作《色彩論》（*Zur Farbenlehre*）。

型」〔Urform〕[6]具體化），也不是箴言銘句（不論尼采和阿多諾多麼仔細地察看班雅明的著作，並要求我們把他們以單一句子所完成的偉大跳躍，融入班雅明已完成的文句或段落裡），更不是細瑣的雜聞〔fait divers〕；因為，細瑣雜聞通常衍生自人們對某個事件，或某項行動那種充滿矛盾的議論）。歸根究柢地說，這種具有普遍性的範疇其實是一種沒有抽象概念的概念綜合體（conceptual complex）：班雅明偶爾會使用「理型」（Idea）這個柏拉圖哲學的核心概念，這似乎使他涉入一場和「理型」有關的運動，雖然這種運動在《德國哀劇的起源》一書裡，顯示為德國巴洛克時期所特有的一整個運動或風格，而且實際上還被賦予新的名稱，並被歸入智識史當中。班雅明認為，人們所獲得的視覺印象、所看到的、所描繪的種種、在日記裡所寫下的字句，以及順便注意到的東西，全都表現出波特萊爾所謂的事物之「現代性」（modernity）。「現代性」短暫易逝，而人們遠遠更難以掌握的，其實是波特萊爾（在〈現代生活的畫家〉〔Le Peintre de la vie moderne〕這篇文章裡）所同時強調的、構成美的「另一半」的永恆（that eternal "other half"）[7]。正是永恆，把我們帶回到歌

6 譯註：歌德把形塑生物體的力量分為「內在力量」（即生物體的原型）和「外在力量」（即影響生物體的外在環境），並且主張，生物體的原型是所有物種（包括人類）的共性。

7 譯註：在波特萊爾的美學觀裡，美含有兩個部分：一部分具有永恆性，是恆常不變的，而另一部分則具有時代性，是短暫易變的。

德的「原型」這個無關歷史的面向裡。

有時我覺得，我們最好把班雅明的寫作過程，理解為他在書寫某個決定性句子之前所做的準備（曾有人說過這句話：「作家就是一群熱愛句子的人。」）：畢竟意象式（非概念式）的遣詞措句可以修潤文字，而使其達到完善的境地。此外，我們或許還應該以其他方式來界定班雅明的書寫過程，並開始注意他針對一系列主題所寫下的內容：班雅明對一系列的、或一堆雜七雜八的主題的論述，含有許多彼此互不連貫的內容。這些零散的個別內容便透過本身的精確性，以及所捕捉到的乍現亮光來探問本身和前面那些主題的關係。

《單行道》裡的「拼湊組合」（assemblages; agencements）——以德勒茲（Gilles Deleuze, 1925-1995）這個概念來形容《單行道》，其實還蠻貼切的——確實是班雅明的想法和著作所展現的一種形式：在《柏林童年》裡，這些「拼湊組合」已被主體化（subjectivized）為一種類似普魯斯特（Marcel Proust, 1871-1922）對於過往的召喚，因而使我們誤以為這是一部內容缺乏高潮的班雅明自傳。此外，班雅明在未完成的《採光廊街研究計畫》裡所寫下的大量文章，也是一些內容不連貫的段落的組合，不過，這種內容的不連貫性，卻被段落在形式上的連貫性排列所掩蓋：因此，只有當我們開始一一解析這些內容時，我們才得以窺見它們不連貫的基調，以及如插曲般的形式和本質。還有，班雅明在〈中央公園〉（Zentralpark）[8]一文裡所蒐集的那些他人的言論或主張，正是他預先為日後所創立的、近乎任意隨機的文類形式所做的準備，而這種文類形式就是一種廢墟（ruin; Ruine；「廢墟」是班雅明在《德國哀劇的起源》裡所使用的關鍵概念）。這些班雅明從前所寫下、由某些單一主題的筆記拼貼而成、並已大量累積、且內容錯綜複雜的資料，便成為他日後撰寫《採光廊街研究計畫》的原始內容。由此可見，人們對班雅明著作的主題統一性的想像，雖可賦予他的書寫形式一種理論性建構，卻是虛假的、錯誤的看法。即使我們堅持，班雅明所創造的，是一種尚無名稱的特殊文類，或堅持班雅明在《單行道》裡，已將（尤勒斯〔André Jolles, 1874-1946〕[9]所謂的）「簡單的形式」（einfache Form）發揮得淋漓盡致，卻還是無法確實抵制人們這種不正確的觀點。

班雅明為《單行道》所寫下的每一篇短文，就其本身而言，都是完整的，而且其標題也可以完全涵蓋本身的內容。但我要提醒大家，班雅明以文本和圖畫、圖畫和標題文字（caption），或詞語和音樂的雙重面向來進行他在此書的單元式寫作，往往是因為可為這些

8 譯註：〈中央公園〉是班雅明剛開始構思《採光廊街研究計畫》時所寫下的一篇長文，更確切地說，就是他評論波特萊爾文學的一些零碎的筆記。

9 譯註：荷蘭裔德國藝術史學家暨文學批評家，《簡單的形式》（*Einfache Formen*）為其主要著作。

短文冠上可嘲諷地評論內容的標題，例如〈回來吧！一切已被寬恕！〉（Kehre zurück! Alles vergeben!）和〈注意台階！〉（Achtung Stufen!）。至於〈失物招領處〉（Fundbüro）和〈無法容納超過三輛計程車的招呼站〉（Halteplatz für nicht mehr als drei Droschken）這兩篇的標題，則顯得更為不祥。〈無法容納超過三輛計程車的招呼站〉總共有三段，其內容都令人感到沮喪消沉：作者描述自己在等候公車時，一位女人在他身後不停地叫賣手上的報紙；雖然他當時在戶外，而且就在市中心，卻覺得自己彷彿置身於牢房裡。他後來夢見一棟簡陋的房屋，從這個令他難受的夢境驚醒後，他才發現，自己先前因為過度疲倦，而和衣倒在床上立即入睡。最後，從出租公寓的樓房傳來的那陣音樂，使他更直率地表達自己的厭世感：「那是為那些已配置家具的房間所演奏的音樂。有個男人星期日發怔地坐在房間裡，不久他便用這些音符點綴房間，就像用枯葉點綴一盤熟爛的水果。」水果的腐爛和樹葉的枯萎在這裡同時出現。三輛計程車均未駛離招呼站，等候它們經過的那些空蕩蕩的路面，也沒有向他這位一連面對三種情況的旅人預示任何吉兆，而他在招呼站的等待，卻發生了讓他感到不愉快的事。這篇短文使人們陷入沉思，而且還出現象徵性的發展：既然人們無法明確地談論它和思考它，就需要無休無止地解釋它。因此，這篇短文也變成一種類似（班雅明所喜愛的）猶太教哈希迪派傳說（Hasidic tales）的寓言故事（parable），只不過少了猶太拉比那種充滿教誨的結論。我們仍置身在城市裡，各大報刊的頭版每天都登載頭條新聞，計程車不斷地穿梭於城市各處，即使身為旅人的我們無法入眠，仍需要下榻在旅館的房間裡。

所以，《單行道》每篇短文之間的外在裂口，也會以雖不相同、卻類似的方式反映在每篇短文內部的疏離、間斷和不連貫性上。這種片斷性不僅存在於仍比較具體的文本和標題裡，也存在於支配著意象和思維內部的句法（syntax），以及真正之三段論（syllogisms）[10]的類比（analogies）裡。

如果稍微過度的詮釋在這裡是被許可的話，我們可能想知道，是否我們的疑惑（以及班雅明的疑惑？）具有任何重要性？是否我們應該把在街道——在路面坑洞剛形成的街道——的行走或行駛，理解為一種步行的、或開車的漫遊？畢竟汽車一開始就出現在我們現代人的生活裡，甚至在未來主義者馬里內蒂（Filippo T. E. Marinetti, 1876-1944）眼裡，交通工具和速度就是藝術現代性真正的意符（signifiers）和運作媒介。但另一方面，人們在檢視商店及其招牌看板的步調，卻使他們想在城市裡採取更緩慢、更悠閒的移動方式，因此，他們根本無法想像一位握著汽車方向盤的遊蕩者！如果這裡有任何現代性的表徵，那它一定涉及班雅

10 譯註：三段論乃由三個判斷所組成，即大前提、小前提和結論。我們最常見的三段論的例子就是：所有動物都會死。所有人都是動物。所以，所有人都會死。

明和科學技術的關係，尤其是他和動態的機械裝置的關係（其中當然包括電影攝影機。我們只要想想維爾托夫〔Dziga Vertov, 1896-1954〕透過攝影鏡頭所呈現的城市布爾什維克主義〔urban Bolshevism〕的勝利之旅，就會同意這一點！）在此我想建議大家，把「現代性」這個獨特的概念，當作一種視覺影像的加速呈現，畢竟以更快的節奏所呈現的視覺影像，反而可以讓人們更專注地看到，自己閒逛的那個環境愈來愈細微的部分。（實際上，這大概就是班雅明在〈機械複製時代的藝術作品〉這篇著名的文章裡，對於電影的敘述。）

有時我們還不加掩飾地在外閒蕩流連，而我們從中所獲得的多重觀點，就會碰到班雅明所謂的「涉及空間的文句」（spatial sentence），也就是一種改變內容本身、更甚於改變其句法或寫作目標的修辭處理。

> 只有在公路行走的人，才知道公路的支配性力量，以及公路如何使遠方、觀景台、林中空地、全景風光，以及每一個轉彎處，出現在某個地區，就像司令官對前線的士兵發號施令那樣。然而對飛行員來說，那個地區只是一片展開的平原。（I, 448; IV, 90）[11]

11 譯註：出自《單行道》裡的短文〈中國貨〉（Chinawaren）。班雅明在這段引文前面還提到，文本（Text）擁有類似公路的力量。

現代主義者發現，時間性不只是一種需要新方法才得以再現（representation）的實在性（reality），還是一種可以被整合入本身之再現的材料，而這種觀察其實隨處可得。科比意（Le Corbusier, 1887-1965）[12]會運用時間性來設計他的別墅建案，也就是採用天體運行的軌跡線。甚至連作曲家在創作看來已是時間性藝術的音樂時，也一定會以新穎的方式來鋪排其節奏與時間長度，而使時間性再現於樂曲裡。同樣地，班雅明的「涉及空間的文句」——就像我們剛才所提到的——也是一種再現。它們既不是空間美學觀點的演練，也不是對於像維希留（Paul Virilio, 1932-2018）所撰寫的這類權威性建築美學著作的理論化。即使班雅明的「涉及空間的文句」會「思考」——德勒茲或許會這麼說——也是經由再現，而非經由概念所進行的思考。

那麼，班雅明把若干感知模式（modes of perception）——以步行、飛行或使用某種已記不得的交通工具來感知某一片平地——同時納入他的「涉及空間的文句」裡，就一定是現象學式書寫嗎？班雅明把人們對時間性不同的經驗形式並列在一起，就一定會使我們察覺到它們之間的區別嗎？對此，我傾向於表示，它們之間根本的區別和差異乃存在於它們之間的

12 譯註：瑞士裔法國建築師，功能主義建築先驅，被後世譽為「現代建築之父」。

轉折，也就是它們之間的分歧點，而人們只有憑藉這個分歧點，才得以比較它們，並辨識它們本身所特有的感知模式。班雅明所談到的飛行員眼中的那片「展開的平原」就是感知的抽象化（perceptual abstraction）。他透過感知的抽象化，悄悄地把飛行的時間性置入文句裡，而讓地面在我們眼前展開，從而取代了具有類似地圖之具體性和比例縮減性的空中鳥瞰圖：這種書寫方式只是為了恢復步行者觀看本身所在之地面的視角（步行者此時還不是、也根本不是遊蕩者，而是正要前往某處的行路者！）步行者透過步行所看到的鄉間景觀的內容（例如「遠方、觀景處、林中空地、全景風光」）也是抽象的，它們的功用只在於證明，空間這一類的東西不存在於我們所聚焦的抽象裡。因此，人們對空間的感知，在班雅明看來，就像對建築的感知那般，是一種注意力的分散（distraction；即相對於「專心」的「散心」）。[13]英國作家卡洛爾（Lewis Carrol, 1832-1898）[14]便曾表示，我們只能從側面、用眼角的餘光瞥見空間，一旦我們轉身與空間正面交會而直視它時，它就消失了！

那麼，時間究竟存在於以上這一切的何處？時間只涉及句法？只有當步行者以公路的每個轉彎處所喚起的東西取代飛行員所看到的那片平原，並進行感知模式的修正時，時間才存

13 譯註：請參照本書第八章〈大眾的手與眼〉第三節。

14 譯註：即世界名著《愛麗絲夢遊仙境》及其續集《愛麗絲鏡中奇遇》的作者。

在？（這種提問無論如何都暗含我們在前面所提到的「涉及空間的文句」的其他兩個元素：不容質疑的修正，以及指涉對象的定位〔positioning〕，例如「只有……的人」。）不！時間性會隨著作者出人意料的明喻（simile）——我敢說，這是一種毫無必要的明諭——而出現：例如上述的「就像司令官對前線的士兵發號施令那樣」。正是道路本身才會如此發號施令！於是身為讀者的我們便聽從道路的號令，而改變了我們內在的摹仿觀點（inner mimetic perspective）。在這裡，我還想提到大批挺身站立的士兵所聚集的閱兵場。只要一聲令下，這些排列成行的軍人就會立刻以幾何的精確性來改變他們的陣形：其側翼開始大幅移動，成排的身體便透過移動而一起邁向宇宙真正的和諧。[15]

因此，像我這種不重要的人以步行或開車所展開的觀光式漫遊、所進行的微不足道的移動，便呈現出繁雜的群眾（the multitude）更寬廣的面向，而這其實也是宇宙更寬廣的面向。這些面向便在讀者的內心裡，產生一段幾乎是物理的位移，一種經過調節的動員，而其中的摹仿範疇（mimetic categories）還意外地取代了另一個範疇，比方說，像賭博騙局的詐術或地下爆炸的顯著震動這一類的範疇。作者班雅明顯然已經改變我們內心的基本結構；他

---

15 原註：請參照 Willim H. McNeill, *Keeping Together in Time*, Cambridge: Harvard University Press, 1995.

的「涉及空間的文句」已藉由那股無法被感知的暴力，而進入我們的內心。這應該是非法的入侵。所以，應該受到譴責！

班雅明以隱喻的方式運用這些感知面向的差異，並使這些面向協調一致地運作著：拐個彎兒「就像司令官對前線的士兵發號施令那樣。」由於軍機突然干擾遊蕩者所置身的隱喻性場域，因此，悠緩步行到一排新穎亮麗的店面的他們，就轉變為一支整齊劃一地朝新方向邁步前進的軍隊。這是閱兵大典？還是戰術性調動？這場突如其來的意象化示演，也順便把迷惘和疑惑留給我們。在這些令人不安的轉變裡，從路程到交通工具、從前景到背景、從極小到極大、從主體到客體，隱喻性已逐漸變成寓言性。這種轉變猶如我們初次到失物招領處[16]時，看到了一幅既新鮮又陌生的景象，不過，我們也隨著錢包遺失在某處，而失去了我們的習慣！蔚藍的天空如此耀眼，但如此令人心曠神怡的景色卻變成舞台的布景。這面布景後來就像我們重新尋回的遺失物那般，儘管我們剛遺失時，或許曾為了尋找它而花費一番功夫，然而，當它又回到我們身邊時，我們卻對沒什麼價值的它不屑一顧。（豔賊瑪妮〔Marnie〕[17]？虛幻的人影？在這裡說話的，當然是靈光〔aura〕正式的發言人！）

---

16 譯註：《單行道》裡有一篇以〈失物招領處〉（Fundbüro）為標題的短文。

17 譯註：美國導演希區考克的懸疑電影《豔賊》（*Marnie*）的女主人翁。

然而，就班雅明這些隨意的、同時匯聚在某些可能存在之世界的觀察而言，當時的民間語言已對愛因斯坦的相對論產生共鳴，其實是很難得的！早在基提恩（Siegfried Giedion, 1888-1968）於他的成名之作《空間、時間與建築：一個新傳統的興起》（*Raum, Zeit, Architektur: Die Entstehung einer neuen Tradition*, 1941）發表的那篇精采的建築宣言之前，班雅明便已十分讚賞他先前那部探討玻璃建築的著作。基提恩在他的成名之作裡，雖依據通俗化的愛因斯坦相對論的角度，而從相對性和多元性觀點來探討建築的現代主義，但他卻在班雅明早先出版的《單行道》的船員世界現象學裡（I, 485; IV, 144）[18]找到了其中的決定性論述。船員在港口的漫遊，總使我們想起說故事者所講述的那些材料（諸如旅人的故事、船員口中那些更誇張的故事，以及為輕信的、定居於鄉間的村民所編織的冒險故事）。不過，當人們知道以下的事實時，就會感到震驚，而改變對船員的看法：不論船員曾在浩瀚的海洋裡航行過多麼廣大的海域，他們卻從未充分了解城市的真實面貌。他們在陸地的生活僅限於城市港區的酒吧和娼妓，而後他們便帶著空虛的內心再次揚帆出海，並在航程中經歷康拉德（Joseph Conrad, 1857-1924）航海冒險小說《颱風》（*Typhoon*）裡的那些男性角色所承受

18 譯註：請參照《單行道》裡的短文〈站著喝的啤酒館〉（Stehbierhalle）。

的痛苦。不過，航行的種種艱苦最後只有船員對恐懼和危急關頭的記憶留存下來，此外已無任何痕跡。船員對城市居民真實的日常生活毫無所悉，他們登船離開，並非要逃離陸地上的任何一座城市，畢竟他們從一開始就不曾認識它們。事實上，港口是一個無法和城市相提並論的世界：城市居民並不知道，港口本身的生活空間存在著什麼樣的路徑；船員在港口雖然經常出入令城市居民難以想像的場所，他們卻不會反過來質疑城市居民的習性。還有，每一座城市無疑都凌駕於周邊的鄉村，有時此二者會出現部分的重疊，有時則完全格格不入，而雙方的居民可能也無法了解彼此真正的生活方式。儘管如此，城市居民與鄉村居民的不同，仍比不上住在市中心與住在港口的人們的差異。

因此，班雅明在《單行道》裡所描述的種種，早晚會解離為一些性質互異的收藏品：色情的、社會學的、眼睛所看見的東西、童年記憶、（依據尼采或紀德〔André Gide, 1869-1951〕思想的）道德反省、旅人筆記、跳蚤市場的舊物、時代精神、文學，以及一種關於酒吧、偵探小說、卜算師、專業技術和金玉良言的現象學。這部著作就像一本有趣的個人札記或日記。人們會漫不經心地翻閱它，並用鉛筆在頁面上做記號。不過，請等一下！收藏對身為作家的班雅明來說，就是一種主題和狂熱：他收藏郵票、書籍，以及一盒盒紛雜的、精心挑選的小物。這些都是班雅明特別關注的物件，就像戀足癖者會對鄰居和朋友的鞋櫃感興趣一樣。所以，我們似乎錯過了概觀此書的制高點，抑或它未把瞭望點納入本身的內容裡？還有，它是否是一項包羅更廣泛的祕密性計畫或策略？是否是一組含有若干系列短文的文本，或是一種新的文類？人們碰巧發現孩子儲藏的「寶物」時，或許會偷偷地做記號，然後進入孩子的祕密基地，看到孩子在室內最熟悉的某處對其空間的重新安排。當孩子不得不回應（我們在書中所讀到的）街頭所發生的種種時，就會產生收藏「寶物」的想法。他們以後面的房間作為據點，而打造出一處藏有玩具和玩偶的祕密基地。法國精神分析學家拉岡認為，收藏是一種源自於欲望物（das Ding）的徵象（sign）。欲望物（das Ding；或中譯為「原物」）是指嬰兒最初對於尚未概念化之他者（as-yet-unconceptualized Other）的感覺（sense）。他曾以存在於世界各地、且構造獨特的、可讓人們不斷一抽一拉的火柴盒為例，[19]其裡外兩個相互扣合的組成部分，就是以某種相當神祕的方式交融在一起（拉岡稱之為「交媾」〔copulate〕）。由於我們一直無法找到它們之間的連結，在挫折之下，有時我們便索性回頭，轉向作者班雅明本身，以及他個人的「主題」、（包括收藏在內的）狂熱和無意識的「意符鏈」（signifying chain）。

然而，在《單行道》雜亂的內容裡——在班雅明個人所獲得的印象，以及他在公開場合

19 原註：請參照 Jacques Lacan, *Seminar, Livre VII*, Paris: Seuil, 1986, 136.

所做的觀察裡，在這些已亂成一團的訊息裡，他那種孜孜不倦的關注和積極的記錄對他本身來說，幾乎是一種耗損——我們已忘記一件事，而且可能是其中最重要的（也最令人厭煩的）一件事。他在〈醫院門診處〉（Poliklinik）這篇短文的一開頭寫道：「那位作者把他的想法放在咖啡館的大理石桌上。」之後他把手術器械鋪開，為一位病人開刀、並「把某個外來語當作一根銀質肋骨植入其體內」，然後再縫合。當他寫完這篇文章時，便付現金給咖啡館的服務生，也就是「他的助手」（即身旁的實習醫師、醫護同僚等）。當這位作者在咖啡館裡完成編輯所邀約的文章時，你可能正在那裡點一杯義式濃縮咖啡、看報、抽著細雪茄，或許還充滿興致地觀看和檢視鄰桌的客人和插花（露天咖啡座在柏林人眼裡，顯然洋溢著南歐風情）。這部著作至少有一半的內容，充斥著班雅明對於寫作的熱愛。這讓身為讀者的你感到失望或興奮？一九六〇年代所有的狂熱：寫作、文本、刺青、信件、標記、遺跡、影音器材、唱片機的唱針、閱讀和書籍，在班雅明的《單行道》早已初具雛形。《單行道》這座種子庫當時已準備在二戰後的西方智識界裡、在巴黎炎熱的夏天裡，開成一片絢爛的花海。不過，或許那封特殊的、失竊的信件[20]被延誤送達？在媒體稱霸的時代裡——不論在機械性

---

20 譯註：十九世紀前葉美國浪漫主義文學家愛倫・坡（Edgar Allan Poe, 1809-1849）以巴黎作為故事背景的短篇小說〈失竊的信〉（The Purloined Letter）被視為現代偵探小說的先驅之作。

複製的舊媒體時代（古騰堡〔Johannes Gutenberg, 1398-1468〕及其印刷的書籍仍是其中具有代表性的例子），或在充斥著數位化、大數據、PowerPoint、演算法、人工智慧、翻譯機以及後人類（posthuman）頻繁互動交流的新媒體時代——班雅明如此心心念念的文學或許已經過時。你們依然可以談論自己在Kindle電子書裡所閱讀的一切，但班雅明所鍾愛的實體書卻已逐漸消失，而他對電子書的看法，可能就像他對他那個時代大眾傳媒——收音機——尖銳的評論那樣，讓我們感到不舒服。

班雅明對寫作的關注，當然會使本身傾向唯物主義，這甚至對當時最前衛的文學批評來說，都是個不尋常的例子：胥畢策（Leo Spitzer, 1887-1960）[21]和奧爾巴赫（Erich Auerbach, 1892-1957）[22]對於探討物質世界的著作都不太感興趣（除了《神曲．天堂篇》以外；作者但丁〔Dante Alighieri, 1265-1321〕曾說，這部著作是由「宇宙零散的紙頁」所凝聚而成的「一本書」），但班雅明的確會蒐集這類書籍。由此可見，他對書本的思考和他對街道鋪面或娼妓的思考完全一樣，既客觀又感官（sensory）：難道「書和妓女都可以帶上床」（I,

21 譯註：研究拉丁語系的奧地利猶太裔語言學家，也是他那個年代最有影響力的文學評論家之一。

22 譯註：德國猶太裔語言學家暨文學評論家。

460; IV, 109）[23]不是《單行道》裡令人印象深刻的一句話？（應該順便一提的是，班雅明在他的著作裡不常提到妓院，畢竟這個詞彙就像他所說的，「可能不適合所有的讀者閱讀」。不過，他卻經常以它作為一種輕鬆的隱喻。畢竟青樓妓院以及和性有關的敘述，都是這部著作臻於成熟的徵象，因此，對這些內容的任何贊同，都會催促我們把它們放回其本身的歷史境況和脈絡裡。）

所以，（譯按：依據班雅明的唯物主義觀點）打通一條穿越城市的交通要道，也會使工程師的思考轉向他們自己的器械、工具和地圖，而他們在傳統技術、實驗性技術、都市建設和施工方式（比如挖掘、拆除、架橋，以及電纜、排水管和下水道的鋪設）所面臨的種種挑戰，都會阻礙他們的工作進展。以上的每項工程以及相關的地圖繪製在《單行道》的首篇短文〈加油站〉（Tankstelle）裡，則以不同的形式和面向出現，也就是「傳單、小冊子、雜誌上的文章和廣告海報」。這篇短文的標題還提醒我們：我們為汽車引擎所注入的汽油，和我們為引擎的其他部分所淋上的、比較黏稠的機油，在用途上大不相同。[24]在十八世紀，

---

23 譯註：出自《單行道》裡的短文〈13號〉（Nr. 13）。

24 譯註：更確切地說，可以讓文學產生克服現實阻礙之行動力的是，汽油所代表的「傳單、小冊子、雜誌上的文章和廣告海報」這些不同於書籍的平面媒介，而非機油所代表的「見解」（opinions; Meinungen）。

literature（文學）一詞的指涉涵蓋許多不同的書寫形式，而且跟letters（字母；文字；文學）以及法文的belles lettres（純文學）這兩個詞彙通用。此後，文學這個範疇便發展成專業作家所創作的不同文類的文字作品。班雅明在威瑪共和時期，曾渴望成為「作家／文人」（man of letters; homme de lettres; Literaturmensch），那麼，「作家／文人」的使命和實踐能夠多麼普遍呢？其實這個使命已不復存在，因此，我們必須透過它的不存在、透過相關的閱讀大眾的消失、透過用以建構「公共領域」——即公眾意見之形成與交流的領域——的報章雜誌這類印刷媒體的沒落，來解讀班雅明的著作。他在〈加油站〉的結尾，以「見解之於社會生活這個龐大的機制，就如同機油之於機器一般」這句話完成了他唯物主義式的類比。

在黑格爾眼裡，報紙是「現代人的晨禱」；對馬拉美（Stéphane Mallarmé, 1842-1898）來說，報紙則是現代版的《一千零一夜》，而《一千零一夜》就是他的「世界之書」（Book of the World）的原型；在艾森斯坦看來，報紙至少是他的「吸引力蒙太奇」所使用的模式之一，而這種蒙太奇正是《單行道》的豐富性之所在。《單行道》的每個主題當然是它本身的一部分，也就是它的次系列（subset）：諸如排字印刷、閱讀心得、對卡爾·克勞斯創辦雜誌的讚許[25]、打字與手寫之爭，甚至還有許多關於寫作、評論、文化公共空間、論

25 譯註：請參照《單行道》裡的短文〈陣亡戰士紀念碑〉（Kriegerdenkmal）。

述性文獻等的論點與格言。「請勿張貼！」（Ankleben verboten!）[26]這個命令本身，就是一張既宣告禁止張貼、同時又行分裂生殖而繼續擴增的（schizogenetic）海報。這就如同班雅明對於意見的分析，已迫使他的個人意見變成本身感官知覺的媒介，進而變成細瑣的雜聞，甚至還可能淪為廣告宣傳，就像當時蘇聯先鋒派（Soviet avant-garde）的視覺藝術那般（例如利西茨基〔El Lessitzky, 1890-1941〕[27]為蘇聯當局所設計的政治宣傳品和展覽品）：「今天人們對於事物之本質最真實的、最商業化的認識，就是廣告宣傳。」阿多諾這句話，就是從哲學角度警告大家，必須提防時代精神（spirit of the age; Zeitgeist）的唯名論（nominalism）傾向。[28]

然而在《單行道》裡，「時代精神」卻因為班雅明亟需將它概括化，並對它提出主要的分析判斷，而顯現出它本身的某些難題。因此，當「時代精神」出現在班雅明那場「對德國

26 譯註：《單行道》裡有一篇以〈請勿張貼〉（Ankleben verboten!）為標題的短文

27 譯註：蘇聯藝術家、設計師、攝影師和建築師，其作品對於德國包浩斯學派、蘇聯建構主義運動，以及二十世紀圖形設計具有深遠的影響。

28 譯註：唯名論者認為，現實事物之間的「共相」只是抽離於事物之上的普遍概念，只是人類認知的工具，而不具客觀實在性。因此，「共相」實際上並不存在，也就是說，現實事物之間沒有普遍的本質，而真正存在的，只有實質的個體。

一戰後的惡性通貨膨脹的導覽」時，我們就會發現，班雅明其實很少談到和當時的「時代精神」相關的集體心理、民眾行為的矛盾，以及德國人在那個悲慘的危機時期應該會陷入的狀態。由此可見，班雅明本身的寫作方法，必然導致他這種頗令人失望的、虎頭蛇尾的論述。

其實德國一戰後那個頹敗時代的（居於更深處的、隱密存在的）主體——也就是像故事主角、或甚至像造物主那樣的「主體」——是孩童，而不是代表國族集體心理的、所謂的「德國人」。換言之，如此積極主動地探索空間、搜尋食物儲藏室、收藏物件、破解密碼、著手建構和締造的人，並非全體「德國人」，而是先於「德國人」的個體、集體和國族而存在的孩童。班雅明許多撰著和察知的隱密主體，正是孩童時期的自己：這是班雅明透過時光之倒轉以及（他在《柏林童年》這部同樣以剪接拼貼手法所完成的著作裡重新喚回的）童稚之純真所產生的疏離效果。班雅明認為，他已在早年參與的德國青年運動（Deutsche Jugendbewegung）中，完成自己首次真正的政治實踐，雖然該運動後來偏離了原來的目標。班雅明想詮釋那個時代的一切，卻因為不知該如何在日耳曼語言和猶太認同這兩種傳統之間做取捨，而感到苦惱。為了解決這個問題，他便訴諸孩童時期的班雅明，因為，孩童班雅明還不知道自己置身於這兩個傳統當中，更別提它們之間所存在的緊張關係了！不過，我們不該因為班雅明曾求助於孩童時期的自己，而想當然地認為他喜歡孩子，畢竟對獨來獨往的他來說，這個看法實在大有問題。實際上，他並不渴望自己像華茲華斯（William Wordsworth, 1770-1850）那般，處於天真無邪的、相當理想的狀態，也就是處於和自己所沉迷的語言與感知之錯綜複雜性遙遙相對的另一端。班雅明所研究的那些風格浮誇的十七世紀德國哀劇，或許是幼稚的，但他對這些戲劇的探討絕不幼稚。

如果兒童的幻想意象，無法解決班雅明在描述他那個時代所遭遇的、棘手的形式問題，無論如何，它總是一條使班雅明可以透過方法論，而脫離該問題的解決之道。在思想觀念已變成商品和純粹見解的情況下，班雅明該如何處理人們對於智識所抱持的過度熱情？從品質普遍低落的意識形態材料裡，他該如何創造出新的東西？在哲學的終結以及學院學科的實質化（reification）後，他該如何進行思考？在現實大量轉化為意象和陳腔濫調後，他又該如何感知？跟他同時代的龐德和艾森斯坦都得出類似的結論：如果人們要創作出一種在思維上不帶有本身之見解的藝術，一種既能結合現實的多重層次、又不致於以本身的「性情」（temperament）來扭曲現實的藝術，就必須採用表意符號和蒙太奇。在這樣的思維脈絡下，班雅明曾埋頭撰寫《採光廊街研究計畫》這本大部頭著作，並留下大量的筆記手稿。倘若他在世時能完成這部鉅著，它便有可能成為他的另一部不朽之作，而它本身將成為一整座城市，而不再只是一條單行道！阿多諾曾採用以思考來反對思考本身的方式，質疑《採光廊街研究計畫》這項大膽的寫作計畫的可行性。班雅明後來雖未完成這項寫作計畫，不過，他所留下的草稿和筆記卻很有價值，畢竟它們本身的簡明扼要以及可寫性的（scriptible）潛在力量仍繼續發揮作用——因而使你想要提筆書寫——所以，足以為羅蘭．巴特（Roland Barthes, 1915-1980）試圖劃分可讀性（lisibility）和可寫性的做法，提供充分的理由。

《單行道》的第一篇短文〈加油站〉要求我們預先將油箱注滿（譯按：以便採取行動），而最後一篇短文〈通往天文館〉彷彿要我們走向這個觀測天象的場館，以便恢復此在（there-being; Dasein）以及個別人體（individual human body）跟宇宙的關係。然而，我們跟宇宙的關係，是否已受到包羅萬象的城市形式的侵擾？（畢竟我們已受制於城市本身的生活、歷史和單行道）或者，我們已站在海德格形上學的刀鋒上？已站在我們和宇宙的某種關係的刀鋒上？（如今我們已失去宇宙，甚至對宇宙無法再有任何想像。）班雅明很喜歡布朗基（Louis-Auguste Blanqui, 1805-1881）[29]晚年遭判處終身監禁時，寫下的一部風格怪異而篇幅精短的著作。[30]布朗基在這部論著裡，不僅想像存在於看得見的眾星以外的那個宇宙，

29 譯註：法國社會主義革命家，曾投入法國早期工人運動，後來還擔任巴黎公社議會主席，其革命理論被稱為「布朗基主義」。

30 譯註：即《以星辰建構永恆》（*L'eternité par les astres*）一書。

而且還想像眾星周而復始的永恆。不過，他本身卻徒勞地試圖干預這種以極大的時間週期一再循環的歷史，而且他會一次又一次地干預，永不放棄。我們為了讓自己走向那座天文館，必然會一再經歷自己的失敗。我們越過了公路的下一個轉彎處，也越過了下一座山丘，我們曾如此接近它，曾來到它的附近，卻始終無法抵達這個目的地。總之，真正的本體論（ontology）就是人們為了領會迄今仍未存在、而僅供人們想像的本體論，所付出的努力！

二

從上文來看，《單行道》已把我們帶往若干不同的方向（其中對城市和空間的討論顯然已足夠，因此，這個主題就留到本書第六章再做討論），但我們的行程後來似乎也停滯或中斷在郊區的那座天文館。對班雅明來說，天文館可能跟他比較有切身的關係，而不是他感興趣的（占星術的）天宮圖的繪製（我們將在下一章〈宇宙〉探索這個領域）。

班雅明早期所提出的、似乎帶有神祕主義色彩的「語言本身」（language as such; Sprache überhaupt；或中譯為「語言之究竟」）這個概念，以及他個人對文句和文本的批判，都隱含著他的語言理論。即使他喜歡使用「語言學」（philology; Philologie）一詞，他的語言理論卻不像他那個時代投入前衛的「風格研究」（style studies; Stilstudien）運動的文學家和語言學家（例如胥畢策、奧爾巴赫，以及後來的威爾納．克勞斯［Werner Krauss, 1900-1976］）所提出的語言理論那般，富有知識界所慣有的學術性。一般來說，語言的限制仍是句子的限制，不論人們提出哪一種較大的語言框架（論述、表現性或文本的文法）。但我們也發現，在上述的、班雅明的「涉及空間的文句」裡，某些潛藏其中的恐懼和煩亂縱使無法完全突破句子本身在句法上的限制，卻能駕馭這種限制。我個人則認為，班雅明是從一個非常不同的、可能是非語言的脈絡來看待他自己的（和其他人的）文句。關於這個看法，我打算留到後面再繼續討論。

舉例來說，當班雅明將波特萊爾的詩句，比作布朗基革命願景裡的暴動和政變時，在其中發揮作用的，其實不是隱喻。班雅明這個比擬以任意專斷的態度，把風格和政治這兩個相去甚遠的領域結合起來，因此當然不同於波特萊爾遣詞措句所表現出的、令他十分佩服的優雅式暴力（這種文字暴力就好比刀子俐落地插入你的身體，而你卻渾然不覺，直到鮮血像水一般緩緩流出時，才驚覺自己已經受傷）。我們會覺得，班雅明這種恣意的比擬固然是一種強力介入詩句寧靜之自主性的行為，不過，就詩句的自主性而言，當時人們對語言的使用似乎在表現性（performativity）和言說行為（speech act）方面，實在過於循規蹈矩，學術色彩也過於濃厚。布萊希特所謂的「手勢」（Gestus）是我比較喜歡的概念，因為，「手勢」使詞語隸屬於某種和有形物質及情境更相關的統一性，而且作為批判性行為的「手勢」（或「手勢」本身）還把語言學降級，而使語言學屈居於布爾克（Kenneth Burke, 1897-1993）所提出的「戲劇學」（dramatistics）之下，因此，僅具有次要的附屬地位。由此看來，「手勢」已阻礙知識界向來的詮釋，即便所謂的「風格研究」所有重要的詮釋始終隱誨地認可「手勢」的邏輯。（這裡又使我想起胥畢策或沙特〔Jean-Paul Sartre, 1905-1980〕那些關於文學分析的論文。他們認為，福克納〔William Faulkner, 1897-1962〕、帕索斯〔John Dos Passos, 1896-1970〕[31]的作品或卡繆〔Albert Camus, 1913-1960〕《異鄉人》的風格，充斥著許多形而上的行為。）

但我也想強調，班雅明的評論含有某種頗為明顯的暴力。因為，他呼籲人們在分析文本時，應該「破壞」文本，而這也是他的做法。「破壞」這個用語是他在德國浪漫主義（German Romantics; deutsche Romantik）裡發現的：「為了讓單件的藝術作品轉變為絕對的藝術作品，評論（對施雷格爾來說）會鄭重地、同時以無可挽回的方式來消除作品的形

31 譯註：美國小說家，《美國三部曲》（*U.S.A.*）為其代表性作品。

式……『我們必須提升自己，讓自己得以超越我們本身的愛；我們必須有能力在思考裡消除我們所推崇的種種，不然，我們對於無限（the infinite; das Unendliche）……將無法有所感受。』施雷格爾在以上這段敘述裡，已明確表達他對評論之破壞性和藝術形式之瓦解的看法。」（I, 163-4; I, 84-5）[32] 這種破壞性原則在班雅明的評論裡，會以暴力的修辭形式出現，從而將某個特定的段落硬生生從作者的文本裡「撕扯下來」（wrench out; herausreissen; IV, 173; I, 670）[33]。然而，對浪漫派藝術本身（對班雅明，或有時對語言）來說，在其先驗層次（transcendental level）以上或以外的領域裡，「消除」其實也是一種生產：

> 好的評論頂多由兩個要素所構成：即批判性註釋和引文（quotation; Zitat）。人們可以藉由註釋的插入和引文的援用來完成一份絕佳的評論……至於完全由引文所構成的評論，則仍有改進的空間。（II, 290; VI, 162）[34]

---

32 譯註：出自班雅明的博士論文〈德國浪漫派的藝術批評概念〉（Der Begriff der Kunstkritik in der deutschen Romantik）。

33 譯註：出自班雅明的〈中央公園〉一文。

34 譯註：出自班雅明的〈談談文學批評〉（Zur Literaturkritik）一文。

由此可見，評論者把某一段落從某份文本撕扯下來，不只會瓦解該文本，還會產生新的東西，也就是他們所摘取的引文，而且這些脫離文本的引文還具有作為一種文類的生命力。接下來我們將在本書中看到，這些引文不只暗中以比喻（similitude）的邏輯作為基礎，而且本身還擁有更深刻的比喻，似乎本身的原型就存在於歷史裡。所以，把文句從文本撕扯下來，便在這種擴張性的發展裡，逐漸變成新事物的發現。波特萊爾在他的創作裡，正是透過本身的盡心竭力，而從「始終相同的東西裡」（dem Immerwiedergleichen）獲得新的事物。（IV, 175; I, 672）於是這個過程便成為世界史的過程，當某位眾所周知的人物，也就是某位「歷史唯物主義者」著手「從同質性的[35]歷史過程當中強力地抽離出某個時代，並從該時代裡強力地抽離出某種生活，而且從人們畢生從事的工作裡強力地抽離出某種工作。」（IV, 396; I, 703）[36]

這個說法可能頗有道理：這種暴力性意志（violent will）的擴張（即強化）其實幾乎就是幻想的增長。因此，在班雅明的眼裡，布爾克的「象徵行為」已萎縮成「僅僅具有象徵性的行為」，而波特萊爾寫詩的技巧則被他嘲諷地比作布朗基所提倡的（同樣無法發揮作用

---

35 譯註：即線性連貫的。

36 譯註：出自班雅明的〈論歷史的概念〉一文。

的）暴動。文學評論的意象式暴力（figural violence）正拚命地試圖在報章雜誌裡的欄位，獲得叛亂和實踐的歷史意義與政治意義。這種詮釋當然高度取決於人們認為文化具有多少歷史價值，也取決於人們如何把上層建築視為生產模式本身那個積極發揮作用的部分。（曾有人主張，現代社會代表人類社會的重心已從生產轉向消費，而且這種現象在西方馬克思主義所關注的後現代社會裡更為嚴重。）

然而在我看來，意象擴張的形式似乎更重要，而在這種形式裡，肯定和否定便經由含糊不明的辯證，交替地出現。表面上，「破壞」（Destruktion；海德格為了修正哲學史而提出Destruktion這個概念，後來則被改寫為Dekonstruktion〔解構〕）彷彿是「暴力」的同義詞，因此是個負面用語；但另一方面，「破壞」對班雅明來說，卻催生出、而且確實構成一種新式的生產。一般來說，這種新式生產的意義，就是破壞本身的原始材料。因此，具有審美價值之作品所產生的批判性「破壞」不一定像保守落伍的唯美主義的再起那般，被認為是一種負面現象。班雅明寫作的意象化，就在於不以特定觀點來組織意象的材料，而這些意象的材料，似乎就是某種未確定之情況本身的初始資料。在這種未確定的情況裡，一組已各就各位的意象，後來便隨著我們的政治要求所造成的正面或負面的結果，而有所變動。作品的「靈光」可以依照我們的喜好，而具有烏托邦或反烏托邦的性質，並為進步或反動的政治效勞，因此，我們應該從政治角度做出判斷，誠如班雅明所一再強調的。（至於如何把「經驗」概念從康德知識論領域裡「撕扯下來」，並賦予它更富有能量和作用性的力量這個問題，其實早已出現在班雅明早年參與德國青年運動時期的著作裡。）

然而，班雅明的造句行為（syntactical act）——如果我們可以這麼表達的話——不僅未侷限於文字的爆炸性（「歷史唯物主義者從實在的『歷史連貫性』裡，炸出（sprengt）某個時代」；III, 262; II, 468）[37]，而且還強調現世的暫時性[38]，而使我們在歷史「宏大敘事」（grand narrative）的具體時間裡，察覺到事物的重要發展與短暫易逝。因此，「辯證意象就是閃現出來的意象。當人們在當下認出過往所閃現出來的意象時，便可以捕捉到這種意象——這裡是指波特萊爾作品中的意象。」（IV 183; I, 682; 以及 A, N3, 1; VII, 578 & K2, 3; VII, 495）aufblitzen（發出閃光）是班雅明著作所特有的德文動詞，它本身具有某種內在的暴力性，而且它許多的英文對等詞彙最有助於我們了解它的德文原意，諸如 flash up（閃現）、flare up（閃耀）、sparkle（光亮四射）、coruscate（煥發光亮）、glint（閃閃發

---

37 譯註：出自班雅明的〈論愛德華．福克斯：收藏家暨歷史學家〉（Eduard Fuchs, der Sammler und der Historiker）一文。

38 譯註：在班雅明的思想裡，「現世的暫時性」（temporality; Temporalität）和「永恆」（eternity; Ewigkeit）是一組對立的概念。

光）、gleam（瞬間發出亮光）、glimmer（忽隱忽現地微微發光）、streak（發出閃電般的亮光）和twinkle（閃爍）等。此時，意象的暫時性便取代了「撕扯下來」的行為所外顯的暴力性，也就是說，轉瞬即逝的顯現已取代了人們的暴力性動作。至於班雅明著作所特有的另一個德文動詞vorbeihuschen（一閃而過）則強調存在體（entity）的轉瞬即逝，因此，意象的速度便取代了意象的視覺性顯現（visual appearance）：flit past（倏忽而過）、fly past（飛過）、slip（溜走）、flash（掠過）、scurry（疾走）、whisk（突然消失）和dart（飛奔、竄出）等，就是它的英文對等詞彙。班雅明還告訴我們：「詞語或句子的意義脈絡，正是相似性（similarity; Ähnlichkeit）得以閃現的載體。人們締造相似性——就像人們察知相似性那般——……相似性的締造和相似性的閃現息息相關。相似性會一閃而過。」（II, 722; II, 213）[39]

但是，這種「相似性」——其本身就是一道「倏忽而過」的「閃光」——卻需要更廣泛的解釋。它其實就是「比喻」（similitude; Gleichnis）這個班雅明最基本的思想範疇的標記和表徵。班雅明作品裡的比喻，幾乎是一種支配他的歷史觀與感知實踐（practice of perception；也就是他的「細緻的經驗主義」）的形而上原則，因此，不該把它和隱喻

39 譯註：出自班雅明的〈論模倣能力〉（Über das mimetische Vermögen）一文。

（metaphor）或轉喻學（tropology）混為一談。這些比喻已足以讓我們觀察到，班雅明的歷史觀和感知實踐絕不僅止於風格的變化（我將在本書逐一處理並檢視它們），它們還產生了某種次要的結果，甚或我們不希望看到、現在卻應該關注的結果。所以，我們將在下一章繼續探討班雅明的比喻。

誠如我們已看到的，班雅明這些一再出現、且似乎帶有隱喻性的說法，不只強調呈現意象的情境本身的多重面貌，而且還預設「撕扯下來」這個動作最初始的意象式暴力，以及被「撕扯下來」的那個部分因為本身的自主化，而變成另一個嶄新的整體。然而，這一切只在可被稱為「點與線的辯證」的基礎上，才有可能發生，此時，撕扯的暴力便促成作品的產生，而將限制（limit）轉化為界線（boundary），並且還在撕開的裂口裡，創造出一個全新的、如插曲般的空間（episodic space）。

在某些時刻，班雅明使用語言的習慣，是為了達到其他比較不明確的目的。我會從這方面來描述班雅明使用的那些看似中性、卻又顯得怪異的科技用語（scientific-technical terms）的特徵。他藉由這些科技用語來連結下層和上層建築，並透過某些我們無法真正解釋的詞語——例如「帶有……的指標」（carries the index of）、「……的精髓」（an extract of）和「沉澱、凝結、促進」（precipitates）等——而聲稱某項關聯的權威性，以及某個有意義的關係性。我們可能會大膽地、沒完沒了地臆測這些我們無法真正解釋的詞語，這些臆測雖可優雅地掩飾我們本身所面對的某個笨拙而困窘的時刻，卻永遠無法證明班雅明這些詞語真正的含義。不過，跟所有這些意象的發展完全相反的東西，卻更有意義，它們就是班雅明終其一生所強調的「無言」（speechlessness; Sprachlosigkeit）和「無表達」（expressionlessness; Ausdruckslosigkeit）。它們濫觴於古希臘雕像（後來也出現在波特萊爾筆下的美女身上），並強調以語言的對立面——即語言的徹底中斷所形成的沉默和空洞——作為語言真正的實踐。我們

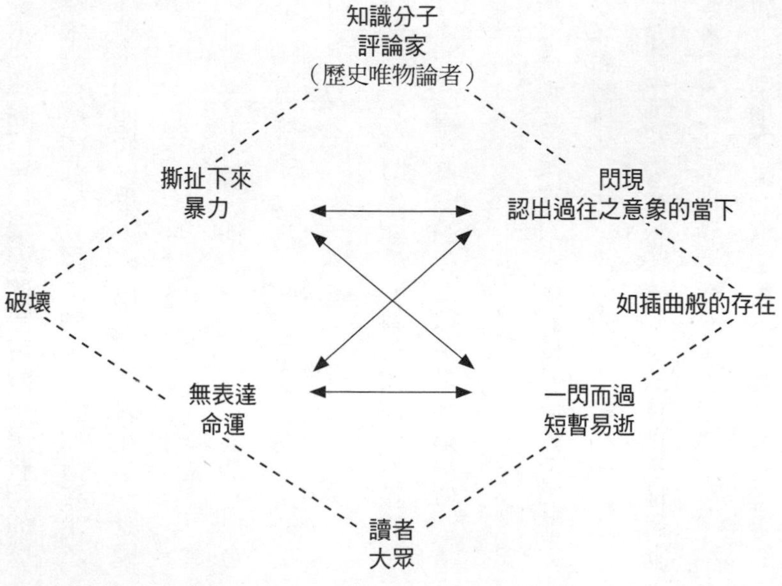

即將在本書裡看到，徹底中斷的事實，實際上不僅因為朗恩和羅森茨威格的威望而更加穩固，更構成班雅明悲劇理論的基礎。最後，以這種翻轉的語言形式說話的人——同時也是這種翻轉的語言形式的觀察者、分析者和運用者，「不論他們是誰」，後來都被公認為「歷史唯物主義者」，並且在班雅明著作的人物陣容裡，扮演重要的、卻如謎一般的角色。

三

讀者必定注意到某些句子——不論是出自研究讀本和語言學關注的對象，或是班雅明自己寫下的句子——它們因為從原本的脈絡或作品裡被「撕扯下來」，而本身又成為新的文本，甚至我們還可以把這些新文本稱為新的文類（genre）。這種文類就是引文（quotation; Zitat），而我在這裡節錄以下這段班雅明在《單行道》裡對引文的描述，是再恰當不過了！

> 引文在我的著作裡，就像幾個全副武裝、突然從路邊衝出的盜匪搶走了那位遊手好閒者（stroller; Müßiggänger）的信念（conviction; Überzeugung）。（I, 481; IV, 138）[40]

---

40 譯註：出自《單行道》裡的短文〈針線盒〉（Kurzwaren）。

我們與「遊手好閒者」已是老友，他就是波特萊爾和班雅明筆下的「遊蕩者」（flâneur）；至於這裡的「信念」——也就是用於潤滑汽車機械零件的機油所代表的「見解」[41]——就相當於「意識形態」（ideology; Ideologie）這個班雅明很少使用的詞彙。那幾個盜匪行搶的動機則具有啟發性：他們要讓我們有所喪失，讓我們失去本身的偏見或先入之見，從而使我們處於布萊希特以疏離效應意圖誘使觀眾進入的狀態，也就是一種展開新思維的狀態。

如果要了解引文這種形式的含義，就必須先掌握波特萊爾作品本身的錯綜複雜性。班雅明曾撰寫三篇討論波特萊爾詩作的文章，我不知道是否可以把它們稱為「文學評論」，但有時他也會記下自己對這位巴黎詩人的種種印象和感覺。波特萊爾那個時代的作家對波特萊爾作品有各種不同的詮釋，有人會譴責波特萊爾的不道德，但也有像拉法格（Paul Lafargue, 1842-1911）[42]或布爾杰（Paul C. J. Bourget, 1852-1935）這樣的文學評論家會精細入微地觀察波特萊爾的作品風格，而這些對特萊爾文學的詮釋，似乎是班雅明最感興趣的地方。我們現在可以確定的是，只有少數幾位作家願意像波特萊爾一樣，接受人們對自己作品的許多不

41 譯註：一如班雅明在《單行道》首篇短文〈加油站〉所談到的。

42 譯註：馬克思的女婿，左派文學評論家，也是法國工人黨的創始人之一。

同的看法，以及各式各樣的反應。我在這裡想指出，波特萊爾作品的卓越之處，正是它們本身的多樣性，以及它們所顯示的深奧莫測。我認為，班雅明也同樣沉迷於這些眾多的聲音和意見當中。公共領域所出現的、紛雜的多重聲音（polophony）後來確實演變成眾所周知的醜聞，但也催生出一種超越世界上所有語言的、且後來亦獲認可的新風格（而且不僅止於「新奇的」風格），並開啟了一個新時代。班雅明最令我感興趣的，就是他對聲音多樣性的熱情，而這也是班雅明在政治上對多樣性、對大眾本身的嚮往的另一個表徵（雖然他在這方面的評論，幾乎都帶有資產階級的色彩）。值得注意的是，我從波特萊爾的詩作〈火箭〉（Fusées）所摘錄的這段詩句，恰可反映出波特萊爾其實就是班雅明的先行者：「我們在群眾裡所獲得的樂趣，就是我們暗中表達內心對大量數字的喜悅。／一切都是數字。數字存在於個體。數字使人們興奮陶醉。」[43]實際上，正是引文的多重聲音，讓我們有時會感激班雅明沒有「完成」《採光廊街研究計畫》的寫作。畢竟這部未完成的鉅著龐雜而散亂的內容，為我們留下一堆零碎文稿的拼貼，而它們已成為我們所鍾愛的文本。

43 原註：請參照 Baudelaire, *Oeuvres completes, Bibliothèque de la Pléiade*, Paris, 1975, 649. 班雅明曾在《採光廊街研究計畫》裡引用這段詩句，所以，也請參照 *Arcades* 290, J34a, 3.（譯按：或參照《班雅明全集》V, 369）

然而，令人意外的是，引文這個文類的效應也貫穿著班雅明另一部著作[44]的正文，而且對讀者的內在平衡（internal equilibrium）造成衝擊的，正是這種中斷的審美（the aesthetic of interruption），而非其內容的信實性，因為中斷的審美可能會使讀者不時地質疑正文的主要陳說，也就是班雅明在這部著作裡的闡述。總之，我們在這裡似乎碰到了一種不尋常的、涉及內在感知層面之轉變的教育方式（pedagogy），一種屬於教育性質的剖析，而這種剖析的特徵，或許就是人們在閱讀過程中所發生的文化革命（cultural revolution）。我們現在一定還記得班雅明始終懷抱的那個夢想：完成一部不被看好的、無疑略帶嬉鬧意味的、全由引文和零碎筆記拼貼而成的著作，也就是讓阿多諾相當不以為然的《採光廊街研究計畫》。班雅明在這部未完成的大部頭著作裡寫道：

撰寫這部著作的方法：文學的蒙太奇（literarische Montage）。我沒有要說什麼，只是想指出這一點：我既不會竊取有價值的東西，也不會把有見解的措辭據為己有。雖然我不會清點那些破布和垃圾，但我會運用它們而使它們獲得充分的發揮。這是唯一可行的方式。

44 譯註：即《德國哀劇的起源》一書。

（A460, N1a, 8; V, 574）

一九二四年三月五日，班雅明寫信給修勒姆時，可能還沒有撰寫《採光廊街研究計畫》的抱負。不過，他當時已在該信件裡談到「我手邊大約有六百段引文可作為寫作的材料，而且我把它們編排得很好，所以，你只要看一眼，便可以掌握它們的概貌。」班雅明這句話正好可以證明，他早期所摘抄和蒐集的引文，其實和他日後撰寫《採光廊街研究計畫》無關，而是和他當時正在撰寫《德國哀劇的起源》這份教授資格論文（Habilitationsschrift）有關。此外，他這句話也使我們明白，他在提筆撰寫《採光廊街研究計畫》這部深受波特萊爾影響的著作以前，早已從事這種拼貼式寫作。我們將在本書中看到，《德國哀劇的起源》幾乎是由一連串引文加工而成的。這些引文就像一支列隊整齊、儼然不苟的軍隊，時斷時續地分批穿越原野，而且這支特殊的軍隊——就像布朗基的軍隊那樣——還在此書裡假扮成一場論述（discourse）。

班雅明往後仍十分樂意從自己的筆記裡抽出一些文句和段落來加以組合，就像他在〈中央公園〉裡所採取的做法：他曾針對波特萊爾或以 J 為筆名的丹麥女小說家馮．蕾維措芙（Cornelia von Levetzow, 1836-1921）的某些作品，寫下一連串片斷的、或如插曲般的觀察筆記，後來他便從中抽取一些內容，拼湊出〈中央公園〉這篇長文，然而其內容整體上卻缺乏任何堅定的方向（缺乏拂動他的船帆的陣陣吹風？）、中心論題（以比較不具隱喻性的方式來說），或任何能連結各個部分的網絡（即缺乏沉思，正如阿多諾的批判）。也許我們可以從兩方面來看待班雅明這種拼貼式寫作：其一，它是一種集錦式書寫，在形式上純粹由上述的引文的羅列、再加上他寫下的相關筆記所組合而成的；其二，它是一連串——就尼采或拉羅希福可公爵（François de La Rouchefoucauld, 1613-1680）[45]的觀點而言——不連貫的理論性觀察（theoretical observations）的原型或主要形式。因此，班雅明這種「集錦式著作」本身，不過是藉由非個人材料的大雜燴來摹仿或體現他所認知的不連貫性罷了！

所以，這裡便出現了一種審美（譯按：即「中斷的審美」），而它也是極富現代主義時期特色之形式原則（或藝術創作的意圖〔Kunstwollen〕）的痕跡（traces）。這種形式原則一方面體現於龐德的《坎托斯》（*Cantos*）[46]裡，另一方面則表現在艾森斯坦的「吸引力蒙太奇」當中：它們本身都缺乏連貫性，彷彿是由一些不相關的意象湊合而成的作品。基於

45 譯註：法國道德家暨箴言作家。

46 譯註：《坎托斯》總共有一百一十六篇，被譽為二十世紀最重要的現代主義詩作之一。龐德創作這部長詩歷時將近五十年，但最終仍未將它完成。

某種原因，這兩位創作者都避開了個人的表達、純粹意見的主觀性、主觀的意向與詮釋這些層面，而在尋求更客觀的審美當中，以現代主義來展現那股亟欲逃離自我心理與自我意識層面的驅力（drive）。此外，高達（Jean-Luc Godard, 1930-）的《電影史》（*Histoire du cinema*, 1988）[47]這部回顧二十世紀電影發展史的影片，也是一例。這三位創作者的作品不僅遠離教條式的論題和訓示，還加重讀者／觀賞者的角色，這似乎是在要求讀者／觀賞者自主地做出判斷（就像布萊希特的敘事劇場對觀眾的要求一樣），因此極富教育意義，也備受肯定。實際上，這種獨特的審美衝擊（aesthetic impulse）的弔詭之處——也就是矛盾之處——或許和毛澤東喊出的口號「炮打司令部！」、「自己下判斷！」（只要人們的意見和毛主席的意見是一致的）有政治的類似性。基於強烈的個人信念，這些創作者都期待自己的作品可以擺脫他們的個人性質（或擺脫他們的「作者」身分，從任何後結構〔poststructural〕層面來說）。於是他們便以空前的方式，認可讀者擁有詮釋作品的自由，並積極把讀者納入他們創作這些作品的目的當中，儘管他們會審慎地避免在作品裡表達這個創作目的。創作者這種想要使作品脫離其個人性質的做法，大概會使我們想起班雅明經常提

47 譯註：高達前後耗費十年的時間（1988-1998），才陸續完成《電影史》的拍製。該片分為八段，片長超過四個小時。這部影片以拼貼手法大量引用和剪輯電影、照片、繪畫、哲學、詩歌、小說、音樂等領域的資料。

到的、關於他本身寫作風格的基本原則：「如果我的德文寫作勝過我這個時代大部分的德文作家，這是因為我這二十年來大多只遵守一項小小的書寫原則：除了寫信外，我從不使用『我』這個第一人稱代名詞。」（II, 603; VI, 475）[48]然而，班雅明像馬賽克鑲嵌畫（班雅明在探討翻譯的文章裡，相當擅於運用這個意象）鋪排有色碎片般地鋪排文句（不論是不是節錄自他人作品的引文，畢竟他也時常從自己的筆記裡摘取一些引文！）的書寫形式，似乎受到他所撰寫的文章的限制。針對班雅明這一點，盧卡奇曾寫過一篇著名的文章，而阿多諾在二戰後也加入了這場辯論（從結果看來，阿多諾對盧卡奇的看法相當不以為然。）

既然我們所看到的、個別句子的組合竟然可以被稱為「形式」，那我們就不需要再質疑班雅明純熟處理這種形式的技巧了！不過，話說回來，我們對班雅明著作的拼貼形式的觀點，也會受到這些著作的印行版本的影響（更別提和這些版本的出版有關的意識形態鬥爭），而有所偏頗。一九五五年，修勒姆和阿多諾編纂的兩冊班雅明《文集》（*Schriften*）[49]在西德出版，正是催發歐洲戰後「班雅明復興」的關鍵；在美國，由漢娜・

48 譯註：出自班雅明的《柏林紀事》（*Berliner Chronik*）。

49 譯註：作者在此書寫錯誤：一九五五年出版的班雅明《文集》乃由阿多諾夫婦編纂，修勒姆並未參與其中；一九六六年出版的《班雅明書信集》（*Walter Benjamin: Gesammelte Briefe*）才是由修勒姆和阿多諾所共同編纂的。

鄂蘭（Hannah Arendt, 1906-1975）編纂、由哈利・措恩（Harry Zohn）翻譯的《啟迪：班雅明文選》（*Illuminations: Essays and Reflections*）這份英譯本在一九六九出版，則是班雅明研究的另一個里程碑；一共七冊的德文原版《班雅明全集》（*Gesammelte Schriften*）從一九七四年開始陸續出版[50]，則為班雅明思想的討論奠下另一個重要基礎；從一九九六年至二〇〇三年哈佛大學出版社接連出版四冊英譯版《班雅明選集》（*Selected Writings*），這套重要的英譯本也因為相當有助於美國學界的班雅明研究與評論，而備受期待。

英文讀者對班雅明著作的閱讀，仍長期侷限於《啟迪：班雅明文選》這份英譯本，而德文讀者在這方面的閱讀侷限其實和英文讀者相去無幾，畢竟一九五五年出版的德文原版班雅明《文集》（當時這兩大冊似乎被西德知識分子、或修正主義者奉為真正的經典），在內容篇幅上仍相當有限。班雅明的教授資格論文《德國哀劇的起源》當然輯錄於其中，其英譯本於一九九八年問世以前，它對英文讀者始終充滿著傳奇色彩。至於班雅明的《採光廊街研究計畫》（從前我把這部著作簡稱為essays，現在則改稱為program-essays）的部分內容，亦

50 譯註：作者在此指出，總共七冊的德文原版《班雅明全集》從一九七四年開始出版，這其實是錯誤的說法。因為，其中的第一冊雖然出版於一九七四年，但第三、四冊已率先於一九七二年出版，至於最後一冊，即第七冊，則遲至一九八九年才付梓印行。

收載於其中。關於此書，我要指出，和班雅明「臨時」寫下的那些片段恰恰相反的那一面，或這著作本身那種經過梳理的結構，而且我還要強調，班雅明在這部著作裡，試圖提出某種完整的理論闡述的努力。他這部未完成的鉅著開始於他在一九二九年所撰寫的〈超現實主義：歐洲知識界的最後一瞥〉（Der Surrealismus. Die letzte Momentaufnahme der europäischen Intelligenz），而終結於他後來為法蘭克福學派的刊物《社會研究期刊》（*Die Zeitschrift für Sozialforschung*）所撰寫的那些論文。（在這裡，我對班雅明早期的著作——其中大部分都是零碎不全的文本——略而不談，即使這些著作在形式方面，已具備〈評歌德的小說《選擇性親近》〉〔Goethes Wahlverwandtschaften 〕〔192, 2〕這份他向來特別看重的長篇論文的雛形。）

如果將一九五五年出版的德文原版班雅明《文集》和一九六九年出版的《啟迪：班雅明文選》這份英譯本兩相對照、比較，可以讓我們獲益匪淺的話，觀察鄂蘭在編纂《啟迪：班雅明文選》時，排了哪些班雅明的著作，也同樣很有啟發性：《啟迪：班雅明文選》一書當然沒有收錄他早期的（「神學」）著作，也未收錄他許多探討文學的文章和評論（除了那三篇關於卡夫卡和翻譯的文章）；此外，《單行道》、〈破壞的性格〉（Der destruktive Charakter）這篇關於布萊希特和卡爾．克勞斯的政治歷史角色的評論，還有三篇他預先為

《採光廊街研究計畫》所撰寫的文章，即〈巴黎，一座十九世紀的都城〉、〈波特萊爾筆下第二帝國的巴黎〉（Das Paris des Second Empire bei Baudelaire）和〈中央公園〉，也未輯錄於其中。我們也會注意到，德文原版的《文集》和英譯版的《啟迪：班雅明文選》均未選用被公認為班雅明對於馬克思主義方法（a Marxist method）最符合正統論述的〈論愛德華・福克斯：收藏家暨歷史學家〉一文，而且這三位編纂者對於〈機械複製時代的藝術作品〉還存在其他版本的手稿一事，都渾然不知。還有，它們都勉強地把〈什麼是敘事劇場？〉（Was ist das epische Theater?）這篇班雅明闡述布萊希特戲劇的文章選入其中，而捨棄〈作者作為生產者〉這份班雅明在一九六〇年代最具影響力的文學理論文本，或許這是因為，阿多諾和鄂蘭這兩位編纂者都不贊同其中的內容。由於〈作者作為生產者〉篇幅不長，因此可能無法比〈對暴力的批判〉（Kritik der Gewalt；鄂蘭未選錄此篇）和〈譯者的任務〉（Die Aufgabe des Übersetzers）更有資格被視為班雅明寫作計畫裡的文章，而值得一提的是，後面這兩篇也對一九六〇年代發揮了重大的影響。還有，他早期撰寫的〈論語言之究竟以及人類的語言〉（Über Sprache überhaupt und über die Sprache des Menschen；寫於一九一六年，從未在生前發表）雖為他那些更富有神祕主義色彩的著作提供論述基礎，卻未獲得阿多諾和鄂蘭的青睞。這兩位猶太裔思想家都儘可能降低班雅明著作中的馬克思主義成分，而且都和其中的猶太教神學傳統，以及那些被奉為一九六〇年代政治傳統的思想內容，保持一定的距離。

雖然一共兩冊的德文原版班雅明《文集》早在一九五五年便已問世，但德國讀者大眾還不知道，收錄於德文原版《班雅明全集》第三冊的班雅明短文與評論，將隨著該書於一九七二年的出版，對德國的公共領域造成巨大衝擊。這部篇幅長達六百頁的著作收錄了數百篇班雅明為各類書籍所撰寫的、篇幅僅一、兩頁的書評，當時它的出版，就像一塊巨大的隕石，突然掉落在一些向來被視為具有較高價值的「文學」作品當中，而令人感到莫名其妙。班雅明這部評論性著作的問世讓我們清楚看到，比起各種文學意識形態和學術傾向的代表性作家，勤於筆耕的班雅明確實是一位很不一樣的文人。

如果我們接受書評（雖然它本身幾乎取決於強勢的、有條件的外部委託）是一種和日記（舉例來說，班雅明十分佩服法國作家紀德的日記，並認為它是二十世紀經典的日記作品）有關的文類或文體，並大膽地把（可以使班雅明呈現本身林林總總之智識關懷與個人習性的）書信這種現在已消失的文本形式，加入我們的關注清單裡，那麼，曾聲稱自己從未真正寫過一本書的班雅明，可能會以截然不同的形象出現，而且我們還可依據我們的關注清單而斷定，他甚至從未真正寫過一篇文章。

無論如何，班雅明的拼貼式寫作不只讓「可引用的句子」（以及格言箴句、警句雋語或歌德所謂的 aperçu（在瞬間瞥見時，所產生的內在精神與外在世界的融合））可被歸入他所創作的各種文類或「短篇形式」的著作裡，而且還擴增本身的著作目錄，並迫使文體本身承受它的「破壞性」。班雅明的拼貼式寫作已經證明，班雅明著作裡不只存在引文、涉及空間的文句、關於藝術的段落、一連串的高低音和「吸引力蒙太奇」，也存在失敗的文類和論述，以及探討中世紀的未完成文章，它們只會以「論題」、政治演說稿、宣言、札誌或日記的形態，散落在班雅明的著作裡。

此外，我們也不該忽視班雅明筆下的孩童的消遣和遊戲，以及班雅明曾經從事的廣播工作。他當時在電台為收音機旁的男女老少說故事，而他講述的內容似乎是一些非比尋常的敘事題材，也就是一些近、現代令人難忘的災難事件，例如一七五五年葡萄牙的「里斯本大地震」（Erdbeben von Lissabon）和一八七九年蘇格蘭的「泰河鐵橋崩塌災難」（Das Eisenbahnunglück am Tay）。不過我卻覺得，當時在電台述說這些故事的他，不像他在〈說故事的人：論尼古拉．列斯克夫的作品〉（Der Erzähler: Betrachtungen zum Werk Nikolai Lesskows）這篇精采的文章裡所描繪的那些（已隨著民間故事講述活動的消失而不復存在的）說故事高手，而比較像以文字敘述故事的人，尤其像莫泊桑（Guy de Maupassant, 1850-1893）、康拉德、毛姆（W. Somerset Maugham, 1874-1965）這類小說家。所以，故事的講述便從漂泊旅人自娛娛人的消遣活動，變成作家個人的文學創作（沙特在他的小說《嘔吐》（*La nausée*）裡，曾特別嚴厲地譴責某些作者，竟為了讓一群被他們俘虜的讀者普遍而絕對地推崇某種「經驗」，而以故事的撰述作為手段。）

然而，我們如果有機會像班雅明那樣，在電台講述國外發生的種種，便很容易感受到與他人分享異國經驗的樂趣。這些異國經驗的講述甚至含有許多令人愉悅的、布萊希特式的教導，例如一些關於歷史及航運經濟的題材（II, 646-8; VI, 447-8）[51]，它們往往是四處漂泊的旅人用來鍛鍊說故事技巧的素材。

舉例來說，班雅明會以新聞速寫的形式，寫下一篇關於義大利種種特色美食的短文，當然，他必定也會談到對於味道、吃食以及新穎的美食體驗的看法。但他在撰寫這類趣聞軼事（anecdotes）的同時，卻讓它們讀起來像一般的旅遊資訊：「我是怎麼知道這些的呢？」（II, 350；這位第一人稱的提問者並非他本人，而是專業導遊的化身。）不過，這種異國經驗的背景卻是空虛的；因此，旅行、獨自在異地、內心的無聊（「無聊是夢想之鳥，牠們會孵化出經驗之卵」〔III, 149; II, 446〕[52]或孤單（「無法與別人分享，會讓你多麼難過

51 譯註：請參照班雅明的〈西班牙一九三二年〉（Spanien 1932）一文。

52 譯註：出自班雅明的〈說故事的人：論尼古拉．列斯克夫的作品〉一文。

啊！」〔II, 360; IV, 376〕，猶如在一間法國咖啡館獨自用早餐這件複雜的事情）[53]所帶來的寂寞和空虛，便將異國的經驗，變成看得見的「經驗」。

但另一方面，班雅明令人驚奇的趣聞軼事，卻是人們在大肆地放縱自己，把無花果塞滿口袋，而後將它們送入自己的嘴裡，「然後達到味覺的巔峰……享受已完全變成習慣，習慣後來又徹底質變為惡習。這些無花果令我厭惡，我急於清除它們，擺脫它們，並讓自己和這些過熟的、已爆開的果實沒有關連。為了消滅它們，我把它們吃下去了！」（II, 359; IV, 375）。同樣地，在布萊希特為歌劇《瑪哈貢尼市的興衰》（*Aufstieg und Fall der Stadt Mahagonny*）所撰寫的劇本裡，劇中人物史密特（Jacob Schmidt）竟為了滿足自己的口腹之慾——既然金錢可以買到一切、並帶來幸福——而吃掉一整隻小牛犢（因而暴斃）！針對布萊希特這個充滿寓意的戲劇手法，我幾乎想從本體論的角度表示：布萊希特作品的戲劇性和唯物主義，其實就是班雅明著作中涉及人類心理的東西。我們都記得，班雅明已把人類心理的種種變成不容置辯的真理（「只有曾經又猛又急地大量吃下某種食物的人，才對該食物有真正的體驗。」），而他所寫下的趣聞軼事便成為這些真理的證明。

---

53 譯註：出自班雅明的〈食物〉（Essen）一文。

我們會認為，班雅明的書評其實如出一轍，都具有相同的表述形式，也都含有空虛無聊的寂寞感所產生的孤單經驗，以及已化為具體事件（這些事件後來又因為以讀者／聽眾為述說對象，而被轉化為趣聞軼事）的感官知覺。儘管如此，我們卻應該珍視他對書籍的大膽評論，因為，他正是憑藉這種態度，而把書評這種不起眼的文體，變成一首融合多重的聲部和音樂層次的交響曲、變成一場精湛呈現各種技巧（從適合初學者練習的簡單技巧，到卓越的專業技巧）的音樂演出。實際上，當我們一看到班雅明一九二八年發表於《法蘭克福日報》（*Frankfurter Zeitung*）的短文〈一年一度的美食市集：柏林食品展後記〉（Jahrmarkt des Essens. Epilog zur Berliner Ernährungsausstellung）（II, 135-9; IV, 527-32）時，就會感受到這篇文章——猶如小鎮的地方報對當地農夫市集的報導——所散發的吸引力，它也因此成為班雅明最精采的文章之一！不過，它引人入勝之處，不僅止於這場美食展本身那種怪異的大規模（似乎可和底特律西郊迪爾伯恩小鎮（Dearborn）的亨利・福特博物館匹敵）還在於班雅明依據本身對政治的領悟，而以平實低調、卻相當準確的方式所呈現的末世啟示錄。他透過書寫的能量所帶給他的樂趣，而興味盎然地建構這些文字片段，而且還跟其中出現的主題大力較量一番。

他最初從活動宣傳單上，觀察到食品展覽會、活動推廣和廣告藝術之間的關係，於是便著手敘述那些從一開始便以大人國（Brobdingnag）的驚人規模被「供奉」在攤位上的、堆積如山的食物（「統計數字的祭壇〔the altar of statistics〕上所擺放的、用來獻祭的棍狀麵包，其長度就相當於男人的身高」——後來班雅明在此文裡又重新提到這一點），並以這種獨特的方式，而從他相當喜愛的觀眾群——即兒童——對於這種怪異的食物堆積的反應裡自得其樂（「我完全沒有注意到極大量的東西對於科學的意義，不過，它們對於兒童的意義卻是顯而易見的！」）。

兒童園遊會的教導力指數（quotient of instruction）後來也出現在第二類觀眾——即（「不希望被『教導』的」）大眾——聚集的地方。兒童和大眾在這場食品展覽會看見大量的食物，其實是出於主辦者多少非同一般的、因為事先更有計畫而顯得十分機巧的意圖：他們知道，大眾「只會吸收帶有些許震驚效果的知識，畢竟震驚可以牢牢地把相關的知識體驗釘在他們的內心裡。他們在柏林食品展所遭遇的一連串災難（Katastrophen），正是他們接受教育的機會，而且在陰暗的帳篷裡，他們還對解剖學有了深刻的認識。」在這裡，課程都在暗中進行，食材的運輸都使用軌道，四周裝飾著「閃閃發亮的小燈泡，還有一些圖片說明不同季節的穀物栽種，或人體新陳代謝的過程。」此外，大眾還吸收到少量的歷史知識，「古代的埃及人、希臘人、羅馬人和日耳曼蠻族……在燈火通明處用餐，卻不吃也不喝，就像一群幽靈在午夜盛宴裡聚會。」與此同時，還有基督徒說明一些關於幼兒養育的利弊得失，包括惡劣的保姆「以奶瓶餵奶時，竟只顧著和身邊另一位該死的傢伙喋喋不休地交談，而讓懷中的幼兒頭部後仰地喝奶。這樣的場景足以讓任何惡魔興奮不已。」（這個展場設立的用意，可能是要監控和告誡負責督察孩子的工作人員，不該在會場裡喧嘩。）

無論如何，我們終將融入統計數字裡（我們周遭那些美好的景致已淪為食物生產和運輸的空間），我們可以「脫離我們最隱晦的那一面，也就是我們一無所知的第四度、或第五度空間，而獲得成功：成為標準的建立者。」我們所有的食物當然會變成「戰爭期間的食物」，而後再變成可怕的加工食品，此時「它們都被標上註冊商標，都迫於無處安身的事實，而逃入這個最後的語言避難所裡。」當今人類飲食的墮落似乎注定成為像班雅明這種「沉思者」（Grübler）的思考對象：班雅明在過時的瓦礫堆裡拾取含有寓言意義的碎塊和破片，並在人們「最初『擔保可以在戰時抵抗毒氣入侵體內』的那些食材裡」，撿起那些具有啟示性的「殘留物」。

食品展會場的軌道不是好預兆。班雅明把這篇文章及時發表在報紙上，以藉此預示沒有嗚咽哭號的世界末日的到來：「當世界已在這個地方被封住和釘死時，這場食品展對此地來說，倒是個不錯的模式」。這個班雅明版本的〈啟示錄〉（Apocalypse）[54]是由數字語言學（a numerical linguistics）靜悄悄地構成的：「我們看到重達六百五十公斤、總共十二袋的濃縮飼料，九百公斤的麥稈，兩千七百公斤、相當於兩輛馬車載運量的乾草，以及一萬一千公斤、可裝滿五輛大馬車的蕪菁。」假設班雅明仍然在世，而且親眼目睹現在的自動養雞場、為豬隻注射和餵食化學藥劑的養豬場，他將做何感想？這些禽畜的生存慘況，以及體內所積存的毒素，已遠比從前柏林食品展裡的食物和飼料注定被數算、注定要接受統計學規劃，還要更為糟糕！

班雅明對於自己未在這篇文章中把料理科學的終極形式推到頂點，感到相當遺憾，畢竟他沒有寫下漂流荒島的魯賓遜因為看見「人類的骨骸散落在那一大片沙灘上」而發現島上食人習俗的祕密這樣的內容。但是，他這種疏漏卻沒有減少已揚名立萬的柏林食品展本身的價值，也就是作為民眾教育之指標或作為——如果你要這麼說的話——文化革命方法之指標的價值。我們在他描繪的所有人物（興致勃勃的孩子、反應遲鈍的民眾、歷史的幽靈、聒噪不休的保姆，「未在會場巡視的醫療人員」，以及存在於歐洲和魯賓遜記憶裡的食人族）身上

54 譯註：〈啟示錄〉是《新約聖經》的最後一篇，其內容主要是預言未來將發生一連串毀滅性大災難的末世光景，以及救世主耶穌基督的再臨與審判。

所發現的東西，就是他本身謹慎遵守和衡量的那些必須不斷因應「社會再造」（social reproduction；不論是革命類型或保守類型的「社會再造」）需求的、導正社會和社會秩序的方式。他筆下的人物始終都是教育的對象：這是他和布萊希特在政治及美學上的類似性裡，也是他對教育的原初對象——即兒童本身——的關注裡，所存在的更深層的祕密。在他的眼裡，兒童和他們的玩具之間的真正關係不是享樂或消費，而是人們從事生產時所出現的那種愉悅之情。班雅明本身是遊蕩者，且似乎也是這間致力於集體教育和社會教育的學院的督察者。從這種雙重身份來看，他仍是個觀察者，只不過難以保持不偏不倚的立場。他也是時光旅人，來自未來那個彌賽亞再臨的末世。他個人會以怪異的形式表現自己的欣喜和樂趣，至於他那些推廣社會再造的教室，現今則在資本主義的隨機性裡，攻占了市中心的市集廣場。

第 3 章

宇宙

……那些被波特萊爾逐出其世界的星辰……（IV, 173; I, 670）

一

大家可能不太重視以下我對班雅明翻譯波特萊爾詩作的觀察，雖然我的觀察不僅基於班雅明對波特萊爾的解讀，還基於這位詩人對現代世界本身的評斷。無庸置疑，波特萊爾曾想像一個居高臨下的、「在天空近處」（auprès du ciel）的住處，以下分別是班雅明和美國詩人艾希伯里（John L. Ashbery, 1927-2017）對波特萊爾《惡之華》第二章〈巴黎風貌〉（Tableaux parisiens）的第一首詩作〈風景〉（Paysage）頭兩行的德文和英文翻譯：

Ich will um meinen Strophenbau zu läutern
Dicht unter Himmel ruhn gleich Sternenduetern.（IV, 23）[1][2]

1 譯註：其法文原文為 Je veux, pour composer chastement mes églogues, Coucher auprès du ciel, comme les astrologues.（為了純潔地創作我的牧歌，我願如占星師那般，躺臥在天空的近處。）

2 原註：班雅明翻譯的波特萊爾詩作〈風景〉收錄在《班雅明全集》（*Gesammelte Schriften*）第四冊第23頁。從他的德文譯文來看，他似乎未認真地譯介這首詩，以及《惡之華》第一章〈憂鬱與理想〉裡的詩作〈憂鬱之四〉（Spleen IV）。〈憂鬱之四〉的頭幾行，接下來我還會引用。關於〈風景〉這首詩的兩個英譯版本，即美國詩人艾希伯里和英國詩人富勒（Roy Fuller, 1912-1991）的英文翻譯，請參照 *Baudelair in English*, eds. C. Clark and R. Sykes, New York: Penguin, 1977, 第111頁和

為了精煉我的詩節結構，我願
像占星師那般，緊挨著天空的下方躺臥。

I want a bedroom near the sky, an astrologer's cave
Where I can fashion eclogues that are chaste and grave.

我想要一間接近天空的臥房，占星師的崖洞
在那裡，我可以創作純潔而莊重的牧歌。

艾希伯里在英譯波特萊爾這兩行詩句時，自行添入「崖洞」這個詞彙，以便強調波特萊爾創作此詩有一個比較不易被注意到的創作動機：儘可能遠離人類社會。一個居高臨下的房間似乎比街道更接近天上的星辰，但在惡劣的天氣下，它就和天空一樣，是人類所無法到達的。波特萊爾在這首詩裡繼續寫道：

第102頁。本書所引用的波特萊爾著作，請參照巴黎伽利瑪出版社「七星文庫」（Bibliothèque de la Pléiade）一共兩冊的《波特萊爾全集》（*Oeuvres Complètes*, Paris: Gallimard, 1975）。

當冬天帶著單調的白雪降臨時，
我將放下所有的百葉窗，拉上所有的門簾
以便在夜裡，建造我幻想的宮殿。

在這裡，遮蔽星辰的「天花板」其實取代了作為波特萊爾世界之外部界限的星辰：天空因為天氣變化而變成「低垂的天花板」，在這裡幾乎毫無隱喻性。這種「天花板」把街道本身變成了室內的、被圈圍起來的空間，而在此之前，街道則代表城市的整個戶外世界。波特萊爾在《惡之華》的〈憂鬱之四〉這首詩裡寫道：

Quand le ciel bas et lourd pèse comme un couvercle…

當沉重的天空垂落如蓋，
壓在久受厭倦折磨而呻吟的心頭，
並環抱整個地平線……[3]

3 譯註：英譯有疏漏之處，在此補上法文原文之中譯。

波特萊爾清楚地把這種始終令人窒息、且涉及空間的時間性（spatial temporality）和他同時代的倫敦作家狄更斯所描繪的迷濛霧氣區分開來。然而，在班雅明看來，正是這種時間性把城市性（the urban）變成城市（a city），也就是他的寫作生涯所企圖呈現的對象（他曾這麼描述清晨的馬賽：「這座城市已變成我手中的一本書。」〔I, 477; IV, 133〕[4]）。班雅明早年翻譯波特萊爾的詩作，主要集中在《惡之華》第二章〈巴黎風貌〉。班雅明認為葛奧格（Stefan Georg, 1868-1933；譯按：德國象徵主義詩人，也是但丁、莎士比亞和波特萊爾的譯者。）的《惡之華》德文翻譯相當出色，他尤其佩服葛奧格把第一章的章名Spleen et Idéal（憂鬱與理想）德譯為Trübsinn und Vergeistigung（憂鬱消沉與精神性之提升）。但葛奧格的德譯本缺少《惡之華》第二版所補入的第二章〈巴黎風貌〉，這便成為他譯介該章的動機。他經常開玩笑說，當時年紀尚輕的阿多諾是他唯一的門生，而阿多諾關於「室內」（Intérieur）的經典論述[5]，的確也體現了他個人對於這方面的思考[6]。阿多諾曾指出，在（譯按：代表資產階級內在主體性的）「室內」，資產階級的房間——作為一種閉鎖的空間

4 譯註：出自《單行道》裡的短文〈貨件：配送與包裝〉（Stückgut: Spedition und Verpackung）。

5 譯註：請參照阿多諾於一九三三年出版的《齊克果：美學的建構》（*Kierkegaard. Konstruktion des Ästhetischen*）一書。

6 譯註：也就是對於城市資產階級的居家室內空間的思考。

形式——和存在主義在生態上的親緣關係（ecological kinship），已戲劇性地揭穿了居住的主體乃源於其所居住的客體世界這個事實。對此，阿多諾寫道：「內在精神性（inwardness; Innerlichkeit）在私領域裡顯示著，人類生存的限制已擺脫物化（reification; Verdinglichung）的力量。然而，私領域本身……卻隸屬於社會結構。」[7]

實際上，房間對班雅明而言一直都很重要，它們彷彿就像立即收容被天使逐出伊甸園的亞當和夏娃、並為他們提供膳食服務的旅館。普魯斯特筆下的旅館房間當然是一種原型空間，而班雅明的柏林童年則在某種程度上，把德國首都的房間，變成一種只有歐洲典型的資產階級才有資格進行的空間性表達（spatial expression）。從另一方面來說，作為空間形式的房間仍可能被認為是一種十分古老的空間類型，直到晚近，這種觀念才受到科比意的「自由平面」（free plan; le plan libre）[8]的挑戰：閱讀班雅明論述城市的著作，已讓我們看到，房間對他來說，一直都是他探索城市的線索，也是他最仔細查驗的對象。當他發現只有在採

7 原註：請參照 T. W. Adorno, *Kierkegaard, Construction of the Aesthetic*（譯按：即 *Kierkegaard. Konstruktion des Ästhetischen.* 的英譯本），Minneapolis: University of Minnesota Press, 1987, 47.

8 譯註：科比意的「自由平面」概念強調，牆壁的位置應該取決於人們對空間的需求，而不再與承重的結構有關，如此才能創造出自由化的建築。

光廊街（譯按：既是室內，又是室外）的空間現象裡，才有可能組合「將城市視為房間」和「將房間轉化為城市本身」這兩個意象時，或許這就是他的城市觀察的巔峰。採光廊街之所以受到城市居民的歡迎，就在於它們不僅讓人們躲避戶外的風霜雪雨，還為人們提供採光良好的安全處所，這樣的空間當然不同於設有瓦斯路燈的街道。於是，採光廊街的「蓋子」、「天花板」便成為生活的便利性，而且也促進了採光廊街本身（作為充滿變化的城市景觀的縮影）的繁榮，正如阿拉貢（Louis Aragon, 1897-1982）[9]在《巴黎鄉巴佬》（*Le Paysan de Paris*）[10]裡，以毫無忌諱的諷刺筆觸所描繪的景象。

至於星辰，則是生活在室內的人所無法看見的。它們在布朗基最後一部著作《以星辰建構永恆》裡的意義，雖完全不同於波特萊爾詩作裡的星辰，卻不禁使我們回想起波特萊爾那些以星辰為主題的創作。班雅明在生前最後幾年經常想起，布朗基在此書裡對於永恆輪迴（eternal return; l'éternel retour; ewige Wiederkunft）的革命性論述，以及對於希望和命運的猶疑不定。這些星辰都是相同的，它們不斷重複著本身的一致性，「在波特萊爾的眼裡，天上的星辰就是一幅關於商品的猜謎畫（Vexierbild）。當星辰大量出現時，它們看起來始終是

---

9 譯註：法國超現實主義詩人暨藝術家，曾長期活躍於法國共產黨。

10 譯註：班雅明因為深受阿拉貢這部描述巴黎採光廊街的超現實主義著作的影響，而開始構思他的《採光廊街研究計畫》。

一樣的。」（IV, 164; I, 660）[11]不過，它們卻和《單行道》最後一篇短文〈通往天文館〉所提到的（譯按：古希臘人宇宙經驗裡的）星辰，有一定的差距。

如前所述，班雅明在〈通往天文館〉所談論的星辰再現了界限（limit）和分界線（boundary）的辯證。這類星辰的消失已成為現代人無法超越的界限，而當現代人更堅持不懈地沉思時，這個界限只會顯示為一道分界線。只有越過這道分界線，人們才能想像其他的東西，也就是另一個宇宙。

二

現世短暫存在的一切，不過是比喻罷了！

——歌德，《浮士德》第二部

在那座展示星辰圖片的天文館入口的台階上，班雅明仍一心想提醒我們，「現代人已經

11 譯註：出自班雅明的〈中央公園〉一文。

誤入危險的歧途，因為他們認為，這種經驗是無關緊要的，是可以迴避的，而且還任由個人把這種經驗當作本身對於美麗星空的嚮往。」（I, 486; IV, 147）

我們對星辰的經驗——如果我們還有機會觀賞星辰的話——不是視覺經驗，而是一種身體關係（a bodily relationship）；如果我們看不到星辰，那麼，我們對星辰的經驗就是視覺經驗，而不是一種身體關係。在〈通往天文館〉一文裡，班雅明把視覺性和可測量性聯想在一起：

> 古希臘人和現代人最顯著的不同，就在於前者熱衷於宇宙經驗的追求，而後者則對於該經驗幾乎一無所知。天文學在近代初期的蓬勃發展，已預示人類將會喪失本身的宇宙經驗。克卜勒（Johannes Kepler, 1571-1630）、哥白尼（Nicolaus Copernicus, 1473-1543）和布拉赫（Tycho de Brahe, 1546-1601）致力於天文學研究，當然不只受到內心想要探索科學的衝動的驅使。然而，當人們只強調本身和天文學迅速鎖定的目標——宇宙——之間的視覺關聯性（optische Verbundenheit）時，就會出現某種必將應驗的預兆。古希臘人則以不同的方式和宇宙互動，也就是讓自己處於恍惚迷醉之中（im Rausch）。（I, 486; IV, 146）

「恍惚迷醉」（Rausch）——這無疑是尼采率先提出的概念——其實和賀德林比較有關，而和波特萊爾比較無關。在賀德林的作品裡，所謂的「神聖的清醒」（heilige Nüchternheit）其實是一種幻想的醉態，而只有在這種醉態（班雅明所定義的「靈光」的早期形式）裡，我們才「同時確知那些距離自己最近和最遠的事物。」

緊接著，班雅明寫道：「這就表示，人類只能在集體中（in der Gemeinschaft）恍惚迷醉地和宇宙打交道。」這句子非常重要，因為它重新定義了人類在這種狀態下的身體位置。視覺及其相關的科學都是個人身體所具有的感官特性，因此也是現代性的表徵。身體當然是班雅明所信奉的唯物主義的核心，不過，我們將會看到，這種唯物主義不同於現在盛行的、帶有後結構主義觀點的唯物主義。無論如何，班雅明筆下那個宇宙，就是現代人已失落的史前史。他認為，我們現代人只能透過史前史所留下的痕跡——比如賀德林詩作的某些片斷——而重新和史前史產生連結。不過，班雅明也表示：「我們不太可能找到進入他那個獨一無二、且已完全整合之世界的入口。」（I, 24; II, 111）[12]

然而在我看來，人類卻是透過「相似性」（similitude; Gleichnis）的原理，而使自己的

12 譯註：出自班雅明的〈賀德林的兩首詩〉（Zwei Gedichte von Friedrich Hölderlin）一文。

身體和古希臘人的宇宙——那個仍存在著星辰及其星座的宇宙——產生連結。在這裡，我們便觸及一種創造性的觀點，而且我們可以用這種觀點，探索班雅明那些被認為富有神祕主義色彩的語言觀念，以及他有時會談論的基督教與猶太教的神學主題。我試著在這幾頁裡，儘量避免以不合時宜的比較方式，提及時下的後結構主義者的信念，但我在這裡要指出：傅柯（Michel Foucault, 1926-1984）在他那部受到詮釋學質疑的著作裡[13]抒情地頌揚（他這種態度就是該著作裡一個無法被預知的要素）歐洲中世紀／文藝復興時期對於宇宙浩瀚無限之比喻的「知識型」（épistémè）[14]，讓我們意外地發現一個完全無法預知的確證。波赫士（Jorge L. Borges Acevedo, 1899-1986）的文學作品，以及法國國家圖書館典藏的拉丁文醫學論文，都進一步強化這個涉及宇宙浩瀚無限之比喻的「知識型」，對此，傅柯寫道：「依據彼此的相似性而和某個空間產生連結，這種『便利性』（convenience）便把事物聚集在一起，並把相近的事物變成同一類。這個世界……的串聯和銜接就如同鏈條一般。每個環節既開始於、亦結束於環圈的交接點，而且都和它前後所串接的環圈相似：事物的比喻便經由一

13 譯註：即《詞與物：人文科學的考古學》（*Les Mots et les choses: une archéologie des sciences humaines*）一書。

14 譯註：傅柯所謂的「知識型」是指支配每個歷史時期的、深層次的知識形式，而且每個歷史時期都存在著一種不同於前期的「知識型」。

個個彼此相扣的環圈而得以延續，這不僅把極其不同的東西（上帝和物質）分隔開來，甚至還可以把它們聚集在一起，畢竟全能的上帝甚至在某些最不清醒的角落，也可以貫徹祂的意志。」[15]（傅柯可能對班雅明一無所知，既然我們在這裡可以把如此特殊的傅柯和班雅明這樣的人物對於相似性的看法相提並論，或許也可以一併討論波特萊爾的「通感」〔correspondances〕[16]概念。）

班雅明在〈相似性理論〉（Lehre vom Ähnlichen）一文（II, 694-8; II, 204-10）所談到的「相似性理論」和傅柯對「相似性」的論述，其實存在著更深層的親緣關係。這篇文章是他探討相似性最專注的「片斷」（fragment），他在該文的附言裡寫道：

---

15 原註：請參照 Foucault, *The Order of Things: An Archaeology of the Human Sciences*, New York: Vintage, 1994, 19.（譯按：這本書的法文原版和英譯版有不同的書名，中譯版的書名《詞與物：人文科學的考古學》是依照法文原版的翻譯。）傅柯這段論述還因為帕拉塞蘇斯（Paracelsus, 1493-1541）的「標記」（signatures）和班雅明的「相似性」（similitudes）這兩個概念的相近，而變得更為重要。（亦請參照 Ian Hacking, *The Emergence of Probability*, Cambridge: Cambridge University Press, 2006, 42）

16 譯註：「通感」是象徵主義文學的核心概念，意指大自然裡的各種形式，以及人的各種感覺之間所存在的相互呼應的關係，亦中譯為「照應」、「萬物照應」和「冥合」等。

我們所擁有的、看見相似性的能力，不過是我們從前激烈地強迫自己在模樣和言行上，必須和別人相似的微弱痕跡罷了！我們這種使自己和別人相似、而如今卻已喪失的能力，已遠遠超越我們這個狹隘的世界，也就是我們還能看見相似性的世界。數千年前，眾星誕生的那一刻在人類面前所顯現的狀態，已因為本身和人類的相似性，而被納入人類的存在裡。

除了幾個不同的用語之外，在概念上進一步區分「比喻」（similitude; Gleichnis）和一般常見的「相似性」（similarity; Ähnlichkeit）這兩個詞語，則是一種可行的做法。至於區分這兩個詞語的理由，我會繼續在本節裡說明：我們接下來將看到，相似性其實就是比喻的現代形式或「墮落」（fallen）形式。

我們可能很想把「比喻」這個已帶有既定訊息的詞彙，加入我們所認為的班雅明神學範疇裡，不過，「比喻」卻會讓這些神學範疇落入語言本身。畢竟語言的主題所帶給我們的誘惑之一，就是使我們主觀化（subjectivization），並讓想要管理外在世界的我們，傾向於——正如康德的觀點——把語言當作另一個可讓我們把本身的範疇系統，投射於外在世界的機制。即使班雅明接受命名的力量（power of naming）源自人類始祖亞當這個聖經的說法[17]，他仍然認為，人類是透過既有語言的使用來管理外在的世界。在我看來，班雅明這個見解更為客觀，因為，從語言的本體論來說，詞語已和本身所指涉的事物結合在一起，也就是說，我們使用詞語來描述詞語所指涉的客體之前，這些客體其實已向我們傳遞它們已帶有的訊息。

這兩個人們所面對的這種宇宙情況（cosmic situation）的特徵（譯按：即詞語及其指涉對象），主要是在表達比喻的客觀概念，而不是在表達比喻的主觀概念或心理概念。比喻的客觀概念乃強調人類對於宇宙的共同經驗或集體經驗，但這種宇宙經驗卻顯示，本身的復興受到現代人的個別性的阻礙。至於比喻的主觀概念或心理概念，則由班雅明獨特的歷史視像（vision of history）裡的比喻來闡揚。在後面的章節裡，我們有必要讓班雅明這種獨特的歷史視像，擺脫人們向來對他所謂的「辯證意象」的誤解。

現在我們還必須處理班雅明所遭受的另一個誤解，一個由當代著名思想家阿多諾所傳播和強化的誤解，雖然班雅明有時會以略帶言外之意的口吻，稱阿多諾為自己的門生（至於像

17 譯註：請參照《舊約．創世記》第二章第十九、二十節。上帝創造亞當後，便把地上的走獸和空中的飛鳥一一帶到他的面前，讓他「命名」，而這也是亞當所接受的第一件任務。

布洛赫〔Ernst Bloch, 1885-1977〕[18]和史騰貝爾格〔Dolf Sternberger, 1907-1989〕[19]這些門生，他則傾向於在不安的憤怒裡，抨擊他們對他的著作的剽竊抄襲）。阿多諾確實曾採借班雅明的「摹仿」（mimesis; Mimesis; Nachahmung）主題，並使它成為他的《啟蒙的辯證》的人類學論述（雖然只是局部的分析）的重要基礎，儘管其中的內容晦澀難解。他在《啟蒙的辯證》這本和霍克海默合撰的著作裡，力圖使「摹仿」成為頑強存在的「摹仿衝動」（mimetic impulse; Nachahmungstrieb），從而打造出一個關於尚未成形的人類本質的理論。不過，總的來說，不論我們如何看待班雅明的「摹仿」這個頗有問題的哲學假設，不論我們會多麼強烈地批判班雅明在著作裡對於「摹仿」概念的使用，我們都應該先釐清這個概念，也就是先把它明確化。

在班雅明的「摹仿」概念裡，既沒有相似性的營造，也沒有姿勢的仿效（imitation; Imitation）。它既不涉及審美，也不是遊戲本能（instinct of play）的表達。作為一種「非感

18 譯註：德國猶太裔馬克思主義哲學家，與盧卡奇、班雅明、布萊希特和阿多諾私交甚篤。

19 譯註：德國政治哲學家，曾依據本身慘痛的納粹經驗，而在二戰後提出著名的「憲政愛國主義」（Verfassungspatriotismus），即德國人民道德身分的重建，應該以重視憲法的民主、自由和法治原則為基礎。

官所察知的相似性」（non-sensuous similitude; unsinnliche Ähnlichkeit）[20]，「摹仿」其實是語言的起源。因此，班雅明便把「摹仿」概念本身那種弔詭的、甚至可能刻意自相矛盾的定義，用來標示詞語和它們所指涉之事物的關係。換言之，「摹仿」概念對班雅明來說，毫無視覺成分，而且不適用於具有標準性、尤其不適用於具有相似性的東西。促使他把這種語言的個殊觀點（idiosyncratic view）和人類在原初宇宙裡的身體狀態關聯在一起的東西，無疑是他這個相關的信念：「經驗」在本質上是一種「人類已吞食的」（einverleibt）東西，也就是已被人類身體（Leib）消化吸收的東西。

傅柯提出的、和隱喻有關的「知識型」（Foucauldian metaphoric episteme）所造成的影響，促使人們四處尋求班雅明曾經關注的東西。在這些班雅明的關注裡，例如在他感興趣的占星學或筆跡學裡，我們可以發現，這個世界某些表面不相關的向度，存在著隱晦的一致性。當我們知道班雅明本身是一位訓練有素的筆跡學專家時，可能會大吃一驚。班雅明在筆跡學裡，發展出對象形文字的愛好，這其實和他的身體習性本身（habits of the body itself）密切相關。哲學家克拉格斯——我們即將在本書裡一併探討他與榮格的思想——是威瑪共和

---

20 譯註：作者在英文原著第196頁，將 unsinnliche Ähnlichkeit（非感官所察知的相似性）英譯為 non-sensuous similarity，前後不一。

時期強調人類之非理性的代表人物，也是創立筆跡學這門「學科」的理論家。不過，在偏重理性啟蒙思想的知識分子眼裡，班雅明對筆跡學的鑽研是有問題的。（後來霍克海默在納粹時期還敦促班雅明，撰寫一篇分析克拉格斯和榮格思想的論文，好讓班雅明可以和他們保持距離，同時又能使他釐清本身那種和宇宙維持著備受質疑的「神話式」關係的立場。）

班雅明用來傳達本身觀點的敘事形式，以及他在〈相似性理論〉裡所傳達的興盛衰敗和現代社會惡化的這些意義，必然促使人們以神話和懷舊的意義來解讀他的觀點：

> 大家都知道，人類從前那個似乎受制於相似性法則的生活圈，遠比現在的範圍更廣大。它既是小宇宙，也是大宇宙……關於現代人，我們仍可以這麼主張：在日常生活中，現代人有意識地察覺到相似性的情況，若和他們無意識地受制於相似性的那些多不勝數的情況相比，實在微不足道。（II, 694; II, 205）

在面對班雅明如謎般難以確知的、以戲劇性方式（和寓言方式）進行比喻的「辯證意象」概念之前，我們根本無法評斷，比喻在班雅明的社會與歷史思想裡，究竟占有多少分量。還有，班雅明在召喚那個失落的、猶如樂園般的世界時，「起源」也在其中徘迴縈繞，此時我們應該記住，班雅明顯然把「起源」視為「本質」。他認為，起源和現象學有關，而和人類的歷史年表無關（不論班雅明在其他方面，曾對現象學有什麼異議，現象學本身其實已被海德格扭曲，並已被他納入班雅明同樣無法接受的本體論裡）。至於班雅明語言「理論」的某種東西，顯然源自於德國浪漫派，尤其源自於施雷格爾對視覺的評論：

……施雷格爾的思考方式和許多神秘主義者不同的地方，就在於他對形象的鮮明生動（Anschaulichkeit）不感興趣；他的思考不會憑藉智識和具象的直觀（intellektuelle Anschauungen）以及出神恍惚的狀態，而是尋求……一種系統的、無關於形象鮮明生動的直覺（Intuition）。正是在語言裡，他找到了這種直覺。施雷格爾的思考活動發生在專門用語（Terminologie）裡，而不是在推論（Diskursivität）和形象的鮮明生動當中。對他來說，專門用語——概念——含有系統的萌發點（Keim des Systems），因此，無異於已預先形成的系統本身。施雷格爾的思考是一種絕對的思考，即語言性質的思考。（I, 139-40; I, 47）[21]

21 譯註：出自班雅明的博士論文《德國浪漫派的藝術批評概念》。

「專門用語」在這裡代表詞語和名稱的首要性（primacy），而命名則是班雅明早期思索語言的核心。「『擁有若干名稱對觀念來說，是有利的。』」[22]，他引用施雷格爾這句話，已充分反映出他獨特的語言思想（I, 140; I, 48）。此外，施雷格爾也影響了馬拉美這個觀念：所有具體的、早期的或「國族的」語言都源自於原初語言（Ur-language; Ursprache），而且其中許多都是原初語言的衍生物和近似物：

> 語言的不完美就在於本身的多樣性，所以，盡善盡美的語言並不存在：思考是一種缺乏裝飾、甚至缺乏輕聲低語的寫作。永恆不朽的詞語依然默不作聲；在這個世界上，慣用語因為本身獨特的印記，其多樣性便使得每個人都無法說出原本可以立即將真理具體化的詞語。（I, 259; IV, 17）[23]

我傾向於認為，班雅明援引馬拉美這段話裡的「依然默不作聲」，隱約證實了班雅明對

---

22 原註：班雅明青年時期深受馬爾堡學派柯恩教授的影響。柯恩曾談到，一個詞語最好擁有許多含義。由此可見，他對語言的看法不是來自施雷格爾這句話，就是柯恩這句話的擴充版。

23 譯註：出自班雅明的〈譯者的任務〉一文。

於無言或無表達的耽溺。無論如何，「原初語言」的觀念就是班雅明翻譯理論的核心。[24]

就班雅明而言，翻譯遠不只是一種涉及兩種語言的過程，它也和兩種語言之間的第三存在體（entity）有關，即語言本身。歷史上重要的、以及曾短暫存在的古語都有分於（participate）語言本身，就像它們有分於柏拉圖的「理型」一樣。班雅明的思想如果含有任何柏拉圖主義的成分（正如人們在閱讀《德國哀劇的起源》那篇頗有爭議的〈含有知識論批判性的序文〉時，往往受到他的引導而產生這種看法），那應該就存在於他對現象世界的抽象化裡，也就是存在於他使現象世界有分於（participate; methexis）柏拉圖的「理型」當中。不過，班雅明的「觀念」（ideas; Ideen）比較接近現象學的本質，因此不是觀念論傳統（idealist tradition）的那種具體的抽象化（reified abstractions）。班雅明的「觀念」斷斷續續地掌握了具體的事物，也就是那個散亂而「墮落」的、被我們稱為「現代」（或「資本主義」）的世界裡眾多互不相關的現象。

另一方面，原初語言也位於班雅明個人獨特的「摹仿」概念的核心，因此，我們將在後面檢驗原初語言的原動力。如前所述，「摹仿」的原初形式（不論「摹仿」後來和複製之類

24 原註：為了說明我這個看法有助於具體的語言實踐，而非形而上的空想，請參照《翻譯波特萊爾》（Clive Scott, *Translating Baudelaire*, Exester: Exester Press, 2000）這部傑出的著作，尤其是其中第二章。

的事物有什麼關係），就是一種「非感官所察知的相似性」，也就是兩個存在模式完全不同之存在體的相似性，例如詞語與其所指涉之事物的相似性。在原初語言裡，事物會表達其自身，因為事物正是其名稱本身，而名稱則是對於事物的摹仿。班雅明在那些本質上和聖經有關的論述裡，對於名稱之摹仿性的一切表達，似乎已顯示出他在這方面的思考，就我們（和班雅明）對詞語的觀念而言，即是一種「神學的」思考。因此，班雅明針對人類從原初語言墜入本身實際使用的、短暫存在的語言一事，所提出的「墮落」（a fall; Fall）概念，便彰顯出他所使用的「神學」符碼在敘事上的優點。班雅明對於語言的思索之所以能脫離形上學或觀念論，正是因為他在那篇針對《舊約．創世記》的評論裡的思考方式，也就是他寫於一九一六年的文章〈論語言之究竟以及人類的語言〉（這篇評論和他早期的其他著作一樣，從未完成，更遑論在生前發表。）不過，此文的內容無關於神話和宗教，而是涉及他對現代人所使用的語言——專門用來溝通的、只作為媒介的語言——的比喻。

我們現在必須把這場論述變成一場針對人類後來疏離原初語言的探討。人類始祖「亞當和夏娃因犯下原罪而墮落」的那一刻[25]，首先所失去的就是名稱和無名稱（the name and the

25 譯註：在班雅明的語言理論裡，亞當和夏娃違背上帝的命令，吃了分別善惡樹的果子，而被逐出伊甸園後，他們所使用的原初語言，也就此淪為一種具有判斷性和溝通功能的語言。

nameless）的辯證，「人類語言裡的名稱因而不再完整如初。」此後，人類語言便成為一種溝通工具，原初語言的「詞語」就此淪為符號，所以，語言使用所凸顯出來的，不是作為表達媒介的語言本身，而是人類使用當地語言所表達的語句內容。班雅明甚至認為，人們以詞語所言說的內容，和齊克果所謂的 Geschwätz（prattle；閒話）有關，而海德格所提出的 Gerede（閒聊；「人們」的、具有大眾特性之人〔Massenmensch〕的、群眾的、現代人的、媒體的說三道四）這個近義詞，則源自於齊克果的 Geschwätz。

人類因為始祖亞當和夏娃的墮落而獲致的原罪，具有三重意義，而且和語言本質息息相關……：當人類離開名稱的純粹語言（the pure language of name; die reine Sprache des Namens）後，便把（譯按：原本具有創造性的）語言變成一種工具，如此一來，部分的語言無論如何都會變成純粹的符號，而這也導致大部分的語言後來也變成純粹的符號。第二重意義則是：為了彌補始祖的墮落損害了名稱（譯按：與事物同一）的直接性（immediacy; Unmittelbarkeit），人類語言於是出現了新的演變，即判斷性魔力（magic of judgement; Magie des Urteils）的產生，但人類語言也因而無法幸福圓滿地安於本身的存在。至於第三重意義，我們也許可以大膽地推測：在人類始祖的墮落裡，我們應該還可以找到語言抽象化——作為人類語言能力的

一種——的源頭。（I, 71-2; II, 153-4）[26]

班雅明所敘述的這些關鍵性的語言演變，使我們可以把他這種猶如神學般的論述，轉化為更具世俗性和明確性的符碼，而它們既是李維史陀所謂的「野性的思維」的符碼，也是辯證的符碼。此二者均可被理解為某種對於我們這個時代普遍面臨的歷史危機的回應（某種和阿多諾的唯名論〔nominalism〕概念也密切相關的東西）；從這方面來看，此二者顯然已在社會和政治方面，造成各種各樣的影響，而且對於當今的（或後現代的）時代更為重要。

首先，我要探討人類語言因為原罪而帶有的第二重意義。我認為，人類語言在人類墮落後所產生的判斷性，意味著倫理的二元性，也就是善惡的區分。然而，對人類語言尚未墮落前的一切事物來說，善惡的區分就隱含在事物裡，而非在外在的「判斷」裡：墮落的人類語言，如果要從判斷所必要的道德化解放出來，就必須採取辯證法，或史賓諾沙所提出的第三種途徑（third way）（以當今的觀點來看，就是適當地掌握和歷史有關的東西，也就是將判斷的倫理和道德化排除於歷史之外，而只掌握歷史的必要性）。由此可見，對事物做出善惡

26 譯註：出自班雅明的〈論語言之究竟以及人類的語言〉一文。

的道德化判斷，不啻為人類因使用墮落的語言所招致的沉淪。如果我們要以不帶判斷的方式來理解事物，就應該領會尼采「超越善惡」的指示所蘊含的哲學意義（尼采的「超越善惡」是一種對歷史性（historicity）的召喚，而非贊同人們為所欲為的邪惡和傷風敗俗，這一點應該毋須多言。）

現在我們可以一併討論班雅明所舉出的、人類語言因為人類墮落而帶有的第一重和第三重意義：對語言之抽象性和普遍工具性的拒絕，可以讓我們回到「野性的思維」。這是一種沒有抽象化的思考，而且思考的對象本身必然具有雙重指涉，就像數學的集合（a mathematical set）同時指涉本身含有的若干元素一樣。舉例言之，橡葉同時指涉橡樹這個生物分類學裡的物種，以及人們普遍觀念裡的葉子。由此可見，個別語言所存在的環境本來就會表達其自身，一如李維史陀對欽西安人（the Tsimshian）[27]的〈阿斯迪瓦爾武功詩〉（La gesta de Asdiwal）的解讀所呈現的情況。

班雅明既然提到像「亞當和夏娃因犯下原罪而墮落」這樣的傳奇事件，似乎至少必須在表面上，承認傳統神學的存在。然而，我卻想透過我在本書後面對班雅明個人所特有的歷史

27 譯註：加拿大太平洋沿岸地區的印第安族群。

觀點的探討——其史觀之特徵就是「歷史時期無過渡階段的斷然劃分」（periodization without transitions）——而使自己不必向傳統神學妥協。班雅明的歷史觀點是一種盛行於二十世紀初期的批判性假設（主要源自於柏格森思想，這一點無庸置疑），屬於一種雙重時間標準（temporal double standard）。依據這種雙重標準，我們一方面在表面的、可量度的「線性」時間裡，過著一般的日常生活，但有時我們也會窺見那種更深層的、主宰著人類生活本身的、斷開歷史連續體的「並時性的」（synchronic; synchronisch）[28]時間。前者屬於敘事的線性順序和因果關係，被班雅明貶斥為一種「同質的」（homogeneous）時間；至於後者則屬於班雅明所謂的「無過渡階段的歷史時期」和「辯證意象」。當然，亞當和夏娃犯下原罪的墮落似乎屬於前後相繼發生之事件的範疇（也就是界定線性同質之時間的範疇）而且前後相繼發生的事件，似乎可以彰顯出從前尚未墮落的、充滿相似性和一致性的宇宙，演變成我們現在這個逐漸沉淪的世界這種轉變過程的特徵。實際上，我們——或至少班雅明——在概念上，無法克服這種雙重時間標準的矛盾。但我認為，我們最好把「亞當和夏娃

---

28 譯註：無關歷史之前因後果、而在不同時期出現有意義之巧合的「並時性」（synchronicity; Synchronizität）乃相對於在歷史連續體裡持續演變的「貫時性」（diachronicity; Diachronizität）而言，它們分別代表「時間的斷裂性」和「時間的連續性」這兩種對立的時間觀。

因犯下原罪而墮落」這個「概念」當作線性同質之時間裡的一個分界點，也就是區分先後兩個互不連貫、且無法比較的系統——即中間沒有過渡階段的兩個時期——的分界點，而不要把它當作屬於任一系統或任一時期的事件。換言之，「亞當和夏娃因犯下原罪而墮落」所涉及的雙重時間標準的結構性矛盾就在於，它既是一起事件，也是把普遍的、含有前後相繼發生之事件的時間領域，和另一種截然不同的時間性區隔開來的分界點。

三

然而，在班雅明看來，從前那個尚未墮落、且充滿相似性與相同性之世界的宇宙，其視像的另一面卻更黑暗。它應該就是人類的遠古時代（the archaic），即神話的世界。「神話」（myth; Mythos）這個詞語在班雅明的著作裡，不具有「敘事或故事」這個希臘文原義，而是意指充斥著罪惡、宿命與厄運的世界（法蘭克福學派亦沿用班雅明對「神話」的定義），幸好古希臘文明本身（以及班雅明個人對於古希臘悲劇獨特的闡釋）可以使我們超越該世界，而從中獲得解脫。

因此，人類遠古的史前史應可區分為宇宙和神話這兩種不同的形式，或同時具有宇宙正面的、和神話負面的樣貌。班雅明從未處理史前史的問題，不過，他在構思上述那篇批判榮格和克拉格斯、卻未提筆撰寫的文章時，曾面對這個問題。所幸的是，他在〈論巴霍芬〉（Johann Jakob Bachofen）這篇論述精采、卻被忽視的文章裡，詳細說明了人類史前社會普遍的演變，而巴霍芬（Johann Jakob Bachofen, 1815-1887）[29]就是「母權制」概念以及遠古初民時代母系社會理論的創始者。馬克思主義者向來對原始社會抱持複雜而矛盾的態度，這種情況也出現在被譽為「人類學鼻祖」（依據李維史陀的說法）和「馬克思主義人類學之父」的摩根（Frederick Lewis Morgan, 1818-1881）[30]身上。摩根在印第安易洛魁聯盟的研究裡，喚起人類英勇的史前時代——被恩格斯（Friedrich Engels, 1820-1895）稱為「軍事民主制」（military democracy）——其實只是為了揭示這個史前烏托邦時代背後所存在的一場更可怕的、社會混亂的惡夢：「驚人的雜交亂婚！」身為維多利亞時代規矩正派的人士，摩根會留意這個印第安社會所欠缺的亂倫禁忌的機制；自從摩根出版易洛魁民族誌後，西方左派

29 譯註：瑞士法學家暨人類學家，以一八六一年發表的《母權論》（*Das Mutterrecht*）著稱。他在這部著作裡，論證人類社會從群婚制到對偶婚制、從母權到父權的演進，而為現代社會人類學奠下了重要的基礎。

30 譯註：美國律師暨人類學家。他對親屬關係、社會結構和社會演化的研究，為北美洲東北部使用易洛魁語的印第安部落聯盟（the Iroquois confederation）撰寫的民族誌，都是重要的人類學著作。

分子便深深陷於這種倫理的二元性：他們不是傾向於把原始的採集狩獵社會烏托邦化，就是譴責部落社會有系統地依照年齡和性別來壓迫其成員。依據班雅明的看法，我們或許可以把部落社會對成員的分類視為一種負面的「判斷」，並將這種分類歸因於種種極其不同的歷史敘事的局部重疊。班雅明當時把巴霍芬所探討的母系社會，當作人類社會演化中那個（譯按：介於雜交亂婚階段和父系社會階段之間的）失落的環節（missing link），並全力說明其運作方式。至於被巴霍芬的「母權制」概念戲劇化的、原始社會的共產主義，不僅對法西斯主義的神話思維具有吸引力，也對「馬克思主義思想家具有幾乎相同的吸引力。」（III, 12; II, 220）

巴霍芬對人類遠古社會所提出的分析，已使本身成為更確鑿的馬克思主義理論家，而且還在維柯（Giambattista Vico,1668-1744）的人類社會法制歷史三階段論[31]盛行的時代，發揮了強大的影響力。至於傅柯的知識型所表達的和諧宇宙論，在這裡便藉由「地府鬼神」（the chthonic）的觀念，以及人類身體仍以原始方式和土地的親近，而跟人類那個法律尚未存在與形成的遠古時代結合在一起，從而喚起一種「不致於痛哭流涕的創造」（unbeweinte

31 譯註：義大利歷史哲學家暨法學家，曾主張世界上所有民族的發展，都必須經過「神的時代」、「英雄的時代」和「人的時代」這三個階段，而它們所對應的法政體制分別是「氏族公社」、「貴族政體」和「君主獨裁政體」。

Schöpfung）。這種創造留下了墓碑、界碑以及「建構聖物（res sacrae）之統一體」（III, 14; II, 221）的城牆這些有形物質的痕跡。當時人們對母系社會熱烈的辯論已顯示出，巴霍芬這個看似純粹的歷史理論，已在許多個人的內心引起共鳴，而且似乎還表明，母系社會確實曾經存在。正如法西斯主義先驅克拉格斯和無政府主義者雷克呂斯（Elisée Reclus, 1830-1905）所代表的兩種不同的譜系所指出的，以歷史時期的截然劃分——尤其是一開始採取歷史之連貫性或不連貫性的觀點——處理原始社會的材料，會改變我們對史前時代的正、負向性的認知。

但班雅明在威瑪共和時期，對人類遠古時代做出更為決定性的判斷，這一點則毋庸置疑。班雅明對遠古時代的探究，促使他進一步斟酌另一個概念，也就是「倒退現象」（phenomenon of regression）這個精神分析學概念。不過，班雅明對遠古時代的探究也帶有被誤解的風險：就像人們對筆跡學的興趣會被認為是對它的認可一樣，人們對高效率現代文化所殘留的神話痕跡的熱切關注，也往往被認為是對神話的贊同。此外，神話對現代性和資本主義的抵拒，就像共產主義和法西斯主義之間的差異那般，是人們難以估量的。

關於文化裡的神話性，人類的過往本身至少帶給我們一個有趣的解決方式：對那些陰鬱的、揭示封建貴族體制逐漸走向衰亡之命運的神話來說，農民所講述的、其願望所賴以實現的童話（fairy tale; Märchen），正是一種補償性選擇。童話講述者類似於「說故事者」，而童話也類似於一切文學性未充分發展的非寫實經典作品——從黑倍爾（Johann Peter Hebel, 1760-1826）[32]為月曆本《萊茵地區家庭之友》（*Rheinländischer Hausfreund*）所撰寫的那些短篇故事（這些故事在盧卡奇眼裡，可能只是二流的敘事詩體式〔epic forms〕，而它們也許是海德格會關注的對象），一直到薛爾巴特（Paul K. W. Scheerbart, 1863-1915）[33]風格奇異（當然和作者所提倡的現代建築有關）的烏托邦科幻小說《夢想家雷薩本迪歐》（*Lésabendio*）等。而在這些相似性裡，我們恰恰可以發現班雅明對於敘事的關注（與此同時，蒲洛普學派〔Propp School〕[34]的敘事分析正在蘇聯展開。）雖然我們這個時代已重新恢復童話的理論性研究，但研究者卻比較著重童話的敘事分析（蒲洛普的敘事分析雖是當時的學術時尚，後來也成為故事分析的原型，但班雅明卻對其無所知悉），而非其中的烏托邦

---

32 譯註：十八、十九世紀之交的德國方言詩人暨短篇故事作家。

33 譯註：德國畫家暨幻想小說家。班雅明在〈巴黎，一座十九世紀的都城〉一文裡談到：「薛爾巴特曾在一九一四年發表《玻璃建築》（*Glassarchitektur*）一書，而玻璃這種材質在這部著作裡，還跟烏托邦有關。」請參照《機械複製時代的藝術作品：班雅明精選集》，頁74。

34 譯註：蘇聯民俗學家蒲洛普（Vladimir Propp, 1895-1970）以分析俄羅斯民間故事著稱，而後受其影響的一群學者則被稱為「蒲洛普學派」。

主義所必然隱含的農民階級之分析。我們可以瞥見，這裡潛藏著一種新的、基於階級鬥爭而生的文類分析（敘事詩對抗童話）之可能性，它最終並未發展出來，主要是因為世界各地的農民階級，最終與封建地主一同消失在後現代性（postmodernity）中而不復存在。遺憾的是，班雅明始終無法從《採光廊街研究計畫》的寫作中抽身，去展開在童話領域的研究。

（以上我的論述並非暗示，班雅明在著作裡完全將長篇敘事詩〔the epic; die Epik〕當作已消失的文類來處理。此外，還有一點始終值得提醒不懂德文的讀者：Epik〔長篇敘事詩〕在德文裡已被簡化為它的形容詞episch，而這個詞語確實與英文的narrative〔敘事的〕同義。因此，布萊希特的episches Theater已無關於傳統的長篇敘事詩〔Epik〕所刻劃的英勇戰鬥和傳奇功業，而是一種跟既有之「戲劇」種類對立的"narrative" theater〔敘事的劇場〕。）

「倒退」（regression）概念對於評估班雅明的著作而言，遠比其他概念更為重要，因為它在現代史裡，已取代了「非理性」這個備受啟蒙運動影響的知識論概念：在此，如果我們把班雅明思想，和後來法蘭克福學派思想家霍克海默和阿多諾合著之《啟蒙的辯證》裡對班雅明思想的討論，這兩者區別開來，便可以更清楚地看到「非理性」概念已被「倒退」概念所取代。不過，班雅明和霍克海默／阿多諾這個雙人組，卻仍陷於資產階級的啟蒙運動所倡導的意識形態裡，因此，他們的論述仍無法跳脫理性與非理性（或迷信）鮮明對立的思維框架。我曾在其他地方談到，人類學和哈伯瑪斯對我們這個時代的理性與溝通的強調，已宰制了人們從前藏匿理性與溝通以外的東西的一切領域（隱藏於其中的，不只是宗教或前現代的〔premodern〕信念，還有瘋狂、沉迷、犯罪、「偏差異常」、服用麻醉劑後的狀態，以及被排斥的少數者的想法），這種情況也讓「非理性」這個詞語的使用具有爭議性。用「非理性」來論述希特勒執政時期，當然有足夠的說服力，但若在其他的政治脈絡裡使用這個概念，確實會形成某種排他性，因此，無法再適用於這方面的論辯。至於作為「歷史視像」的「遠古時代」概念則是班雅明的智識軍械庫裡基本的庫存品，需要謹慎地使用。

班雅明探知並抨擊人類之倒退的判斷，正是他的意識形態分析的主要形式（他在其他方面，不常使用「意識形態」這個詞彙）。舉例來說，他曾用「倒退」來界定與其相反的正面事物，或那些屬於「進步」的正面詞語。「進步」在班雅明美學裡占有十分重要的地位，因此，我們將在後面的討論裡，把他的〈作者作為生產者〉一文解讀為他選擇性地召喚仍被我們稱作「現代主義」的東西。實際上，當時典型的（鼓吹「創新」的）現代主義的歷史性已在媒體研究的領域裡，被「進步」概念大幅取代，而且我們將會看到，「進步」概念的使用，確實需要考慮相關的生產關係和生產力。

無論如何，一些用來探知倒退和反動是否存在的、帶有意識形態的偵測性工具，在左派分子的眼裡，反而是在為人們恢復「非理性」的意圖效勞。這些工具往往因為本身必須參與考古學，必須關注本身所檢驗的對象（筆跡學！占星術！）而受到這些左派分子的質疑。

左派分子的主體及其客體對象所充斥的不確定性，在他們對夢之古老性（archaism of the dream）的興趣裡最為顯而易見，也最具有潛在的破壞力。後來超現實主義者便迅速將夢提升為當時最「進步」的藝術生產模式的素材，而就在超現實主義蓬勃發展的時期，班雅明似乎曾斷斷續續地寫下自己的夢境（後來阿多諾也跟著記錄自己的夢境，並且比班雅明更有紀律和系統性），而且也用這種應該為自身經驗留下文字記載的態度，記述自己服用麻醉劑之後所看到的幻象。[35]至少在毒品致幻的體驗上，班雅明不需要跟隨超現實主義者（無論如何，就我所知，布賀東〔André Breton, 1896-1966〕曾嚴禁使用興奮劑從事藝術創作。基於補償的心理，他對創作者不使用毒品的藝術創作所抱持的寬容，遠遠勝過班雅明對人們拒絕神祕事物的寬容），因為，諸如波特萊爾[36]和德．昆西（Thomas P. de Quincy, 1785-1859）[37]，

35 譯註：從一九二七年到一九三四年這段時期，班雅明曾多次以親身實驗的態度，和友人一起吸食毒品，並留下相關紀錄和論述。這些文稿直到他身故後才集結出版，即《論大麻》（*Über Haschisch*）一書。

36 譯註：波特萊爾曾在〈論酒與大麻〉（Du vin et du haschisch）和〈人造天堂：鴉片與大麻〉（Les Paradis Artificiels: Opium et Haschisch）這兩部作品裡，描述麻醉品對自己所造成的影響。

37 譯註：英國散文家德．昆西曾根據自身吸食鴉片的經驗，寫下《一位英格蘭鴉片吸食者的自白》（*Confessions of an English Opium-Eater*）。

早已是他仿效的榜樣。

班雅明雖曾殫思竭慮地將夢境和毒品的迷幻體驗，轉變成他所謂的「幻象」這個一般的文化範疇，不過，他對毒品和夢的興趣在我看來已經不大對勁。我覺得，這是班雅明錯誤的一步，而德勒茲可能會認為班雅明所謂的「幻象」是個「不恰當的概念」。在本書第七章〈一流的德國文學評論家〉裡，我們還會進一步檢視這一點。我相信，屆時我們可以在班雅明對「唯美主義」詳盡的診斷（diagnosis）裡，找到一個更令人滿意的、可代替「幻象」的範疇。

班雅明對審美——也就是對美好表象（beautiful appearance; schöner

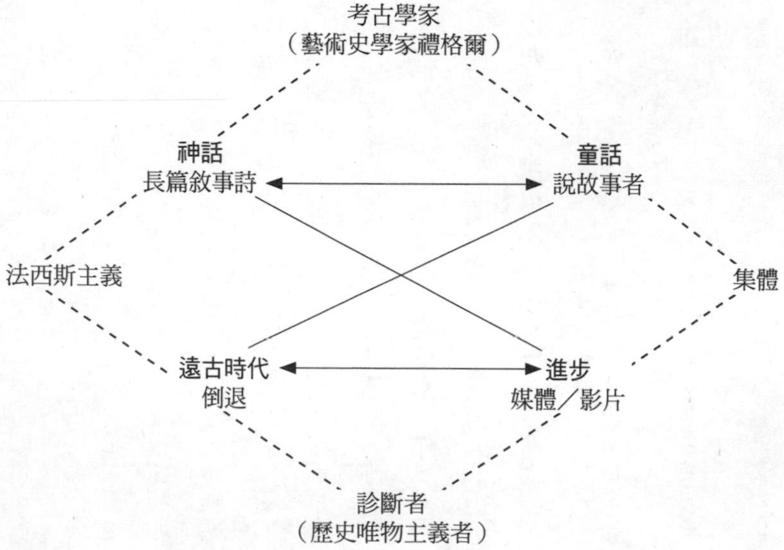

Schein）——的尖銳批評，已成為一個更有創造性、且讓夢的現象獲得適當定位的地方。人類的倒退雖無所不在，但我們對「幻象」的分析，最好保留給舞台上的戲劇，而且是巴洛克時期的戲劇。（在這裡，我想補充我個人的另一個意見：在這個後現代的時代，當代電影的演進已充分顯示，著眼於夢境的連續性——及其倒敘——已經不合時宜，但「幻象」卻很可能作為一種理論性概念而重新取得重要性，儘管我對此不以為然。當夢本身被商品化，超現實主義便喪失了力量，不過，「商品化」〔commodification〕觀念本身或許也失去了力量！）

第 4 章

大自然的哭泣

一

如果《單行道》是班雅明生前唯一出版的書籍，那麼，他的教授資格論文《德國哀劇的起源》又是什麼呢？他在一戰後的威瑪共和時代中期，對德國巴洛克哀劇的頌揚，難道不是高調地倒退回啟蒙運動以前的迷信，以及戲劇所著重的裝飾性？《德國哀劇的起源》這本「書」，當然是班雅明對先前所寫下的「兩百張資料卡」的重新調整，因此，就德國大學人文科系對教授資格論文所建立的僵化、嚴格的學術範疇來說，這份論文確實未對德國哀劇提出充分的評論（對此班雅明曾表示：「我並不需要說什麼。」班雅明教授資格論文未獲通過一事，似乎顯示出法蘭克福大學保守的一面，雖然這座學風新潮而進步的高等學府的現代性，當時還允許後來聲名遠播的法蘭克福學派的成立。然而諷刺的是，正是該學派後來的領導者本身在方法論上的保守落伍，使得後來的該學派合作者所提出的教授資格論文遭到否決。）對此我想表示，班雅明在這部論文裡，已開發出一些既豐富、又具有原創性的論題，但它們卻嚴重地受到負有審查義務的學術機構的箝制，而無法獲得充分的發展。

在這裡，確定班雅明在《德國哀劇的起源》裡要告訴我們什麼之前，先檢視他沒有告訴我們的東西，將有助於我們掌握這部論文。我個人認為，這份德國哀劇研究更深層的主題、也就是備受論文學術性要求阻擾的主題，就是班雅明對悲劇（tragedy; Tragödie）和哀劇（Trauerspiel）的劃分，尤其是他對悲劇本質的探討。班雅明曾和新教神學家朗恩[1]討論過悲劇這個主題，但隨著這位對談者於一九二四年驟逝，班雅明相關的寫作計畫便戛然而止。此外，班雅明也在這部論文裡，採用猶太哲學家暨神學家羅森茨威格悲劇研究的豐碩成果，即出版於一九一九年的《救贖之星》（*Der Stern der Erlösung*）這部闡發猶太教非正統觀點的論著。如果我們嚴格地從詞語含義的學術性質來看，上述這兩種資料來源都屬於神學領域，而其中的悲劇理論顯然都形成於、也都反映出第一次世界大戰所帶來的震撼經驗。

因此在這個框架下，班雅明這份（未獲通過的）論文便加入了一個悠久的理論傳統：也就是把西方人從十七世紀以來（譯按：也就是從慘烈的三十年戰爭結束以後）試圖為現代悲劇的荒誕性尋找理由、到今天對現代悲劇見怪不怪的態度，當作理解現代社會之關鍵的理論傳統。此外，我們還發現，尼采和遙遠的古希臘羅馬時代（antiquity；或中譯為「古典時期」）存在親緣關係。身為古典主義者（classicist）的尼采曾有一段時期，把華格納樂劇提升為已消失的古希臘悲劇形式的替代品。至於班雅明和古希臘羅馬文化的關係，則像他的著

1 譯註：作者在前面曾指出，班雅明在研究悲劇時，曾在朗恩的著作裡收集悲劇的要素。

作所發出的那道音量微弱、且未開展出來的基礎低音（ground bass），後來它才因為班雅明一度關注波特萊爾所揣想的古典主義（classism），而短暫地獲得強化（「相當重要的是，波特萊爾認為，現代性不僅顯示為某個劃時代的標記〔Signatur〕，還展現為一股能量，使這個劃時代得以直接轉化和利用從前的古希臘羅馬文化。」〔A236, J5, 1; V, 309〕[2]）：在波特萊爾看來，永恆性和古希臘羅馬時代的古典主義已占了「藝術的一半」，而現代與現世的短暫性則構成另外那一半。這位《惡之華》的作者似乎發現，他本身和古羅馬——而非和古希臘——具有親緣關係（他還表示：「確認愛倫．坡和拉丁文表達方式的關係，相當重要。」〔A240, J7, 7; V, 313〕。）至於基督教則可宣稱自身在古希臘羅馬傳統裡占有一席之地，雖然該傳統對基督教來說，其實充滿對上帝的褻瀆，以及對魔鬼的崇拜。

另一方面，古希臘，尤其是古希臘悲劇，提供了一個文化的星座（cultural constellation）[3]，而古希臘悲劇最重要的命運主題，則被侷限在這個文化星座所布列的態勢裡。班雅明一生始終和命運主題脫不了關係，他曾依據個人的命運，而勉強推斷出個人性格的現代範疇（從而推斷出人物相貌〔physiognomy; Physiognomie〕的現代範疇）。他還

2 譯註：出自班雅明的《採光廊街研究計畫》一書。
3 譯註：即文化的單子。

談到，命運主題顯然受到時代的干擾：「現代人因為本身的觀念，而無法在思維上直接理解命運概念（Schicksalsbegriff）。」（I, 201; II, 171）[4]。此外，班雅明也將我們思考命運的嘗試和「預言未來」這個範疇關聯起來，而「該範疇當然包括對命運的預言」。

班雅明將自己對「罪惡」、「清白無罪」和「幸福」的思想探索，當作「掌握」古典時期命運觀的可能模式，但具有關鍵重要性的，卻是他接下來在此文裡寫下的這段話：「古希臘悲劇裡的那些異教徒[5]意識到，自己比神祇更勝一籌。但這樣的認知卻使他們無法言語，只能悶不吭聲。……古希臘悲劇的卓越之處就是它呈現出天才（Genius）誕生於道德之緘默性與道德之天真性的弔詭（das Paradoxon）當中，至於悲劇之卓越性的因由，與其是說上帝，不如說是天才。」（I, 203-4; II, 175）班雅明既沒有讓自己回歸哈曼（Johann G. Hamann, 1730-1788）[6]所謂的「天才」語言——在啟蒙運動的思想裡，「天才」的出現代表人類的倒退——似乎也不太關注天才的卓越不凡，及其將藝術提升為黑格爾所謂的「絕對

4 譯註：出自班雅明的〈命運與性格〉（Schicksal und Charakter）一文。
5 譯註：即古希臘人（對後起的基督教而言）。
6 譯註：首位針對宣揚理性主義的啟蒙運動，提出系統性批判與質疑的思想家，也是德國狂飆突進運動（Sturm und Drang）的領導者。

精神」（Absolute Spirit; der absolute Geist）的才能。（實際上，我們反而必須探討班雅明思想裡持續存在的反審美〔anti-aesthetic〕傾向。他這種反審美傾向和阿多諾始終捍衛的「藝術作品的自主性」的著名主張完全相反。）

這裡的關鍵主題是沉默無言。我們可能已看出，古希臘羅馬時代對沉默無言的看法，截然有別於現代社會對它所採取的否定觀點。[7]在此，我反而要提到一份凸顯一切現代沉默無言之卓越性的講稿，而其演講者就是卡爾·克勞斯。這位格外擅於運用現代語言的大師，曾針對沉默無言的主題發表一場相當精采的演說，而他所談論的現代人的默不作聲，則和一戰的發生有關：

> 現代是個偉大的時代。當它還不起眼時，我便已認識它。如果人們還給它滋長平庸的時間，那它就會再度變得平庸。然而在這個由相互關連、而無法分割的有機組織體所構成的世

7 原註：關於這方面的一切，請參照 Carrie L. Asman, "Theater and Agon/Agon and Theater," *MLN* 107: 3, 1992, 606-24. 作者 Asman 在這篇論文裡，大量討論班雅明和朗恩的思想（其範圍從基督教四旬齋的齋戒到嘉年華會的狂歡都有，並觸及巴赫汀和吉哈爾〔René Girard, 1923-2015〕相關的推論），而且還以馮·霍夫曼史塔、布萊希特和卡夫卡作為對照，但卻未提及羅森茨威格，雖然後者對班雅明所造成的影響，和前三者同樣重要。

界裡，倒退性的轉變是不可能發生的。因此，我們寧可著眼於現代的豐富性，並把它當作一個真正嚴酷的、使我們所有的人承受沉重壓力的時代。我們的現代發生了難以想像的事，而且我們也無法想像未來將發生什麼。（如果我們能預料到未來會發生什麼，我們就不會讓它們發生了！）在人心如此戒慎恐懼的現代，如果有人認為現代會受到鄭重地看待，就會被人笑死！現代本身的悲劇曾令人驚愕不已，因此，現代希望分散人們對這些悲劇的關注，而當這種做法被識破時，現代便努力為這一切提出辯解。喧囂的現代隨著那些報導人類行為的新聞，以及製造新聞的人類行為所譜出的夢魘交響曲，而出現蓬勃的發展。在當前這個時代，請不要期待我會開口說什麼……不論誰想說什麼，就讓他往前方走去，並請他保持沉默。[8]

這段話既是卡爾·克勞斯晚年對德國納粹最強烈的表達，也是最微弱的、恰如其份的回應。（他曾語帶諷刺地表示：「我對希特勒沒有什麼想法。」）

為了讓沉默成為一種言說方式，羅森茨威格對言說之意義的主張，已擴大了言說的範圍。因此，他的這段話也值得我們注意：

8 原註：請參照 Karl Kraus, *In These Great Times*, trans. Harry Zohn, Chicago: University of Chicago Press, 1990, 70-1.

悲劇英雄只會說一種和自己本身完全相稱的語言：也就是保持沉默……悲劇之所以仰賴戲劇的藝術形式，其實只是為了讓本身可以呈現人類的沉默……戲劇裡的詩句[9]……只知道要表達出來，相形之下，沉默反而變得雄辯無礙！英雄透過保持沉默來毀壞那座連結本身和上帝、和世界的橋樑，從而將自己提升到……本身冰冷的孤獨裡。[10]

這份沉默的譜系也許還可以擴展到賀德林在翻譯希臘悲劇時，對於「中止」（the caesura）的獨特性解讀，而其中的文字韻律的中斷，的確使「沉默」概念變調為我們所謂的「中斷的辯證」。無論如何，人們都可以認為，班雅明的《德國哀劇的起源》這份未獲通過的論文，就是他試圖把某種非個人化的、已超越判斷的思維模式意象化。這種意象化就是一種辯證，而非羅森茨威格思想裡對死亡的某種發現，或朗恩所提到的、某種源自於非基督教信仰的東西。我們可以清楚地看到，在班雅明的事物體系裡，悲劇性的無言恰恰表示某種源自神話和遠古時代的東西，也就是一種克服「非理性」的模式，它雖不同於已消失的農民童

9 譯註：西方傳統的戲劇通常是以詩句撰寫而成的。

10 原註：請參照 Franz Rosenzweig, *Star of Redemption*, New York: Holt, Rinehart & Winston, 1971, 77.（譯按：即《救贖之星》〔*Der Stern der Erlösung*〕的英譯本。）

話，卻也不會出現在我們現代人身上。

二

就學術論文的架構而言，《德國哀劇的起源》已具備足夠的邏輯性和完整性：班雅明這部「教授資格論文」由兩大部分所組成，前篇在闡述哀劇這個戲劇種類，後篇則在討論寓言（allegory; Allegorie）[11]的理論，以及寓言在哀劇裡，尤其在哀劇的語言和思維模式裡所發揮的作用。德國巴洛克哀劇的語言面向與思維面向——如果你要這麼說的話——正是班雅明在這部論著裡要探索的東西，而它們之間的關係，大致上就像內容和形式、情節和表現手法的關係。

這份論文的前篇〈哀劇與悲劇〉（Trauerspiel und Tragödie）和後篇〈寓言與哀劇〉（Allegorie und Trauerspiel）各包含三章的內容，它們都具有合理的理論基礎，以及某種程度的結構性。前篇和後篇的第一章都在檢討和研究主題有關的理論性文獻，第二章在討論研

11 譯註：關於班雅明的「寓言」，請參考本書第一章第一節的譯註。

究主題本身，而第三章則在闡述研究主題在歷史和文化脈絡中的「對等物」（equivalent）。比方說，前篇和後篇第三章的內容分別環繞著和哀劇有關的憂鬱情緒（Melancholie），以及哀劇寓言背後那些關於死亡及人體遭到肢解的想法。

顯然地，各章的討論都和他章息息相關：舉例來說，班雅明在前篇第一章，以事實之列舉來批評、並指出當時流行的戲劇理論（大部分受亞里斯多德學派的影響）的謬誤，因此，他接下來就必須詳盡說明德國哀劇和古希臘悲劇（在客觀形式上）的根本差別，而這種差別正是他解讀這些戲劇作品的基礎。既然他要在論文裡探討寓言的史前史，就必須對巴洛克哀劇的形式詳加闡述，而且他顯然一再地討論關於情緒（affect; Affekt；譯按：主要是憂鬱和哀慟等。）的問題，因此，這些問題便貫穿著整部論文。班雅明對這份論文的處理雖有令人信服的合理性，卻存在一個缺憾：他在撰著時，違背自己所固有的、獨特的寫作方式，而強迫自己把紛雜的研究素材，刻意分成幾個可分別進行分析的主題領域。然而，班雅明的「辯證意象」或「思維圖像」（thought-picture; Denkbild）的精神所需要的呈現方式，卻是一些比喻、若干隱喻的組合、矛盾的關聯性，以及某些略微相關之層面的交集：班雅明喜歡把「辯證意象」稱為「意象式單子」，而這些各自獨立的單子，既無法被歸入各大範疇和若干抽象主題之中，也無法在人們的論述裡獲得真正的發展，因為，它們所各自形成的單元

（unity）之間缺乏連貫性。由此可見，對於《德國哀劇的起源》這份教授資格論文的外在學術規範，阻礙了他的思考活動，使其變得僵化而遲鈍，他的論述不僅讓後世讀者覺得拐彎抹角，就連身為作者和材料整理者的他，也覺得滯礙生澀，不夠通順明暢。

實際上，正是戲劇形式和寓言之間的那道主要分界線本身，使得這兩者的交會可能產生華麗豐富的火花，但這兩者在這份論文裡，卻必須被壓制、被貶抑為暗示與暫時性的提示。比方說，班雅明在編排整份論文的內容材料的壓力下，傾向於把《德國哀劇的起源》前篇第三章的「憂鬱」主題，簡化為一系列對人類心理的觀察，並傾向於淡化後篇第三章對哀劇寓言裡的人體肢解的探討，最後該章便成為一場比較枯燥的、關於象形文字和字跡的討論（這無疑只會引起筆跡學家的興趣），因此未將寓言本身的現象，歸納為一種片斷化邏輯（logic of fragmentation），而這種邏輯的精神，其實早已被納入前篇第三章對於憂鬱和冷漠倦怠（acedia; Acedia）的探討裡。

我們會發現，《德國哀劇的起源》那些恢弘壯闊的主題，還散布在班雅明爾後所有的著作裡，而且他往往還以更富啟發性的方式，在其他的脈絡裡探索這些主題。因此，後來他在處理波特萊爾的材料時，仍繼續廣泛地討論相關的寓言，甚至獲得了更豐碩的成果。畢竟在他看來，這些討論就是在確認，寓言的典型就是以人物呈現（personification）的寓言。我們可以看到，他對波特萊爾作品的論述，就是進一步闡明他先前在《德國哀劇的起源》裡的相關研究，這就如同他後來對波特萊爾的散文詩作品《巴黎的憂鬱》（*Le Spleen de Paris*）的討論，有助於人們了解瀰漫於巴洛克時期的憂鬱情緒那般。至於現代的（資本主義的）「災難」所造成的憂鬱，對他來說，也同樣有助於彰顯平淡無奇的巴洛克時期的特徵。

因此我斷定，《德國哀劇的起源》唯一且應該充分發展的主題，就是掌握人物角色的「性格」，也就是德國哀劇裡的人物群像（physiognomies; Physiognomien）。同時班雅明也在這部未獲通過的論文就某種意義而言最重要的幾個章節裡，回顧人們向來將古希臘悲劇和德國哀劇混為一談的情況，這方面我們已在前面談過。在這裡我想要指出，班雅明當時選擇德國特有的哀劇作為研究主題，主要是為了更直接地發展出自己對於古希臘悲劇的分析，而在此之前，他只在筆記裡零星地寫下他對古希臘悲劇的看法。我們已經看到，古希臘悲劇的主題基本上都涉及沉默、無言、無表達和命運，而幾乎無關於（作為正式研究主題的）巴洛克哀劇的吵嚷咆哮、冗詞多言、浮誇式演出、「表達性」，甚至那種如歌劇般的戲劇語言。由此可見，後者在這裡已不需要作為與前者相互辯證的對立面。

接下來，我們的討論就是要從《德國哀劇的起源》中，挑出後來又被班雅明用於其他著作的種種材料，並以班雅明「批評作為一種破壞」這個理論的精神，對這部論文進行間斷式的解讀（disjunctive reading）。不過，我們還應該注意，十七世紀德語戲劇除了哀劇這個劇種以外，還有風格怪誕而場面相當壯觀的「政治大劇」（Haupt- und Staatsaktionen）[12]，以及後期各種各樣的（企圖復興本身之藝術形式的）浪漫派夢幻劇。在此我還要補充一點：英國莎士比亞的《哈姆雷特》和西班牙卡爾德隆的《人生如夢》（*La vida es sueño*）雖類似德國哀劇，但在藝術性方面卻遠遠超越它們。

三

這部論文的前篇〈哀劇與悲劇〉，就某方面而言，含有班雅明的「接近」（access; Zugang）理論：他在此篇裡論述歷史、純哲學或認知的種種限制，如何阻礙人們區分這些巴洛克戲劇文本和古典、或古代戲劇形式的不同，而他希望把「悲劇」這個詞彙保留給後者。諷刺的是，文藝復興時期的理論家對亞里斯多德戲劇理論的曲解，導致後人無法正確認知德國哀劇和古希臘悲劇的不同，因此，人們往往把哀劇視為悲劇，現代人、甚至連尼采

12 譯註：以歷史、政治事件為主題的「政治大劇」興起於三十年戰爭結束後的十七世紀中葉，這個劇種由當時日耳曼地區的流浪劇團演出，演員眾多、場面浩大、戲劇效果強烈為其特色。

都有這種誤解。除此之外，人們也不宜將巴洛克哀劇和後來那些環繞著「命運」主題的浪漫派戲劇混為一談。實際上，只有「神學」，或更明確地說，只有羅森茨威格在《救贖之星》（以及班雅明和朗恩在他們往返的信件）裡，對於人們如何從歷史角度恰當理解真正之悲劇的暗示，才能使我們以嶄新的觀點看待哀劇，並確實掌握它在戲劇史上的原創性貢獻。

由於古希臘悲劇不像德國哀劇取材於歷史，而是取材於神話，因此，古希臘悲劇裡的人物往往是神話中的英雄，而非塵世血腥歷史裡的暴君或烈士。當巴洛克哀劇（興起於馬丁・路德宗教改革徹底瓦解中世紀世界之後）為那個正流失卓越性的歐陸世界，灑下最後一道即將消失的超自然亮光時，古希臘悲劇把神祇保留下來，卻只是為了指控祂們：尼采（和阿爾托〔Antonin Artaud, 1896-1948〕）確實認為，古希臘悲劇呈現出人類為尋求歡樂而受苦的景況，但在班雅明看來，人類唯有知曉「古希臘悲劇裡的那些異教徒意識到，自己比神祇更勝一籌」這一點，才能掌握自己和神祇之間更真實的關係。不過，這些古希臘人卻以沉默的、「無表達的」方式表達他們的認知，此時沒有瞳孔的、白眼的美女雕像便取代了無言的垂死英雄。班雅明在這裡所顯示的思維範型（paradigm; Paradigma）乃源自於（譯按：埃斯庫羅斯〔Aeschylus, 525-456 B.C.〕的）悲劇三部曲《奧瑞斯提亞》（*Oresteia*），而非源於索福克勒斯（Sophocles, 約 496-406 B.C.）[13]的悲劇三部曲[14]所呈現的某些具有規範性的情況，也就是以法律征服神話的歷史。

不過，這裡也出現了第二個主題或問題，而班雅明已在這部論文的導論〈含有知識論批判性的序文〉的最後部分（T, 48-56; I, 228-237）做過相關闡述：這又是一個關於如何掌握歷史、如何接觸那些構成過往的單子的問題。雖然單子所組成的過往既不是歷史連續體，也不是傳統，但我們將會看到，過往會自行「翻動起來」，也會出現在「某個危險時刻」！我們在這裡所要討論的過往已被劃分為一個歷史時期，並被賦予「巴洛克」這個名稱：那麼，我們是否應該把這個被稱為「巴洛克」的特殊時期，當作絕對差異性和另類性的指標？當作某種仍令人不解之事物的指標？巴洛克時期的悲劇性經驗似乎帶給人們一個十分迷惘的時刻，雖然「我們無法再接近」這樣的時刻，但它卻呈現在我們現代人更可接近的巴洛克哀劇裡。當我們著眼於憂鬱和寓言，而對波特萊爾作品展開回顧性研究時，便可以確認這一點。那麼，我們是否應該認為，巴洛克時期和（波特萊爾筆下的）法蘭西第二帝國時代這兩個現在已併為一談的歷史時期，跟威瑪共和時期（如果不是希特勒執政的納粹時期的話）之間，

---

13 譯註：索福克勒斯和埃斯庫羅斯、歐里庇得斯（Euripides, 480-406 B.C.）並稱為古希臘三大悲劇作家。

14 譯註：即《底比斯三部曲》。

甚或跟第二次世界大戰開戰後的「假戰爭」[15]這類和人類生命本身同樣短暫易逝、且受制於命運的單子之間，存在更多巧合？更多占星學的關聯性？如果答案是肯定的，身為讀者的我們就應該決定，是否我們不要再度讓自己置身於那種和已重新排列的星座協調一致的時期，那種要求我們重新思考當代本體論的時期，或者我們應該要決定，是否我們的閱讀不要像一場考古學探險，可以帶我們前往消失的過去，而要更像在觀看一座墓穴已封上的、悲劇的墳塋。我們是否要再次面對（譯按：古希臘悲劇裡）和人類敵對的神祇（面對塵世人間冷酷無情的運作法則、荷馬史詩裡戰爭爆發的必然性，以及古希臘神話所呈現的人類之侷限與命運）？或面對（譯按：德國哀劇）寓言裡隨著瘋狂暴君和篡位者的咆哮怒吼、謀臣策士的運籌獻計、聖徒的欣然殉道，而出現的破瓦碎礫和血肉模糊這些悲慘景象？

班雅明這份論文前篇的內容，確實使我們遊歷於戰場中，並使我們更仔細地看到以上我們所面對的選擇。我們可以這麼說：他在這裡的論述，就是在表達自己對於「現代悲劇是否可能出現？」「現代悲劇的英雄會有什麼表現？」這些似乎永遠存在的問題的看法。如果我們把哀劇當作悲劇，也就是把這兩種戲劇形式混淆在一起，就會使問題變得更複雜，而可能

15 譯註：「假戰爭」（phony war; drôle de guerre）是指二戰開始後的頭幾個星期，參戰各國尚未爆發軍事衝突的平靜時期。

衍生出「現代哀劇是否有可能出現？」這個問題。對此，班雅明的答案是肯定的。有時他似乎接受了羅森茨威格的觀點而認為，巴洛克哀劇的殉道聖徒，就是古希臘悲劇的英雄在現代的化身：「哀劇含有受難情節（martyr-drama; Märtyrerdrama），因而被確認為聖徒悲劇（tragedy of the saint; Heiligentragödie）的戲劇形式。只要有人學會從各種戲劇裡——從卡爾德隆到史特林堡（August Strindberg, 1849-1912）[16]的劇作裡——辨認出聖徒悲劇的特徵，那麼他必然明白，這個劇種的形式，即奇蹟劇（mystery play; Mysterium; Mysterienspiel）[17]的形式，依然擁有未來。」（T, 113; I, 292）

班雅明這個肯定的答案其實不是很有說服力，因此，他後來便以蘇格拉底富有宿命色彩的臨終時刻來反駁自己的推測：「出現在即將離世的蘇格拉底身上的受難情節，是一種對悲劇的滑稽諷刺的摹仿（parody; Parodie）。」（T, 113; I, 292）不過，我們卻無法忘記，尼采曾激動地指控蘇格拉底是古希臘精神真正的終結者與摧毀者，因為這位先哲為古希臘催生理性和哲學的同時，也使其失去了勇於冒險犯難的英雄人物。班雅明就像尼采那樣，樂於認為歌劇可以復興古希臘精神，雖然對他而言，終究只有德國哀劇在這方面具備適當而新穎的表

16 譯註：瑞典劇作家，也是現代戲劇的創立者之一。

17 譯註：以耶穌受難與復活為主題的戲劇。

現形式。至於哀劇的其他衍生物，就是以哀劇作為戲劇形式和歷史書寫（historiography）所進行的審判，就某種意義而言，這兩者是相同的。（「世界史就是對世界的審判」（Die Weltgeschichte ist das Weltgericht.」[18]，這是席勒著名的黑格爾式格言，雖然班雅明對此不表贊同。）

當戲劇的審判更為強勢時，就會持續地損害戲劇表面的自主性。因此，班雅明回顧審判的強勢性所寫下的論述，便符合埃斯庫羅斯（譯按：忽視法律規範性的）對於悲劇的沉思。對此他曾引用羅森茨威格的話：「在索福克勒斯和歐里庇得斯創作的悲劇裡，英雄學會『不要說話……而只是辯論。』」[19]在班雅明對法律的矛盾性思考裡，英雄的學習過程就是其中的一大要素。舉例來說，班雅明曾在〈對暴力的批判〉一文裡討論人類的法律，表達自己對當代政治的主張，並寫下他對索黑爾（Georges E. Sorel, 1847-1922）[20]的評論。他在此文裡，並未著眼於某些政體及啟蒙運動的正當性，而是強調他在索黑爾思想和布爾什維克主義

---

18 譯註：出自席勒的詩作〈聽天由命〉（Resignation）。

19 原註：請參照 *Star of Redemption*, 77.

20 譯註：法國左派革命理論家和無政府工團主義者（Anarcho-syndicalist），其主張，動員非理性力量來發動暴力革命，才是實現社會主義唯一的方法。

裡所發現的「神祇式暴力」（divine violence; göttliche Gewalt）。「雅典法的重要性和獨特性，就在於其本身那種酒神戴奧尼索斯式的爆發性。因此，恍惚迷醉的言語可以突破賽會（agon; Agon）的正規範圍，而更高的正當性便形成於充滿活力的言語的說服力裡，而非產生於以武器或具有約束力之誓言來相互對抗的氏族所發起的司法審判中。因此，依據訴訟雙方的決鬥結果所進行的神意審判（Ordal）便因為自由的話語（Logos）而瓦解。」（T, 116; I, 295）我當然感受到，班雅明這段文字暗示著「戴奧尼索斯的爆發性」和悲劇英雄錯愕的沉默之間的辯證同一性（dialectical identity; dialektische Identität）：此二者都肯定「充滿活力的言語」比法律死氣沉沉的規範更重要；在「正常的」（或規範性的）社會體制生活的「同質性時間」裡，此二者代表著形式的斷裂、中斷、以及不連貫的單子式要素。但是，哀劇及其瘋狂人物角色的浮誇，卻否定並終結了悲劇英雄的沉默不語，以及酒神恍惚迷醉的言語。

在這些例子裡，我們再度發現，班雅明以最獨特的方式關注過往歷史裡那些他認為具有歷史性的種種，也就是發生危機和轉變的重要時刻。這些時刻便透過辯證，使得點和線之間再度出現矛盾，就像實體存在的界限（limits）和實體之間的分界線（boundaries）之間所出現的矛盾那樣。這種歷史性時刻可能只是中斷的時間，或許它們還可能彰顯出本身作為（與其前者和後者存在著無意義連繫的）單子式插曲的自主性價值。

這部論文裡還有另一個例子：「就像歷史被轉化為自然史一事，在巴洛克哀劇裡受到忽視一樣，傳說和歷史的區別在古希臘悲劇的分析裡，也沒有受到關注。」（T, 120; I, 299）悲劇使歷史得以存在，因為悲劇使歷史脫離傳說，並征服了神話；至於哀劇則注定存在於平淡無奇的歷史裡，而且只會以自然的範疇、生物有機體、周而復始的循環、季節和永恆輪迴來思考歷史。一九三二年，阿多諾受聘於法蘭克福大學。他在就職演說[21]裡，曾建議大家以歷史觀點來解讀自然，同時也以自然觀點來解讀歷史，而這項了不起的建議的主題，正是歷史和自然的辯證。

巴洛克哀劇雖然未觸及歷史再現的歷史問題，然而，與其同時代的、只注重壯觀場面的「政治大劇」，以及後來的浪漫派戲劇，必然要面對這個歷史問題。這個歷史再現的問題已從班雅明這部論著的視界裡消失，而後只再次以相當不同的形式，出現在班雅明那些研究波特萊爾的著作裡，並且還在技術先進的媒介裡，找到相關的素材，或發現唯物主義的重建與再度問題化（reproblematization）。另一方面，班雅明從未真正探究小說的問題，他似乎從未關注小說，除了幾位作家的小說，如歌德的《選擇性親近》、蘇聯寫實主義小說家葛拉德

21 譯註：這場演說名為「哲學的時效性」（Die Aktualität der Philosophie），這場演講應該是在一九三一年發表。

科夫（Fyodor Gladkov, 1883-1958）的《水泥》（*Cement*）、杜斯妥也夫斯基的《白癡》或布萊希特的《三便士小說》（*Dreigroschenroman*）。[22]我們大概會認為，班雅明應該相當欣賞《小說理論》（*Die Theorie des Romans*），也就是盧卡奇把小說文類徹底問題化的論著——巴赫汀甚至還曾打算把它譯成俄文。但我們絕對可以斷定，班雅明其實對盧卡奇所提出、也受到小說結構影響的形式問題不感興趣。他認為形式問題沒有創造性，儘管形式問題與經驗者和敘述者的關係曾出現在他的〈說故事的人：論尼古拉·列斯克夫的作品〉裡，而且也是他在此文裡的主要關注。在他看來，小說的心理學可能造成說故事藝術或「敘事劇場」的衰落。

無論如何，當班雅明發現《哈姆雷特》不算悲劇時，他對哀劇和悲劇的討論便就此中斷，而轉向哀劇嶄新的主觀性，也就是一種藉由他所謂的「一組人物群像」（physiognomischer Zyklus; IV 209; B, 808）而建立起來的戲劇形式。由於哀劇這種主觀性，需要人物（即使他們無法確切代表某種觀點）作為表達的媒介，因此，憂鬱者在這裡即使沒有登台演出，也會出言作聲。我在其他地方，已把憂鬱者和沉思者（Grübler）等同視之，

22 譯註：一九三四年，為逃避納粹迫害而流亡海外的布萊希特，在阿姆斯特丹出版《三便士小說》。這部小說在結構、技巧和人物角色等方面，和他先前與作曲家魏爾共同創作的音樂劇《三便士歌劇》大致相同。

而沉思者和《德國哀劇的起源》後篇所呈現的那種帶有主觀性的人物是一致的，也就是寓言作家。實際上，沉思者還有這份論文所探討的、巴洛克哀劇的暴君、篡位者、謀臣策士和殉道者（這些戲劇人物所構成的角色群，似乎對班雅明思想至關重要）也應該和遊蕩者、收藏者、偽造者及賭徒，一同被納入班雅明作品的人物群像當中。我認為探討「憂鬱」這個主題最好的方式，應該是透過某個時期的流行文化，而不是透過研究者對某些小說和個人傳記的解讀。遺憾的是，許多研究班雅明的著作都普遍受到班雅明作品的「憂鬱」主題影響，但其實班雅明本身還有憂鬱以外的另一面：淘氣頑皮、恣意專斷、汲汲營營、憂慮不安、幽默風趣、諷刺挖苦、瞎聊閒扯、無能為力、工作狂熱，以及其他許多似乎相互矛盾的表現。因此，我們今天根本無法贊同人們總是把班雅明和所謂的「左派的憂鬱」（left-wing melancholy; linke Melancholie）聯想在一起，更何況班雅明曾在一篇同名的短文裡[23]十分尖銳地抨擊當時左派分子的憂鬱。（我在從前發表的一篇論文裡（該文也是美國早期研究班雅明的文獻之一）對班雅明的闡述，使我覺得，我和某些學者一樣，對班雅明被誤解為憂鬱者一事負有責任。不過，這樣的誤解當然得先歸咎於班雅明曾生動地描述憂鬱的情緒狀態，以

23 譯註：即〈左派的憂鬱：評論艾利希・凱斯特納新出版的詩集〉（Linke Melancholie: Zu Erich Kästners neuem Gedichtbuch）這篇文學評論。凱斯特納（Erich Kästner, 1899-1974）是德國當代詩人暨諷刺作家。

及處於這種狀態的知識分子，也就是他筆下的那些寓言作家、沉思者，以及徵象和預兆的解讀者。班雅明本人也會處於憂鬱狀態——以他習慣的方式〔à ses heures〕——但若我們把憂鬱視為班雅明的特徵，就會錯過他的其他面貌：咄咄逼人的能言善辯者、時代精神的敏銳評論者和診斷者、壯志滿懷的書寫者、新聞記者、情人，以及遊歷異國的旅人。）

實際上，班雅明這份論文的後篇看來似乎是一份純粹的憂鬱理論史的目錄，其中有些理論甚至可以追溯到，比提出人體有四種體液[24]的古希臘更久遠的時代。波特萊爾作品裡的憂鬱，促使班雅明著手展開這個令他感興趣、因而十分熱中的研究主題。他以與眾不同且更富創造性的方式，闡述憂鬱和歷史之間的關係。他在這方面所留下的主觀性材料可能相當豐富，不過，我們要等到本書最後一章探討「寓言的觀點」的段落，才會處理這些材料，並讓它們綻放出光芒。其實，在這份論文的許多段落裡，我們仍可發現一些和憂鬱有關的句子，例如：「為了拯救失去生命的事物，（作者按：陷入憂鬱而）一味自我耽溺的人們便在沉思裡擁抱它們。」（T, 157; I, 334）此時收藏者，以及專欄作家（如果詩人自己沒有現身的話）會在憂鬱者身旁徘徊；平淡無奇的歷史所呈現的死寂景象已在此瓦解，並變成了事物的

---

24 譯註：依據古希臘的醫學生理學理論，人類體內有血液、黏液、黃膽汁和黑膽汁這四種體液，而個人的氣質和脾性或一時的心理和情緒，乃取決於其體內這四種體液的比例。

世界，而人們會周詳地深思其中的物件，就像沉思者哈姆雷特（Grübler Hamlet）拿到宮廷弄臣約力克（Yorick）的頭顱時那般。

為了符合教授資格論文的學術要求，班雅明必須刻意把哀劇的內容和形式區分開來。但是這種做法卻使得他在後篇〈寓言與哀劇〉對哀劇寓言的論述，變得薄弱而貧乏，而且後篇第一章還重複了前篇〈哀劇與悲劇〉的內容編排〔即西方歷史和傳統對該主題之研究的回顧性評述〕。他在後篇裡用了不少篇幅論述德國浪漫派歷史學家和理論家克勞澤（Georg F. Creuzer, 1771-1858）所研究的寓言圖像學（allegorical iconology），以及當代在這方面較為遜色的一些研究，主要包含德國當代藝術史學家吉洛夫（Karl Giehlow, 1863-1913）對於文藝復興時期及其所盛行的象形文字，以及其他象徵性文字的探討。班雅明對文字的關注，不只讓自己不恰當地著迷於（和自己同樣對筆跡素有研究的）吉洛夫的論述，而且還使自己聚焦於「寓言」這個本質上具有表徵性的概念：「每一個人、每一件事物、每一種關係都可以意指本身以外的種種。」（T, 175; I, 350）班雅明本身的書寫意志，就是依據這種狹隘的寓言觀點。他深信人們對世界和歷史的概念其實就是文字本身，而且在世界和歷史的發展過程中，這些概念還是象徵。哀劇的寓言便以這種觀點來擊碎現實，並使現實臣服於「散落」（dispersal; Zerstreuung）和「收集」（collectedness; Sammlung）（T, 188; I, 364）的法則，而為浪漫派的破碎性基調奠下基礎。

不過，文字必定需要為讀者留下空間，這便擴大了班雅明著作的人物群像，因為包含了其觀看者（spectator），基本上就是讀者，而比運用寓言的哀劇所呈現的人物群像更為龐大。

班雅明曾在論文後篇，把哀劇的人物群像總括在憂鬱的意象，以及憂鬱本身所固有的辯證當中：「病人沉浸在零星而微不足道的事物後，便失望地放棄了空洞的象徵。」（T, 185; I, 361）既然班雅明已在前篇裡表述其憂鬱觀的要點，他在後篇便難以對此多加著墨，由於他對這個主題缺少學術性關注，因此他在這裡也只能進行有限的討論。（班雅明已在前篇裡大量討論後來支持納粹的德國文學史家齊薩茲〔Herbert Cyzarz, 1896-1985〕於一九二四年所發表的、研究德國巴洛克詩歌的先驅性著作。[25]）

班雅明處理論文的主題和材料所出現的結構性失衡，已讓其後篇出現一種傾向於討論內容的形式，並聚焦於哀劇的詩歌形式及其裝飾性要素（例如鬼魂、夢境、象徵與舞台演出）的探討。「這些詩句其實無法把本身重要的文字意象所蘊含的深層意義，從充滿情感的誦讀

25 譯註：即齊薩茲的教授資格論文《德國巴洛克時期的詩作》（*Deutsche Barockdichtung*）。

聲裡釋放出來。它們的語言充滿了物質的奢華。它們總是以最沉重的方式被創作出來。」（T, 200; I, 376）至於「寓言的文字意象，則把事物束縛在意義的那種怪異的交疊當中」（T, 202; I, 378），而且還以相同方式制約了班雅明本身在詮釋寓言上的想像。班雅明在前篇從劇情與人物的角度所闡述的內容，卻在後篇全然變成一場空泛而不著邊際的談論，而使逐漸消失在「沉浸於純聲音之樂趣」（T, 213; I, 387）的吸引力裡。班雅明這個簡化的論述，也許終有一天將促使他提出「將哀劇發展為歌劇」這項可能受尼采啟發的建議，不過，至今人們仍未在他那些大多與音樂無關的著作裡，進一步探索這個可能性。

在後篇第三章，班雅明顯然致力於寓言主觀面向的分析，而且仍延續前篇的論述模式。他在前篇對巴洛克哀劇之主觀性所做的敘述，則包納了這個有趣的時代所有令人激動的一切，而且還把「寓言的主觀性」這個主題賦予耶穌復活的異象，以及更崇高、更抽象的神學領域（T, 216; I, 390）：畢竟神學問題已存在於巴洛克哀劇的「屍體之詩」（corpse poetry; Leichenpoesien; T, 218; I, 392）的寓言裡。班雅明將會找到一條迂迴通往神學這個「幸福結局」的路徑。這條曲徑開始於中世紀時期基督教將異教神祇貶斥為魔鬼（塞茲涅克〔Jean Seznec, 1905-1983〕[26]曾在他的經典著作裡探討這個議題）、經過文藝復興時期神祕事物的

26 譯註：法國歷史學家暨神話學家，長期任教於哈佛大學和牛津大學，《異教神祇的生存：文藝復興時期的人文主義與藝

重新流行，最後終於隨著文藝復興末期戲劇所呈現的惡魔崇拜，以及惡魔界對肉體和物質的占有（例如莎士比亞筆下的伊阿古〔Iago〕和韋伯斯特〔John Webster, 1610-1682〕[27]筆下的波索拉〔Bosola〕這兩個反派角色），而達到頂點。

班雅明認為，寓言當然具有本身的歷史性決定因素：「寓言以最持久的方式，建立在永恆性和現世之暫時性最緊密的交接處……。不只暫時性，就連罪惡似乎也顯著地存在於神祇和肉身的領域裡，這一點對這種思維方式的提升絕對具有決定性。罪惡使寓言的重要性，無法在其本身裡獲得意義的實現」。（T, 224; I, 397-8）

這是因為，基督教的本質已陷入本身的憂傷裡，然而「憂傷卻導致沉默無語。所有的憂傷都傾向於默不作聲。」（T, 224; I, 398）寓言既然作為一種語言形式，就會以名稱來補償緘默無言，而這些名稱則弔詭地顯示其所指涉的沉淪之人的無能為力。「究竟還有多少事物未被命名，而只被解讀、只被寓言作家不可靠地解讀，而且唯有透過他們的解讀，事物才獲得重要的意義。」（T, 225; I, 398）在這一點上，異教的魔鬼就變成基督教的撒旦：「縱情

術中的神話傳統》（*The Survival of the Pagan Gods: Mythological Tradition in Renaissance Humanism and Art*）是他最具代表性的經典著作。

27 譯註：韋伯斯特是莎士比亞下一個世代的英國劇作家，以悲劇《白魔鬼》和《馬爾菲公爵夫人》聞名。

的歡樂隸屬於無法成功征服物質的慾望，就如同人世間的憂傷隸屬於寓言的詮釋一樣。」（T, 227; I, 401）邪惡的幻象便顯現在這一點上，而善惡和判斷善惡（如前所述，此二者都是人類語言「墮落」的結果）的複雜辯證也隨之出現，從而使得復活的神蹟再度發生，而超越了這個墮落的世界：歷史最後超越了世俗，亦即即巴洛克時期和反宗教改革的景象，而獲得了寓言所賦予的光環（halo）。

這個令人沮喪的結論已經斷定，寓言是一些散亂的世界碎片，而世界的得救就像巴洛克時期破雲而出的日光那般虛幻不實。當班雅明再次發現波特萊爾作品，以及現代藉由人物群像所呈現出來的世俗廢墟後，才有能力調解寓言裡的肉體和靈魂的衝突。

還有，班雅明對這部論文的最後一段頗為自豪。在這段內容裡，他使用建築語言來傳達（完全由世俗事物本身之重量和重力所向上投射出的）莊嚴崇高所產生的效應：

當主觀性像天使般往深淵墜落時，寓言會上前迎接它，而上帝則憑藉奧妙的權衡（ponderación misteriosa）而在空中，在自己的懷裡，將它接住……人們應該認為，這種形式的傑出設計已經終結，而且只有抱持這種看法，人們才有可能處理德國哀劇的觀念。比起那些保存良好的小型建物，廢棄的大型建物的建築設計觀念所傳達出的東西，更令人印象深刻，因此，人們需要詮釋德國巴洛克哀劇。依照寓言的精神，哀劇從一開始就被構思為廢墟和碎片。如果其他的劇種仍像創立的第一天那般，美妙地綻放光芒，那麼，哀劇這種戲劇形式直到最後一天都還緊緊抓住美的意象！（T, 234-5; I, 408-9）

不幸的是，班雅明這些精采的論述當時未獲學術界肯定，因為，從純粹學術規範的角度來看，他（連同論文審查委員會）只是把許多時間浪費在沒有價值的研究對象上。

我們在此不是要從班雅明生涯發展的角度來評論他的著作。不過，這份研

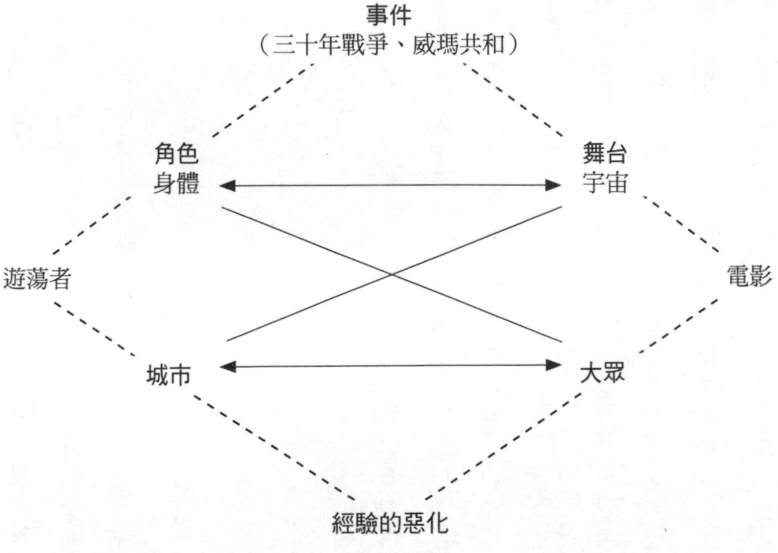

究巴洛克哀劇的教授資格論文當時未獲通過所帶給他的打擊，不僅中斷了他對許多本身所關注之事物的探索，也讓他處於停頓狀態。為了突破這種停滯不前，他勢必得將自己的某些關注具體化。此時，製作一張標示未來發展之路徑的公路地圖，對他來說，或許是可行的做法。

四

然而，在結束本章對班雅明《德國哀劇的起源》的探討之前，我們不可不提它的導論〈含有知識論批判性的序文〉。在本節裡，我們將進一步闡述班雅明本身和充滿變化的德國巴洛克時期的抽象化之間的關係。我們都知道，班雅明在這篇導論裡再度使用「星座」（constellations; Sternbilder）的意象，而這個著名的星座意象也再現了班雅明所強調的事件片斷性的形式範疇：把一堆主題拆解開來，而使其分離成一個個獨立的單子，而單子的內部又再現其外部不連貫的邏輯。班雅明撰寫這篇導論的用意，就是要讓我們相信，我們在這份論文裡所閱讀的內容，就是某種類似於觀念的東西（他曾表示：「觀念之於事物，猶如星座之於眾星」〔"Die Ideen verhalten sich zu den Dingen wie die Sternbilder zu den Sternen." T, 34;

I, 214〕）。

班雅明運用嶄新的星座意象而排除事物之「共相」的問題，因為他已用觀念和事物的關係，取代了連繫抽象觀念和經驗領域之事物的環節所出現的問題，也就是取代了人們將分類轉化為命名行為、將整體的哲學性連結帶回到神學及《舊約・創世記》所形成的困境。一九二五年二月十九日，班雅明在寄給修勒姆的信件裡，以頗自負的口吻寫道：「這份論文的導論是我不知節制的高談闊論……我再次探討自己早期研究語言的著作……並把這些論述修飾成一套觀念論（theory of ideas; Ideenlehre）。」（C, 261; B, 372）即使他曾向摯友坦白表露自己的看法，卻忽略了自己在導論裡所討論的觀念，並非一般的（本身充斥著寓言性的）抽象化觀念，而是歷史的命名以及歷史時期的名稱。班雅明在這裡對「共相」的闡論已變成對「巴洛克」觀念的評論，而且還促使阿多諾日後建構出一套和唯名論有關的（作為晚期資本主義邏輯的）文化批判理論。

班雅明基於德國人向來的普遍想法，將人類的演化視為一種從物質到精神的發展；在這方面，我指出班雅明的星座意象帶有柏拉圖哲學的色彩，並非要強調隱含於班雅明上層建築研究裡的觀念論（我認為這恐怕是無可避免的），而是要強調他的著作（和歷史觀）極其獨特的、且具有高度原創性的特徵：徹底的不連貫性。

夜空裡的星座就是一組組獨特的、必定相互區隔的星群，而且就現代天文學觀點而言，它們都各自含有光點極為不同的星體，有些屬於距離地球很遙遠的星系和星系團，有些則和地球比較接近，而它們在天文學空間裡，都沒有關聯性。班雅明的星座意象，並非強調人類主觀性建構占星術天宮圖的方式，而是強調星座意象的可理解性，以及某一星座意象和其他星群的差異（不論星群多麼像黃道十二宮圖那樣，可在人們想像出來的星體序列裡獲得重組）。

然而，事物和名稱既有的關係，卻可能出現兩種運作方式：就班雅明在〈含有知識論批判性的序文〉裡的說法，事物和名稱的關係會發生反轉，而回到原來的狀態，而事物——在這裡就是眾星本身——便在這種反轉的回歸裡，取代了曾與本身同一的名稱。在這裡，「事物」的名稱和現象之間仍存在次要的矛盾，而班雅明通常對事物的現象比較感興趣，他尤其關注現象的社會和歷史面向，而非本體論面向：畢竟事物仍傾向於投射出靜態的客體世界（例如亞當周遭那些要求獲得命名、甚至請求透過原本的名稱來恢復本身與神聖本源之接觸的事物）。《德國哀劇的起源》以及舉例來說，其中對城市和景象看似更客觀的描述，終究要處理巴洛克時代的人們所建構的事物、體制和思想，而且它們都和歷史有關。因此，便需要重新考量這裡的表達和意象化處理：比方說，事件可能是星體嗎？甚至可能是星座嗎？我們如何以占星術的語言，描寫某個歷史境況所形成之思想的特徵呢？

我們若要回答以上問題，就需要對〈含有知識論批判性的序文〉進行更深入的分析。班雅明寫下這篇著名導論的時間，正好介於他早期撰寫那些帶有「神祕主義」色彩的論文和他後來討論新興媒體的著作之間（當時的新媒體也促使班雅明開始思考和神學議題有關的新問題，但他對神學議題的論述，總是讓更關注他著作的讀者感到不耐煩。）我認為，我們在熟讀這份論文的正文後，如果再次閱讀這篇導論，一定會有收穫！「沉思最獨特的存在形式，就是持續不斷的呼吸。」（T, 28; I, 208）首先，班雅明這句話的觀念已略微觸及斷裂和中斷的論題，而且這些論題將會再度出現在我們重讀導論的過程中。如果我們繼續假裝自己在探索像「巴洛克」這類概念本身的狀況，而獨自走到這個死胡同裡，其他任何對班雅明典型論題的暗示，就會困擾著我們。不過，「巴洛克」星座的結構式（formula）終將在這裡出現，如果它沒有為我們提供哲學的解決之道，至少提供了有用的符碼。畢竟「巴洛克」不是一個可以被歸入任何概念性範疇的概念：表面上，它就是一個可以讓人們劃分出某個歷史時期的工具；實際上，它本身不僅同時具有歷史的、和超越歷史的（transhistorical）性質，而且就像班雅明在這份論文裡所鋪敘的，還關聯到它所代表的那個時代的情感、文體與創作種類（巴洛克哀劇就是班雅明所定義的一種特殊的戲劇種類）。此外，巴洛克還有它本身的宇宙論，以及它所特有的語言模式或表現模式（例如寓言）等，而這也是為什麼巴洛克是柏拉圖天空裡的一個星座，而非單一星體的原因。當然，我們還應該認識到巴洛克在概念層面上，可能意味著什麼！

這裡有三個不同的元素或詞語在運作著：觀念（ideas; Ideen）、概念（concepts; Begriffe）和現象。我們可以認為，觀念（例如柏拉圖的「理型」或其他）符合某個現實或現象，而且當觀念賦予某個現象名稱時，便喚起命名所固有之複雜性的意義。當我們明白「觀念既不是事物的概念，也不是事物的律則。觀念無助於人們對現象的認識……觀念就是永恆的星座……」[28]時，命名所固有之複雜性的意義就被凸顯出來！

所以，不同的個別概念（即某個現象的「概念性元素」）便被整合、且被塑造成一種形態，也就是我們所謂的「星座」。這些概念性元素若要合乎一切實際的目的（譯按：也就是凸顯其指涉之現象的特徵），最好訴諸現象最極端、最誇張的形式，並勾畫出形式（例如邦國、戲劇、人體和情緒的形式）的外部界限。所以，概念會傳達出現象的特殊性，而非現象的一般性、普通形式以及亞里斯多德所謂的「中間狀態」（mean）。因此，班雅明在這份

28 譯註：出自 I, 214-5。

論文裡，當然會以更鮮明強烈的方式來鋪敘其中的概念，建立它們之間的相互關係，並藉此使它們為真理效勞（而非為科學或知識效勞）。因此，這些概念便透過相互組合，而顯示為名稱或本質（essences）。

把若干概念（concepts; Begriffe）當作星體，而以（譯按：觀念的）「星座」將它們連結起來，就是在為某件事物命名，並揭示它的本質：為一些概念建立相互關係，也是為某個觀念命名，觀念便藉此而得以恢復本身作為真理的本質。因此，這方面和邏輯或抽象化之間，只有少許的關聯性。「就像觀念不帶有意向地（without intention; intentionslos）出現在命名的行動裡，觀念也會不帶有意向地在哲學沉思裡更新它們本身。在觀念的更新裡，人們再度以原本的態度聆聽詞語。因此，哲學在本身的歷史演變裡……就是一場為了呈現少數幾個不斷重複的詞語——即觀念——的奮鬥。」（T, 37; I, 217）

在此我們首先需要評論的，就是班雅明特別喚起人們對「意向」（intention; Intention）的注意，並使「意向」一詞回到人們更熟悉的、已將知識和真理區分開來的脈絡裡。「知識的對象受制於概念的意向，因此不是真理。真理是由若干觀念所構成的、且不帶有意向的存有（being; Sein）。」[29]我確信，我們若不接受「無表達」（expressionless; ausdruckslos）這

29 譯註：出自I, 216。

個班雅明借自羅森茨威格的理論、而用來描述德國哀劇之特徵的概念，便無法掌握班雅明這些句子所要傳達的一切含義。古希臘雕像沒有瞳孔的白眼，正是一種超越人類心理、甚至超越人類主觀性的狀態。你也可以說，這種無雕刻的白眼就是史賓諾沙所提出的第三種途徑，就是辯證法所固有的、當今對「主體之哲學」的抨擊所固有的理想典型，也就是一種超越判斷的狀態。（更確切地說，就是尼采所謂的超越善惡與倫理道德二元性的狀態，以及阿圖塞〔Louis P. Althusser, 1918-1990〕所提出的超越意識形態的狀態。）。在這方面，班雅明還使用了一種始終不變或永恆的、本質可能較不崇高之領域的、且看似奇異的語言。因此我認為，以星座來重組若干經驗性概念，可拯救不同的個別詞語，使其得以脫離本身的墮落狀態，而且還可以把它們整合並轉化為一個名稱：星座就是名稱，而在班雅明的《德國哀劇的起源》裡，這個名稱就是「巴洛克」。

在現代的脈絡裡，這個把若干概念整合並轉化為某一名稱的過程，其關鍵特點就是名稱之間的區隔，也就是「純粹本質之間那種無法消弭的距離」（T, 37; I, 217）以及星座之間徹底的不連貫性。正是這種觀念的不連貫性使哲學喪失本身的效力（或注定成為一場為了名稱、詞語和涉及空間的推測〔spatial conjunctures〕而進行的、永無休止的奮鬥，誠如我們剛才所談到的。）語言往判斷和抽象化的墜落，跟哲學本身的出現其實是同一件事；這正是為什麼我們必須以不同的方式，將班雅明的思想描述為李維史陀所謂的「野性的思維」或歌德所謂的「細緻的經驗主義」。如今我們可能會把班雅明的思想奉為一種理論或辯證，即使它已在思考和書寫上，確定了一種強烈的反系統形式（antisystematic form）。「巴洛克」這個名稱在這份論文裡所帶有的語意震撼性，就是這種（譯按：整合和轉化概念的）普遍過程的一個顯著的例子。

換言之，星座是一種蒙太奇（德勒茲理論的信奉者可能會把星座視為一種「拼湊組合」），而星座的意象化則暗示著星座之間的差異性，而非相同性。星座是一個顯而易見的、可用來反對系統、或反對哲學本身之系統性的論據，如果你要這麼說的話。為了理解班雅明思維形式的本質及其與布萊希特美學的關係，我們還必須借助這個反系統原則，而且這個原則還主導著班雅明所謂的「辯證意象」（更確切地說，就是班雅明有時為了有更好的表達，而喜歡以「辯證意象」指稱的東西）的建構和效應。我們會在後面的章節再回到這個主題。

班雅明所寫下的散文式片段，恰恰顯示出星座之間的不連貫性：其中的間隔和空白雖有待填補，但讀者卻從未能將它們連通起來。這些間隔和空白似乎是從未被「重新黏合起來」（誠如班雅明在〈譯者的任務〉裡的說法〔I, 260; IV, 18〕）的破片的構成要件，而就破片的解讀而言，讀者也算是一種譯介者。不過，最初的破壞行動必須先於破片而存在，因此它必然是讀者／詮釋者所採取的第一個行動。

布萊希特的蒙太奇也具有相同的作用，它首先瓦解了大家所熟悉的連貫性，然後再以看來截然不同的形式，重新組構它所瓦解的片斷。因此，瓦解和重組正是布萊希特敘事劇場著名的「疏離效果」的兩個要素。布萊希特和班雅明的共通之處，就在於他們優先強調中斷、分開和間隔。典型的布萊希特戲劇是一連串各自獨立的片斷所構成的。其中每一個片斷就是一個單子，就是一個由相繼出現的一段敘述、一首歌曲或一張海報所重組而成的單元（unity），簡而言之，也就是其本身的名稱。

班雅明和布萊希特的不連貫性所共有的邏輯，不僅促成他們彼此的選擇性親近（elective affinity; Wahlverwandtschaft），主導著他們的藝術觀和歷史觀（我們將在後面看到這一點），同時也證實了我們對班雅明思想的解讀：班雅明認為「判斷」是一種比較劣等的形式。以下則是布萊希特對於「判斷」的說法：

墨子說：我們的經驗通常會迅速地變成我們的判斷。我們雖記住我們的判斷，卻認為這些判斷是我們的經驗。當然，判斷不像經驗那麼可靠。我們需要正確的技巧來維持經驗的明晰性，好讓我們始終能有所依據而做出新的判斷。墨子認為，最好的知識猶如雪球一般。它們可能是不錯的武器，不過，你卻無法長期持有它們，而它們也不可能在口袋裡存留下來。[30]

在這裡，布萊希特對於行動的強調雖與班雅明不同，但他在相當重要的「現象學」概念上，對於（具體的）經驗和判斷（通常是正、負面的交替）的區分，則和班雅明是一致的。在班雅明的處理方式裡，我們其實可以從他對遠古社會到現代社會之變遷的說明，觀察到人類固有的兩個面向的交替出現：一方面是人類在審美上對於新穎和創造的確定，另一方面則是人類經驗的惡化和喪失，從尼采的哲學來看，這當然會引發人們對判斷的重新評估：也就是重新定位倫理道德的二元性，並依據相關的歷史脈絡而把這個過程重新「以政治的角度」評定為善（正面）或惡（負面）。因此，在班雅明抨擊系統和抽象化的反哲學（antiphilosophical）精神裡，歷史本身以及人們變動的、端視情況而做出的歷史判斷，便取代了哲學既有的、靜態的倫理道德（和美學）。

班雅明不常使用「意識形態」這個詞彙，而且他對該詞彙的使用也不像阿圖塞的「意識

30 原註：請參照 Bertolt Brecht, *Me-ti*, trans. A. Tatlow, London: Methuen, 2016, 113.

形態」是針對全世界而提出。（阿圖塞的「意識形態」一方面已成為某種世界觀的同義詞，而另一方面則變成沙特所謂的「原初的選擇」（original choice; le choix originel）的同義詞。）我認為，班雅明之所以不常使用「意識形態」概念，有一部分可歸因於他已敏銳察覺到，以意識形態的認同來解讀並批判事物的內在性，是一種不可靠的做法。這也是班雅明經常徘徊於正面和負面的判斷之間，而顯得猶豫不決的緣故。舉例來說，班雅明所提出的著名概念「靈光」可用於描述真正、或真實可靠之經驗的珍貴殘留的特徵，或彰顯人類已向遠古社會之邏輯倒退的可能性，並以擬真的方式，取代和補償遠古社會之邏輯的貧乏性。班雅明認為，對事物內在性進行意識形態的分析，無法解決意義含糊不明的問題，因此，只有從語境對於語言含義所產生的實際影響著手，這個問題才能獲得解決。雖然班雅明對事物的判斷很務實，但有時卻顯得過於輕率。因為他這些判斷總是帶有政治色彩（他的言語！他的勸告！），而且還取決於實際的情況。畢竟實際的情況所存在的、從文本演繹而出的「意識形態之立場」（ideological stance），不一定對無產階級革命有用處（「意識形態之立場」可能有助於無產階級革命，也可能帶有法西斯主義的思想！）班雅明這種務實的、端視情況而定、且具有政治屬性的判斷，總是超出他所探討的文本的範圍，因此，純粹就學術研究的目的來說，他這些判斷始終是不恰當的。

從歷史分期的角度來看，表現主義時代必定會在從前的巴洛克時期的怪異鏡像（mirror image）裡，找到許多可認同的東西。因此，只要我們瞭解班雅明的「可認知過往的現在」這個獨特的歷史概念，便有能力掌握這個概念本身那股歷史書寫的原動力。除此之外，我們還必須了解巴洛克時期歷史變遷的本質：十六世紀馬丁・路德的宗教改革雖然終結了上帝的超然存在，然而在三十年戰爭（即歐陸在一戰之前最慘烈的戰爭，這個歷史創傷尤其對中歐地區造成深遠的影響）結束後的巴洛克時期，上帝的超然存在卻像有時破雲而出的陽光那般，普照著因為歷經屍體遍布、屠殺橫行的三十年戰爭而充滿憂傷與失親之痛的世間生靈。與此同時，巴洛克時期的世俗化也進一步強調三十年戰爭所造成的歷史創傷，因而促使關切基督教信仰衰微的創作大量出現，其盛況甚至遠遠超越人們在一戰後的威瑪共和時期對於神話和宗教儀式的興趣。在這裡，我們還可以把班雅明所喚起的戲劇的駭人場景與冗長台詞（在英國伊莉莎白一世時期的戲劇中，這種戲劇手法比較近似韋伯斯特戲劇[31]，而非莎士比亞戲劇）跟布萊希特的劇作《勇氣媽媽》（*Mutter Courage*）相提並論，似乎是恰當的。[32]

---

31 譯註：作者在此敘述有誤，韋伯斯特是英國詹姆斯時期、而非伊莉莎白一世時期的劇作家。

32 原註：亦請參照德國諾貝爾文學獎得主葛拉斯（Günther Grass, 1927-2015）的《在泰爾格特的聚會》（*Das Treffen in Telgte, München: Verlagsgesellschaft*, 1994），一部以三十年戰爭剛結束時（譯按：作者在此敘述有誤，應更正為「三十年戰爭結束的前一年」）的一場文人聚會為故事主軸的小說。

（此劇改編自三十年戰爭和巴洛克時期最重要的日耳曼小說家葛利摩斯豪森〔Hans J. C. von Grimmelshausen, 1621-1676〕的中篇小說。[33]）

當代一些（高舉「新巴洛克」旗幟的）拉丁美洲作家和學者曾試圖復興一種超越歷史的文學範疇（transhistorical category），並把它當作「拉丁美洲文學爆炸時期」（Boom）和「魔幻寫實主義」以外的另一選項。不過，「巴洛克」在班雅明這部論文裡，其實從未成為這種文學範疇，而是被融入寓言的雙重範疇，以及衰敗的憂鬱裡，而且班雅明還使寓言成為衰敗之憂鬱的裝飾性表達，猶如一種視覺性、或圖像式語言。

寓言也以這種方式出現在波特萊爾筆下的巴黎，換言之，它們就是其中和大寫字母、和人物呈現之抽象化有關的文字敘述：波特萊爾會把應該寫成小寫的詞首改成大寫，例如 la Douleur（疼痛）或 la Mélancholie（憂鬱），而且他那個時代的文人對他的說法，最能顯示他的創作語言的這個面向，正如班雅明在《採光廊街研究計畫》裡寫道：「戈蒂耶（Théophile Gautier, 1811-1872）[34]認為，波特萊爾說話的發音似乎含有『斜體字和大寫字

---

33 譯註：即葛利摩斯豪森以三十年戰爭作為故事背景的小說《勇氣媽媽，這個女大騙子和女流民》（*Die Erzbetrügerin und Landstörzerin Courasche*）。

34 譯註：十九世紀法國唯美主義先驅詩人、小說家和劇作家，主張「為藝術而藝術」，反對以文藝作品來反映社會問題。

母』。他對本身所說的話……顯得頗為驚訝，彷彿他在自己的聲音裡聽到了陌生人的言語。」（A248, J11, a3; V, 322）波特萊爾脫口而出的話語就像拉伯雷（François Rabelais, 1494-1553）作品冰冷而壓抑的語言那般，已經具體化，而且已變成寓言裡的事物。波特萊爾正是因為使用具體化的創作語言，而得以從浪漫派的感傷主義（sentimentalism of the Romantics）裡解脫出來。浪漫派的存在早於波特萊爾，而且還賦予他的詩作如寶石般的物性（objecthood）。因此他很有可能認為，這種物性就是他的詩作的古典主義（波特萊爾曾指出，古典主義占了「藝術的一半」）。

然而，我卻想指出：表現主義雖被班雅明（和布萊希特）視為一種感傷的、贊同德國社會民主黨（Sozialdemokratie; SPD）思想的人文主義，而受其厭惡，不過，正是表現主義——不論其在威瑪共和時期的藝術氛圍裡獲得正面或負面的評價——讓評論藝文的班雅明注意到波特萊爾在寓言創作上的成就。其實表現主義者所流露出的氣憤和挫折在精神層面上，和波特萊爾在著作裡的抽象情緒同樣具有豐富的寓言性：這兩方都想要表達、也都想要重新調整和建構本身的主觀性，而且他們都回應了當時政治和社會的深沉危機。當表現主義者準備喚起可以使人性恢復良善和博愛之力量、並歡慶著本身之完美狀態的那種如海洋般的浩瀚感時，波特萊爾的惡之花則顯示出憤世嫉俗的譏刺嘲諷、惡劣意圖的矛盾性、命中注定的不幸，以及希望幻滅後五味雜陳的情緒。表現主義就是在表達挫折，表達德意志革命和慕尼黑蘇維埃革命不敵右派反擊的失敗結局，而它所展現的樣貌就如波特萊爾《惡之華》（尤其是班雅明所鍾愛的第二章〈巴黎風貌〉）那般蓬勃繁盛。為了試圖克服在社會和政治上所遭逢的挫敗，表現主義於是展現出牽強的樂觀精神，然而，班雅明卻把這種樂觀精神融入他所抱持的、令人反感的「進步」觀當中。至於波特萊爾則和福婁拜一樣，在遍嚐種種的失望與幻滅後，憑藉著比班雅明時代墮落的寓言作家那種理想主義的「努力」和錯誤的期待更為奮發的、更富有尼采哲學精神的方式，試圖在心靈層面上，在不安、憂鬱和破壞裡，勾勒和構思他的悲觀主義。班雅明對革命所抱持的樂觀主義其實是一種退步，而「那位憤怒的歌德」[35]（angry Goethe; tel qu'un Goethe en colère；即波特萊爾！）那種叛逆的、不受約束的撒旦崇拜，則為反動進入僵化的冰河時期，預備了未來的革命主題。

---

35 譯註：出自班雅明的《採光廊街研究計畫》一書；A269, J23, 2; V, 345。

第 5 章

人物群像

一

當寓言聚焦在人們的臉孔時，寓言的分類系統便產生人物類型。班雅明擅長講述趣聞軼事這一類的短篇故事，不過，故事若涉及事件的層面，他的描繪就會停頓在撰寫小說之前的人物塑造階段。報紙這種當時已普及開來的新興媒體，對作家刻劃故事裡的人物很有幫助，我們可以在巴爾札克或狄更斯這類作家早期的小說習作裡觀察到這一點。《德國哀劇的起源》是班雅明投注許多時間與心血的著作，它開始於班雅明對冷僻的巴洛克哀劇的研究，而結束於他和當時極其悖離戲劇傳統的劇作家[1]的結交與合作。至今人們依然很少探索，戲劇曾正式對班雅明的寫作和思想造成什麼影響，這一點著實令人詫異。或許這應該歸咎於班雅明藉由辯證的扭曲（dialectical distortion），使演員脫離舞台，而退到（使富有特殊效果的表演場地，陷於空洞的空間範疇〔empty category of space〕的）古希臘人所相信的運氣和宿命裡。還有，就像我在前面曾談過的，小說其實未受到班雅明的關注，而這就是他不尋常地脫離本身之感受性（sensibility）的另一個表徵。

1 譯註：即布萊希特。

誠如我們所看到的，班雅明在《德國哀劇的起源》裡，已顯示出他那種著眼於人物的傾向。他曾指出，巴洛克哀劇所呈現的行動和事件（其實就是情節本身）以及歷史的動亂，都獲得當時觀眾熱烈的迴響，而且這些戲劇內容都濃縮在一些刻板的角色類型上：不論暴君做了什麼，不論篡位者和陰謀者策劃了什麼，不論殉道者遭受了什麼，這一切都已變成一些固定的角色類型的特徵。我們大概可以在這些以具體的、經過化約的人物角色所呈現的哀劇裡，看到劇中的事件已轉化為「人物群像」。

巴爾札克喜歡使用「人物群像」這個詞語，而它的存在當然遠早於巴爾札克對它的使用。當「人物群像」一詞逐漸從面相學意義轉變為生理學意義時，卻因為歌德一度交往的瑞士友人拉瓦特（Lavater, 1741-1801）對於面相學的狂熱，而使這個詞語在現代（至少在十九世紀）蒙受惡名。不過，我們仍可在班雅明的盟友布萊希特的戲劇裝飾裡（也就是在他所提出的「手勢」〔Gestus〕和「姿態」〔Haltung〕概念裡），確認其中的人物群像。然而，比起布萊希特，我反而認為，巴爾札克在小說裡對人物群像的種種描述——其中大部分未被賦予姓名——就班雅明而言，其實具有更穩固不變的關聯性，而且巴爾札克在呈現這些人物群像時，為了有助於小說的表現，還為他們劃定一塊區域，因為在該區域裡，小說本身及其人物角色之心理所受到的壓制（repression）最為顯著。無論如何，班雅明已沉迷在人物群像的古老情調裡，他就像巴爾札克小說裡的某位古董商，將畫有各種臉部表情的古舊印刷品和圖表展開來細細端詳。

然而，「人物群像」在班雅明思想裡，卻不是平凡細瑣、或裝飾性的概念。它在班雅明早期的著作（即撰寫於一九一九年的〈命運與性格〉一文）裡，已直接顯露出本身的哲學深意。他在這篇短文裡，詳述自己最主要的「神學」觀，尤其對「預測未來」大加著墨。因此，「預測未來」便帶著十足的宿命色彩，回到班雅明對歷史的終極沉思裡。

在杜米埃（Honoré-Victorin Daumier, 1808-1879）[2]或巴爾札克這類創作者所建構的世界裡，人物的性格類型確實受到命運的宰制。命運和性格的存在，基本上都帶有詮釋學性質。人們不會直接動用、或有機會動用「人物群像」這個饒富意義的關鍵字來詮釋命運和性格，畢竟此二者的解讀必須以外在的徵象作為媒介。此外，命運和性格還必須被區分開來，以便讓人們對它們的了解帶有更強烈的「宿命色彩」，也就是帶有更強烈的歷史性。

最重要的是，班雅明在這方面清楚地分辨「命運」概念和「倫理」、「罪惡」、「清白無罪」、「道德主張」（moral accent; moralischer Akzent）、或「判斷」這些概念的不同。

2 譯註：法國寫實主義畫家暨諷刺漫畫家，畢生以大量的創作批判當時政治社會的弊端，並呈現底層民眾的種種辛酸與困苦。

「判斷」（judgement; Urteil）是班雅明在〈論語言之究竟以及人類的語言〉這篇寫於一九一六年的文章裡所提出的概念。他在〈命運與性格〉一文裡談到，命運就是古希臘悲劇裡的「那些異教徒意識到，自己比神祇更勝一籌」的時刻，所表現的完全無言或無表達（I, 203; II, 175）。換句話說，正是這樣的時刻使古希臘悲劇有別於德國巴洛克哀劇：「古希臘悲劇的卓越之處，就是它呈現出天才誕生於道德之緘默性與道德之天真性的弔詭當中。」這可能正是一切崇高性（sublimity）的基礎，是天才，而非上帝之現身。在「人類天生的無邪」（the natural innocence of man）（I, 203-4; II, 175）中，命運已被降級為法律和罪惡，最後才出現了作為人物性格與相貌領域的喜劇（comedy; Komödie）。班雅明這些複雜的想法都是他贊同「第三種途徑」這種新的辯證（換言之，為了真實地評估歷史和局勢），而貶低（善與惡的）判斷、抽象化與心理層面時，所出現的元素。這些元素也和〈對暴力的批判〉這篇如謎般更難理解的文章息息相關，不過，在這裡的討論脈絡裡，我們其實可以把它們視為「角色人物」範疇的出現。「角色人物」範疇在《德國哀劇的起源》裡已取得本身的形式，而且還在班雅明後來探討的某些更為人熟知的人物圖像中，充分展現出來，比方說，他筆下的那些遊蕩者、收藏者、賭徒、說故事者、暴徒、小孩，以及他所探討的杜米埃和卡夫卡作品裡的人物類型。關於「角色人物」這個範疇，我們即將在接下來的幾節展開討論。

不過，我們為何不從有名有姓的個人著手討論起呢？比方說波特萊爾和布萊希特，這兩位對班雅明寫作生涯至為重要的偉大文學家？我們如果討論這兩位大師，一定會找到一套現成的、有用的人物類型。但在布萊希特的例子中，我們反倒被引向班雅明人生故事裡的人物群像：對班雅明來說，布萊希特是精神導師，修勒姆是摯友，阿多諾是門生，霍克海默是荷包的看管者（把霍克海默和負責發給波特萊爾生活費的安諧爾〔Narcisse Ancelle, 1801-1888〕[3]相提並論，是否有點失禮？），而拉齊絲則是令人愛慕的理想女性等。這種做法確實為我們勾勒了舞台、劇本與劇場，且比大部分的傳記資料更有聲有色。但這卻不一定能符合班雅明本身所虛構的人物類型，而且這些人物所隸屬的範疇，也不一定跟他本身在思考和寫作上的處理和鋪排密切相關。

二

我們已遇見那位身為宇宙論氣象學家（cosmological meteorologist）的波特萊爾，那位

3 譯註：波特萊爾在繼承其繼父的遺產後，開始過著揮霍無度的生活。他母親便因此而向法院提出申訴，後來法院宣告他為禁治產人，並指定安諧爾為其法定監護人，負責管理他的財產。

宣告蒼穹之陰霾、星辰之沉落的波特萊爾，而現在他就是那顆出現在《採光廊街研究計畫》裡的明星！在班雅明這部畢生鉅著裡，他不僅僅是詩人、琢磨文體的寫作者，以及聲音充滿「斜體字和大寫字母」的寓言作家，他還是那張法蘭西第二帝國時期巴黎全景圖真正的中心點，而這張全景圖，從整體來說，就是一個指涉十九世紀資產階級文化的借喻（metonymy）。《採光廊街研究計畫》的撰著從一開始，便因為本身的動能（momentum）而分成兩大部分：關於波特萊爾和採光廊街這兩個主題的筆記與文章。實際上，這部著作只是斷開和不連貫這些極典型的班雅明思想邏輯的表徵，只是班雅明的人物類型學（characterology）「遞延出現」，正如哈姆雷特最後終報父仇的結果。此外，它也是班雅明在面對事件的無能為力的投射，以及他讓筆下的人物群一直空等出場之時機與暗示的遲疑。此時，讀者便因為已擺好各種道具、裝置與布景的舞台無人登場，因為戲劇遲遲未揭幕開演，而在心裡乾著急，一如波特萊爾在〈好奇者的夢〉（Le Rêve d'un Curieux）[4]這首詩裡的句子：「我憎恨帷幕，就像人們憎恨障礙。」

因此，我們需要對班雅明著作裡的波特萊爾進行兩場個別討論：其中一場聚焦於班雅明最初為了《採光廊街研究計畫》的寫作，而針對這位詩人本身的「人物相貌」所寫下的筆記

4 譯註：波特萊爾詩集《惡之華》裡的一首詩作。

和文章；另一場則針對班雅明的〈論波特萊爾的幾個主題〉一文，波特萊爾在此文裡彷彿就像巴黎這座大城市的偵測器（對此，我們將在第七章繼續討論）。

波特萊爾即使作為一幅人物肖像畫，其本身仍有許多不同面貌有待描繪，因此，班雅明對波特萊爾的刻畫（和關注）幾乎一無疏漏。他貼切地描述了波特萊爾奇怪的步態（不流暢的、像木偶般機械式的碎步）以及尖銳刺耳、突然喋喋不休、「詞語的詞首似乎都變成了大寫字母」的聲音，至於這位詩人對大自然的憎惡（這對波特萊爾本身而言，似乎是不可缺少的），他則未特別著墨。（而沙特則以巴舍拉〔Gaston Bachelard, 1884-1962〕的觀點大加分析波特萊爾對金屬、玻璃和冰塊等材質的著迷。波特萊爾所鍾愛的這些材質，近似於科比意建築的現代性，雖然班雅明必定傾向以不同的方式來解讀它們。）班雅明還描寫波特萊爾的臉部表情所帶給人們的鮮明而突兀的印象，即他所謂的「憤怒的歌德」（A269, J23, 2; V, 345）。但他卻未談到，波特萊爾的臉部表情類似一種兼具現代與古典的雙重性（波特萊爾曾把這種雙重性歸因於他本身的「現代性」美學），尤其是他無法將波特萊爾的挑釁、不道德、對醜聞的喜愛，以及對極端行為的誇示加以理論化。波特萊爾這種作風不僅讓他的朋友和同時代人感到驚心動魄，就連他的敵人也為此大受震撼。法國作家馬桑（Eugène Marsan, 1882-1936）曾談到他對波特萊爾的看法：「我們必須承認，他的女人、他的天空、他的香水、他的懷舊、他的基督教、他的魔鬼、他的海洋和他的熱帶，已構成一種新奇、且令人驚詫的題材。」（A248, J11, a3; V, 322）或者，我們如果傾向於從心理學層面，以及杜斯妥也夫斯基對人的觀點來考察波特萊爾這位詩人，雅盧（Edmond Jaloux, 1878-1949）[5]的這段話便可作為我們的參考：「一位孤獨者不安的煩躁……他憎惡人們的處境，因此，需要藉由宗教或藝術來使人們活在有尊嚴的處境裡……喜歡遊蕩狂歡，以便可以忘記或懲罰自己……熱愛旅行、熱愛未知的、新穎的種種……偏好任何可以讓自己聯想到死亡的事物（例如，黃昏、秋天和荒涼的景象）……崇拜不自然的、虛假的東西……並在憂鬱裡自鳴得意。」（A288, J33, 4; V, 366）這段話雖羅列出波特萊爾諸多有吸引力的特質，但班雅明在引用之後，卻補上一句相當不以為然、且帶有警告意味的評論：「我們在這裡可以看到，單單考慮心理層面的事實情況（psychologische Tatbestände）會阻礙我們認識波特萊爾本身所固有的原創性。」班雅明自始至終都以生理層面來對抗心理層面，因為生理層面記錄著心理層面對於歷史性的妨害，而不是因為生理層面顯示出任何對於未獲青年布萊希特重視的行為主義（behaviorism）的嚮往，或與行為主義的志同道合。班雅明對歷史性始終抱持贊同的態度，甚至在自己所主張的、需要援用人類始祖在伊甸園時期這段歷史的語言神祕主義（linguistic

5 譯註：法國小說家、文學評論家暨歷史學家。

mysticism）裡，也是如此。他認為，人類的心理和主觀性若未將我們帶向唯美主義和法西斯主義，就會將我們帶入關注本質和人性的柏拉圖世界裡。但班雅明對神學的特殊看法，則使他得以擺脫這個柏拉圖世界。

法國劇作家勒梅特（Jules Lemaître, 1853-1914）以帶有敵意的口吻談論波特萊爾作品裡的矛盾，反而引起班雅明對這位詩人的注意（A255, J15a, 1; V, 329-30）。因此，他後來著手翻譯波特萊爾詩作，實非偶然：起初（在一戰期間）他的翻譯集中於《惡之華》第二章〈巴黎風貌〉，這些城市詩是波特萊爾在一八五〇年代[6]《惡之華》再版時增添上去的，也就是在法院認定初版的《惡之華》傷風敗俗，而將他判處罰金之後，以及一八四八年法國二月革命失敗之後。波特萊爾那個時代的巴黎所出現的種種亂象：妓女的賣淫、女子的同性戀、梅毒所造成的皮膚潰瘍、街道上的垃圾、屍體、乞丐、盲人、患有關節炎的老婦，以及那些頌揚武裝起義的歌曲，這些在半個世紀後已大幅減少；因此，巴黎任何殘存的亂象，都被認為是在挑釁資產階級的體面，是在激起資產階級對其所厭惡的、且無力改善的社會秩序的憤怒。班雅明解讀這些從前的亂象，是基於它們所含有的個人生命史的意義。女子的同性戀讓班雅明有難得的機會去了解女性主義，並欣賞那些從傳統中解放的婦女。基督教的撒旦提供

6 譯註：作者在此書寫有誤，《惡之華》再版的時間是一八六一年，而非一八五〇年代。

人們服從祂和違逆祂這兩種角色，而撒旦的受害者和反抗者便在褻瀆上帝裡打成平手，不分勝負，不過，班雅明卻很少關注一般所認為的天主教教義（這方面就留給艾略特〔T. S. Eliot, 1888-1965〕吧！）。他認為性愛是天經地義的事，倒是巴黎的城市景象讓他深受吸引（班雅明翻譯波特萊爾作品起初是從〈巴黎風貌〉著手，而這一篇正是葛奧格出色的《惡之華》德譯本未收錄的部分。）他尤其認為，當時資產階級眼裡的許多挑釁都帶有政治性，因此還讓我們了解，這些挑釁就是那個時期的政治，並進一步把它們導入語言的核心裡（而非理所當然地導入政治策略裡）。

我們很快會看到那個時期的政治意味著什麼，不過，我們還必須留意班雅明所一貫信奉的唯物主義，以及他對於《惡之華》這部著作之地位與讀者群的關注，對於雨果〔Victor M. Hugo, 1802-1885〕的詩集還能熱賣的歐洲社會的民眾如此墮落的關注。（這一切也呼應班雅明再度發現姚阿幸〔Joachim〕[7]那篇探討德國浪漫派詩歌之衰落的文章一事。）班雅明很少注意到波特萊爾的藝術評論，雖然這位詩人的藝術評論就像他所有新奇的作品一樣，具有開拓性（觀察到班雅明在引用波特萊爾的作品內容時，曾有幾次附上「他是首位……的

---

7 譯註：這位從事文學批評的姚阿幸，並非著名的小提琴演奏家暨作曲家約瑟夫．姚阿幸（Joseph Joachim, 1831-1907），由於作者在此未寫出 Joachim 的全名，因此，譯者無從得知其為何許人也。

人」這句話，是一件很有趣的事）：他是第一位向華格納致敬的法國人（華格納在巴黎首演他的樂劇《唐懷瑟》（*Tannhäuser*）時，波特萊爾曾主動要求擔任他在巴黎的嚮導）[8]，也是第一位使用 moderne（現代的）和 modernité（現代性）這兩個詞彙的法國人。（modernisme〔現代主義〕這個詞彙比較晚才被引入法文裡；至於 moderne〔現代的〕這個形容詞由於波特萊爾率先使用，因此，它在法文裡出現的時間早於其他語言，不過，它從未成為班雅明思想的基本概念。）此外，值得注意的是（尤其鑑於班雅明曾翻譯波特萊爾的詩作，而且早年相當喜愛這位詩人的作品），這位詩人繼承了許多古典主義的創作要素，並在西方人已不再閱讀外文著作的當代環境裡，以獨樹一幟的創作將法國文學展現出來，或許還能與擁有全世界最輝煌的文學史的中國文學並駕齊驅。

當代的西方人除了不再閱讀外文著作外，其實也不再閱讀從前那些以古典語言寫成的作品：當希臘文和拉丁文不再是口語通行的語言，而僅作為書寫和閱讀的語言時（譯按：即古典語言第一次的死亡），曾長期以課堂語文教材的形式，殘留在西方的校園裡；當現代的西

8 譯註：一八六一年，波特萊爾在巴黎歌劇院觀賞華格納樂劇《唐懷瑟》的演出後，發表了〈理查・華格納與《唐懷瑟》在巴黎〉〔Richard Wagner et Tannhäuser à Paris〕這篇文章。他在此文裡，依據他個人的觀賞體驗，而試圖將本身的美學觀念和華格納的藝術結合在一起。

方已不再閱讀希臘文和拉丁文的經典之作時，這兩種古典語言便經歷了第二次的死亡，而且是真正的死亡！既然波特萊爾作品享有文學經典的地位，它們在某種程度上，便取代了西方人已不再閱讀的古希臘羅馬經典著作。因此，了解班雅明如何沉思波特萊爾和古典時期的關係，是一件頗有意思的事。波特萊爾確信，在他的詩作裡，占有藝術一半的永恆性、古典主義和歷史性會持久地存在，而且還跟占有藝術另一半的現代性和短暫性並存著。（波特萊爾曾在〈現代生活的畫家〉一文裡寫道：「藝術的一半是……暫時性、偶發性與變化無常，而另一半則是永恆與歷久不變。」）[9]波特萊爾遵守詩歌創作既有的嚴格形式和押韻（卻在波特萊爾後期的實驗性散文詩[10]裡，被徹底揚棄）、並以反浪漫主義的態度控制本身情感最強烈的爆發（曾有一位評論者表示：「波特萊爾缺乏愛和賣力工作的能力。」〔A249, J12, 3; V, 322〕），因此，他的詞句可以輕鬆地駕馭他的情緒混亂。不過，最常出現在班雅明筆記和草稿裡的「古典」文學家，卻是是中世紀晚期的但丁，而非古典時期的索福克勒斯和維吉爾（Virgil, 70-19 B.C.）。波特萊爾在他的創作裡（以世紀末的精神）怪異地將古典主義融入「頹廢」原型當中，必然促使班雅明贊同禮格爾這位否認古典主義影響力的藝術史學家，

9 原註：請參照 “Le Peintre de la vie moderne” *Oeuvres complètes*, II, Paris: Pléiade, 1976, 683-724.

10 譯註：即波特萊爾的散文詩集《巴黎的憂鬱》。

而且在班雅明看來，西方知識界當時對禮格爾強調某個歷史時期之獨特性的探討已經降溫，已是過時的流行。

基本上，我們可以在波特萊爾的藝術風格裡找到班雅明如此鍾愛其作品更深層的根源。讓美洲讀者頗感自豪的，不只是波特萊爾本身對愛倫．坡的推崇，還有拉佛格（Jules Laforgue, 1860-1887）[11]對波特萊爾隱喻裡的「美洲精神」（Americanisms）的闡揚。我們這些生活在新大陸的「現代羅馬人」可能想知道，波特萊爾這些指涉「美洲精神」的隱喻，是否也在反映古希臘人淡定地察知古羅馬人的鄙俗下流、不知節制和魯莽粗拙。無論如何，我們不需要為了這些負面的形容詞，指責波特萊爾和班雅明這兩位歐洲文化菁英，畢竟這兩位歐洲人未曾對大西洋彼岸的新世界，表現出高度的關注和好奇心，而我們美國人也或多或少傾向於把美國文學家愛倫．坡當作已歐洲化的獨行者。（另一方面，出生於烏拉圭首都蒙特維迪歐（Montevideo）的法國詩人拉佛格，很可能被認為有幾分像美洲人。）

然而，這些對波特萊爾作品的讀者式關照，卻不該排擠適當的作家式關照；羅蘭．巴特就曾以卓越的論述，強調班雅明對波特萊爾所特有的熱情，並以另一種方式，解釋班雅明對

---

11 譯註：英年早逝的法國象徵主義詩人，出生於烏拉圭，十歲才返回法國，其詩作獨特的荒謬諷刺風格，深深影響後來的超現實主義。

這位詩人的策略性定位。從另一方面來說，少數的作家往往會認定，自己本身甚至已成為這種作家式關照的對象：作家式關照確實使作家想要提筆為文，而且還使作家想要闡述寫作本身。至於波特萊爾作品的作家式關照，則由於波特萊爾的評論者相當著迷他的風格，因而發現自己必須思考這種風格的本質！（至今，波特萊爾風格仍未成為一種理所當然的文學現象，巴特也曾在《寫作的零度》〔*Le degré zéro de l'écriture*〕一書中提出類似的看法。）綜觀浪漫派世代的文學家，從克萊斯特（Heinrich von Kleist, 1777-1811）到雨果，從濟慈（John Keats, 1795-1821）到賀德林或密茲凱維奇（Adam B. Mickiewicz, 1798-1855），我們會發現，波特萊爾風格尚未成為一種文學現象，顯然是不合理的。波特萊爾在創作時，曾設法壓制浪漫派在風格形塑方面所採用的、如歌劇演出般的、宏大堂皇的一切，而使人們可以在事物極度的簡單性裡，看到事物本身——倘若藝術風格還不致於因為本身真正的平淡和簡單，而被忽視的話（例如華茲華斯）。他那種「建立風格的意向」（a will to style; Stilwollen）不可能被隱藏而不被注意。人們可能會觀察到，波特萊爾在這種建立風格的創作精神裡，通常被視為紈袴子弟。布魯梅爾（Beau Brummel, 1778-1840）[12]所呈現的優雅穿著的典範，不

12　譯註：布魯梅爾是英王喬治四世在伊頓公學求學時期（當時身為英國王儲）的同學，也是當時英國紳士時尚潮流的開創者。

就是穿著略微顯舊的服裝？那麼我們在波特萊爾風格裡（可區分為永恆和日常這兩大部分）所讚賞的東西，是否就是這種類型的優雅穿著？無論如何，波特萊爾作品的可引用性（quotability）觸動了班雅明特別敏感的神經，這就像多種外文的詩作及其法譯本深深吸引著波特萊爾那樣。此外，班雅明從未因為對視覺領域的喜愛，而使自己遠離本身對象形文字和筆相學的愛好。（曾有人指出，波特萊爾的〈現代生活的畫家〉一文未切中要點。因為他對攝影的反感使他無法像班雅明那樣，把這個當時新興的視覺媒介當作更深刻的寫作主題。）[13]

在此我要主張：當班雅明把波特萊爾比作布朗基時，便已將波特萊爾變成他所呈現的人物群像中的原型人物。班雅明這個比擬開始於波特萊爾曾隱晦地把青年布朗基描繪成一位了不起的謀反者（A255; J15, 6; V, 329），而且布朗基也一直存在於班雅明的人物群像裡。然而，應該注意的是，班雅明這個比擬，獨獨挑出波特萊爾多重身分中最高尚的那一面，即他的詩人身分。至於他在〈波特萊爾筆下第二帝國的巴黎〉一文裡，則把這位詩人比作他視域裡的一種關鍵人物類型：拾荒者（IV, 48; I, 582），也就是商品宇宙（commodity universe）

13 原註：請參照 Timothy Raser, *Baudelaire and Photography*, Cambridge: Legenda, 2015.

之瓦礫碎片的探查者，而非商人和乘機謀取利益之人（就像狄更斯小說《我們共同的朋友》〔*Our Mutual Friend*〕裡的人物）。後來，班雅明又把波特萊爾比作一位決鬥者，畢竟他的詩句簡直無異於許多致命性攻擊（波特萊爾在《惡之華》的〈太陽〉〔Le soleil〕這首詩裡寫道「我奇異的劍術」〔ma fantasque escrime〕），雖然是使用過時的武器所發出的攻擊（波特萊爾作品裡，有任何槍砲嗎？）。最後，班雅明提到，馬克思曾把布朗基的暴動策略比擬為從前煉金術士的幻想，但這位身著黑服的人士卻因為堅信暴動是革命的必要手段，而無法獲得馬克思的信任。班雅明還觀察到「波特萊爾的圖像似乎會自動出現：它一方面是寓言的謎團，另一方面則是謀反者神祕的勾當。」（IV, 7; I, 519）[14] 波特萊爾真正主張暴動叛亂是革命之必要手段的信念，其實就存在於他的詩句裡（而不僅僅存在於他隱喻裡的、宛如通俗劇的「美洲精神」當中）：他以貼切的用詞（mot juste）發動攻擊，彷彿拿刀劍在戳刺，彷彿在暴動裡，攻占了軍火庫、廣播電台和郵局這些重要設施。波特萊爾的詩句鋪陳明確（不像雨果的詩作充斥著重複和交替出現的遣詞措句），一氣呵成，既像一座大理石雕像，也像爆炸行動裡準確無誤的無人機襲擊。

---

14 譯註：出自班雅明的〈波特萊爾筆下第二帝國的巴黎〉一文。

波特萊爾的言詞「暴動」觀念以令人意外的、以語言以外的（且完全符合現代對真正的語言學恰如其分之復興的）活潑性，完成了「風格研究」（Stilstudien）的方法論。這個觀念已在行動中表明，詞語、句子和句法就是身體的動作，就是布萊希特所謂的「手勢」。班雅明未把波特萊爾的「實力政治」（Realpolitik；依據梵樂希〔Paul Valéry, 1871-1945〕[15]對波特萊爾的看法）比作布朗基的政治策略，儘管此二者具有更廣泛的歷史相似性，而且這種相似性還出現在班雅明的「手勢」這個似乎更精細、更適用於特定情況的比喻裡（此二者都是「手勢」比喻的寓言層次，如果你喜歡這麼說的話）。在他看來，手勢不單單關乎身體，也不單單關乎語言。「手勢」這個概念具有符號學（semiotics）希望藉由本身的理論而達到的多維性（multidimensionality），但同時它也是有悖於符號學的敘事學（narratology）的構成要素。

布萊希特的「手勢」概念陷入了點與線之辯證的一切意義模糊性裡：「手勢」是動作和場景的可分割性的結果，並且很容易因為動作和場景進一步的可分割性，以及更小且可理解的單位的出現，而受到影響。同時「手勢」也是一種不穩定的單位，它既可能分解架構比較

15 譯註：法國象徵主義詩人、散文家和評論家。

龐大的敘事，也可能被分解成若干和經驗有關的片斷。只有當班雅明的「手勢」比喻表達出「手勢」本身的可理解性正是一種清晰明瞭的動作時，「手勢」才得以脫離本身的不穩定性。

事件在波特萊爾的作品裡依然缺席，至於為何如此，班雅明在波特萊爾《惡之華》第二章〈巴黎風貌〉的十四行詩〈致一位擦身而過的女子〉（À une Passante）裡，所發現的關鍵，可能暗示著其中的原因。在波特萊爾許多傑出的詩作裡，這首十四行詩的確擁有獨一無二的光輝，而且還讓波特萊爾時不時思索著它。以下是它的法文原文和英文譯文：

À une Passante

La rue assourdissante autour de moi hurlait.
Longue, mince, en grand deuil, douleur majestueuse,
Une femme passa, d'une main fastueuse
Soulevant, balançant le feston et l'ourlet;

Agile et noble, avec sa jambe de statue.

Moi, je buvais, crispé comme un extravagant,
Dans son oeil, ciel livide où germe l'ouragan,
La douceur qui fascine et le plaisir qui tue.

Un éclair... puis la nuit! — Fugitive beauté
Dont le regard m'a fait soudainement renaître,
Ne te verrai-je plus que dans l'éternité?

Ailleurs, bien loin d'ici! trop tard! jamais peut-être!
Car j'ignore où tu fuis, tu ne sais où je vais,
Ô toi que j'eusse aimée, ô toi qui le savais!（B, 92-3）

〈致一位擦身而過的女子〉
街道在我的周圍震耳欲聾地喧嚷著。
一位高挑纖細、穿著全黑喪服的婦女帶著莊嚴的悲傷

徒步行走，用她那隻闊氣挑剔的手
撩起並擺動她那鑲飾著花邊的裙襬；

敏捷而高貴，露出恰如雕像的小腿。
我喝著酒，渾身顫動有如發瘋；
在她的眼裡，有醞釀風暴的青灰色天空，
還有迷人的溫柔和致命的歡樂。

電光一閃……然後黑夜降臨！迅速消失的美人，
她的眼神突然使我重生，
難道在進入永生之前，我再也見不到妳？

距離這裡已相當遙遠！太遲了！也許永遠無緣再見！
畢竟我不知妳的行蹤，而妳也不知我的去向，啊，妳已知道，我鍾情於妳！[16]

A Passerby

The deafening street roared on. Full, slim, and grand
In mourning and majestic grief, passed down
A woman, lifting with a stately hand
And swaying the black borders of her gown;

Noble and swift, her leg with statues matching;
I drank, convulsed, out of her pensive eye,
A livid sky where hurricanes were hatching,
Sweetness that charms, and joy that makes one die.

16 譯註：請參照《機械複製時代的藝術作品：班雅明精選集》，頁116-117。

A lightning flash—then darkness! Fleeting chance
Whose look was my rebirth—a single glance!
Through endless time shall I not meet with you?

Far off! Too late! Or never!—I not knowing
Who you may be, nor you where I am going—
You, whom I might have loved, who know it too![17]

〈一位擦身而過的路人〉

震耳欲聾的街道人聲鼎沸。一位高挑纖細、穿著全黑喪服、
儀態萬千的婦女帶著莊嚴的悲傷，沿路走來
用她架式十足的手撩起
並擺動鑲有黑色波浪滾邊的裙襬；

17 原註：請參照 Roy Campbell, *Poems of Baudelaire*, New York: Pantheon, 1952.

高貴而敏捷，露出雕像般的小腿。
我喝著酒，渾身顫動不已；在她哀愁的眼裡，
出現了醞釀風暴的青紫色天空，
還有迷人的溫柔和致命的歡愉。

電光一閃……然後是黑暗！迅速消失的美人，
她的眼神使我重生……那驚鴻一瞥！
難道我永遠無法再見到妳？

妳已遠離！太遲了！或者永遠無緣再見！
畢竟我不知妳是誰，而妳也不知我的去向，
啊，妳已知道，我可能愛上了妳！

我在這裡選用南非詩人坎帕貝爾（Roy Campbell, 1901-1957）的英譯文，是因為它的韻腳，以及它本身所蘊含的能量（可惜的是，這股能量卻在政治上使坎帕貝爾偏離班雅明的立

場）。至於克萊夫・史考特（Clive Scott）的譯文雖被公認為最優秀的英譯版本，卻不太切合我在這裡討論波特萊爾這首詩作的目的。我認為，讀過克萊夫・史考特英譯版的讀者，應該再參考另一個經典的英譯版，也就是湯姆・史考特（Tom Scott, 1901-1957）[18]早先的英譯。至於通曉德文的讀者，除了閱讀以下的班雅明德譯版外，還應該再參考葛奧格的德譯版：

Einer Dame

Geheul der Straße dröhnte rings im Raum.
Hoch schlank tiefschwarz, in ungemeinem Leide
Schritt eine Frau vorbei, die Hand am Kleide
Hob majestätisch den gerafften Saum;

Gemessen und belebt, ihr Knie gegossen.

18 譯註：二十世紀蘇格蘭最具代表性的詩人之一，亦從事中世紀蘇格蘭文詩歌的研究，以及歐洲詩人作品的翻譯。

Und ich verfiel in Krampf und Siechtum an
Dies Aug‘ den fahlen Himmel vorm Orkan
Und habe Lust zum Tode dran genossen.

Ein Blitz, dann Nacht! Die Flüchtige, nicht leiht
Sie sich dem Werdenden an ihrem Schimmer.
Seh ich dich nur noch in der Ewigkeit?

Weit fort von hier! zu spät! vielleicht auch nimmer?
Verborgen dir mein Weg und mir wohin du mußt
O du die mir bestimmt, o du die es gewußt!（IV, 41）

〈致一位女士〉

街道在我的周圍不停地隆隆作響。
一位高挑纖細、穿著深黑色喪服的婦女帶著極度的悲傷

走過我身邊，用她那隻玉手
儀態萬千地撩起鑲有花邊的裙襬；

從容而有朝氣地，露出膝下恰如雕像的小腿。
我已渾身發顫，衰弱無力；
在她的眼裡，有醞釀風暴的灰暗天空，
還有她所享受的致命性歡愉。

電光一閃，然後是黑夜！迅速消失的貴婦，難道
她發亮的眼神未使我重生，
難道只有在永生裡，我才能再次見到妳？

妳已遠離！太遲了！也許再也無法相見？
畢竟妳不知我的行蹤，而我也不知妳必定前往的去處，
啊，妳已明白，我對妳的著迷！

有些評論者把這位「擦身而過的女子」當作娼妓。他們將她定位為蕩婦，在我看來，其實是假正經的心態在作祟。這種說法根本沒有必要！我認為，在法蘭西第二帝國時期（此時英國早已進入維多利亞時期）的巴黎，除了服喪的黑衣婦女外，至少中產階級女性也可以在外四處走動。這位女子陰鬱的眼神，當然暗示著波特萊爾和他的情婦杜娃（Jeanne Duval, 1820-1862）之間的激烈爭執。所以，她和妓女無關，畢竟在人們的想法裡，青樓女子（這種女人在波特萊爾作品裡顯然不少）總想投射出嫵媚迷人的目光，而非陰鬱的眼神。班雅明至少曾在兩篇重要文章裡，表達自己對〈致一位擦身而過的女子〉這首收錄於〈巴黎風貌〉的詩作的著迷，而偶然相遇正是〈巴黎風貌〉的核心，它當然成功體現出現代城市的基本特徵：一處可讓人們遊蕩，並擁有性自由的地方。自由是城市空間的另一面向：在歐洲中世紀時期逃入自由城市的農奴，毋須擔憂被主人捉獲而再度失去人身自由。不過，城市所帶來的個人解放，往往因為人們對此絕口不提，而遭到忽略。

為何這位黑衣女子要服喪？為何波特萊爾會以略顯諷刺的激動，描述自己對她的反應？或許這兩個問題可以為我們提供若干線索。從另一方面來說，人們以真正「誇張的」方式解讀這首詩，其實就是在回應阿圖塞晚期所提出的「邂逅」（rencontre）理論，就是為了梳理出「邂逅」更深層的意義，而且人們從中所掌握的某種出乎意料的相關性，可能比原先的預期，更容易使自己產生其他的聯想。阿圖塞的「邂逅」理論在某種程度上，再現了自己早年關於事件之「過度決定性」（overdetermination）的種種想法。他認為，事件的決定性並非只具有單一的原因或傾向，但人們卻因為贊同「機會」（chance）或「偶然」（contingency）這些偽觀念，而經常忽視事件的多重原因。

事件對阿圖塞來說，就是革命。當我們發現歐勒教授（Dolf Oehler, 1943-）再度把革命的詩意時刻，嵌入冗長的、幾乎已符碼化的圖像學（codified iconography）當中——例如德拉克洛瓦（Eugène Delacroix, 1798-1863）以自由女神瑪麗安（Marianne）作為他的名畫〈自由領導人民〉（La Liberté guidant le peuple）的主角，藉此將革命擬人化為一位女性——而我們還為這個和歷史有關的真正發現感到震驚時，革命事件便隨之浮現。如果革命事件後來的演變，確實形成了富有詩意的寓言層面，那麼在這個層面裡，不只浪漫之都巴黎及其追求情愛的精神，就連它所發生的革命事件，也意味著人民對它的投入和付出？

福婁拜和波特萊爾在政治上，都是強硬的保守主義者（尤其是前者對巴黎公社的反動言論，只有馬丁・路德對德意志農民起義的嚴辭峻斥[19]可以比擬），不過——就像我們現在所

19 譯註：雖然馬丁・路德所發動的宗教改革為一五二四年至二六年的德意志農民起義，提供正當而有力的反抗理由，但他卻在這場起義露出敗相後，轉而表態支持日耳曼眾邦國的統治者，並厲聲譴責武裝暴動的農民。

知道的——他們都曾經熱烈支持法國七月革命，及其所訴求的、徹底的社會改造，以及令人厭惡的王權復辟的禁絕。後來他們還因為違背了曾抱持的革命信念，而受到人們的糾正。關於這一點，我們還需要考慮到，他們保守的政治觀點可能不是經過深思熟慮的信念，而是他們對於時局的情緒性反應：他們對於希望的幻滅感到憤怒，因此由衷厭惡取代舊政權、所作所為卻更令人不齒的、且支持新興資產階級不遺餘力的執政者。

在這裡，我們所要強調的〈致一位擦身而過的女子〉的另一面，並非這場偶遇本身，而是作者錯過了他所愛戀的女子，以及這個錯失之機會的曾經存在及其力量。錯失的機會才是波特萊爾這首詩真正的核心，而這個意象便彰顯出這首詩缺乏事件，它充斥著作者因為錯失機會而感受到的無聊和厭倦，以及內心一時的空虛。事件的欠缺不僅會阻礙波特萊爾作品裡的敘事，而且還會把福婁拜的《情感教育》（*L'Éducation sentimentale*）這部情節繁瑣、細節龐雜的成長小說，變成一種獨特的、反小說的寫作實驗。盧卡奇曾表示，這種缺乏事件的文學創作實驗，只是他在《小說理論》裡所探討的諸多小說形式中的一種。小說家詹姆斯（Henry James, 1843-1916）[20]可能曾擔憂自己的小說會出現缺乏事件的情況，因為他不願自己為小說創造許多人物，卻無助於故事的敘述。

20 譯註：美國小說家，生長於紐約，成年後長期定居歐洲。

三

人們不該以「成功」和「失敗」這兩個庸俗的、有商業味的用語來思考挫敗經驗。班雅明讓我們看到，他必定在三十幾歲時（尤其在希特勒和史達林簽署《德蘇互不侵犯條約》之後）感受到革命事件的怪異狀態，甚至覺得自己正處於最徹底的挫敗當中。在他看來，這兩位彼此矛盾的國家領導人，就他的人物類型學而言，已化身為沉迷於某種事物的人物類型，即賭徒。我們不知道賭博在班雅明（和波特萊爾）個人的生活裡扮演何種角色；不過，我們已清楚地看到，他對人們熱中賭博懷有充分的同理心，因而受到賭博現象吸引，並願意在著作中多處表述他個人對賭博的理解。依據今日精神醫學的見解，賭博是一種成癮症，但從前的思想家偏好於從純哲學的、形而上的角度，去思考賭博現象。舉例來說，賭博在十七世紀法國思想家帕斯卡所提出的「娛樂消遣」（divertissement）概念裡，便占有核心地位（帕斯卡認為，賭博是人類陷入悲慘處境的真正根源），至於當代對賭博最精采的分析，莫過於馬樂侯（André Malraux, 1901-1976）[21]的小說。（馬樂侯和班雅明是同時代人，如果撇開他所

21 譯註：法國左派文學家，曾擔任戴高樂總統主政時期的文化部長。

扮演的政治角色，以及他的謊言癖和神話癖[22]（mythomania）不談，他和班雅明在許多方面其實有奇妙的相似處。）在這位小說家的眼裡，人們下賭注的片刻會顯示出，現實暫不存在於時間裡，此時，富裕和貧窮都已在霎時間消失：換言之，賭博使賭客對下注的獨特時刻（此時富裕和貧窮都不存在）即便不是興奮若狂，也會感到心滿意足，賭博還贈送賭客某種時間，雖然這種時間有可能完全摧毀現世的時間性（temporality）。

班雅明曾在〈論波特萊爾的幾個主題〉其中最怪異的幾頁裡，專注探討賭博的時間面向。班雅明在此文裡討論過波特萊爾作品的種種「比喻」，也就是以令人眼花撩亂的、盛大壯觀的方式一一列出現代「震驚」（shock; Erschütterung；齊美爾所提出的概念）的各種形式，之後確信無疑地把賭徒的賭博比作工人在工廠裡的勞動，而人們也可以在這種現代的「震驚」裡，瞥見並認識到賭徒下注的那一瞬間：工廠勞動就在於勞動者動作重複的形式裡，而這種不斷重複的循環形式，應被表述為一種缺乏未來面向的時間。

工人在機器運轉時那種俐落的手腳，很像賭徒擲骰子的動作，而且工人在機器旁的操作

22 譯註：馬樂侯在小說《人的處境》（*La condition humaine*）裡，對「神話癖」有清楚的分析。

也無關於先前的動作，因為他們只是在重複相同的動作。機器旁的每一個動作都一樣，並沒有前後的關聯性，正如賭博裡每一次擲骰子的動作都是相同的，而且和前一次無關。由此可見，工廠工人的狀態可以和賭徒的狀態相提並論，而此二者都已大大地脫離了本身的內容……在地獄的時間裡，人們不被允許去完成任何他們已經展開的事情……一切始終從頭開始，就是賭博規則的觀念（亦適用於領取工資的工作）。（IV330; I, 633-6）

就在這種重複同一動作的、非現世的時間性（nontemporality）裡，無產階級無法避免的勞動、生產、交換和剩餘價值，便顯示在賭徒這個與他們無關的意象裡。班雅明在〈論波特萊爾的幾個主題〉一文裡，導出人們這種重複同一動作的、非現世的時間性，並說明賭贏之渴望與（佛洛伊德所定義的）願望之滿足的截然不同：「已實現的願望就是經驗的圓滿完成。」（IV331; I, 635）。班雅明在此文裡賦予工人「賭徒」意象，從而擴大了馬克思主義的「疏離化」（alienation; Entfremdung）概念，這麼一來，人們便無法從心理學，而只能從哲學對現世之時間性的探索來理解人類的「疏離化」。當人類的勞動過程發生馬克思所指出的「疏離化」轉變後，人類的經驗（experience; Erfahrung）也隨之發生變化，甚或（依照班雅明的神學見解）出現了願望的實現或本身的救贖。因此，願望實現的寓言式概念已隱藏在

「賭徒」意象裡。（正如那位棋藝高超的駝背侏儒躲在棋桌下，透過牽動坐在棋桌旁、穿著土耳其民族服裝的機械人偶手部的線繩，操縱他的下棋動作那般。）[23]

不過，還有另一種模式可以讓人們擺脫徹底的疏離化，以及對現世時間之暫停的不滿意。它應該就存在於班雅明對（精神分析學所謂的）「昇華」（sublimation; Sublimierung）的意象式表達裡，其中我們還碰到班雅明所探討的另一種基本人物類型：收藏者。班雅明本身對收藏的狂熱有一定的體會（他關注的人物都是偏執狂，就像莫里哀〔Molière, 1622-1673〕筆下具有特定嗜好和癖好的角色類型一樣），而且，我們覺得應以班雅明的生命史資料來補充他對收藏狂熱的闡述。（人們始終應該明白，不宜從心理學角度〔尤其應該避免從精神分析學角度〕，而應從哲學角度〔最好從現象學角度〕來參考和引用他的生命史資料。）班雅明本人的書籍收藏以童書為主。他收藏古童書的興趣含有兩種懷舊情懷：一來，這些古童書散發出童年本身的懷舊氛圍（尤其在童書的物質性上），並體現了生命的起點；二來，威尼斯或紐倫堡（Nürnberg）印製的第一批拉丁文和希臘文童書的華貴性（例如其印刷字體，以及豪華的精裝封面）跟這些死語的古典性的結合，而在班雅明內心所喚起的熱

23 譯註：請參照班雅明的〈論歷史的概念〉一文。

情，絕不遜於孩童對一本在他們眼中獨一無二的、縱使已破爛不堪的童書的鍾愛。

班雅明特別而重複地將收藏者和賭徒這兩種人物關聯起來，就是在提醒我們，必須對治賭博的惡習，而非收藏這種正面的嗜好。（雖然正面的嗜好或許不存在！）在這個意義上，書籍收藏者應該和戀足癖者並列，賭徒應該和跟蹤者、陷於病態嫉妒的情人歸於同一類，至於《德國哀劇的起源》裡的人物群像則近似（為班雅明提供他最珍視的趣聞軼事的）巴黎郊區夏宏通（Charenton）小鎮的居民和倫敦貝特蘭（Bedlam）精神病院的院民（他們還讓我們想起，班雅明如何描述一度罹患重度憂鬱症的俄國總理波坦金元帥〔Grigory Aleksandrovich Potemkin, 1739-1791〕和文書職員蘇瓦爾金〔Schuwalkin〕之間發生的趣事。）[24]

我們在這裡引用法國精神分析學家拉岡的論述，或許是恰當的，而他所舉出的例子已把收藏和賞玩物的結構性面向，跟收藏者因為賞玩物擺脫實用範圍、而融入更高的（甚至可稱為「超越的」〔transcendental〕）統一體（unity）所獲得的生理愉悅，連接起來。拉岡將收藏者的心理結構和他們的收藏品等同視之，所以，對收藏火柴盒的人來說，其心理結構就

24 譯註：請參照班雅明的〈卡夫卡：逝世十週年紀念〉一文。

是含有兩個可相互扣合的組成部分的火柴盒。拉岡表示：就收藏火柴盒的人而言，「火柴盒不單單是物件，還是具有某種表現形式的物件，正如它本身所顯示的、確實令人印象深刻的（原按：就像他所說明的、已和『那股交媾的力量』合而為一的）多重性。因此，火柴盒可能是收藏者的『欲望物』（Thing; chose; Ding；原按：拉岡所提出的概念）。」[25]此外，拉岡還指出，收藏品也是「昇華的正面形式」之一，而從哲學觀點來看，我們或許還可以把收藏現象解讀為收藏者將形而上面向、將超越（transcendence）賦予內在世界的慾望物。

收藏和賭博的類似性也含有時間面向（其實這幾乎是這兩種「愛好」之間唯一的交集）。自封建時代以來（除了打獵以外，賭博是從前歐洲上層階級或「閒暇」階級唯一的娛樂消遣〔pastime，這裡應該取其字面的意義，即打發時間〕），人們對賭博的沉迷紛紛吸引作家提筆為文，而十七世紀思想家帕斯卡則率先提出賭博的機率理論。（但人們卻從未探索，該理論是否跟他那個關於兩種人類特性或智能的理論，有更深切的關聯性，即「幾何學的心靈，和纖細敏感的心靈」〔esprit de géométrie, esprit de finesse〕。）賭博雖是一種惡習，倒還不至於太過下流或可憎。它始終對歐洲人具有吸引力，直到班雅明的時代，它的誘

25 原註：請參照 J. Lacan, *Le Séminaire VII*, Paris: Éditions du Seuil, 1986, 113-14.

惑力才被毒品超越（此二者都是波特萊爾的創作主題）。後來，它們似乎一同消失在作家的論述中。（現代人對電腦遊戲的沉迷，或許彰顯出這種備受壓制之行為的再起。）

賭博就像吸毒一樣，可以影響未來：吸毒使時間面向暫時消失，但在賭博裡，時間面向卻會惡化下注的當下，而使這個當下同步地、完全地和這個世界本身融為一體。下注的時刻不會一直持續，但至少會持續到下一次押注之前。（這在某種程度上，可能近似於德勒茲所談到的酗酒和「倒數第二杯」〔l'avant-dernier verre〕。）

不過，班雅明還指出，時間性的另一面會出現在收藏裡，即人們對過往的回憶本身：「每一種愛好都幾近於混亂（Chaos），而收藏者的愛好則幾近於回憶的混亂。」（II, 486; IV, 388）[26]我們在這裡似乎不需要以班雅明分析（譯按：史前社會雜交亂婚的）混亂所得出的人類學關聯性（而非宇宙論關聯性）來註解「混亂」這個詞彙（如前所述，班雅明在這方面的探討，主要是依據巴霍芬的史前社會理論）。在這裡更重要的是，把那些和自己切身相關的回憶去個人化（depersonalize）。這些回憶當然包括藏書者在人生的特殊時刻裡，偶然在法國某個小鎮一間不起眼的小舊書店，發現了一本十分特別的書籍。這個回憶在這裡會立

---

26 譯註：出自班雅明〈從包裝箱取出我的藏書：談收藏〉（Ich packe meine Bibliothek aus: Eine Rede über das Sammeln）一文。

刻引進歷史，首先它是一種通史的同質性時間，但由於剛才所提到的書籍本身的物質性，後來大概不得不擴展為辯證意象，而突然變成異質性時間（heterogeneous time），也就是當下的時間。

對知識分子來說，書籍和舊相本一樣，是他們的人生紀錄。他們的藏書，記錄著本身意識形態之發展、文學之熱情，以及哲學和藝文之領悟的各個階段。當理論的流行改變時，有些已退流行的藏書就變得像珍本書一樣稀罕（而非一樣昂貴）。班雅明的藏書有些已在他的流亡期間遺失，有些則被裝箱寄放在朋友那裡，至於他的寫作所需要參考的書籍，則被他分批寄往丹麥或英國，由此看來，這些藏書的流向就是一條班雅明個人的搬遷、地址的改變，以及研究之紛亂錯雜的真實軌跡。難道班雅明所收藏的各類書籍，不就是一份透露出他悲慘的流亡生活的書目？

然而，正式被人們收藏的、珍貴的古董書，卻越過收藏者，而和歷史建立了關係。在古董書的收藏裡，真偽的鑑定就類似警方所謂的「證據監管鏈」（chain of custody），它牽涉到收藏者身分的紀錄、藏書換手的過程，甚至連成交時間都是不可缺少的要項，由此可見，真偽的確認本身就是歷史。此外，我們也不該忽視班雅明走過的若干不同路線，也就是腳蹤從未停歇的他穿越歐洲的路線，從莫斯科到伊維薩島（Ibiza），從丹麥到蔚藍海岸。班雅明孤身一人在這些路線上的偏遠鄉鎮和暫居之處散步時，發現一間舊書店往往就和發現一本出乎意料的舊書一樣，令他亢奮不已。他還寫道：「在旅行中，最值得我回憶的、購買舊書的經歷，都發生在步行的時候。取得和擁有書籍都屬於策略性範疇，而藏書者就是具有策略性本能的人。當他們要征服一座陌生城市時，規模最小的舊書店可以代表一座堡壘，而最偏遠的文具店則形同關鍵的戰鬥位置。」（II, 489; IV, 391）接下來，他還以溫柔多情的語調，描述所有曾讓他尋得舊書的城市，而舊書的發現、擁有，以及隨之湧上的欣喜，都是令他這位愛書人難以忘懷的經歷！

在此文裡，收藏者意象逐漸變成一些與其相近的人物圖像，而且班雅明還簡明扼要地點出，書籍收藏的流行即將消退，即將成為一種過時的愛好（這倒使我們想起他在《採光廊街研究計畫》中刻意含糊其詞的寫作策略）。不過，在藏書者這種已過時的人物背後，卻有個孩童，也就是藏書者更為根本的形式，這一點我們將在下一節繼續討論。和孩童並列的，則是與其全然不同的、且處於另一時間層面的藏書者。他們是成熟的，甚至是憤世嫉俗和厭世的。在班雅明「從包裝箱取出我的藏書」這種後來顯得充滿傳奇色彩的行為裡，我們發展出對藏書者精采的想像。藏書者開始出現緩慢的轉變，而成為好奇的、腳步不停歇的、幾近無家可歸的行路者，也就是班雅明所謂的「遊蕩者」，而這也是我們即將討論的人物類型。

四

我敢說，孩童不算是班雅明世界裡的人物，雖然班雅明在闡釋受到「心理學和唯美主義影響」（II, 118; III, 128）的現代玩具製造商，對孩童自然產生的興趣有多麼無知時，曾大量訴諸並詮釋孩童的觀點。他的〈玩具與遊戲〉（Spielzeug und Spielen）這篇寫於一九二八年的文章，不只可作為一整份從哲學角度探討兒童遊戲（「遊戲是所有習慣的催生者」〔II, 120; III, 131〕）的論文草稿，還是一本指導玩具製造商如何正確製造玩具的小手冊。在班雅明筆下的各種世界裡，我們其實無法確定孩童世界的特徵就是天真無邪。（畢竟他曾表示：「孩子是粗野蠻橫的，他們和這個世界是有距離的。」〔II, 101; IV, 515〕）[27] 班雅明對孩童的關注，既非基於身為人父的立場，亦非依據教育的觀點，雖然他的情人拉齊絲為了無產階級革命，曾以兒童劇場的建立而對狂野的、或無家可歸的蘇聯兒童進行再教育一事，絕對是他生命中的重要里程碑。在班雅明的眼裡，孩童可以為敘事劇場關鍵的疏離效果，提供可運用的、甚至獨到的立場或觀點。舉例來說，他曾經指出，孩童對顏色有全然不

27 譯註：出自班雅明的〈舊玩具〉（Altes Spielzeug）一文。

同的體驗（I, 442; IV, 613）[28]，而且他們的表現，還是平凡乏味之成年收藏者的更新版或超越版。透過孩童，我們可以運用他們和物件、活動、甚至和生產的那種截然不同的關係裡的某種東西。如前所述，班雅明帶給我們最重要的啟發之一，就是他對一般所謂的「心理學」的質疑，因為他認為，心理學所產生的效應（雖不一定是它的實證主義研究的動機〔positivist motives〕）已將這門學科所有的研究對象主體化（subjectification），而符合研究者的主觀性。尼采可能是最後一位認為「心理學」一詞暗示著它本身已成功克服研究主題之歷史性（historicity），而非克服研究主題之實質化（reification），並以這種看法來使用這個詞彙的思想家。班雅明曾提到的「教育者最陳腐的苦思冥想（muffigste Grübeleien）」[29]，就是一個富有啟發性的例子：

這一類的教育者因為本身的侷限而無法察覺到，這個世界其實充斥著許多孩童才會注意到的、真正而純粹的、最明確的東西。換言之，孩童特別喜歡探訪任何可作為他們的工作坊、可讓他們清楚地確認事物的地點。他們會不由自主地被廢棄物吸引，也就是建築、園

28 譯註：出自班雅明的〈對兒童書籍的展望〉（Aussicht ins Kinderbuch）一文。

29 譯註：出自班雅明的〈被遺忘的舊童書〉（Alte vergessene Kinderbücher）一文。

藝、木工、切割或其他工作所產生的廢棄物。在這些廢棄物裡，他們可以清楚地看到使事物世界（world of things; Dingwelt）恰恰轉向他們、且僅僅轉向他們的那個幻境。（I, 408; III, 16）

如果遊戲世界裡存在著心理學，那必然是一種馬克思主義式心理學。就這種心理學而言，創造始終是當事人在一連串事件、變遷和蛻變的過程（即世界本身）當中，最感到心滿意足的部分。班雅明在這裡以孩童把玩廢棄物為例（並從中得出收藏其實是一種兒童活動這個看法），而這個例子當然也適用於以下這個反心理學的（counter-psychological）理論：孩子最初的衝動和喜悅乃存在於破壞裡，存在於將大人世界所打造和生產的物件，損壞並搗毀成一堆令人開心的破片裡，存在於本身的反抗剛形成時那種天真的、甚至自然而然出現的高漲情緒裡，而且這種高亢的情緒會在混亂的狂歡時刻達到頂點。這些喧鬧放縱的時刻在許多方面，正是優秀的兒童電影的高潮之處。所以，破壞確實是創造的另一個辯證性面向。班雅明這篇文章的另一個價值，就是他不以為然地指出，人們明確地以資產階級立場來說明孩童的創造，正是哲學（自席勒以降）對遊戲本身所固有的概念。他又接著寫道：「他們用剩材和廢料進行創造時，並沒有摹仿大人的東西，而是將這些材料置入一個迥異的新關係裡。」

因此，孩童的遊戲不只是一種創造的形式，更是對現世之異質性（heterogeneity）的強調。這種異質性是現代思想（若說後現代主義，會過於大膽嗎？）的要素之一，而且已預先顯示本身的創造衝動所隱含的力比多（libido）[30]。

德國舊童書收藏家霍布雷克（Karl Hobrecker, 1876-1949）那部研究德文舊童書的著作，如今已被遺忘。班雅明在它剛出版時，曾發表一篇論調似乎頗為無知的書評[31]，而且還在內容裡，寫下不少的看法。在這裡，我特地挑出班雅明其中一個關於兒童對顏色的思維方式的看法，一個輕率馬虎的看法：班雅明表示，霍布雷克所討論的童書，其插畫「大多無法把顏色和畫面融合在一起」（I, 410; III, 18）。因此，我們可以料到，班雅明這篇書評已因為這類看法，而變成一種可充分發展哲理分析的文章，而且其哲理分析的論述脈絡，還相當不同於傳統的哲學思考或論文。班雅明以不顯眼的方式，把他對兒童期的系統性觀點，置入他對商品的中規中矩的說明裡，而這種說明，已讓他悄悄地進入現象學的敘述中（例如，童話、「說故事的人」）。同時，也使人們對事件出現不同的感受性。

---

30 譯註：libido 亦被中譯為「欲力」，這個概念由精神分析學家佛洛伊德率先提出，並將其定義為一種與性欲或性衝動有關的本能，而分析心理學家榮格則把它當作一種普遍的心理能量，不一定與性或生殖有關。

31 譯註：即班雅明的〈評霍布雷克的著作《被遺忘的舊童書》〉（Karl Hobrecker, Alte vergessene Kinderbücher.）一文。

五

在班雅明的著作裡，有一個場域似乎呈現出某種類似孩童經驗的東西，而且還將其具體化。這樣的場域也出現在另一位作家的著作裡，他就是卡夫卡。嚴格說來，卡夫卡作品對班雅明的意義，並非文學方面。我們其實可以依據卡夫卡的氣質，而將他視為班雅明筆下的人物群像的一種類型。

既然卡夫卡的作品已廣受推崇、已被列入大學課堂的閱讀書單，並被公認為現代文學經典名著，我們就更難評斷它們對班雅明的意義了！對班雅明來說，文學史不在於經典的確立，而在於評量經典對人類當前的境況所造成的影響。班雅明很少因為某部小說是「大師之作」，而為文探討它們，所以，他在這方面的文章實在寥寥可數。舉例來說，他曾寫過一篇討論杜斯妥也夫斯基小說《白癡》的短文、一篇探討美國小說家葛林（Julien Green, 1900-1998）小說《阿德璉・莫絮拉》的長文（雖然依據當今的觀點，它不算是真正的經典作品）、曾提筆向普魯斯特致敬、曾為文大力讚揚無法被歸入哪一派別的凱勒（Gottfried Keller, 1819-1890）[32]。此外，他也曾撰寫許多關於前衛創作者，以及當代法國和德國文學

32 譯註：瑞士德語小說家和政治家。

環境的評論。相較之下，班雅明對詩的態度就不太一樣：雖然他曾適當地記錄賀德林詩作的復興所造成的衝擊，而且在人們還半信半疑時，他就始終堅信葛奧格詩作的卓越地位。但他卻找不到介紹或評論里爾克（Rainer Maria Rilke, 1875-1926）或甚至梵樂希詩作（散文除外）的理由，而他為布萊希特某些詩作撰寫短評的原因，總讓人們理所當然地想起他對文學批評所抱持的實用性概念。然而，人們如果從方法論角度來看他的〈評歌德的小說《選擇性親近》〉（如果文學珍品存在的話，這部小說就是），就會對他這篇文章做出最佳評價。至於他為文闡論卡爾·克勞斯的作品，其實是為了估量文學在當代公共領域的實用性、為了把文學的價值變成書寫本身的價值、並為了提倡他的「破壞」概念（偏向個人層面）而展開的介入行動！

修勒姆當然傾向於認為，班雅明對卡夫卡作品的探索，正是班雅明終生致力於維護猶太教神祕主義傳統的證明。班雅明和修勒姆書信往返時，所寫下的那些內容，在修勒姆看來，必定含有猶太教神祕主義的精神（至於班雅明對自己和布萊希特所討論的文本，則顯得沒有把握）。不過，我卻把班雅明對卡夫卡作品的興趣與推崇，完全歸入另一個「傳統」：從童書一路到薛爾巴特的烏托邦科幻小說《夢想家雷薩本迪歐》的怪誕性，從童話到故事的口頭講述這個傳統。在這裡，我們不宜依據德勒茲的觀點，將這種傳統稱為「少數文學」

（minor literature; littérature mineure），而是應該堅決地確信，它是一種反小說的文學傳統，而且不是有別於盧卡奇的小說理論，就是不同於巴赫汀的反形式（anti-form）「現代」理論。

班雅明對卡夫卡作品的分析所顯示的麥克盧漢主義（McLuhanism）[33]雖僅初具雛形，卻很明確，也很精采。實際上，他對卡夫卡所看見的獨特視像的闡述（尤其是他在一九三八年六月十二日寫給修勒姆那封信的內容）著重於卡夫卡如何在作品裡呈現新穎的工業城市對古代鄉野文化所殘存的人生智慧、法律及傳說故事的打斷、占有和扭曲。由於說故事必須採取口語形式，因此，它的存在早於印刷文本所促進、所釋放、所產生的一切語言的主觀性和「內在精神性」（inwardness; Innerlichkeit）。若按照定義，體驗（Erlebnis）在從前的說故事行為裡（私小說〔I-novel〕是說故事的變異類型）就是經驗（Erfahrung），因為經驗促使體驗發生轉化而融入其中的「心理」領域尚未出現。因此，體驗——以班雅明愛用的說法——仍是一種「人類身體所吸納」（einverleibt）、所經歷的東西。換言之，故事的體驗已被身體吸收，融入人物類型的靜態形式裡，以及手勢和習慣的動態形式裡。（布萊希特的

---

33 譯註：麥克盧漢主義是西方學界對加拿大傳播理論學家麥克盧漢（Marshall McLuhan, 1911-1980）的語言哲學思想的統稱，其研究重點在於語言媒介的本質屬性，及其所呈現的人與人、人與語言媒介之間的社會關係。

敘事劇場——一種說故事的劇場——已回到這些可感知的實質性當中，它們既不是自然主義〔naturalism〕，也不是新客觀主義〔New Objectivity; Neue Sachlichkeit〕[34]，而且幾乎和「表現主義」無關。）

那麼，體驗是否具有古老性？體驗是否就是現代、啟蒙運動和科學技術出現以前的那種實在性的殘留，或是往這種實在性的倒退？（這種實在性似乎和班雅明始終想要譴責的「神話」領域之間，有危險的相關性。）於是卡夫卡的作品，便成為班雅明探索這個關鍵問題的試驗場，以及極端的測試案例。

但是，班雅明的〈卡夫卡：逝世十週年紀念〉，若撇除頭兩段對波坦金元帥軼事的精采描述不談，就是一篇人物類型學（characterology）的習作。如果人物的性格就是他們的命運，那麼性格的表面，便意味著把許多關於人物的敘事壓縮成班雅明所謂的「人物群像」，進而逐漸演變成某些類型，甚或某些刻板印象。它們既是靜態的形象，也是敘事，或許就像我曾經提過的，還可以被稱為「後敘事」（postnarrative）。針對這方面，我已表示，班雅明其實不是說故事者，儘管他很看重人們這項天賦。他在寫作時會模擬趣聞軼事的書寫技

34 譯註：「新客觀主義」的另一個中文譯名為「新即物主義」。

巧，一如他在〈卡夫卡：逝世十週年紀念〉的開頭對波坦金元帥的描述。不過，他始終無法創作小說（即使他曾採取迂迴的方式，撰寫《柏林童年》這部類似普魯斯特寫作風格、並精心重塑舊時情景的童年回憶錄），正因如此，他便斷言，小說不過是寫作的副產物，甚至只是人類已衰微的說故事能力的替代品。他正是透過這種主張，而把自己在小說創作上的「失敗」理論化。

當然，班雅明在此文裡，也表現出神祕主義的思想。不過，他卻把卡夫卡作品裡的人物角色，定位在他們所來自的種種本體論的、天使的、惡魔的、陰間地府的領域，而後再依據這些人物角色本身的含義，勾勒出一整套抽象理論，其涵蓋的範圍從古老的神話領域、口頭故事的幻想領域、到律法和執法者的領域都有。正是這組相互堆疊的領域或層面——而不是與它們相反的事物——構成了這些人物類型所投射出的神祕主義的核心（正如猶太教喀巴拉派〔Kabbalah〕用來傳講教義的故事，以及布雷克〔William Blake, 1757-1827〕[35]人生傳奇的縮影）。

班雅明此文從一個「負擔」（burden）到另一個「負擔」的論述性發展，既流露出他自

35 譯註：英國畫家暨浪漫派詩人布雷克出身雕版學徒，其詩作與畫作均充滿奇幻而神秘的隱喻和象徵，對後世的藝術創作產生相當深遠的影響，因而被譽為英國史上最具開創性的藝術家。

己的心路歷程，也彰顯出卡夫卡的心路歷程。事實上，這篇文章是班雅明寥寥幾篇泛論單一作家之全部作品的文章之一。他在其中所呈現的人物類型系統，既是一種統合整篇文章的方式，也是一組帶有本身的詮釋學邏輯（hermeneutic logic）的隨機性察知。

〈卡夫卡：逝世十週年紀念〉一文中的人物類型必然開始於卡夫卡小說裡的父子、助手，以及握有決定權的官吏，而這些官吏在下決定時，「就跟年輕的小姐一樣膽怯，畏縮不前」。天真無知、且沉溺於性愛的她們便成為下一組出現的人物，而接下來才是奧克拉荷馬自然劇團的演員。因此，故事背景不只引出背景的問題——在這個「脈絡」下，某個人物已變成某種類型——還引出行動的問題，而這一點正是「猶太教神祕主義」和布萊希特戲劇的交集之處，也是布萊希特相當重要的「手勢」概念所出現的地方。後來我們「才確切地認識到，卡夫卡所有的作品其實就是一套手勢的符碼」：這些手勢本身並非「原本就對作家卡夫卡具有明確的象徵意義」，而是卡夫卡必須在「不斷變換的語境和編排的創作嘗試中，獲取手勢的象徵意義。對於這種編排嘗試來說，戲劇無疑是最合適的場所。」（II, 801-2; II, 418）

這組「人物」類型也包括卡夫卡作品裡的那些動物角色。就某種意義而言，這些動物代表著缺乏背景脈絡的手勢，但同時牠們也使我們得以探索卡夫卡創作過程的一大祕密：換句話說，就連卡夫卡自己也不知道這些手勢的脈絡，畢竟他在「嘗試創作」每一部小說時，都還要透過故事背景的變換來尋求手勢的意義。卡夫卡對敘事者、對無知困惑的觀察者（身為作家的卡夫卡便在這類觀察者身上，開始蛻變為班雅明筆下的「沉思者」）的持續性探索，似乎使作品中的觀察和手勢，終可將故事的事件——雖是令人不解的事件——轉化為比喻。不過，這些不帶有意旨的比喻卻傳達出艱澀深奧的訊息，而它們所暗示的意義已超出我們的理解範圍，而且它們應該還帶有（身為保險理算員的）卡夫卡周遭那個真實世界、那個受限於科層體制之社會（bureaucratic society）的高度僵化性。

這類的比喻迫切需要解釋，不過，連身為作者的卡夫卡也無法提出可能的解釋！（在卡繆作品中，「電話亭裡的男人令人無法理解的手部和唇舌動作」的著名意象，正是卡夫卡筆下那些無法解釋之比喻的日常簡化版。）這也是為什麼我們的注意力又重新聚焦在有助於我們了解手勢的故事背景和脈絡上。在這裡我們便遇見了班雅明所謂的「史前世界」，而「史前世界」則孕育了所有這一類的比喻：例如，那個有罪過的、被遺忘的、來自遠古時代的、從手勢和人物抽象出來的星形卷線軸奧德拉代克（Odradek）[36]，而這個極端的觀察者角色（它觀察人們最熟悉的事物，也就是家和家人本身）也是人們無法了解的！然而，純真無知

36 譯註：卡夫卡短篇小說〈一家之主的憂慮〉（Die Sorge des Hausvaters）的主角。

的奧德拉代克卻必須持續承擔本身的被遺忘，以及不被了解；還有，一旦它的周遭變得真實起來，它在這個世界裡所經驗到的、所有獨一無二的東西，就會立刻消失！班雅明在此文的結尾提到，解決這種困境的方法就在於卡夫卡所寫下的那則關於桑丘・潘薩（Sancho Panza）的寓言[37]：潘薩之所以為唐・吉訶德述說許多騎士和強盜的故事，後來還跟隨陷入幻想中的唐・吉訶德一路南征北討，其實是為了「在生命結束前，從這當中獲得許多有益身心的娛樂和消遣」。總的來說，卡夫卡這些缺乏旨意的寓言，正是他身處的科層體制世界系統所蘊含的、無窮的奧祕。這些敘事一點兒也不美妙，卻是他的享受模式（mode of enjoyment）！

六

在這裡，我們可能要回到班雅明筆下的人物群像中，最著名、而形象卻十分模糊的人物類型：flâneur（遊蕩者）。現今 flâneur 這個法文外來語幾乎已和班雅明密不可分，而它是

37 譯註：請參照卡夫卡的短篇小說〈關於桑丘・潘薩的真相〉（Die Wahrheit über Sancho Panza）。

班雅明從波特萊爾作品採借而來的。雖然波特萊爾作品充斥著 flâneur 意象，但班雅明卻認為，不宜將它套用在波特萊爾身上。班雅明曾依據自己對波特萊爾的思索，而向我們保證，這位詩人根本不是 flâneur！我們往往把 flâneur 和講究衣著者、沉思者或諷諭性寓言作家混為一談，但實際上，flâneur 最類似某種逐漸隱沒於身後背景的人物、或某種看來帶有（作為歷史場景的）街道氣息的人物。

班雅明則是一位經常出門遠行的旅人（traveler），而且還從事旅行寫作，比如他那些關於莫斯科和那不勒斯的文章。（譯按：納粹崛起後，）他的生存策略就是試著把迫不得已的流亡，轉化為旅行和探索。（在巴黎，生活終將是一場探索，一場在當代文學裡的漫步，而且你會從軍方精準評估地貌的角度，了解自己的「處境」（situation；這是沙特後來提出的概念）。因此，你會事先在巴黎地圖上標示出地貌的陷阱，以及可供運用的可能處所，你也會調查這座「詞語的城市」是否適合進行城市游擊戰）。他的旅行當然不同於參觀紀念性建物、預先規畫旅遊路線的現代旅遊產業。在這裡，我們主要是談論班雅明著作裡，關於走路、步態和城市的主題（後者仍是當時新穎的寫作主題），而班雅明在這方面的思考則受到齊美爾的論文《大城市與精神生活》（*Die Großstädte und das Geistesleben*）的引導。步行也有它本身的歷史，美國作家索妮特（Rebecca Solnit, 1961-）曾以數頁內容精采地敘述班雅明、尼采和喬伊斯（James Joyce, 1882-1941）在步行時因為本身的視力而出現的情況，而視力不佳也決定了他們特殊的步調（這種步調和身體動作有關，也和思維有關）以及他們獨特且近距離的凝視和觀察模式。

青年波特萊爾那趟不愉快的、中途趁機折返的「印度之旅」[38]已告訴我們，城市的遊蕩者不是出門遠行的旅人。波特萊爾對城市遊蕩者的描繪，並非因為他本身喜歡人群，或像遊蕩者那樣喜歡混在人群當中。事實正好相反：他徹底厭惡人群！儘管如此，班雅明卻向我們保證，「大眾」就像鬼魂般出沒在《惡之華》的每一頁裡，其中當然也包括波特萊爾未提及「大眾」、亦未以其為創作主題的那些頁面。（就這方面而言，班雅明其實和波特萊爾一樣。）其實我們很清楚，不論波特萊爾和大眾之間存在著什麼樣的情感關係，他都意識到更深層的大眾效應範疇。班雅明曾在《採光廊街研究計畫》的〈波特萊爾〉一文裡，引用法國作家德．富塞（Claude-Henri de Fusée, 1708-1775）的一段話：「我們在群眾裡所獲得的樂趣，就是我們暗中表達內心對大量數字的喜悅……一切都是數字……數字使人們興奮陶醉……大城市使人們陷入宗教的沉迷和亢奮裡。」（A290, J34a, 3; V, 369）班雅明在這段引

38 譯註：一八四一年，二十歲的波特萊爾因為生活放蕩，被繼父送上一艘前往印度的輪船上。他的繼父希望這趟艱苦的航程可以改變他，使他擺脫糜爛脫序的生活方式，但他後來卻在航程中換搭另一艘回程的船舶，如願地返回巴黎。

言後面，還補上「反制人類的擴增！」（Depotenzierung den Menschen!）這句更令人費解的話。我們會認為，班雅明這句話是在駁斥「個體是大眾的基礎、把個體加總起來就是大眾」這樣的觀念，但卻恰恰相反：他其實是在駁斥「集體性是個體的構成部分」這個想法（如果個體存在的話）。

遊蕩者的其他特徵也值得重視，尤其是他們的漫無目的：他們因為抵拒本身的用處和有用性，而成為奮力對抗商品化勞動（尤其是為了賺取工資的勞動）的英雄（他們就像班雅明和波特萊爾一樣，經常身無分文）。此外，大家也應該記住，在遊蕩者的生存脈絡裡，以及在我們當前這個大規模失業和後工作形態（post-work）[39]的環境裡，馬克思的女婿拉法格那部讚揚怠惰的論著[40]，使他留名於馬克斯主義的另一個傳統，也就是不願頌揚勞動和生產、而是打算將其一概廢止的傳統。

然而，我也認為我們不妨謹記：班雅明探索城市（大多是歐洲城市）時，不見得都是毫無他個人的關注。班雅明對城市的探索有自己的計畫、興趣、動機、方向和目標，因此不見

39 譯註：「後工作形態」是指，人類的工作形態因導入自動化生產而發生的根本性轉變，例如工作時數的降低，以及對於非工作之活動的重視。

40 譯註：即拉法格的《懶散的權利》（*Le droit à la paresse*）一書。

得和觀光旅遊有關。他的妻子朵拉（Dora）曾在一封寄給修勒姆的信件裡，以憤怒的口吻寫道：「在這個時候，他的一切盡是大腦和性！」這句話無疑為我們提供一個瞭解班雅明的線索，此外，他的兒子史提凡（Stefan）對他的追憶也是重要的訊息：「我只能在他旅行的空檔見到他。他每次出遠門回來，都會帶玩具給我！」[41]如果我們以書籍——不論是班雅明所撰寫的、或他連同玩具一起購買的書籍——來代替朵拉所謂的「大腦」，如果我們推測，賭博就是班雅明充滿神祕色彩的生活的另一特徵，我們便可以再把某些班雅明不願意承認的生活特徵聚集起來，試著拼湊出班雅明的生活樣貌。

當然，賣淫也是班雅明作品裡無所不在的主題或話題，我們也應該注意到，盧卡奇在《歷史與階級意識》（*Geschichte und Klassenbewußtsein*）所提出的無產階級的主要理論，已出現顯著的變化，也就是把無產者界定為已徹底淪為商品形式的人類（同時他也指出，無產者的階級意識與經驗所特有的優異觀點）。受到剝削的無產者，由於注定成為販賣勞力的個體，因此已無餘力質疑（譯按：本身受到資產階級所誤導的）自我認同，以及本身對其他意識形態的認同。

41 原註：請參照 Howard Eiland and Michael W. Jennings, *Walter Benjamin: A Critical Life*, Cambridge: Harvard University Press, 2014, 316.

在班雅明的作品裡，在《採光廊街研究計畫》和波特萊爾作品裡的巴黎這個都市背景的脈絡裡，妓女只能以商品的形式存在著（因此，只有她們才能洞察資本主義社會的真實本質）。或許班雅明是基於這種看法，在寫給阿多諾的那些書信裡，以令人費解的文句喚起人們對冷酷的「交換價值（exchange value）的同理心」，也就是對勞動商品之物化（reification）的同理心。班雅明這個看法確實為後來所謂的「文化研究」（cultural studies）；在這個研究領域裡，班雅明當然被奉為如圖騰般的始祖）提供了嶄新的觀點，而且還向研究晚期資本主義文化的那群聰穎的學者暗示，即使他們不喜歡商品化、消費、文化的物化（cultural reification）——也就是現今被我們稱為「慾望」的種種——也必須對它們有切實的感受。

就賣淫本身而言，或許我們太過輕忽它當時（尤其城市出現了資本主義的發展以來）在年輕男性生活中的重要位置，而且它的影響延續到一九二〇年代以後，甚至延續到避孕藥發明之前。買春嫖妓，連同對感染梅毒（和肺結核）的畏懼，是十九、二十世紀成年男人生活的一部分，然而，在後現代主義興起之前，文學作品和文化研究幾乎對此略而不談！至於波特萊爾則以昇華的方式，將男人的性欲表現在〈致一位擦身而過的女子〉這類詩作裡。這首詩聚焦於街頭景象稍縱即逝的存在，以及男人在城市生活中對女人帶有情色意味的匆匆一瞥。班雅明尤其鍾愛波特萊爾這首詩作，他在《單行道》的短文〈武器和彈藥〉（Waffen und Munition）裡，還把這首詩所呈現的相遇經驗，轉移到他拜訪女友拉齊絲的里加（Riga）[42]之旅當中：「她注視我的眼神猶如一根導火線，如果她把它點燃，我勢必像一座彈藥庫那般，被向上炸飛！」（I, 461; IV, 110）不過，我們若要談論賣淫，就必須提醒自己，專職記者的工作（遵從吩咐的書寫，負有自己不適合承擔之任務的書寫——這很類似班雅明後來的寫作處境，儘管他對法蘭克福學派及其期刊懷有敬意）其實也是一種賣淫。他們也是一種已商品化的人物類型。

我們必須闡明班雅明作品充斥的那些關於遊蕩者的指涉。畢竟探討班雅明的著作而未談及這種人物類型，似乎就不夠完整。遊蕩者當然已清楚彰顯出那種普遍存在於班雅明所有思想和著作的空間性。我們現在只是跟隨遊蕩者，進入走路和步態這個更普遍的範疇，而且還應該把這個範疇跟德勒茲較不著名的（精神分裂症患者的）「漫步」（balade）概念、甚至跟所謂的「超現實主義者的散步」（promenade surréaliste）區分開來。「超現實主義者的散步」曾促使德勒茲使用遊蕩者意象，也曾促使情境主義者（situationist; situationniste）[43]展

42 譯註：拉脫維亞首都，也是拉齊絲生長和長期定居的城市。

43 譯註：情境主義者是指成立於一九五七年、解散於一九七二年的法國左翼組織「情境主義國際」（Internationale

開他們的「飄移」（dérive）[44]，而這些情境主義者當時仍未體認到班雅明是他們的開路先鋒。德勒茲的遊蕩者意象，以及情境主義者對「飄移」的實踐，似乎最終是為了尋找某種東西，而且是他們陌生的（inconnu）東西，但班雅明筆下的遊蕩者基本上並非如此，至於前面的一些相關敘述倒是例外。遊蕩者在波特萊爾詩作裡的具體表現，就是穿過人群前進，或靠在牆上觀察人群的諸多特徵和各種各樣的相貌。然而，遊蕩者的認知功能卻不明確，倘若我們要充分掌握他們的認知功能和行動之間的關係，就並須把波特萊爾塑造遊蕩者這種人物形象所依據的德國浪漫派作家霍夫曼（E. T. A. Hoffmann, 1776-1822）和愛倫．坡的短篇小說加以對照，並指出它們之間的差異。

在霍夫曼一八二二年所發表的短篇小說〈表弟的角窗〉（Des Vetters Eckfenster）裡，

Situationniste）的成員。他們是一群深受達達主義、超現實主義、馬克斯主義和無政府主義影響的前衛藝術家、文化理論家和政治評論家，完全排拒當代西方的意識形態體系，以及資本主義的階級社會和商品消費，並且激進地批判當代的社會、文化和日常生活，對於一九六八年的巴黎學運影響甚鉅。

44 譯註：法國左派思想家，也是法國左翼組織「情境主義國際」的創辦人紀．德波（Guy Debord, 1931-1994）在一九五六年發表的〈飄移理論〉（Théorie de la dérive）一文裡，借用超現實主義者的閒逛散步，而提出以「飄移」作為情境主義者的革命性策略。「飄移」是一種快速穿越各種環境的方法，它強調移動時的趣味和嬉遊層面，以及參與者內心對本身所經過的景觀和地形的感受，因此，不同於一般的散步和漫遊。

故事的主人公因為身體癱瘓、足不出戶而萎縮成一種純粹的認知：他逐漸變成只會純粹地凝視，只會坐在角窗邊，觀察下方廣場上的假日人潮。我們都知道，波特萊爾曾對霍夫曼的〈表弟的角窗〉缺乏邪惡性感到遺憾，所幸他還發現愛倫・坡發表於一八四五年的短篇小說〈人群中的人〉（The Man of the Crowd）所洋溢的邪惡性。

在〈人群中的人〉裡，遊蕩者不僅數量倍增，而且他們的具體表現，已從純粹的觀察發展為最激烈的行動。愛倫・坡的描述甚至不具故事性，它開始於一位遊蕩者（亦為第一人稱敘事者）對一位年老遊蕩者的觀察，也就是一位「人群中的人」，這也是愛倫・坡這篇小說的標題。小說敘事者注意到這位老人後，便一路尾隨跟蹤，而後他發現，這位老人逐漸面露凶殘。儘管愛倫・坡未將他塑造為殺人兇手，但他前後的變化，就類似雙重人格者所出現的、判若兩人的表現。如果我們把這位老人的負面性轉變，比擬為波特萊爾詩作從《惡之華》到《巴黎的憂鬱》所出現的更為偏激和挑釁的變化，這樣的比附會太過牽強嗎？《巴黎的憂鬱》這部散文詩集裡有一首著名的詩作[45]，其中布施的第一人稱敘事者竟毆打不幸的乞討者，這種情況是否就是佛洛伊德精神分析學派所謂的「行動宣洩」（passage à l'acte；亦

45 譯註：即〈把窮人打昏吧！〉（Assommons les pauvres!）這首詩。

中譯為「訴諸行動」）[46]，也就是當人們已淪為純粹的觀察者時，本身那種極度憤恨之心理的外顯？

遊蕩者只需瞬間的一瞥，便淪為近乎空洞的人物，而得以將外在世界吸納進來，然而，其本身卻不需真正參與其中。班雅明曾指出，遊蕩者仍處於本身那種如影子般的關鍵狀態，不過，他們的觀察可能具有創造性。

班雅明甚至未透過遊蕩者的言語而有所表述，而是在著作裡援引這種非個人「角色」（或許這是他引用他人著作之動機的另一層面），從而將某些具有迫切重要性的事物歸因於該角色。這種做法和補充性解釋一樣，在方法論上完全是必要的。但這個角色不曾現身，而且他也從未真正「扮演」（represent）這個角色（班雅明未曾透過遊蕩者而有所表述，而且遊蕩者在他的著作裡，注定要被他修正）。「歷史唯物論主義者」這種人物「會知道」、「會了解」遊蕩者，但同時也「會避開」遊蕩者。這種具有威信的人物很可能為我們提供比布萊希特筆下的寇伊納先生（Herr Keuner）[47]著重實際政治之言論，還更有哲理的智慧，但

46 譯註：法國精神分析學家拉岡所提出的概念。
47 譯註：布萊希特的系列短篇故事集《K先生的故事》（*Geschichten vom Herrn Keuner*）的主角。

他們卻不是拉岡所謂的「大他者」（big Other; l'Autre）[48]，而是比較接近他所謂的「精神分析師」（analyst; analyste）。從某種觀點來看，歷史唯物主義者（或辯證唯物主義者；班雅明在這方面，似乎沒有我們現在的敏感度，因此還無法注意到此二者的差別）當然是「馬克思主義者」。任何人只要高興，都可以這麼想。不過，班雅明當時或許考慮到他那些未信奉馬克思主義的讀者的感受，因此會避免這麼表述，就像他會避免宣稱「馬克思主義」具有某種別人所無法理解的絕對真理一樣，這麼一來，他就不致於太過強調「我們」這個馬克思主義圈子所獨有的重要性。

「歷史唯物論主義者」已不再是行動者（actor），這聽起來甚至像一樁趣聞軼事。他們就類似孩童，也有點兒像沉思的媒介者和承載者，或許他們還是當今「科學」寓言式象徵出現以前，便已定型的沉思者（Grübler）的終極形式。他們也可能是猶太教哈希迪派傳說中智者的化身，以及班雅明〈說故事的人：論尼古拉．列斯克夫的作品〉裡的「給予忠告的人」[49]的化身。所有熟讀班雅明著作的讀者，都會在他的著作中讀到他那些鄭重警告大家注意「歷史唯物主義者」將如何理解某件事情的句子，而且他在這些論述裡，都恰當地避免使

48 譯註：即個體所面對的外在世界之架構與秩序。
49 譯註：即擅於提供建議的說故事者。

用已被污名化的第一人稱（也就是避免成為上述的行動者或作用者〔actant〕）。

行動的匱乏將同時導致兩種狀況：從前的角色變成了靜態的人物類型，而從前的行動所發生的場景則變成了空間本身（尤其是城市的空間）；後者就是名副其實的空間類型學（typology of spaces）。當人們缺乏實踐時，純粹沉思的媒介者就會出現，這種媒介者不只包括本身具有疏離效果的孩童，還包括以科學角度來理解歷史的「歷史唯物主義者」。因此，去個人化的沉思（depersonalized contemplation）的終極方式就變成一種看似和科學技術有關的「電影眼」（kino-eye）[50]，而且人物角色的功能還屈就於一種簡單的功能（a function tout court），但弔詭的是，它們都使我們回到藝術和審美裡（而且我們還必須鞏固並保護審美，使其不受到法西斯主義和審美化〔aesthetization〕的濫用）。在我們開始探索這些新的發展之前，我想要強調，我們在這裡不該把「去個人化」誤解為班雅明本身的某種心理特徵或缺陷，而應該理解為人類行動與行動本身之普遍性危機的主要部分，這在現代已經演變成大規模的政治對抗。行動的消失先於經驗的消失，而這裡的經驗就是班雅明所謂的

50 譯註：蘇聯紀錄片導演暨電影理論家維爾托夫所提出的「電影眼」概念，就是把攝影機當作眼睛來觀察外在世界。他認為，「電影眼」可以鉅細靡遺地察看並記錄現實中的各個細節，而且還可以透過攝影與剪接的手法來呈現事情的核心，從而改造社會現實，因此，優於人類的肉眼。

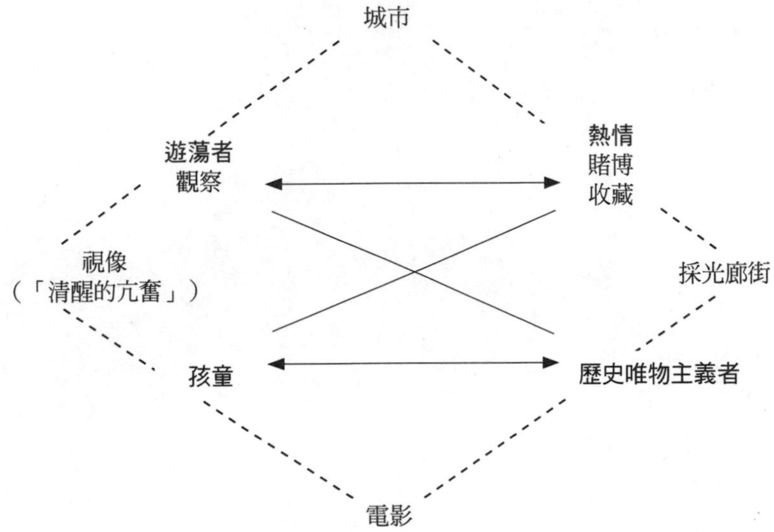

「卓越的經驗」（Erfahrung par excellence）。現在，我們必須檢驗人們缺乏行動而留下的那座空蕩蕩的舞台。

第6章

空間與城市

一

我們需要讓身為旅人的班雅明擺脫遊蕩者的刻板印象，這個他在著作中（可能不經意地）給自己強化的刻板印象。塞杜（Michel de Certeau, 1925-1986）[1]從未對班雅明的著作進行空間實踐的轉喻學分析（tropological analyses），這是比較可惜的地方。（他在晚期的一篇演講稿裡，雖曾顯示他對班雅明思想的關注，但其內容卻偏重於班雅明的「天使論」〔angelism〕）。不過，我已在前面提醒大家，索妮特曾寫下的那幾頁討論班雅明（和塞杜）的內容，可作為大家探討步行主題的參考。我認為，我們現在以更正式的方式來剖析班雅明所經歷的空間，把班雅明的遊記當作一種文類來討論，並透過某些鋪排，而使這些著作最終能為歷史視像服務，是必要的！

在班雅明（以及許多和他同時代作家）的著作裡，我們往往可以看到禮格爾的影子。因此，探討班雅明和空間的關係若未提到這位傳奇人物，就不算是完整的討論，至少我們可以這麼說，禮格爾於一九〇一年所發表的《羅馬帝國晚期的藝術產業》這部開拓性論著似乎對

1 譯註：法國耶穌會士、哲學家暨歷史學家，關注十六、十七世紀的西方旅行家，以及當代城市生活，曾在《日常生活的實踐》（*L'invention du quotidien*）裡主張，行走才是體驗城市的關鍵形式。

班雅明美學的某一面向，造成了決定性的影響。當時禮格爾彷彿和齊美爾、羅森茨威格、薛爾巴特及凱窪（Roger Caillois, 1913-1978）[2]——或許我們也應該把史密特（Carl Schmitt, 1888-1985）[3]以及遠遠更為知名、但今天人們極少閱讀其作品的梵樂希列入其中——共同籌組了一個唯一能賞識班雅明思想原創性的知識分子祕密會社。

誠如安杰諾（Marc Angenot, 1941-）所指出的[4]，維多利亞時期（或德皇威廉二世在位時期，或法蘭西第三共和時期）以醫學角度來定義和處理心理之健全與病態（或心理退化〔degeneracy〕）的意識形態，不僅大行其道，而且還擴展為當時最重要的政治議題與倫理道德議題。對此頗不以為然的諾爾道（Max Nordau, 1849-1923）於是在一八九二年出版的著作《墮落》（*Entartung*）裡，以令人震撼的方式，描述人們當時那種只選擇性接受某種意識形態的心態：人們在討論「文明」和「文化」之緊張關係的同時，還試圖確認資產階級的價值，以及資產階級所主導之國家的正當性，並大力反對社會主義、無政府主義、工會之

2 譯註：法國社會學家暨文學批評家，以「遊戲理論」（théorie des jeux）著稱。

3 譯註：德國左派法學家暨政治思想家，曾提出許多重要的法學概念。

4 原註：請參照 *1889*, Quebec City: Le Préambule, 1989.

組建，以及反殖民主義對於資產階級的進犯。（穆爾塔圖里〔Multatuli, 1820-1887〕[5]在一八六〇年所發表的小說《麥克斯・哈弗拉爾》〔*Max Havelaar*〕，以及康拉德於一八九九年所出版的小說《黑暗之心》〔*Heart of Darkness*〕都帶有反殖民主義色彩。）當時那種現代性的意識形態，完全建立在文明社會和前現代社會的落差上，而且那些基本上依據醫學觀點所定義的「非理性」概念和「不正常」概念，還在這種意識形態裡占有重要的分量。不過，當時的視覺文化和空間文化的世界所存在的這種意識形態的架構，後來便遭到禮格爾出版的《羅馬帝國晚期的藝術產業》的駁斥。

關於禮格爾在班雅明思想中所占有的地位，我們應該指出兩個基本要點。首先我們要談談大家所熟悉的其中一個要點：禮格爾選擇以西方藝術史上飽受負評的羅馬帝國晚期作為研究對象（我們還應該指出，禮格爾和班雅明其實都不相信所謂的「藝術史」本身），其實就是意圖反駁、並以行動來對抗西方人向來對羅馬帝國晚期藝術所抱持的看法：一個充斥著笨拙、怪誕、幼稚和畸形之創作形式的藝術衰頹時期（事實上，羅馬帝國早期也曾出現藝術的

---

5 譯註：十九世紀荷蘭小說家，本名愛德華・戴克爾（Eduard Douwes Dekker），曾長期任職於印尼的荷蘭殖民政府，後來根據親身經歷而創作出《麥克斯・哈弗拉爾》這部代表作，並在其中揭露荷蘭政府的殖民政策如何荼害印尼當地的人民。

衰頹時期）。禮格爾這項研究和蘭克（Leopold von Ranke, 1795-1886）[6]的「上帝和每一個時代都緊密相連」這句名言應該存在著合理的關聯性，不過，西方人（不只藝術史專家）長久以來，卻一直懷有某些時代比其他時代更受到上帝眷顧的偏見。班雅明認為，禮格爾獨到的藝術史見解等於認可了他的教授升等論文《德國哀劇的起源》（班雅明在這部論文裡大量研究巴洛克時期平庸的戲劇作品），甚至也肯定了他的大部頭著作《採光廊街研究計畫》。班雅明在《採光廊街研究計畫》裡，還大大提升了他所引用的各種二手資料的價值，然而，在法國年鑑學派（the Annales School）成立以前，二手資料對歷史書寫來說，根本不具正當性，而且在文化研究出現以前，二手資料對文化建構而言，也同樣不具正當性。

我們可以在班雅明寫於一九二九年的〈幾本仍在發揮效應的著作〉（Bücher, die lebendig geleben sind）（III, 169-171）這篇尚未譯成英文的短文裡，看到禮格爾對他的重要性。這篇文章所討論的四本書，都是班雅明在思考威瑪共和時期「現代」思維的根本問題時所憑藉的座標：除了禮格爾的《羅馬帝國晚期的藝術產業》之外，還有德國藝術史學家麥爾

6 譯註：被譽為「近代史學之父」的蘭克是十九世紀德國最重要的歷史學家之一。他主張歷史研究必須運用原始的、第一手的資料，而且必須考證其真實性和客觀性。他這種客觀主義史學的主張，被稱為「蘭克史學」，對後世的歷史研究產生重大的影響。

（Alfred Gotthold Meyer, 1864-1904）的《鋼結構建築》（*Eisenbauten*）、羅森茨威格的《救贖之星》以及盧卡奇的《歷史與階級意識》這部代表十九世紀正統馬克思理論在二十世紀取得重要進展的論著。麥爾的《鋼結構建築》影響了基提恩的建築思想，其中所闡述的「現代性」概念還預示了科比意建築的重要性；羅森茨威格的《救贖之星》作為一部嶄新的神學大全，則已在本身所發動的歷史清算裡，遠遠超越了當時哲學、猶太文化或神學的爭論點。這四部唯物主義的理論性著作兩兩成雙，一方關注建築空間和歷史，另一方面闡述宗教救贖和階級意識。但奇怪的是，在班雅明看來，它們都疏漏了超現實主義本身那種決定性的突破。因此，超現實主義便在那個時代所顯示的另一個基本特徵裡找到屬於自己的地方，對此，班雅明在《採光廊街研究計畫》裡寫道：

> 擁抱布賀東和科比意，就是把當代的法國精神當作一把弓那般地張開它，而後射出的那支洞察之箭，便刺入某一時刻的核心裡。（A459, N1a, 5; V, 573）

班雅明察覺到，禮格爾以羅馬帝國晚期藝術作為研究對象的選擇，已在無意中成為表現主義那種嶄新的感受性的前兆。班雅明對這一點的洞察，可能大大提升了禮格爾這部藝術史著作的示範性意義，儘管他不是唯一重視這部著作的人。（一般來說，班雅明在使用「表現主義」一詞時，就像在使用當時和它旗鼓相當的「超現實主義」那樣，往往把它當作指謂「現代主義」的意符。）

不過，表現主義所呈現的那種嶄新的審美感受性，卻和禮格爾的史觀格格不入，而且我們將會看到，它和班雅明的史觀相去甚遠，也同樣格格不入。在班雅明的史觀裡，各個歷史時期已等同於其本身所特有的主要藝術形式，也就是基於班雅明所謂的「建立風格的意向」（a will to style; Stilwollen）所產生的藝術形式：「建立風格的意向」這個具有影響力的概念啟動了人們對歷史的某種探索，而該探索不僅針對某些時期的藝術風格（比方說，班雅明所探討的巴洛克哀劇），也針對各個歷史時刻在其上層和下層建築所充分顯示的特徵。為了說明這個歷史探索的過程，恐怕我還必須提到史賓格勒（Oswald Spengler, 1880-1936）詳述此過程的歷史主義。史賓格勒曾熱切地提出「文化融合」（cultural syntheses; Kultursynthesen）的概念，雖然他對這個概念的論述至今仍有閱讀價值，但禮格爾的藝術史研究卻不同於他這種一般的思想史研究，而他們之間的差別，就在於禮格爾所強調的（可傳達某個時期藝術風格的某些特徵的）空間感知的形式（forms of spatial perception; Formen räumlicher Wahrnehmung）。

禮格爾在藝術史研究裡所運用的感官知覺範疇，其實和他同時代的學者，例如瑞士藝術史學家沃夫林（Heinrich Wölfflin, 1864-1945）以及後來的完形心理學派（Gestaltschule）都曾探索過：即觸覺與視覺、可觸知性與可見性，以及圖案與背景。這些感官知覺範疇雖各自發展，卻都處於一個明確的形式遊戲裡，也就是處於一種後來以感知結構作為特徵的形態裡，而且我們還可以把這種形態視為特定的「靈性」世界觀（抑或換言之，肉身、靈性和世界之間獨特的、形而上的整合）的具體顯現。不過，在禮格爾所運用的、起先猶如種種感官知覺的組合裡，也存在著黑格爾式（譯按：進步史觀的線性）的發展。

（原按：禮格爾的）「藝術發展」概念若未以特定的形式架構作為基礎，其實是無法理解的。所以，禮格爾便依據藝術發展的特定形式架構而主張，藝術作品是由觸覺和視覺的顯著符號所構成的，而其中最重要的，就是圖案與其背景之間的關係。在藝術創作的語法裡，觸覺和視覺完全切合作品裡的圖案和背景。法老王拉美西斯在位時期的古埃及壁畫充塞著許多人像圖案，這種藝術創作的目是為了展現人民的團結；古希臘人對於背景的使用，僅止於圖案的襯托；至於信仰一神論的基督徒，則會掩飾圖案和背景之間的落差。我們可以在基督教的金屬藝術品的表面看到閃耀的光影，而它們便代表著某種最不具實質成分的、最難以掌握的、「就像靈界力量那般，令人無法理解的」實在性。[7]

然而，當我們開始打造空間時，這些感官知覺範疇的相互作用便產生了感官知覺的差異性，於是基督教早期的長方形教堂跟羅馬圓廳穹頂的宗教建築——例如萬神殿（Pantheon）或米娜瓦神廟（Temple of Minerva Medica）——之間，便出現一種辯證性的對比，直到這兩種空間形式彼此融合而產生新的空間形式為止，也就是含有長方形大廳、側廳和穹頂的教堂建築結構。我認為，班雅明起初一定深受這些感知經驗之差異性（類似皮膚下方不同的肌肉束和神經束的運作）的吸引：不同的感知經驗的相互作用，其實可以作為我們解讀班雅明的「涉及空間的文句」的基礎（我們已在本書第二章討論過這個主題）。此外我也推想：班雅明應該也曾著迷於禮格爾後來撰寫的那部研究十七世紀荷蘭多人肖像畫的論著[8]，其中包括了他對林布蘭（Rembrandt van Rijn, 1606-1669）的名畫〈夜巡〉（The Night Watch）的闡述。這種新類型的、以資產階級為創作對象的多人肖像畫本身，已在繪畫形式的創新裡，

---

7 原註：請參照 Margaret Olin, *Forms and Representation in Alois Riegel's Theory of Art*, University Park: Penn State University Press, 1992, 137.

8 譯註：即禮格爾於一九〇二年出版的《荷蘭的多人肖像畫》（*Das holländische Gruppenporträt*）一書。

「晉升」為畫家對於當時荷蘭人民發動革命、推翻西班牙統治、建立獨立共和政體的時局的表達，而且也是一種具有開創性、新穎性的藝術形式的表達。

至於班雅明史觀和禮格爾史觀的衝突之處，毋寧是禮格爾認為，羅馬帝國晚期藝術的感官知覺組合之特徵（或「建立風格的意向」）會出現黑格爾式的發展，使後來的文藝復興時期出現了包納所有顯著藝術特徵的文化「融合」。班雅明可能曾誤以為禮格爾是在強調「羅馬帝國晚期建立風格的意向」的獨特性和卓越性，但禮格爾其實提出了一個班雅明不願接受的歷史見解：羅馬帝國晚期是連續性歷史發展的一個過渡時期。禮格爾以通史的縱向發展來回應或比喻過往的歷史，已偏離並取代了班雅明本身所提出的斷代史的橫向關聯性，也就是班雅明所主張的、羅馬帝國晚期藝術特徵，和威瑪共和時期的表現主義之間的辯證性親緣關係（或「選擇性親近」）。

二

班雅明經常出門遠行，而且大多前往花費便宜、可以讓他寫作（例如伊維薩島）或跟朋友高談闊論（如卡布里島和菲因島的斯文堡〔Svenborg on Funen〕）的地方。至於城市則可讓他以「超現實主義者的散步」模式（曾具體顯現在「遊蕩者」這種從前的人物類型身上）進行探索，或暫時就地漫遊。在城內尋覓罕見的舊書、找妓女買春（在班雅明的著作裡，她們的身影無處不在）、採訪作家（例如採訪紀德），或與朋友聚會（在巴黎與「社會學苑」〔Collège de Sociologie〕的成員、在科尼斯坦〔Königstein〕與友人聚會）。他先後定居於柏林和巴黎，而他在這兩座首都所獲得的日常經驗，當然十分不同於短暫造訪，因此，他需要另類的表現形式來描寫他對這兩個大都會的體驗。他曾兩次提筆記述他所生長的柏林，而較晚的那一次，則是他以童年時期的獨特觀點，選擇性地描述孩童的自己所經歷的重要時刻。在巴黎，他的感官知覺經驗則隨著這座城市豐富的歷史文化層次，而變得複雜化。最終他決定從歷史層面切入，並從中試圖掌握身為大城市的巴黎的本質。他在檔案資料裡的每一次探索，都使他的研究進一步擴展，而這些探索所含有的可能性，依然是他的著作中最令人印象深刻的事物。此外，他對莫斯科和那不勒斯的描述，也是備受矚目的城市遊記（至於他那篇短文〈馬賽〉〔Marseille〕，以及他對其他城市的速寫，只能算是筆記）。

班雅明描述城市景象的文章並不容易閱讀。讀者會面對大量（masses; Massen）而精微的細節，因此在回應這些內容時，必須讓自己和作者同樣專注，也就是讓自己處於班雅明所謂的「聚精會神的當下」（Geistesgegenwart）。班雅明並非單純地採用「大眾」（masses;

Massen）一詞，它其實是班雅明用來提醒大家注意隱藏性與範疇性活動的符碼式詞彙之一。正如我們在前面看到的，當波特萊爾發現大眾時，他希望自己可以作為其中的一個範疇。至於班雅明則以數字來指涉大眾、大量生產、抽象化（例如寓言）、多重性和多樣性。他所描述的大量感官知覺，甚至是經驗的細節——即細心察知的種種——也顯示出他處理這些材料的勞動時刻，因此，我們在評斷班雅明的「生產」時，也應該考慮到他這種精神性的勞動。大量的感官知覺當然表明了城市遊蕩者本身的機敏，或至少表明了班雅明這位遊蕩者的機敏。不過，這些感官知覺不僅僅是無所事事的、或出於好奇的觀看，畢竟化身為遊蕩者的作家獲得它們，是為了書寫它們，這一點便使它們有別於人們在休閒時的感官知覺。作家任何有所聚焦的凝視，都是一個正在形成的句子，都是一種具有實質性和暗示性的表述。總之，他們已在眼球的轉動裡完成了書寫！

在這方面，化身為遊蕩者的作家已藉由敏銳的筆記書寫，而將完全定形的感官知覺保存下來。但這也意味著他們的第二輪勞動，也就是把時間投入挑揀和重新分類感官知覺的精神性勞動。我們所談論的《德國哀劇的起源》和《採光廊街研究計畫》這兩部班雅明著作的每一個段落，其實都獨自擁有主題的統一性，而其中所有的乞丐，以及街頭所販賣的一切物品，早在班雅明具體完成這些段落的處理之前，便已存在其中。

我當然覺得，我們若不了解班雅明在他的作品裡，有意或無意地隱藏許多三邊關係，就無法適當地掌握他的文章。我經常強調〈說故事的人：論尼古拉・列斯克夫的作品〉、〈論波特萊爾的幾個主題〉和〈機械複製時代的藝術作品〉之間的三邊關係。這三篇文章勾勒出班雅明的某一階段，也確立了班雅明著作更深層的階段式架構。另一方面，班雅明還在一篇文章裡，公開抨擊「同質性時間」，同時也以某種方式來關注當下：班雅明對當下那種低調的關注，使他重新建立了過去／現在／未來、之前與之後這種更長久的時間性。他強調和現象學有關的當下，而以此駁斥、並試著質疑所謂的「同質性時間」。實際上，他那些文章的三邊關係所建構的階段性，不只和時間的先後有關，並且還具有某種內在的邏輯，而這種內在的邏輯很可能就是從前的循環式時間架構的殘留。

不過，這並不重要！我們將在下一節看到，班雅明關於那不勒斯、柏林和莫斯科的文章，也同樣具有三邊的關聯性：這三座城市不僅帶給班雅明大量的經驗，它們還代表城市個人主義（urban individualism）興衰的時刻，而且人們應該以班雅明所反對的第一人稱書寫來描述這種城市個人主義。其中以他對柏林的「資產階級」城市文化的批判最為嚴厲。和其他兩個城市相比，班雅明更傾向以近似普魯斯特描述自我和個人經驗（甚至是私密經驗）的文體來描寫室內布置仍屬十九世紀樣式、且家具過多的柏林。

三

班雅明分別有兩份描寫柏林和莫斯科的著作：他在一九三二年和三八年先後完成《柏林紀事》和《柏林童年》，它們的差別就在於後者排除了「童年」以外的一切材料。至於〈莫斯科〉（Moskau）則是班雅明篩選他在莫斯科停留期間寫下的日記[9]內容後，依據這些精簡過的日記材料撰寫而成、並正式發表的文章（II, 22-46; IV, 316-48; VI, 292-409）。

在《莫斯科日記》（*Moskauer Tagebuch*）裡，我們可以發現，班雅明當時為了撰寫〈莫斯科〉這篇文章，為了移除自己這個書寫主體在這份日記中所留下的痕跡，而必須把日記材料加工處理的精神性勞動。（這是否就是布萊希特所謂的「抹除痕跡」〔Verwisch die Spuren〕的真正意思？）班雅明這趟莫斯科之行，以及他對這座大城市的生活與存在之真實面的經驗，顯然因為種種的挫折、滿檔的行程，以及對女友拉齊絲執迷的愛戀，而充斥著匆忙和慌亂。他當時陷入極度的絕望，卻不得不完成身為專業作家所必須完成的工作（調度翻譯員、抽空做筆記、觀賞今晚的戲劇演出）：如此緊迫的行程讓不經意讀到《莫斯科日

9 原註：請參照 *Moscow Diary*, Cambridge: Harvard University Press, 1986.

記》的讀者也和班雅明當時一樣，感到疲憊困乏，而且還清楚地看到，班雅明撰寫〈莫斯科〉這篇文章，其實有違他本身的意願。實際上，最令人震驚的是，此文所列舉的、看似客觀的莫斯科印象和《莫斯科日記》所呈現的狂亂與絕望之間的強烈反差。在這份日記裡，我們得以一窺班雅明和拉齊絲（她當時入住莫斯科的一所精神療養院）及其丈夫（班雅明當時只能投宿在他家中）的關係。一連串會面和文化活動塞滿了他的行程，使他苦惱不已！此外，莫斯科人不守時的習慣，讓他當時的處境更雪上加霜。焦慮不安的他，總是急急忙忙地趕搭公車和電車，不斷在這座城市裡來回穿梭。然而，他在〈莫斯科〉這篇文章裡，卻未談到這種窘況，就連拉齊絲（他的莫斯科之行的主要目的之一）也隻字未提。對班雅明來說，拉齊絲和布爾什維克主義其實是相同的東西。我們在這裡強調拉齊絲是班雅明的情人，並非想從心理學角度分析班雅明的〈莫斯科〉一文，或他的莫斯科之行的動機，或打算將此二者去政治化。我們將在後面看到，〈莫斯科〉這篇文章依然是班雅明對他那個時代的歷史和政治的介入。

我對於是否該把班雅明在莫斯科的困窘經驗，視為波特萊爾的城市「震驚體驗」（Schockerlebnisse），感到猶豫不決，畢竟班雅明從未把他的莫斯科經驗昇華為人生經驗的智慧，而是將它們變成可販售的商品，變成可投到報章雜誌的「稿件」。在〈莫斯科〉裡，班雅明的主體經驗無疑變成了一種類似客體對象的東西：斯拉夫民族的性情、共產革命的熱情、蘇聯餐館任何自尊自重的服務生所展現的那種眾所周知的積極態度（「立刻！」、「馬上！」）、大排長龍的購物者，以及在等候室等待的時間。甚至這些等待的時間不再是無益的、白白等候的時間，因為它們在班雅明這篇文章、以及其他的著作裡，已轉化為一種充實飽滿的空間美學（an aesthetic of filled space）。為了尋找適合描述這種美學的術語，我在藝術風格辭典裡找到了「奇魯格拉風格」（Chirrugueresque）一詞，即塞滿精細石雕裝飾的西班牙巴洛克建築式樣。在西班牙征服美洲殖民地初期，阿茲特克帝國的建築工匠巧妙地採用這種巴洛克風格，建造天主教的教堂，然而在探討巴洛克藝術的書籍裡，關於「奇魯格拉」的理論卻付之闕如。只有當人們在討論自然界不可改變的衰朽凋萎及暫時性的存在時，才會提到這種建築風格，不過，人們如今已不再以天主教強調崇高神性的（從前那種反宗教改革的）神學觀點，來看待現世的短暫易逝了！其實在〈莫斯科〉裡，時間已經變成空間。對〈莫斯科〉這篇涉及空間場域的文章的讀者、對現在的外國訪客來說，當時從早到晚奔忙不停的班雅明所經歷的莫斯科日常生活，已化身為這座城市本身。在此文裡，關於時間的主題和焦點，也就是關於蘇聯之時間性的話題，恰恰已變成莫斯科（即班雅明的書寫對象）的空間，也被人們毫不猶豫地當作班雅明文藝創作的空間。

然而在政治上，〈莫斯科〉這篇文章的意義卻非同一般！班雅明在文中確實曾對接待他的蘇聯當局，提出一些批評和指教。他主要是提醒蘇聯方面，應該對那些隨著西方科學技術之引進而傳入蘇聯的西方審美觀念有所警戒，因為蘇聯人會誤以為，西方審美觀念就和西方科學技術一樣，既「高深」又「進步」。班雅明這個指教，完全不像西方學院派那些已過時的獨斷之見和陳腔濫調那麼枯燥無聊：他認為，共產蘇聯在藝術審美方面，不需要向已過時的、仍因襲傳統的西方學習，更何況蘇聯已在倡導民眾創作和工人寫作這些（已被特瑞提雅可夫〔Sergei M. Tretyakov, 1892-1937〕[10]理論化的）新觀念，就藝術審美和其他方面而言，進步的蘇聯人民才真正代表人類的未來！

從〈莫斯科〉（如果不是《莫斯科日記》的話）所呈現的莫斯科日常生活來看，班雅明在此文裡仍維持超然的辯證立場，而超越了對善惡的那種落入俗套的判斷。當時他可能察覺到，蘇聯人民備受管制的生活會讓他的資產階級讀者深受打擊，而不再嚮往這個社會主義的烏托邦，況且蘇聯對未來、對「美好的未來」（lendemains qui chantent）之應許所進行的那種粗劣的、帶有烏托邦色彩的政治宣傳，他實在不感興趣。不過，他卻希望他所鄙視的德國

10 譯註：蘇聯構成主義（Constructivism）作家暨劇作家，其主張作家的使命主要不在於寫作，而在於為共產革命而戰鬥。

同胞，可以在他這篇文章裡感受到後個人主義生活（post-individualistic life）的樣貌，以及這種生活跟他們得意自滿的、舒適奢華的生活的天壤之別。這一點確實是他想要傳達的訊息，也是他充滿耐心、不辭辛勞地拼砌出這幅莫斯科馬賽克鑲嵌畫的意義。這正是這篇文章的意義，也是這篇莫斯科遊記的寓意。莫斯科的生活對當時西方人的習慣來說，是一種痛苦的中斷與重新調整。它以令人不快的方式，促成西方人習慣性察知的轉變、新意識的產生、新主觀性的建構，以及一場真正的文化革命的展開，而時間和空間便在其中發生了改變！

假使如此，他的〈那不勒斯〉（I, 414-21; IV, 307-16）又含有什麼寓意呢？拉齊絲在這篇遊記裡同樣占有重要的分量：班雅明讓她掛名為共同作者，以藉此表示對她的讚許。同時班雅明這個做法也可能是因為她的名字未出現在這篇遊記早先的版本裡，而與她共同列名為作者，便意味著後來的版本已融合了他們兩人的主觀性和客觀性。至於〈那不勒斯〉一文含有什麼寓意這個問題，其答案就存在於該問題本身：那不勒斯人當時仍過著前資本主義的生活，而莫斯科和共產革命則已進入後資本主義階段。班雅明曾以著名的「可滲透的多孔性」（porosity; Porosität）概念（此文有不少篇幅在闡述「可滲透的多孔性」這個非班雅明式的理論性概念，可能是來自拉齊絲的影響）形容那不勒斯那種個人主義尚未出現的社會生活。這種（像古希臘人般）活在他人面前、而無法區分公領域和私領域之社會生活的本質，就是一種劇場性（theatricality）。班雅明以「可滲透的多孔性」這個理論性概念來表示那不勒斯的社會生活，但這個概念卻不符合當地生活的具體性。

一如「靈光」概念，「可滲透的多孔性」概念也會召喚出那種為認知領域和歷史領域而服務的空間，只不過「靈光」屬於哲學領域，更確切地說，屬於範圍較小的美學領域，而「可滲透的多孔性」則偏向社會關係領域。班雅明在此文裡寫道：「私人的生活猶如許多孔洞般各自散開，卻也相互滲透……而咖啡館正是產生這種重要的相互滲透過程的真正實驗室。」感受到人與人在生活上的交集和相互滲透，以及人際界線的消失，或許是來自北方的訪客對那不勒斯社會的錯覺。因為，這些北方客必定會以他們原本對公共和私人範疇的區分，來察覺和表達那不勒斯社會所消失的人際界線。此外，南方天主教隆重的聖母遊行（正如羅塞里尼〔Roberto Rossellini, 1906-1977〕電影《義大利之旅》〔*Viaggio in Italia*〕所呈現的畫面）確實含有許多異教元素，並充斥「白天與黑夜、嘈雜與安靜、戶外的明亮與室內的陰暗、街道與住家的相互貫穿和錯雜。」因此，「可滲透的多孔性」石材便混合並融合了實體與虛空，就像牆上鏤空的圖案，呈現出牆內與牆外的交錯景象一般。

我相信，班雅明在〈那不勒斯〉裡之所以提到那種沒有劃分公共和私人領域的、令現代或資產階級觀光客感到陌生的空間，就是刻意要讓讀者感受到從前尚未重視個體性的時代。

關於這方面，禮格爾可能會表示（儘管違背了他自己的進步史觀），獨立存在的事物在從前那樣的時代裡，仍未與它們的時空背景和存在脈絡疏離，而這些時空背景和存在脈絡的組構，正是一種充實飽滿的空間（就是「大自然排斥真空」〔Nature abhors a vacuum〕這句英語俗諺所代表的美學），還占有絕對的優勢！二十世紀那不勒斯塞滿戶外和室內空間的人群，無疑是波特萊爾筆下（曾對班雅明的審美想像與政治想像造成決定性影響）的十九世紀巴黎現代社會之群眾的前身。可以說，當時的那不勒斯人代表著某種實在性，某種早於現代性而存在的集體性，因此，我們可以在他們身上窺見人類社會前現代的過往。

以上也是那不勒斯的熙熙攘攘截然不同於人們的莫斯科經驗的原因：莫斯科的空間同樣被人群塞滿，也充斥著許多活動。這些人群和活動便相互滲透錯雜，而形成一條晝夜不停流動的生活之河。冬日的寂靜當然為莫斯科充實飽滿的空間，保留了逃離、暫停，以及凜寒的空白與空蕩，不過，人們的「眼目（仍）遠比耳朵更為忙碌」。此外，冬天還使這座城市顯得綠意十足（這也是「莫斯科冬季最奢侈的東西」）：白茫茫大地上的綠色，標示著城市裡針葉林的所在，同時也凸顯出自然風景和（無疑是舊式）建築空間的交錯。冰天雪地的冬天也喚起莫斯科人另一個生存面向：他們吃甜食，尤其偏愛重口味的開胃前菜，還有必不可少的伏特加。這種烈酒是「莫斯科人冬天最神祕的渴望」，它透過某一面向而豐富了莫斯科人的生活！

莫斯科和那不勒斯這兩座城市都人流如潮，而它們的差別，就在於前者的時間（更確切地說，前者時間的緊迫性）促成其空間的飽滿性。社會主義國家的人民「為了生存而必須每天表態一百次」：「人們想要表示，時間是他們永遠喝不夠的廉價酒，喝下時間之酒也讓他們出現了幾分醉意。」國家施行的計畫不存在於那不勒斯，況且「布爾什維克主義已否決私人的生活。」「人們在室內只能過著露營般的生活。貧乏的擺設只是從前小資產階級所擁有之物品的殘留，居住者因為室內的家具和用品過少，而遠比從前更鬱悶沮喪。」如果〈那不勒斯〉是班雅明與從前的人類社會相遇的紀錄，那麼〈莫斯科〉便顯示出他對於努力開創未來的後資本主義、後個人主義社會的經驗：這個即將實現的社會不一定愉快而美好，但總是令人感到興奮，因此班雅明便在〈莫斯科〉一文裡——其中某些可引用的格言，已顯現出令人暈眩不已的效應——留下了這趟莫斯科之旅帶給他的激勵（他也不忘在文中提出他的批評，尤其針對當時莫斯科人摹仿西方文化的嘗試。此文冷靜的客觀性，即使沒有超越善與惡，但至少超越了蘇聯的政治宣傳，以及某些受制於政治路線的判斷）。另一方面，那不勒斯提供了一座舞台，而站在它上面的演員則維持南歐人——不論在私領域或在街道上（這裡的「私領域」似乎一開始就把街道排除在外）——所固有的身體語言的特徵，也就是「富有表現性」的手勢。這座舞台所展現的情緒，起初還保留義大利歌劇的劇場性，後來卻演變成資產階級的主體性（已關聯到阿多諾的「室內」概念）。實際上，當時的那不勒斯就是紀・德波所謂的「景觀社會」（La société du spectacle）[11]，只不過那不勒斯是一團令人歡喜的混亂（因此不像紀・德波筆下那個曾歷經二戰浩劫的、顯得陰沉鬱悶的資本主義影子社會）並且擁有更緊湊的時間，以及更密實的空間。它雖和冰天雪地的莫斯科大相逕庭，但雙方仍有共通之處：它們都不是資產階級所主導的社會，它們的街道都不像以資產階級為優先的城市的街道那麼安靜，而且也沒有現代資本主義社會裡的群眾（或大眾！）、孤獨自處之市民的個人主義，或資產階級在處理私人事務的主體性：總之，它們沒有私人的範疇！沒有詩人的孤獨！沒有空檔的時間，也沒有荒無人跡的空間！

四

在這裡，班雅明對柏林的定位就顯得很清楚：柏林代表一種個人主義的空間，它正好介

11 譯註：紀・德波在一九六七年出版的代表作《景觀社會》（*La société du spectacle*）裡，承襲了馬克思、馬庫塞和盧卡奇等人對於商品的批判。

於近乎古代生活的前資本主義社會，和蘇聯所大聲疾呼的未來社會之間。這個德國大都會存在著小資產階級個人主義（petty-bourgeois individualism）的安靜沉默、無法顯示資產階級生活樣貌的城市街道，以及資產階級豪華住家公寓裡擺設過多的家具，和無所不在的家飾品。班雅明在《單行道》裡描繪這種類型的室內空間，並不令人意外，況且它也是大家在偵探小說裡所熟悉的一種空間：「刻滿圖案的大型木製餐具櫃、陰暗角落裡的棕櫚盆栽、設有欄杆的陽台，以及裝有窸窣作響的煤氣燈的長廊，都是一八六〇至九〇年代資產階級典型的居家布置，這種室內空間只適合行屍走肉居住。『姨媽在這種沙發上，只會被謀殺。』」（I, 447; IV, 89）[12]這使我想起王爾德（Oscar Wilde, 1854-1900）對一張仕女帽廣告海報的描述，海報上寫著一句廣告詞：「這款風格會使人略微張嘴！」資產階級的個人主義，似乎隨著個人本身從城市街道抽身離開而達到巔峰。班雅明當時只有透過仍是柏林孩童的自己，更確切地說，只有憑藉自己在童年時期對柏林的見聞，才得以將從前的柏林貼切地呈現出來。那麼，一座由許多被家具和家飾品塞滿的室內空間所構成的城市，看起來是什麼樣貌？是否就像一棟完全用貨櫃組裝而成的後現代建築？另一種全然不同於莫斯科和那不勒斯的城市是

12 譯註：出自《單行道》裡的短文〈陳設豪華的十房高級公寓〉（Hochherrschaftlich möblierte Zehnzimmerwohnung）。

否存在？（這兩座城市都具有某種意義，雖然它們在歷史進程裡，分別屬於前資本主義和後資本主義時期。）這種另類的城市有時是否空蕩蕩、安靜無聲、街道沒有行人，但又跟莫斯科一樣，寒氣凜冽並覆滿白雪？一座由詞語所建造出來的城市（就像人們可以透過《單行道》裡的柏林，而打造出一條象徵性商店林立的市街那般）是否可以把若干精采的事物，拼湊成一個有意義的組合體？此時，莫斯科和那不勒斯這兩座城市的群眾（大眾），簡直已萎縮成「面臨惡性通貨膨脹的德國人」的統計學和社會學面向！

那麼，該如何描寫柏林這種另類的、看似乏人居住的城市？這種城市的第一個圖像就是「匣盒」（étui），一種內部鋪有絲絨襯裡、可讓你存放珍貴物件，諸如例如骨董表、鋼筆，也可能是昂貴煙斗的木盒，而且為了保護裡面的物件，你會闔上蓋子。不過，這些匣盒裡面已空無一物：它們其實就是牆面貼有絨布、內部充斥著維多利亞時期（也可以說是德皇威廉二世時期）的家具和家飾品的柏林豪華公寓。後來隨著原居住者離世，這些高級公寓的內部擺設便被清空（就像數十年後，培瑞克〔Georges Perec, 1936-1982〕在小說《生活使用指南》〔*La Vie: mode d'emploi*〕裡描述的情景），只有壁面的天鵝絨布料還留存著他們從前的生活痕跡，和生活方式的輪廓。

我們在這裡應該再討論班雅明另一篇關於房間的文章[13]。房間是人類經驗的基本要素，大家對這一點雖有共識，但問題就在於這方面的探討實在少之又少，而這正是班雅明對阿多諾的《齊克果：美學的建構》（*Kierkegaard: Konstruktion des Ästhetischen*）裡關於「室內」的那著名的一章佩服不已的原因。只有波特萊爾筆下的低沉天空才會提升房間的重要性，而且最迫近地面的天空，還會把戶外變成一間寬廣的房間，遊蕩者便可以感受到這一點。對此，班雅明曾寫道，他們那種「『已臻至完美的遊蕩藝術』也包括他們本身對於『住宅』的認識。但『住宅』的原初意象卻是一種母體（Matrix）或外殼，而且可讓我們確切察覺到它裡面的種種所呈現的樣貌。我們現在如果想起『住宅』裡不只有人和動物、就連鬼魂幽靈、尤其是某些意象也存在其中，便可以明白遊蕩者的活動，以及他們所尋求的事物。」（II, 264; III, 196）然而，就像其他所有的事物一樣，「房間與建物」這個關於居住的主要範疇，已受到現代主義建築師所強調的光，以及玻璃之透明性的威脅，甚至還有人（不包括班雅明）贊同科比意試圖以他的「自由平面」來廢除「房間」這種室內空間的範疇（就像他以「架高房屋的基樁（pilotis）」來廢除「市街」這種室外空間的範疇那般）。班雅明受到當

13 譯註：即班雅明的〈遊蕩者再度出現〉（Die Wiederkehr des Flaneurs）一文。

代建築學發展之影響而必然出現的、混雜不清的情感，始終有助於我們解釋他本身對房間的著迷（不論是正面或負面）：例如，威瑪歌德故居的「書房」（II, 150; IV, 354）、資產階級的豪華公寓或「匣盒」，即襯有絲絨內裡、可讓「匣盒之人」（étui-Menschen）像珠寶或昂貴雪茄那般存在於其中的容器。

遊蕩者也是現代城市的居民，那麼，我們是否比較無法用隱喻來表達他們的存在？齊美爾的大城市視像——其中包括城市居民不斷面對工業社會日常生活的小小衝擊——雖曾產生巨大的影響，尤其對班雅明的〈論波特萊爾的幾個主題〉一文的影響，但這個視像卻不如那些像蜂巢般、由各自獨立的窄小空間所構成的住宅大樓來得貼切。當人們的集體性消失時，當疏離的成年人所採用的方式只會使情況混亂不堪，只會營造一種意識形態的表象（即面具）來隱藏本身存在的真實性時，這些各自獨立的空間本身便具有真正的疏離效果。班雅明厭惡家庭，或許他也厭惡自己的家人和父親，不過，那個時期的法國文學對於人們厭惡家庭的刻畫，卻遠比班雅明的說法更為開放。當時真正的資產階級已完全建立起來，而紀德的厲聲吶喊：「我的家人，我討厭你們！」（Familles, je vous hais!），已是法國文學作品普遍存在的主題，而且也獲得廣泛的回響。在德國，遲至十九世紀中、後期才出現的企業創建時期

（Gründerzeit）[14]曾把德國社會進一步推向糜爛與墮落的頂點。一戰後的惡性通膨雖暫時消除這種社會風氣，卻使懷舊的德國人開始嚮往從前的美好年代，而當時的威瑪共和時其便藉由創造性的寂靜，而把從前美好年代的空間縮影在它的平淡樸實裡（「請想一下，這段時間的寂靜只會出現在我們現今的夜晚裡。」[15]〔II, 149; IV, 354〕）。鑒於從前的德國已在第三帝國納粹時期徹底消失，班雅明為了重新將它召喚出來，於是著手編纂《一些德國人：他們的信件》（*Deutsche Menschen. Eine Folge von Briefen.*）[16]這本書信集：從前的德國代表著第四空間的烏托邦，也代表著受人敬重的、從事工商業、且無階級罪惡之虞的資產階級（一如瑞士文學家凱勒在他那些中篇小說裡所描繪的）。為了凸顯納粹德國與舊德國之間的矛盾，班雅明便在他的柏林素描裡，建立了兩個不同的書寫方向：第一個方向就是把幾組三邊關係隱藏並穿插在這些文本裡；第二個方向則是以他特有的方式，發明一種尋找這些隱藏

14 譯註：即德國統一前後的經濟繁榮時期，更確切地說，Gründerzeit 是指起始於十九世紀中葉德意志地區的普遍工業化，而中止於一八七三年甫建立的德意志帝國所面臨的股市暴跌與金融危機的經濟繁榮時期。

15 譯註：出自班雅明的〈威瑪〉（Weimar）一文。

16 譯註：為了保存德國傳統的人文主義，流亡國外的班雅明於一九三六年在瑞士匿名出版他編纂的《一些德國人：他們的信件》。這部書信集收錄了一七八三年至一八八三年這一百年間，一些著名的日耳曼人士所寫下的二十六封書信。此書出版後，在德國創下銷售佳績，但只印行兩年，便在一九三八年被納粹政府列為禁書。

在文本裡的三邊關係（就像尋找隱藏在風景畫裡的人臉那樣）的遊戲。（在這裡，班雅明所記述的柏林，跟他的那不勒斯和莫斯科的城市素描系列，也構成了一種三邊關係。）

此外，班雅明的《柏林紀事》和《柏林童年》這兩部描述柏林的著作，也為人們的柏林探索提供了不同的材料：雖然班雅明先後寫下這兩部作品，不過，人們如果在學術研究計畫裡，依據它們先後的縱向關聯性、以及各階段層層相疊的架構來探討它們，並以此撰寫研究報告的初稿並修訂最後的定稿，其實是不適當的研究方式（這個警告也適用於人們對他的《莫斯科日記》和〈莫斯科〉的研究）。事實上，《柏林紀事》裡的單一段落有時甚至含有四、五個主題（這樣的豐富性，就像祖母住所裡的物品），這些充斥於《柏林紀事》裡的主題，後來便被班雅明進一步擴展為《柏林童年》裡的某些段落。因此，我們在閱讀這兩份著作時，如果把它們當作兩種顯然不同的文類，兩種論述類型，會更有益處。班雅明在《柏林紀事》的一開頭，便提出四、五種繪製柏林地圖的方法（並製作可引導他穿越每張地圖的柏林遊覽指南；這也是班雅明書寫這部著作所特有的層層相疊的、看似次要的動機）。當他為了掌握柏林的概貌而展開這份文本的撰寫時，這份文本（或許正是因為他這種意圖）便隨即落入通史、個人生涯或教育小說（這還是比較好的情況）的時間連續性裡。

至於《柏林童年》（就和班雅明某些著作一樣，也有數個版本！[17]）則沿襲《單行道》的敘述模式：但我們不可以認為，班雅明在《柏林童年》所追敘的一連串形式獨立、因而具有自主性的事物，是一些零碎的片斷。其實它們也不是真正的插曲，再加上班雅明為這些事物所下的註解相當完整，因此，也不該把這些內容當作一種速寫。在這裡，我傾向以笨拙的措辭將《柏林童年》形容為班雅明的「現象學習作」，或他對於當時許多精采事物所進行的、可能過於倉促草率的剪輯。這部著作往往使我們誤以為，裡面的內容全是班雅明對客體對象的沉思，因此，這些沉思本身就類似於各自獨立的客體對象。至於班雅明在《柏林紀事》裡，總是試著（斷斷續續地）述說他的生涯故事，以及過往所發生的一連串事件，然而，這種書寫的衝動卻在他後來撰寫《柏林童年》時，受到該書書名的阻礙，而被侷限在童年時期。他在這部自傳裡，描述他的童年曾存在的一些富有暗示性的事物，不論是主體或客體。（當他完成這部著作後，童年的主題便徹底消失在他的寫作生涯裡。）不過，我們也可以觀察到這兩份文本的共同之處：它們都結束於相同的結局和結論（甚至還有相同的內容，比方說，它們都有〈月亮〉〔Der Mond〕這篇短文）。這樣的結局和結論在這兩份文本裡

17 譯註：班雅明在一九三三年到三八年期間，三度撰寫《柏林童年》，直到一九八〇年代，人們才在巴黎國家圖書館找到班雅明完成於一九三八年的最後一稿，也就是《柏林童年》最完整的版本，並將它們整理出版。

所占有的地位，就類似《單行道》最後一篇短文〈通往天文館〉在《單行道》裡的地位。

然而，我們也許能以更恰當的方式，展開我們在這方面的觀察：《柏林紀事》的內容，頻頻因為班雅明那些審思文學的時刻而中斷。他在這些時刻裡，不僅提出關於文學風格和敘述的問題（我們將會看到，這類問題只會以演出〔acting out〕的模式重現於《柏林童年》裡），而且似乎還不斷質疑文學本身的屬性地位（generic status）。班雅明以製作柏林地圖及遊覽指南的初衷，展開《柏林紀事》的寫作，但這卻有可能受限於他在其中所發表的一個令人費解的評論：「有兩種獨特的寫作形式出現在我眼前。倘若我堅持自己必須徹底實現第一種形式，就像我始終期待自己實現第二種形式那般，我便能合理地將它（作者按：城市景象）表述出來，也就是說，我可以透過文字的表述保證它恆久的存在。」（II, 597; VI, 467）第一種寫作形式，就是普魯斯特的寫作形式（班雅明曾翻譯他的《追憶似水年華》），至於第二種寫作形式，班雅明沒有明說，或許它就是班雅明在《柏林紀事》裡，為了繪製柏林地圖而採用的書寫方式（這種書寫方式現在可能讓我們聯想到馬雷蒂〔Franco Maretti, 1950-〕[18]的作品）。除此之外，《柏林紀事》還存在其他的寫作形式，而其中之一

18 譯註：當代義大利文學史學家暨文學理論家。

還冠上了神祕的名稱（即「第四種遊覽指南」〔the fourth guide; der vierte Führer〕，它雖然無法召喚人們，卻可以把人們那種自行迷失於城市的稀有能力召喚出來）。在這裡，我不打算把這些寫作形式的可能性進一步理論化，畢竟這種做法似乎毫無助益。

不過，這兩份關於柏林的文本，如果最初仍只是一些在寫作上可供班雅明選擇的雙重策略，他後來在《柏林紀事》裡的這段省思，便有助於我們了解這兩份文本：「即使是冗長的回憶，也不一定是自傳。至於我在這裡所談到的東西，當然不是自傳。它們當然不是我那段柏林歲月的自傳，雖然我在這裡（原按：也就是在《柏林紀事》裡）只描述那段時光。畢竟自傳和時間、過程，以及促使個體生命不斷流動的東西有關，但我在這裡（原按：也就是在《柏林紀事》裡）僅僅談到某個空間、某些片刻，以及種種的不連續性。」（II, 612; VI, 488）

點和線的辯證又再度出現在《柏林紀事》裡，關於此二者的矛盾和差異的論述，至少可以追溯到古希臘哲學家芝諾（Zeno of Elea, 495-430 B.C.）。正如大家的想法，點和線的辯證是不對稱的，而且班雅明在這裡的闡述也的確顯示，此二者之間的交集比它們之間的對反，更容易被人們確認。敘事具有連貫性，而自傳以及可被柏格森界定為「同質性時間」的種種，也同樣具有連貫性。至於不連貫性所採取的形式就比較不明確，即使這種形式在這裡已被用來界定班雅明的（新）美學：斷裂或切斷、非歷史（nonhistory）、百無聊賴，以及各文本或隨筆短文之間的落差。不過，這些不連貫性卻無法讓我們掌握班雅明在《柏林童年》裡的另一種寫作的內容和形式，而其中的原因並非難以理解：畢竟點是一種缺乏線性內容的存在體。雖然點本身具有一種獨特而新穎的線型性（linearity；因此和線的線型性不大一樣），但點如果無法運用線型性，便無法界定形狀。在《柏林童年》裡，詞語傾向於展現本身的連貫性，因此和「片斷」（fragment）這個被浪漫派過度使用、而已消耗殆盡的用語大異其趣，而且也迥異於含有意識形態的「隨筆」、「印象」和「記憶」。「片斷」這個似乎最適合描述某種時刻的詞彙，後來又演變為「插曲」，而「插曲」則同時關聯到布萊希特美學、敘事劇場、以及綜藝劇院（music hall）系列節目的個別單元所涉及的一些類似的問題。簡短的演出場面勢必不會使本身朝故事的方向發展，而是朝趣聞軼事、八卦閒談（fait divers）、糗事、擾亂、跌跤，以及尤勒斯的「簡單的形式」這些方向發展。難道這些仍不算是一種敘事？難道我們在這裡不用再次面對故事與其場景之間、個人生涯故事與其偶發的轉變之間、歷史哲學與許許多多（構成歷史、並改變歷史之意義與方向的）個別事件之間的巨大落差？

班雅明其實沒有使用「片斷」、「插曲」和「簡單的形式」這些用語。從整體來說，他的用語在他的作品中，由於具有本身的邏輯與必然性，因此遠比上述的用語更具個殊性（idiosyncrasy），而且還因為本身的不可解讀性，而對評論者造成系統性的誤導。我指的是班雅明使用的Bild（圖像；意象；形象）這個德文詞語，image和picture這兩個英譯都不是令人滿意的翻譯。此外，只要想到把dialektisches Bild（辯證意象）翻譯成dialectical image（辯證意象）和dialectic at a standstill（停頓靜止中的辯證）這兩個更具爭議性的譯法，讀者應該就會猜到其中的危險之處。後面我們會再回頭討論這一點。

實際上，Bild之於布萊希特戲劇的插曲，就如同定格的場面之於偏好這種手法的十八世紀戲劇。這麼一來，舞台所上演的情節，就會突然被定格在宛如名畫所呈現的畫面裡。難道這是班雅明希望《柏林童年》呈現出來的樣貌？一本含有許多圖片的圖畫書？一本相片經過精挑細選的相簿？

班雅明在《柏林紀事》裡，曾談到自己對從前柏林的書寫，但後來又在同一段落裡，以普魯斯特來批駁自己的寫作形式，並細膩地描述這位文學大師始終如謎一般的寫作過程：

> 普魯斯特以盡興嬉遊的態度所展開的東西，後來卻具有驚人的嚴肅性。如果有誰曾張開那把回憶的扇子，就會在其中不斷發現新的部分和片段，而其他任何圖像都無法使他感到滿

意，因為他發現，那把回憶的扇子可以張開，而且真實的東西只存在於它的折疊處：為了回憶中的景象、味道和觸感，我們已將那把回憶之扇完全展開並切開，而我們的回憶便從小小的事物，轉向最小的事物，然後再從最小的事物，轉向其中最微小的細節。不過，我們在這些回憶的微宇宙（microcosms; Mikrokosmen）所遇到的種種，卻變得愈來愈強大。普魯斯特於是讓自己進入這場致命遊戲裡，在這個過程中，他需要趣味相投的夥伴，畢竟他難以再找到自己的後繼者。（II, 597; VI, 467-8）

在這裡，我需要插入兩個註腳，第一個註腳是要提醒大家不要聯想到德勒茲的理論，也就是他依據萊布尼茲（Gottfried W. Leibniz, 1646-1716）的學說（譯按：即萊布尼茲的「單子論」）而對巴洛克繪畫的皺褶命題的沉思和詮釋（在時機成熟並已深思熟慮時，我們再回顧德勒茲在這方面的理論，一定很有意思。）[19]第二個註腳則是要說明班雅明對普魯斯特的看法：他以不同於一般的見解而把「業餘寫作愛好者」視為普魯斯特的特色，而且還提醒讀者：在普魯斯特的文學風格裡，甚至在他的作品內容裡，有許多地方起初是從他寫給自己認

19 譯註：德勒茲在《皺褶：萊布尼茲與巴洛克》（*Le Pli. Leibniz et le baroque*）裡談到，巴洛克繪畫的皺褶就是在避開敘述的主軸，而隨著單一角度敘述的廢除，解構性與不明確性便於焉產生。

識的、形形色色的社交界貴婦的（盡是閒聊漫談的）信件裡發展出來，而後再加以潤飾完成的。班雅明認為，普魯斯特這種戲謔的態度，必然使自己進入回憶的「致命遊戲」裡，但這個現世的警告卻使自己受到鼓舞，並預示自己將以散落的童年回憶來完成《柏林童年》這部著作。

不過，這裡倒是個不錯的地方，因為我們可以停下來想一想，並重新評估班雅明和這位偉大文學先驅者的關係。班雅明的〈論普魯斯特的形象〉（Zum Bilde Prousts）是一份不錯的文本，從中我們可以清楚看到，班雅明撰寫此文時，已帶有些許普魯斯特風格，而這也是他早先譯介普魯斯特小說所受到的影響。（實際上，他在撰寫此文時，覺得自己和普魯斯特已經愈來愈疏遠。他很討厭翻譯普魯斯特小說的那段枯燥而呆板的工作時光，也很害怕受到普魯斯特風格和意識形態〔例如他的非自主記憶和唯美主義等〕的侵染。）

班雅明在〈論普魯斯特的形象〉裡，僅限於「讚賞」普魯斯特（類似訃聞的歌功頌德，只不過不是針對這位已故的作者，而是針對他所留下的作品），並為他樹立兩、三個鮮明而獨特的印象（或個人「圖像」）。這樣的評論勢必讓普魯斯特迷，尤其是近來對他推崇備至的讀者大失所望。因為這些讀者十分喜愛他作品裡的具體細節、人物及其命運，而且相當珍視這種閱讀經驗。

在這篇總共包含了三節的文章裡，我們首先要討論第一節最後一段，而班雅明作品的所有主題——對那些留意這些主題的人來說——幾乎都短暫地浮現在這個篇幅頗長的段落裡。班雅明在此所提到的過往和幸福——即古希臘「伊利亞學派」（die Eleaten）所主張的奇妙而永恆的幸福[20]——使我們想起取決於相似性（similarity; Ähnlichkeit）的夢之機制這個班雅明思想的基本範疇。孩童當然明白這個世界所存在的相似性，在班雅明看來，孩童那些已捲好的、準備讓聖誕老人放禮物的長筒襪正是相似性象徵[21]，而超現實主義者在這方面也不遜色。以上關於相似性的一切，都在Bild（圖像；意象；形象）裡達到頂點。班雅明曾中肯而貼切地觀察普魯斯特，藉此檢驗自己喜愛的主題和論題。

在這篇文章的第二節，我們觀察到一種可產生影響的、獨特且怪異的交談過程，而思維已在其中逐漸轉變為人物。班雅明在這裡的敘述似乎從「閒話生理學」（physiology of chatter; Physiologie des Geschwätzes；反正就是人們的「閒聊」〔gossip; Gerede〕）適當地

20 譯註：班雅明曾指出，伊利亞學派的幸福觀是輓歌式的幸福觀（相對於頌歌式的幸福觀而言）。請參照《機械複製時代的藝術作品：班雅明精選集》，頁237-238。

21 譯註：長筒襪在象徵上既是「袋子」，也是「禮物」，因此也具有夢境世界的相似性結構。請參照《機械複製時代的藝術作品：班雅明精選集》，頁238-239。

轉向了心理學。「閒話生理學」把我們帶到人物的面前，而在此節的最後一段，階級這個隱藏的主題，則顯示為班雅明已充分闡述的階級鬥爭：普魯斯特那種充滿「好奇心的惡習」使他這位局外人，在「觀察」他所設法融入的那個特殊而封閉的社交圈時，往往帶有憎惡、詼諧滑稽和偷窺的意味。好奇心在這裡突然跟另一個不相干的性格特徵交雜在一起，即阿諛奉承。後者無疑是普魯斯特最卓越的言說行為（speech act），卻幾乎從未在他的書信裡留下任何蛛絲馬跡。那麼，好奇心和阿諛奉承是否代表普魯斯特的性格或「相貌」的兩個不同的面向？不！在班雅明看來，它們會組合在一起，而產生一種特殊的性格構造，也就是作為私家傭僕的普魯斯特。所以，我們便突然看到了普魯斯特作品全新的面向！（就像突然看到《在斯萬家那邊》（*Du côté de chez Swann*）的「序幕」裡那座被遺忘的樓梯）那麼，班雅明是否也具有私家傭僕的性格？可能沒有，因為他的性格過於粗率而無法逢迎別人——除了以帶有魅力的方式強化自己跟密友（或最需要的朋友）的連結以外——而且也過於自負而無法成為任何人的僕傭。班雅明以富有詩意的方式描述普魯斯特的特質——普魯斯特就像門房在講述《一千零一夜》（*Arabian Nights*）！——從而取代了（他在這節所提到的）法國小說家巴黑（Maurice Barrès, 1862-1923）對普魯斯特的那句獨特而華麗的形容：「挑夫客棧裡的波斯詩人」。

僕傭角色不僅因為本身和普魯斯特的關聯性，而受到不可思議的美化，而且還存在另一種變形：偵探，一種被班雅明視為和遊蕩者有關的人物類型。為了表達對普魯斯特所描述的資產階級的終極批判，班雅明曾扮演偵探角色，而重新面對他曾體驗過的（譯按：也是十九世紀資產階級爭相仿效的）貴族遺風：資產階級是純粹的消費者（社會的寄生蟲），鮮少參與生產事務，而且仍不自覺地在生活風格和存在層面上，致力於掩飾自己僅有的生產活動所留下的痕跡。班雅明在這裡對資產階級的批判，正是歷史唯物主義者的說法。

班雅明在〈論普魯斯特的形象〉的最後一節裡[22]把「回憶」跟恢復青春的「回春」連結起來——順帶一提，他曾在這篇文章第一節的開頭強調「遺忘」在普魯斯特回憶裡所占有的關鍵地位——接下來便闡述普魯斯特的文體和疾病（也就是他的文句跟本身的氣喘及窒息危機之間的關係）而結束此文。這段內容把我們帶往「生理學觀點的文體論」（physiologische Stilkunde），而其中所呈現的影像則來自普魯斯特的X光攝影（譯按：即普魯斯特文句的深刻性或透徹性）：實際上，記憶首先會浮現出視覺影像和一張張臉孔，至於記憶在本身的生

22 譯註：班雅明在此文第一節寫道：「普魯斯特所謂的『非自主記憶』——其實比較接近遺忘，而不是通常被人們稱為『回憶』的東西。在《追憶似水年華》這部自發性憶想的作品裡，回憶是織機上的緯線，遺忘則是經線……」請參照《機械複製時代的藝術作品：班雅明精選集》，頁235。

理深層，則顯示為漁港的氣味。在班雅明看來，這種氣味就是「那些在『往日歲月』這座海洋裡撒網的人所感受到的重量感（Gewichtssinn）。」（II, 247; II, 323）。這句話對波特萊爾的讀者來說，並非什麼新異的洞察，卻是個顯然已重新被班雅明更恰當的文體論所吸收的洞察，或者我們是否可以說，是已被該文體論改變的（umfunktioniert）洞察？可料想到的是，當班雅明在此文結尾，把臥病在床而仍筆耕不輟的普魯斯特所躺臥的床榻，等同於在西斯汀教堂裡仰頭作畫的米開朗基羅所站立的鷹架時，他的生理學觀點的文體論便完成了本身最終應盡的義務，也就是賦予〈論普魯斯特的形象〉這篇文章一個華麗的終結！

這門顯微學（micrology）課程使我們依然認為，《柏林紀事》這份班雅明早已完成的文本，在形式上就是一再地中斷本身的內容。此外——舉例來說——我們還尚未觸及其中的事件本身那種凌厲磅礡的範疇，儘管它已耐心地在那裡等候我們。首先，它會以災難的形式出現：「當我還是個幼童時……肯定是在一九〇〇年左右，柏林最令我驚奇的街景，就是大水嘩啦啦地沿著一條空蕩無人、冷清死寂的街道，不停地沖流下來。」（II, 597; VI, 468）然而，班雅明在完成《柏林紀事》以後的那十年的生涯裡，還把他的「災難」概念大幅精細化。

這裡還存在著童年本身的問題（以及伴隨出現的、也是普魯斯特作品所涉及的記憶問題）。如果不考慮班雅明個人的其他面向，諸如他的收藏嗜好和父親身分——，那麼我們在班雅明作品的脈絡裡最需要考慮的，就是其中的疏離效果，也就是人們一切回憶所形成的、最主要的疏離效果，或許它也很類似布萊希特戲劇所產生的疏離效果。人們尤其認為，布萊希特所主張的至高價值源自於某種（可揭示具有影響力之歷史的）轉化模式，不過，他所喜愛的孩童，以及他不太感興趣、或根本不感興趣的孩童主題，都無法歸屬於這種模式。當班雅明把《柏林紀事》一文題獻給他的兒子史提凡時——如果班雅明書寫《柏林紀事》的理由，並非遠遠不如他後來撰寫《柏林童年》那麼充分的話，這一點我們已在前面談過——我們便可以確認，此文就是簡化版的波特萊爾式寫作計畫：保留起初是歷史所失去的、然後是人們的回憶所失去的城市「圖像」（而且後者的失落遠比前者更明確、也更無可挽回）。不過，疏離效果卻是另一種東西，它其實不只是某種製造紀念品的工具。

疏離效果也可以作為一種類似X光機的分析工具，而且它本身那種去神祕化的機制，特別能將事物重新拉入時間的進程裡。人們的童年回憶所產生的疏離效果，使他們一再地把童年生活當作一連串相繼展開的尋寶遊戲，然而，當他們終於來到自己渴望的寶物的藏匿處時，卻發現那裡已空無一物（就像幻滅的聖誕襪傳說）！我們不該把尋寶遊戲，跟占用、「在記憶裡的擁有」（II, 632; VI, 516）、或「所有權歸屬於自己」（II, 634; VI, 518）混為一談，或許它還比較接近馬克思主義與「占有」（possession）和「所有」（property）的差別。總之，尋寶遊戲所發生的種種，就是在取代人們所渴望的事物本身，換句話說，就是在取代人們所尋求的生活本身。我們將會看到，這就是班雅明在《柏林童年》裡所完成的東西，而且他在文句本身的發展裡，已把這種取代戲劇化。

普魯斯特曾把自己觀賞歐洲當時最紅的女演員莎拉．貝恩哈特（Sarah Bernhardt, 1844-1923）戲劇表演的經驗寫進《追憶似水年華》裡，而貝爾瑪（la Berma）這個角色正是她的化身。不過，普魯斯特在此書裡對她的演出所下的結論，在我看來，卻截然不同於人們當時的看法。普魯斯特對這位大名鼎鼎的女明星「真實」的戲劇演出並不滿意，最後他便把他的觀賞經驗變成寫作的材料，以便明確地教導大家：「真實」並不存在於我們初次對它的親身經驗裡，而是發生在我們後來對它的書寫裡（而非對它的回憶裡）。

然而，班雅明的看法卻和普魯斯特不同。班雅明認為，經驗的表達只會造成整體經驗的重組，還不致於造成整體經驗的瓦解（經驗因為本身充滿變化，所以對班雅明來說，是一個很重要的範疇）。經常去劇院看表演的青年班雅明已發現，經驗的價值其實存在於期待裡：它不存在於欲求最終實現的時刻裡，而是存在於等待和期盼欲求得以實現的那段時間裡，這就如同點及其它本身之碎裂會回歸線本身的實在性裡，而非線的消散裡。我明白這一點，因為他曾在《柏林紀事》裡告訴我們：「人們期待一件事情所獲得的喜悅，遠比起後來所發生的一切，更有意義，也更為持久。」（II, 625; VI, 506）班雅明這句話不僅是他的現代主義的濃縮和精粹，而且還教導我們，應該以懷疑的精神，探索他筆下那些欲求看似已實現的時刻，並且提供我們一個新的選擇：不要用靜態的瞬間來突破時間，而要把那段整體上十分獨特、且更神祕的時間——即等待和無聊乏味的時期——導入柏格森所虛構的那種易於造成誤導的「同質性時間」裡。（「無聊是夢想之鳥，牠們會孵化出經驗之卵」〔III, 149; II, 446〕）在這裡，作為靜態意象或圖像的Bild已遭到班雅明的質疑，至於靈光本身永遠和人們保持距離（即使在人們最靠近時），永遠無法被人們絕對地占有或確認，因此反而得到了人們所賦予的價值。班雅明在早期的論述裡，曾以警告的口吻反對（譯按：含有時間連續性的）自傳式文體，而且還公開指責敘事，但這種態度似乎贊同另一種（敘事的、說故事的）處理方式：也就是呈現那種散落地嵌在所有（譯按：回憶之扇的）折疊處的時間性，而這種時間性也散落地嵌在童年經驗的種種感知裡。

在我們確認，論述這種零散的敘事時間的先決條件之前，應該先讓自己再次接受不宜採取心理學觀點的警告，尤其是讓自己遵守以下的處理方式：務必將《柏林紀事》當作班雅明的回憶所產生的效應，而使其得以擺脫人們對《柏林紀事》可能的心理學解讀方式。顯而易見的是，班雅明在看清他當時的書寫正是他那種推究哲理的努力（他曾依據柏格森思想而指出人類的兩個自我：「我們那個清醒的、積習成性的、符合日常要求的自我……我們那個更深刻的自我」〔II, 633; VI, 516〕）所犯下的錯誤時，便中斷了這樣的努力。後來他又重新調整自己的寫作方式，並成功使自己童年的房間變得永恆不朽：他在《柏林紀事》裡寫道：某一晚，他躺在床上準備就寢時，他的父親進房來告訴他一位男性親戚過世的消息。班雅明可能想以這件往事來暫時結束自己的某個人生階段：是否那位親戚的死訊終結了他的童年？他後來又先後在《柏林童年》的兩個版本裡重述這件往事[23]，不過，這些內容已不具有為童年畫下句點的關鍵功能。班雅明分別在《柏林紀事》和《柏林童年》裡敘述這位親戚過世的消息，而只有《柏林童年》的第二個版本，才透露出他一再述說這件往事的原因（之前他已在《柏林紀事》裡談到這件事情的主要經過）：因為他父親當時避談這位親戚死於梅毒。班雅明在著作裡呈現屋宅、公寓和房間為資產階級所提供的保護和保障時，也在（偽善地）隱藏那個時代日益猖獗的賣淫現實，或換句話說，在遮掩性行為本身。班雅明描述童年以來的許多不同的「遷居」（déménagements），而他對房間所存留的記憶，也因為這樣的書寫，

23 譯註：即《柏林童年》裡的短文〈一則死訊〉（Eine Todesnachricht）。

而生動鮮明起來！（這些描述等於終結了班雅明的童年、家庭和猶太文化。）24

實際上，班雅明對房間的諷喻性詮釋——不只藉由他對父親的描述，更藉由他對身故的親戚及其不堪提起的致命性病的描述——還使我們注意到《柏林紀事》和《柏林童年》這兩份文本的決定性差異。這個差異正好讓我們重新回到這場討論的開端，以及（依據線性連貫的同質性時間的）自傳式敘事和（班雅明用來取代自傳式敘事的）謎樣般的圖像（Bild）之間的區別。

這一切都隨著班雅明在寫作上的自我體察，而達到頂峰。他曾在一封書信裡，再次以類似的話語自豪地談到自己在寫作方面的發現：「如果我寫的德文勝過跟我同輩的作家，這大部分要歸功於這二十年來，我只遵循一項寫作的小原則：除了寫信（譯按：和自傳性著作）以外，我從不使用『我』（Ich）這個第一人稱代名詞。」（II, 603; VI, 475）班雅明這種特殊的說法，使我們注意到一種充斥著第一人稱的文本。就像我們在前面所看到的，這種文本是一種極端的寫作形式，卻也證明了文本的「自傳體」性質令他相當不安，因此他便以現身說法的態度，試圖否定這種文本。我必須承認，在我閱讀《柏林紀事》和《柏林童年》這兩

24 原註：請參照《柏林紀事》（II, 629; VI, 512）以及《柏林童年》裡的短文〈性的覺醒〉（Erwachen des Sexus; III, 386; IV, 251）。

份文本的經驗裡，《柏林童年》首先讓我覺得其中的敘述比較客觀，至於《柏林紀事》則因為忠實傳達作者的個人性與私密性，而彰顯出它本身那個標題的主觀氛圍（subjective aura）。這個第一印象便使我出現一個比較不合常理的懷疑：恰恰由於班雅明後來在《柏林童年》裡減少第一人稱的使用，反而使得這份更成熟的文本成功地呈現出它的主觀性。幸好班雅明當時已發現，非個人化敘述對於私密性訊息的傳達具有出人意料的表現力。倘若他當時採用主觀的、訴諸情感的手法，《柏林童年》就會變成一份死氣沉沉的、不具感染力的著作。

實際上，這就是現象學本身的模糊性，而我在本書裡已數次提到它和班雅明式印象主義（Benjaminian Impressionism）的關係。現象學式寫作，如果出現在新康德主義那種以知識論為導向的、科學主義（scientism）的脈絡裡，就會清楚地顯示為一種倒退，一種往主觀的倒退、一種往狄爾泰[25]所重新提出、強調和定位的「經驗」[26]的倒退。同時對新康德主義者

25 譯註：狄爾泰是德國歷史學家暨哲學家。他以歷史相對主義批判歷史的理性，並強調哲學的核心問題就是生命，因此，個人只要透過生活的「體驗」（Erlebnis），以及對生命設身處地的「理解」（Verstehen），便可認識到文化或歷史就是生命的體現。當代重要的思潮，諸如韋伯的社會學、胡塞爾的現象學、海德格的存在主義和高達美的詮釋學，都受到狄爾泰思想的影響。

26 原註：可惜的是，狄爾泰把「經驗」稱為「體驗」（Erlebnis），而未區分這兩個概念。

來說，胡塞爾（Edmund Husserl, 1859-1938）的現象學研究如果不具有他們所定義的「客觀性」，而且不以追求最嚴格的非個人性為目標（這種非個人性已凌駕於迄今遭棄絕的主觀性之上，以及最個人化形式〔若不是非理性形式的話〕的經驗之上），便毫無價值可言！對我們的理解來說，這種情況可能充滿矛盾，況且真實往往不存在於這些相互矛盾的判斷之間，而是堅定地存在於對立的兩方，也就是存在於兩種對立的鏡像裡：現象學正是反抗十九世紀後期啟蒙運動的科學主義形式的主要力量，同時還率先倡導人們以後主觀主義（post-subjectivism）的觀點，關注當時還未獲重視的心理領域。

不過，大家會發現，我因為受到班雅明聲稱的、減少使用第一人稱的寫作方式影響，而對他這兩份自傳式文本的特徵抱持錯誤的看法。其實班雅明在後來完成的《柏林童年》裡，以第一人稱所寫下的句子，在統計上反而多過之前的《柏林紀事》這個更傾向於敘事和自傳體裁的版本。雖然班雅明曾自豪地宣稱自己在下筆時，避免使用第一人稱，但他接下來對於這種寫作方式馬虎草率的解釋，則使大家完全認清了這一切：我們後來看到，班雅明真正發現的，其實是他「自己本身」和所在之處更為密切的關係。由此可見，他能夠以最真實可信的方式（most authentically）表達他的童年經驗，並非因為他避免採用第一人稱敘述，而是透過他本身那種使自己穿越從前的空間和事件現場的傾向。（關於經驗和「真實可信」

（authenticity）這個概念之間密不可分的關係，就是邁向存在主義的一堂基礎的（雖也同樣充滿矛盾的）現象學課程。）

讓我們簡單回顧我們在這裡的發現。真正的自傳體敘事的主人公——即連續性敘事的主角——其實就是若干角色中的一個角色，至於非主角的陪襯性人物雖然對這一類的敘事性記述相當重要，卻受到嚴重的忽視，一如《柏林童年》開頭第一段對我們的提醒：「自傳的特徵與其說出現在深層經驗裡，不如說出現在連續性敘事裡。不過，它們在我這些嘗試裡，卻已完全退到次要的位置，而和它們相伴的，則是一些人物的相貌，也就是我的家人和友伴的相貌。在這裡，我其實致力於捕捉一名資產階級孩童的大城市經驗所呈現出來的圖像。」（III, 344; VII, 385；因此，就像我們所看到的，真正有能力建立友誼、而且有時也喜歡與人交遊的孩童，他們身上會出現那種顯而易見的孤獨和寂寞。）

班雅明在呈現近乎現象學式的童年或童年的簡化版後，其中仍留存下來的東西，不外乎是一些場所地點和圖像（Bild），雖然曾現身其中的人物已經消失，而街道就像電影布景般，已空無一人。（我們還記得，班雅明曾指出，「阿特傑〔Eugène Atget, 1857-1927〕[27]

27 譯註：法國著名的攝影家，也是紀實攝影的先驅。

把無人的巴黎街頭拍得很像犯案現場」[28]）。那麼，班雅明提筆為自己的童年留下紀錄的同時，又在尋覓什麼樣的真實呢？他在這裡所拼湊、並提交出來的呈堂證物，涉及哪一起案件呢？它跟他的經驗、童年或其他事物有什麼關係呢？答案就在柏林這個地方的城市景象三部曲（cityscape trilogy）裡：這裡的犯罪作案牽涉到資產階級的安全保障、資產階級所享有的更多安全保障的特權，以及資產階級文化本身的現象學要素或影像要素。班雅明在《柏林童年》裡以自傳語調娓娓道來的資產階級文化，似乎大大不同於人們以冷酷無情的目光所看到的資產階級文化。以下的例子已做了充分的說明：

> 因為，一八七〇年代的製品甚至遠比起後來新藝術（Jugendstil; Art Nouveau）盛行時期間的製品更為堅固耐用，而前者顯然是人們墨守陳規的產物。人們當時依照從前沿襲下來的做法，而讓這些製品接受時間的考驗，至於這些製品的未來，他們只信賴材料的耐久性，而非各方面合理的估量。在擺放這些製品的室內空間裡，貧困無法存在，死亡也是。（III, 369; IV, 258）[29]

28 譯註：出自班雅明的〈機械複製時代的藝術作品〉一文。

29 譯註：出自《柏林童年》裡的短文〈花庭街12號〉（Blumeshof 12）。

比起十九世紀多元的歷史主義已被遺忘的、含糊的預言，當時居家裝飾匯集歷史上所有風格而顯現的豐富性（後來受到基提恩以鋼鐵和玻璃作為建材的現代主義的大清洗）對整個資產階級衰敗的預言，似乎更為深刻。資產階級終因無法承受本身種種因素的重壓，以及一戰與隨後經濟大蕭條的打擊，而遺忘了「深歷史」（deep history）[30]，並走向本身與本身「文明」的終結。

班雅明在早期的寫作裡，已出言撻伐人們當時那種狹隘的、只強調裝飾風格的審美觀。他那些早在希特勒納粹思想盛行之前、便已形成的審美見解，不僅對自身的審美思想，也對當時裝飾過度的物件徹底評判。他在《柏林紀事》裡表示：

今天，即使我們把塞滿這許多房間——十二至十四間——的家具什物，放在最破舊的二手貨商店裡，也不會產生反差效應（Kontrastwirkung）。雖然它們的形貌無法永存，卻遠比後來出現的新藝術風格的物品堅固許多。它們本身所帶有的那種令人感到熟悉、平靜、慰藉、如家一般溫馨舒適的東西，就是慵懶緩慢，而它們便依此而任隨時光流轉。製作者會考

30 譯註：關於人類起源的那段史前的歷史。

慮到它們未來的存續性，所以，一味地信賴材料的耐用性，而缺乏合理的盤算。充斥於這些房間的物件，其細部匯聚了歷來各種流行的脈動，而它們的主人整體上對它們本身及其持久性深信不疑，以致於沒有考慮到損耗、繼承和搬遷這些面向，而且總是遠離它們的終結（似乎也是一切事物的終結）。貧困在這種室內空間裡，沒有容身之地，甚至連死亡也是。由於這裡容不下死亡，因此屋主都死在療養院裡，下一代的繼承者則在他們離世後，立刻把他們留下的家具賣給舊貨商。這裡的空間規劃沒有考慮到死亡的發生。（II, 621-2; VI, 500-1）

作為自傳體裁的《柏林紀事》的第一人稱敘述者，班雅明以庸俗而輕浮的態度如此頻繁、且輕鬆愉快地談論死亡，我們只有在他後來的《柏林童年》的第三人稱旁白裡，才能聽到集中營毒氣室傳出的嘶嘶聲。當班雅明以自傳體裁敘述自己的「柏林童年」，而完成他的城市景象三部曲時，身為讀者的我們便發現，自己正以強烈的超現實主義模式，回到他對童年的某種方式的描寫裡。當時未受到事先警告、且尚未成為獨立「個體」的兒童班雅明，便以這種方式，試圖將禁忌的空間變成一片可以嬉遊的風景，從而發現席勒的遊戲美學本身，正是建立在資產階級空間的（韋伯所謂的）除魅化（Entzauberung）之上。

那麼，巴黎呢？《採光廊街研究計畫》難道不是班雅明繼〈那不勒斯〉和〈莫斯科〉之後，所寫下的第三份異國城市寫作的文本？這本大部頭的著作難道不是一座緬懷奧芬巴哈（Jacques Offenbach, 1819-1880）——或至少是卡爾．克勞斯筆下的奧芬巴哈——活躍於巴黎黃金時代的紀念碑？一座造型頗為怪異的紀念碑？巴黎既是令人懷舊的天堂，同時也是（像布萊希特所經歷的好萊塢那般的）地獄，不是嗎？沒錯！這個肯定的回答或許可以解釋巴黎在歷史上被定位為「十九世紀的都城」[31]的祕密，而十九世紀也是資產階級興起的光輝世紀！街頭生活所在的法國前資本主義社會，將逐漸過渡到街道空無一人的、宛如紀念碑的柏林所代表的資本主義社會。對前者來說，波特萊爾以及他筆下那些置身於（前資本主義社會的）人群裡的孤獨遊蕩者，或許是最具代表性的人物意象，而後者則是班雅明度過備受資本主義宰制的童年的地方。

31 譯註：〈巴黎，一座十九世紀的都城〉是班雅明準備收錄於《採光廊街研究計畫》的三篇文章其中的一篇。

第 7 章

一流的德國文學評論家

我的目標就是成為大家心目中，一流的德國文學評論家。

——班雅明於一九三〇年一月二十日寫給修勒姆的信件

（C359; B505）

一

文學評論家的身分終究和社會及組織有關，從這個（現已消失的）方面來說，文學評論家的存在，也意味著（含有文化和藝文版面的）報紙、（受到非文學專業的讀者所支持的）期刊（例如紀德所創辦的《法蘭西新期刊》〔*NRF*〕）以及其他文學評論發表園地的存在（例如一戰後的威瑪共和時期和二戰後的西德，地方的公立廣播電台，都曾為文化評論性節目保留播出時段）。「評論家」一詞已經排除本身與學院的關聯性。（雖然「葛奧格文學圈子」〔George-Kreis〕[1]曾有若干成員，因發表探討文學經典的學術性論文，而成為評論家。袞多夫〔Friedrich Gundolf, 1880-1931〕[2]便是其中一位，他的名著《歌德》〔*Goethe*〕是一部有影響力的論著，不過班雅明卻對它深不以為然。）至於「德國文學」這個用語大概也排除了德國猶太裔作家、希伯來文學和（修勒姆不斷敦促自己投入的）猶太復國運動這些議題。在這裡，我必須再補充一點：班雅明曾為文探討浪漫派的美學和文學批評，也曾寫下一篇關於較未獲重視的瑞士小說家凱勒（他對盧卡奇來說也是一位重要人物）

1 譯註：一個以德國翻譯家暨象徵主義詩人葛奧格為核心、且深具影響力的文學團體。
2 譯註：德國猶太裔詩人暨文學史學家，曾任教於海德堡大學。

的長文，和幾篇關於歌德的重要文章。不過，在非德文讀者的眼裡，班雅明之所以撰寫這些文本，其實是為了維護某種純粹的德文「傳統」；至於他在流亡期間著手編纂、並於一九三六年在瑞士出版的書信集《一些德國人：他們的信件》，則是為了積極介入當時的政治局勢，而審慎展開的反法西斯行動。鑒於剛上台的德國納粹已透過學校教育，而將他們所竄改的歷史徹底融入體制裡，因此，他當時便試圖透過德國古典時期重要人士所寫下的信札，凸顯德國傳統裡的人文主義圖像，以便與當時大行其道的納粹意識形態抗衡。

不過，我們卻不該認為，班雅明出版這部書信集的行動，是為了大舉樹立嶄新的德國文化傳統（雖然這是盧卡奇的抱負之一，也是他在教育方面最值得注意的成就）。班雅明此舉的動機，當然是因為他強烈質疑文學史（和藝術史）本身作為思維形式和模式的正當性。在文學史（和藝術史）裡，「歷史連續性」概念得以藉由各種不同的偽裝（尤其藉由德國社會民主主黨「進步」概念的偽裝）而長久地存在，所以，對此相當不以為然的班雅明，便投入這個可讓他提出批判、並經常參與論戰的文學評論領域。

雖然（西方）大量保存下來的經典文學作品——從古希臘羅馬到當代「葛奧格學派」（George School；即「葛奧格文學圈子」，也是班雅明當時所認可的最後一場德國文學運動）的作品——是他獲得淵博學識的前提，但他個人所推崇的經典，既無關於西方一脈相傳的文學正統，而且就當代觀點而言，也無法被歸類為「現代主義」。他所喜愛的經典顯示出他對當時文學和文化最新發展的熱切關注，不過，他不會把文學形式的歷史加以理論化：他對小說的興趣其實不大（他曾訪問紀德，但只有葛林的法文小說《阿德璉・莫絮拉》〔*Adrienne Mesurat*〕才能激起他閱讀的熱情），他不會以文學史家的角度看待詩性語言（poetic language）未來的發展，甚至也不會以歷史觀點探討戲劇的演變，如果我們撇開布萊希特、拉齊絲、德國戲劇導演皮斯卡托（Erwin Piscator, 1893-1966）、表現主義者、艾森斯坦、考克多（Jean Cocteau, 1889-1963）[3]、貝爾格（Alban Berg, 1885-1935）[4]的歌劇《伍采克》（*Wozzeck*）、上演戲劇的巴黎和柏林等不談的話。實際上，班雅明騰出時間所寫下的許多文學評論，從我們今天的眼光來看，大部分是一些不重要的、和主流的寫作題材沾不上邊的文本：一些探討童話（班雅明極少談到他在這方面的寫作計畫，實在可惜！）、玄奧領域（不論是占星術、班雅明自認為是本身專業之一的筆相學，或是修勒姆所鍾愛的猶太教喀巴拉派的故事）、（從黑倍爾到列斯克夫的）老派故事、怪誕奇想（例如薛爾巴特的

3 譯註：多才多藝的考克多是法國超現實主義詩人、小說家、劇作家、藝術家和電影導演。

4 譯註：奧地利現代作曲家，與荀白克（Arnold Schönberg, 1874-1951）、魏本（Anton Webern, 1883-1945）同為新維也納樂派的代表人物。阿多諾曾於一九二五年前往維也納，向貝爾格學習作曲理論。

烏托邦科幻小說）和文化獵奇（例如前面提過的柏林食品展）的文本。如前所述，在他的眼裡，卡夫卡這位現代文學的聖徒，是一位古怪的、如夢般虛幻不實的、且擁有某種（我們可能會跟一些朋友分享的）祕密嗜好的作家。至於波特萊爾對他來說，並不是文學經典作家，而是和布萊希特一樣、在智識生涯中一路相伴的摯友。

我想，班雅明可能曾得意地認為自己是語言學家（他和猶太裔語言學家奧爾巴赫的交流近來已受到關注），雖然他對語言學的研究情況，以及相關論題所需要的歷史考證不感興趣；如果我們僅僅稱他為作家，這等於試圖告訴大家，他雖熱衷於塑造寫作的風格，卻沒有寫出「開創性作品」、或沒有想要寫出「開創性作品」的抱負；如果我們把他當作報導文化新聞的記者，就我們目前的情況而言，這簡直是在他那種對語言學近乎形於上的關懷裡，把他的作品及其中心性（centrality）瑣碎化和庸俗化。

今日，班雅明已經被形塑為（也歸功於歐盟廣泛的政治宣傳）一個歐洲人的形象，他的思考也確實著眼於（歐洲若干的）國族文化。然而，（促進德國人文主義傳統的）班雅明，曾在一封寫給新教神學家朗恩的信件裡，談到他對一位同仁的觀察：「他奮不顧身地致力於歐洲的一切……而我的作法卻相反，因為界定歐洲各個國族的特徵，對我來說，一直都很重要：德意志或法蘭西國族。」（C 214; B 309）以上是班雅明在這封書信裡的措辭，從中我們還獲得兩個印象：其一，班雅明主要的關注並非文學，而是語言；其二，班雅明那種「以歐洲為中心的」（Eurocentric）侷限性觀點，其實遠比重新流行、卻深受世人誤解的、歌德所謂的「世界文學」這類作品的（未獲普遍認可、且崇尚古希臘羅馬古典風格的）價值和範疇，更符合人們在全球化時代的期待。除此之外，班雅明還是一位真正的國際主義者（internationalist）[5]，雖然他的觀察大多聚焦於德、法兩國的差異。（為了讓讀者了解德、法的差異有多麼複雜，以及這些差異已涵蓋我們現在對東方和西方、或傳統和現代之對立所論辯的一切，他便把他們導向托馬斯・曼〔Thomas Mann, 1875-1955〕在《一位政治人的省思》〔*Betrachtungen eines Unpolitischen*〕這本他討厭的厚書裡，所展開的那場已融合四海一家、共存共榮精神的長篇大論。）由此可知，班雅明的研究已涵蓋全球化、世界文學及其他的一切。他十分認真地看待自己所扮演的分析者和觀察者的角色，也就是分析當代法國的發展，並犀利地觀察自己國家（即德國）的智識生活和文化生活。他在這方面的表現，只有葛蘭西比得上。

然而，班雅明對英國或美國的種種幾乎不感興趣；至於東邊的蘇聯對他來說，就像一座

5 譯註：國際主義者主張，世界各國應該基於全人類的共同福祉，而相互支持援助，並積極展開更廣泛的國際合作。

巨大的實驗室，那裡所進行的實驗即使未必具有典範性，也總是具有現代史的重要性。儘管他曾長期居住在地中海地區的南歐國家（這是德國知識界的另一個傳統，而且隨著德國人愈來愈有財力負擔這樣的支出，也愈來愈普遍），但它們只出現在他對劇作家卡爾德隆和巴洛克藝術的闡述裡。他從未設法使自己的西班牙文或希伯來文精進到運用自如的程度，雖然這兩種語言對他來說，都關涉到存在層面，而不僅止於學術和學問層面。只要我們想使用modern（現代的）、modernity（現代性）和modernism（現代主義）這些詞語來指涉班雅明思想，就必須謹慎仔細地檢視這樣的做法是否恰當。畢竟班雅明使用這些詞語大多為了討論波特萊爾的作品，除此之外便未再特地使用它們。當然，我們也可以在班雅明身上看到，正統的現代主義者對新穎事物之盲目崇拜所帶有的種種虛飾，以及他本身必然關切的實驗性事物。不過，我們也會看到，他對審美與審美化的敵意，已使本身絕緣於現在普遍被視為具有現代主義目的之特徵的東西——比方說，從印象派先驅馬內（Édouard Manet,1832-1883）、到印象派畫家、再到後期印象派的塞尚（Paul Cézanne, 1839-1906）、從馬拉美或龐德到奧爾森（Tillie Olsen）[6]或艾希伯里這些藝術風格之演變所呈現的東西。此外，班雅明還堅定

6 譯註：美國左派文學家暨女權主義者。

不移地確信，現今及歷史本身，都有它們的道理和邏輯，因此他說道：「擁抱布賀東和科比意，就是把當代的法國精神當作一把弓那般地張開，而後射出的那支洞察之箭，便刺入某一時刻的核心裡。」（A 459, N 1a, 5; V, 573）如果我們可以說，班雅明已建立自己的「審美」，那麼這種審美便牽涉到他當時的情況，而讓我們不得不探索班雅明認為法國文化比德國文化更「進步」所依據的前提，同時也必須以班雅明的「進步」觀念來說明布萊希特的立場。

另一個必須拖到這裡才討論的重要主題，則牽涉到知識分子本身的地位。這是列寧所關注的問題，而且葛蘭西（亦自認為是語言學家！）也和班雅明一樣，十分確信這個問題的迫切性。不過，我們也不該忽略暴力問題，因為它會以完全出乎意料的方式，出現在（本身猶如附帶現象的）文學批評的討論中。

二

文學評論（literature criticism; Literatur-kritik；Kritik 這個德文詞語，還意指「一般的批評」）破壞了文學作品本身，但由於班雅明支持這種暴力形式，因此，他對阿多諾後來一味地推崇「藝術作品的自主性」相當不以為然。班雅明認為，文學評論的特徵就是把某些段落、引用的文句、主題和思維，從文本的有機脈絡（organic context）「撕扯下來」，而傳統的文學評論則告誡我們，無論如何都要尊重文本的有機脈絡。「破壞」是他的文學評論的關鍵詞，畢竟他一再強調，解讀作品的過程正是一種破壞的過程。[7]

文學評論的「破壞」概念乃源自德國浪漫派詩人施雷格爾，以及班雅明早期對德國浪漫派文學批評的研究。班雅明的「破壞」式評論假設一種雙階段式的分析過程（他在文學評論裡的一些用語，會隨著寫作生涯的發展而有所變化）：第一階段是針對文本的、比較狹隘的語言學分析階段，至於第二階段則是比較廣義的哲學分析階段，也就是評價文本，對文本做出意識形態（Ideologie；班雅明幾乎從未使用「意識形態」一詞）的判斷。由此可見，時間和歷史會「破壞」作品本身與其創作之時代有關的虛飾，而留下作品的內在核心或「真正的內容」，也就是作品本身那種無法被理解的真正要素。後來，班雅明這個破壞性的評論過程，被他所屬的法蘭克福學派的後繼者簡化，並將它奉為文學評論的準繩。不過，我們在這裡所關注的，卻是這種過程的破壞性要素，它當然和現代建築所傳達的極簡要素有親緣的相

---

7 原註：在我讀過的相關評論中，只有 Michael W. Jennings 的論著《辯證意象》（*Dialectical Images*, Ithaca: Cornell University Press, 1987）曾給予班雅明文本中無所不在的「暴力」應有的關注。

似性：洛斯（Adolph Loos, 1870-1933）[8]曾依據「裝飾就是罪惡」，就是資產階級的墮落這些觀點來攻擊藝術的裝飾性；科比意則打破人們向來對牆壁和道路的觀念，而運用玻璃材質來展現空間的穿透性，並以他的鋼構建築來表達強烈的反紀念性風格（anti-monumentality）。因此，當班雅明以（我們看見時，可能會察覺到的）無裝飾之淨化的戰鬥式審美（militant aesthetic）衝入德國巴洛克哀劇蕪雜的冗詞贅言，以及浮誇的繁複性裡時，便開拓出某種深奧性！

若依我所見，暴力和破壞乃是來自班雅明對語言和文學的鑽研，那麼這些暴力和破壞也會普遍地影響他的作品和思想。從他早期寫下的筆記和短文當中，我們可以看到他在以下這兩份出色的文本裡，曾對此有更詳盡的論述：班雅明分別於一九一六年和一八年寫下〈論語言之究竟以及人類的語言〉（此文我們已在前面討論過）和〈對暴力的批判〉這兩篇文章，當時他顯然把它們當作自己準備撰寫的一部系統性探討政治理論（或政治神學）著作的一部分，儘管他一生從未完成該著作（二戰後，不少學者紛紛對班雅明的語言觀和暴力觀提出解釋，尤其是德希達和巴特勒〔Judith Butler, 1956-〕）。

---

8 譯註：出生於捷克的奧匈帝國建築師，曾以《裝飾與罪惡》（*Ornament und Verbrechen*）這部論著，大力反對強調裝飾性元素的維也納分離派（Wiener Secession），而且還對歐洲現代主義建築產生了重要的影響。

這兩篇似乎互不相干、且相對完整的文章，其特徵之所在——同時也是評論者極少考慮到的地方——正是它們本身均非教條式論說，而是對其他文本的評論，也就是各自對另一份更重要的文本的評述。這便意味著，我們必須把它們當作班雅明用來儲存意象與意象式語言的庫房，而非當作班雅明用來建立他所確認的術語的哲學文本。舉例來說，〈論語言之究竟以及人類的語言〉這篇評論《舊約．創世記》的文章，其實是他未完成之著作的一部分。此文認可人們以意象式用語，敘述人類始祖亞當和夏娃因犯下原罪而墮落一事，而〈對暴力的批判〉這篇評論性文章，也同樣認可人們以意象式用語來描述神祇式暴力（divine violence; göttliche Gewalt）和神話式暴力（mythic violence; mythische Gewalt）的對立。

我們應該把〈對暴力的批判〉視為班雅明對索黑爾的劃時代論著《論暴力》（*Réflexions sur la violence*）的評論。索黑爾在這部發表於一九〇四年的著作裡，探討十九世紀晚期的無政府主義（此時「恐怖分子」一詞也開始成為通用的詞彙）以及後來的布爾什維克主義（有別於孟什維克主義〔Menshevism〕，也有別於後來的社會民主主義）的主要倫理課題。索黑爾這部著作對後世最長遠的貢獻，就是他在其中提出的「大罷工」（general strike; la grève générale）概念，並進而將它打造成一個鼓舞工人階級採取革命行動的新神話。索黑爾試圖以「大罷工」區分工人階級的革命行動和列寧主義者誇耀勝利的革命行動，就像葛蘭西對「運動戰」（wars of movement）和「陣地戰」（wars of position）的區分一樣。在法國工團主義的脈絡下，索黑爾的論述乃著眼於勞工及其工會的境況，而未聚焦在共產黨已建立起來的根基上。此外，他主張把侷限於某一地區和產業、而且以提高工資作為主要訴求的罷工，和另一種全面性的罷工行動劃分開來，是迫切而必要的。「罷工」行動在這裡，便因為對抗整體的社會秩序並終止一切的生產活動，而改變並提升了本身的重要性。總之，它已經可以和「五月風暴」所掀起的六八學運，或我們這個網路時代的快閃行動（它也使我們重新燃起明確表達某種策略的興趣）相提並論。

「暴力」一詞在索黑爾時代（或至少從十九世紀末到一九一七年布爾什維克革命這段期間）也和所謂的「恐怖主義」（terrorism）有關，因此，了解這一點相當重要。當時人們對恐怖主義（更確切地說，「無政府主義者」所信奉的「恐怖主義」）的畏懼，已瀰漫整個歐洲，從各種政治暗殺行動、叛亂意圖到相關的文學創作——例如，康拉德的小說《祕密特工》（*Secret Agent*）——都和恐怖主義有關。盧卡奇在蘇聯布爾什維克革命爆發前夕，對杜斯妥也夫斯基小說所寫下的那段評論（即他的《小說理論》全書最重要、也是最後的一段，儘管他未在此段裡完成他對杜斯妥也夫斯基作品的評論），其實就是他個人對杜斯妥也夫斯基在《卡拉馬助夫兄弟們》第二卷沒有寫出的情節的沉思：如聖徒般的青年主角阿廖沙

（Alyosha）變成了「恐怖分子」，最後因為行刺沙皇而遭處決。不過，盧卡奇也曾詳述存在於布爾什維克主義裡的暴力。實際上，布爾什維克主義已成為暴力的同義詞，所以，顯然有別於社會主義者和孟什維克派的政治策略；至於列寧則以「武裝鬥爭」這個眾所周知的口號，而把他的布爾什維克主義跟社會主義、孟什維克主義劃分開來。（大家都知道，盧卡奇曾在匈牙利蘇維埃共和國〔Hungarian Soviet〕[9]政府擔任人民委員〔commissar〕。甚至在隨後爆發的內戰期間，他還以匈牙利紅軍負責思想管制的統制委員的身分，處決手下若干名背棄共產黨的逃兵。）

班雅明在〈對暴力的批判〉一文裡，因為堅決反對後來為甘地（Mohandas Gandhi, 1869-1948）所發揚之「非暴力抗爭」（nonviolent struggle; Geste der Gewaltlosigkeit; I, 233, 243; VI, 107）[10]的一切意識形態，而間接顯示出本身對暴力的既定觀點。但他也在其他著作裡，特別強調國家暴力和革命組織的暴力之間的差別。他的這一區分廣為人知，後來在一九六〇年代隨著人們認識到「力量」（force）和「暴力」（violence）的哲學性差異，而再

---

9 譯註：盧卡奇在蘇聯十月革命成功後，加入剛成立的匈牙利共產黨，並在國祚短暫的匈牙利蘇維埃共和國政府（一九一九年三月至八月）擔任領導教育暨文化部的人民委員（相當於部長）。

10 譯註：德文原意為「非暴力姿態」。

次獲得確認。同時人們也再度確認，暴力不僅存在於國家的基本作為、國家的結構和存在本身裡頭。正是這項確認導致晚近人們對國家的權力抱持成見，以及一種左派的傾向，也就是消除任何在結構上、必定具有壓迫性的國家組織之形式。不過，我在這裡並不想再挑起更屬於當代的左派論戰，但我必須中斷我對班雅明這篇文章的評論，才能表達以下的意見：人們的「暴力」概念本身就是一種具有意識形態的、鬆散的概念，它會造成政治的道德墮落，而在我看來，取代它最好的方式，就是對經濟議題的強調，而非對某種「傅柯式」權力（Foucauldian power）議題的強調。班雅明這篇文章使我更確信我的見解，因為他在其中提出一個相當獨特的主張：暴力只會顯示為一種在事實發生之後，才可被人們命名，從而可被理論化的議題。只有在「暴力的」行為發生後，我們才能確認該行為是被人們普遍稱為「暴力」的實例。班雅明在此文的標題裡宣告他對暴力的「批判」，其實是要警告我們，暴力本身就會展現其自動批判，並在某個時刻把本身揭示為一種意識形態，而「暴力」概念便在此時及時出現，它彷彿一直在那裡主導著人們的政治領域，就像柏拉圖不斷在警告世人那般。

不過，班雅明卻採用其他方式，暗自破壞這種帶有特定意識形態的暴力概念。這種暴力概念向來具有類似活動扳鉗的功能，因此，人們會利用它來阻斷各種政治行動和政治參與，換句話說，它始終具有反政治的（antipolitical）作用。班雅明批判這種暴力概念所採取的主要步驟，已顯示在〈對暴力的批判〉開頭那幾頁裡，至於他的分析架構已在哲學上，預先定向於目的範疇和手段範疇的徹底區分。他試著中止和排除任何對暴力之目的的考量，這是個激進的步驟，而且一開始可能無法發揮顯著的影響。為了在暴力本身的內在結構裡檢驗何謂「作為純粹手段的暴力」，班雅明便將人們對暴力的一切判斷中性化。因為如果不這麼做，人們從暴力的目的、結果與首要價值等切入，而對暴力所形成的種種判斷，仍舊無法跳脫正面的辯護和負面的譴責的二元框架。

班雅明把關於暴力的種種判斷中性化之後，兩種截然不同的暴力類型便立刻顯現出來，而人們也清楚地看到，它們其實是兩種不同的行動。人們現在會依據暴力和法律的關係來界定暴力的兩個類型：創造和維護法律的暴力，以及破壞法律的暴力。由此看來，「力量」和「暴力」的差異乃取決於更重要的政治形態和結構形態，畢竟法律已和國家的存在融為一體（而國家對人民的危害便呼應著列寧主義者「廢除國家」的主張）。

然而，班雅明在〈對暴力的批判〉裡的分析和說明，後來便因為他本身的另一個觀點，而立刻變得複雜難懂。這個觀點就是他對神話和命運、對神話式暴力和神祇式暴力的「神學式」關注。為了簡化他這場複雜的、晦澀難解的討論，我建議大家，基本上應該把神話式暴力解讀為創造法律（和維護法律）的暴力，並把神祇式暴力解讀為諸神對狂妄驕縱的人類

（譯按：例如，不義的掌權者）的懲罰，也就是狂妄驕縱者試圖逼近存在主義所謂的「人的極限」（human finitude）、或換言之，逼近人類生命的界限、逼近神祇所設下的人神之間的分界線，而遭受的天譴。班雅明所謂的「神祇式暴力」就是指神對人類自大傲慢的處罰，例如古希臘悲劇裡阿波羅神對尼俄柏〔Niobe〕的懲罰，以及聖經裡上帝對可拉〔Korah〕的懲罰（I, 248-50; II, 197-200）。在這裡，班雅明把神祇所介入的領域稱為「命運」，並把它和古希臘悲劇（對立於德國巴洛克哀劇）關聯起來。如果是這樣的話，我們便有可能徹底釐清此文的概念性問題，而將（已被尼采率先評斷為政治工具的）法律（以及相關的罪責）所造成的社會的、政治的（集體性）壓迫，和純粹個人的、關乎人類生存的命運，清楚地區分開來。一般說來，命運已注定成為更純粹的「自然」議題，也就是關於人類之界限與死亡的、關於人類生命與存在之事實的議題。班雅明用自己的語言（在他這一系列文章裡〔關於詐欺等違反法律的文章除外〕，語言是言語表達的現象，而非議題）在〈對暴力的批判〉所寫下的這段話，便可以說明這一點：

法律暴力的引發乃歸因於……純粹自然之生命的作為。法律暴力迫使無辜的、不幸的眾生必須贖罪，為自己的作為而贖罪，也為自己身為罪過者而贖罪。不過，使他付出代價的，卻不是他本身的罪過，而僅僅是法律，畢竟法律對眾生的掌控無法及於純粹之生命。神話式暴力是一種顧及本身的存在、而加諸於純粹之生命的、赤裸裸的暴力；至於神祇式暴力則是一種顧及眾生、而遍及一切生命的、純粹的暴力。前者要求眾生付出代價，而後者則接受了付出代價的眾生。（I, 250; II, 199-200）

這段話已清楚表明：如果神話式暴力就是國家和法律的暴力、社會秩序和社會體制的暴力，那麼，神祇式暴力就是在譴責把實質性與規範性的形式強加於歷史和時間之上的意圖。因此，只要革命的暴力致力於破壞早在人類遠古社會便已存在、並延續下來的保守落伍性，班雅明就會把革命的暴力和神祇式暴力關聯起來：他會把一群朝著鐘塔開火的革命者圖像，納入自己的終極命題當中。此外，他還把歌德的《選擇性親近》這本令人費解的小說，解讀為受壓制之事物的再度爆發，而其中婚姻誓言的崩壞對他而言，就是人類把自遠古時代以來便已存在的破壞性力量釋放出來。

盧卡奇說：「歷史就是不斷地打破形式。」這句話的意義，也讓班雅明的語言意象得以彰顯出其中的神學意象和政治意象。這些意象均源自於文學文本（即阿多諾所推崇的「藝術作品的自主性」）所實踐的暴力，而且其威力完全不遜於國家或法律的暴力。在這裡，暴力恰恰變成了「可認知過往的現在」可能會出現的情況，其中索黑爾的「大罷工」神話、上帝對暴君、對遠古社會便已存在的那股力量的懲罰，以及人類歷史上所有的革命，便匯聚成一種具有激勵性與多元性的「辯證意象」。

三

不論在科學技術上或總體上，我們今天對第一次世界大戰帶給所謂「美好年代」（belle époque）[11]的資產階級的破壞性衝擊，已經相當陌生。因此，我們也不懂得鑑賞經過一戰洗禮的前衛藝術流派所表現出來的暴力，例如分別濫觴於一九一五年和一九二四年的達達主義與超現實主義。同時，班雅明對於「超現實主義」這個詞彙的使用相當籠統，它可以是非常廣義上的實驗主義（experimentalism）（甚至包含我們現在所謂的「現代主義」），以致他可以聲稱《單行道》是超現實主義的產物；這個詞彙還可以涵蓋一小群曾被視為問題製造者的巴黎青年所發起的、具有歷史意義的超現實運動。在這裡，我們必須謹慎區分巴黎的超現

11 譯註：「美好年代」是指歐洲社會從十九世紀末到一戰爆發前夕的黃金時期。當時歐洲局勢相對承平，而且隨著資本主義和工業革命的發展，經濟、科學技術、文化和藝術等方面都出現前所未有的榮景。

實主義者、德國那些聚集在概念鬆散的表現主義旗幟下的夢想家，以及支持和平運動的理想主義者。

班雅明當然很關注文學運動和前衛藝術流派的形成、各地區所展開的相關討論，以及一些實驗性創作。但我認為，我們不該把他對這方面的關注，視為他對前衛藝術本身之現象的重視，而應該視為他對列寧所謂的「當前的情況」（the current situation）的重視，也就是國民生活某個特定的並時性橫切面（synchronic cross-section）所顯示的知識分子生活和生產狀態，而在他看來，這種「當前的情況」將會形成某一種文學史。我個人認為，例如班雅明屢屢對德國威瑪共和時期的藝文發展所表達的獨特觀點，大多可以總結在以下他的〈錯誤的評論〉（Falsche Kritik）一文裡的這段話：

> 表現主義只摹仿了革命的姿態，卻不具備革命的基礎。它在我們德國的沒落只是因為時代風氣的轉變，絕非因為它本身受到批評的緣故。這也是為什麼它所有的沉淪和墮落會設法以不同的形式，繼續留存在隨後出現的新客觀主義裡。這兩個藝術運動彼此團結一致的基礎就在於，它們都以資產階級的觀點，努力地忍受戰爭所帶來的經驗。表現主義以人道之名展開這方面的創作嘗試，而後來的新客觀主義則以客觀之名為之。（II: 405; VI: 175）

班雅明接下來補充說道，這兩個藝術運動都是知識分子的產物：表現主義已在本身那種帶有理想色彩的人文主義裡，暴露出它的階級偏見，至於新客觀主義則是左翼激進分子的創作風格。不過，這些知識分子的意識形態都無法保證什麼！班雅明又在同一段裡告訴我們，這兩個藝術運動所顯示的路徑，正是「一條可以讓人們隨時右轉或左轉的道路」。後來他還描繪一戰和德意志帝國瓦解的情況，而這兩個在辯證上彼此對立的藝術運動，卻在當時的時代環境下，顯示出相同的政治立場。換句話說，它們都得到相同的政治結果。

另一方面，超現實主義當時（藉由《超現實主義宣言》的發表）已化身為一種與軍事組織相連結的政治運動。如果從這方面來說，表現主義其實已算不上前衛藝術，或社會、政治運動的先驅。積極投入政治運動對前衛的超現實主義者來說，可能是嶄新的經驗，而且相當不同於此前的藝術運動或小型藝文團體所獲得的經驗。超現實主義運動出現這種發展已足以說明，班雅明在一九二九年發表的那篇以〈超現實主義〉為題的「報導」的第一頁，為何字裡行間洋溢著極度的興奮之情（這篇文章還有一個意義深遠的副標題：「歐洲知識界的最後一瞥」〔II, 207-18; II, 295-310〕）。

在〈超現實主義〉一文的前幾頁裡，出現了一個新的人物類型：「德國觀察者」（the

German observer; der deutsche Betrachter）。也許他就是我們已確認的「辯證唯物主義者」的前身。現在讓我們回顧，從前的「德國觀察者」因為德國文化發展落後，而以渴望的眼神注視著萊茵河另一邊的西歐——尤其是法國文化——已取得的豐碩成果。班雅明筆下的「德國觀察者」看到一座（譯按：位於法國的）巨大瀑布的湍急水流，挾著下衝的能量衝向原本太平無事的平原，也就是平靜的、仍瀰漫著資產階級庸俗習氣的德國日常生活。由此可知，「德國觀察者」當然不同於托馬斯．曼，畢竟這位大文豪不僅設法說服自己反對推崇西歐文化的兄長，而且還讓自己置身於兩次世界大戰的極度致命性、以及德國古典文學傳統的文化優越性當中。

班雅明對這股水流的源頭從未抱持任何幻想。他曾在此文裡寫道：「一九一九年，法國某個文人小圈子[12]的產物……可能只是仰賴戰後歐洲無聊的潮濕環境、仰賴法國頹廢墮落裡的最後一道涓涓細流，提供水源的一條小溪流。」不過，當時德國的評論者卻能在這股已於全歐洲取得重大文化成果的水流旁建造發電站。早在十九世紀初期，歌德便已主動展開德意志地區與國情相當不同的歐洲國家之間的交流，從而使他所謂的「世界文學」更具體地呈現

12 譯註：班雅明在這裡是指布賀東、阿拉貢和艾呂雅（Paul Éluard, 1895-1952）等巴黎的超現實主義者。

出各國參差不齊的發展。（從前班雅明專注於龐大的數量、群眾以及多樣性這些他所強調的主題時，早已察覺到，當今我們在全球化和世界市場一切新奇的複雜性裡，所必須面對的各國參差不齊的發展。）

正是一戰讓歐洲各國之間的連結斷裂開來。班雅明不需要告訴我們超現實主義的興起如何改變他的人生：一戰爆發前，有志於領導德國青年運動的他並沒有料到，自己會在戰後碰到超現實主義這門真正的前衛藝術（實際上，超現實主義幾乎就是後來所有的前衛藝術的原型，而《超現實主義宣言》的發表則使它臻於完善，並讓它成為名符其實的前衛藝術）。在他看來，這門特殊的前衛藝術恰恰是在歐洲「危急的時刻」（the moment of danger）及時被召喚出來的，畢竟一戰後的歐洲文化不是已沉淪在反動保守的、「回歸秩序的呼籲」（rappel à l'ordre）裡，就是已墜入人們輕浮的、沒完沒了的歡慶當中。這樣的歡慶根本無視於卡爾・克勞斯當時投入奧芬巴哈輕歌劇腳本的公開朗讀時[13]，所憑藉的那股改造社會的幹勁，以及惡毒諷刺的意圖。超現實主義的特色就在於，它同時發現了兩個當時仍被學院排拒在外的思想學說：馬克思主義（當時它已被修正主義和德國社會民主黨的正統派所改造）

13 譯註：卡爾・克勞斯很欣賞奧芬巴哈輕歌劇所呈現的那種自然的無政府狀態，因此自一九三〇年起，曾先後在柏林和維也納的廣播電台，朗讀奧芬巴哈的輕歌劇腳本。

和佛洛伊德主義（其驚世駭俗的研究主題，以及新穎的思潮，則以出人意料的方式，將中世紀貴族「宮廷愛情」〔l'amour Courtois〕祕密的情愛傳統，和公然描寫情色的法國貴族作家薩德侯爵〔Marquis de Sade, 1740-1814〕融合在一起），而超現實主義的策略就是讓本身繼續陷在「無政府主義者的反對運動以及革命所需要的訓練」之間那種更普遍的矛盾當中。然而，超現實主義真正的原創性，卻在於它本身試圖達成難以達成的事情，也就是讓本身脫離比方說像韓波那種饒富詩意的生活，繼而推翻詩的審美範疇。超現實主義者的這種做法相當符合班雅明「把危機轉移到語言的核心裡」（C 84; B 131）的提議，不過，班雅明後來還添加了他本身在威瑪共和時期所錯過的集體行動這個面向（並只短暫回顧了早年所參加的青年運動）。

然而，班雅明當時如果要傳達自己那股發現超現實主義的興奮之情，以及超現實主義無邊無際的、充滿能量的可能性，就需要克服人們對超現實主義的疑慮、拒絕，以及含蓄的沉默。在人們的這些反應裡，有些將具有歷史意義，有些則是因為人們還不熟悉這個前衛藝術運動當時的（而目前已經結束的）「大膽冒險的階段」。超現實主義在這個「大膽冒險的階段」裡，會影響和改變所有它曾觸及的事物。超現實主義對清醒和睡眠之間的那道門檻的發現，使它得以把語言變成一個超越語義供給的領域，而且也讓它超越了「它本身」：這麼一來，它就可以找到那條通往經驗的門徑。這種經驗必然跟宗教和神祕主義有關，但它同時也「受到唯物主義和人類學的啟發」，而這種啟發大概只能被視為、被稱為「世俗的啟示」。

在這裡，我的論述會聚焦在班雅明相當熱衷的興趣和理想上：也就是在精神恍惚（例如吸食毒品）和清醒之間，打造相反之事物的一體性。這種一體性的名稱，正好讓我們聯想到人們近來所發現的賀德林詩學的領域，以及其中著名的「天鵝」主題。我們可以看到，賀德林詩作裡的天鵝，截然不同於波特萊爾和馬拉美筆下迷途的、或受困於冰雪的天鵝：

……在親吻中沉醉
你們把頭探入
神聖清醒（sacred sobriety; heilignüchtern）的水中。[14]

超現實主義者也和班雅明一樣，熟諳相反之事物的一體化，而且還在他們的「探索」裡，也就是在他們的日常生活裡，追求這種一體化。因此，我們不該把超現實主義運動當作

---

14 原註：請參照賀德林的詩作〈浮生之半〉：Friedrich Hölderlin, "Hälfte des Lebens," *Gesammelte Werke*, Düsseldorf: Bertelsmann, 1956, 231.

唯靈論（spiritualism）和玄奧之祕術的裝飾物，以及理性主義者眼裡的危險信號，也不該認為它似乎已陷入布賀東傑出小說《娜嘉》（*Nadja*）[15]的精神分裂之異想當中，而且還無法擺脫資產階級對通姦和性成癮更庸俗的誤解。畢竟祕密式「宮廷愛情」那種近乎神學之昇華，已使一切的情色和肉慾，在超現實主義作品裡發生了轉化。奧爾巴赫和後來的拉岡都曾闡述這種和性有關的轉化，而拉岡思想基本上就是盛行於一九三〇年代的超現實主義文化遲來的產物。（班雅明曾說：「落入祕密式愛情的女性最無足輕重〔das Unwesentlichste〕。」[16]）

在這方面，我們發現了班雅明一個重要的祕密，它和陳舊過時的事物有關。他把自己所保有的這個祕密，歸結於布賀東和他在巴黎跳蚤市場裡的閒逛，歸結於阿拉貢對巴黎殘留的那幾條破舊的、問題叢生的採光廊街的探索，以及晚近的「第一批鋼構建築、廠房、最早期的攝影照片、已逐漸消失的物件、平台式鋼琴、五年前的舊衣、漸退流行的時尚餐館。」那麼，我們何不再補上默片、骨董敞篷車、流行老歌、黑白照片、一九三〇年代的髮型、甚至人物類型等等？班雅明在〈超現實主義：歐洲知識界的最後一瞥〉一文裡還談到：「布賀東

15 譯註：布賀東的《娜嘉》是一部對後來的文學創作具有深遠影響的超現實主義作品。它在體裁上是自傳和偵探愛情小說的混合體，內容則是作者布賀東在巴黎街頭和奇女子娜嘉邂逅及交往的文字紀錄。

16 譯註：出自班雅明的〈超現實主義：歐洲知識界的最後一瞥〉一文（II, 295-310），以下的引文也出自此文。

和娜嘉是一對戀人……他們引爆了這些事物所蘊藏的那股強大的『氛圍式』力量。」至於班雅明整部《採光廊街研究計畫》的寫作，就是要把法蘭西第二帝國時期已過時的風格，轉化成「革命經驗，如果沒有轉化成革命行動的話。」

班雅明如何達成這種轉化？或至少班雅明如何認為，自己可以在這個寫作階段裡（當時他已把自己寫下的第一批大量而零碎的筆記材料拼湊起來）完成這種轉化？布朗基這位革命人物，就像奮不顧身卻安靜從容的幽靈那般，糾纏著這個寫作時期的班雅明，正如他當時也糾纏著威瑪共和時期的德國社會，而後又重現於籠罩著德國納粹一九四〇年軍事勝利的永恆輪迴裡。不過，班雅明認為，這位法國革命家還不足以把關涉革命的資料變成炸藥，畢竟「以政治觀點取代人們對於過往的歷史觀點」，才能完成這種轉變。這裡的「歷史」既是指歷史前後連續的通史，也是指「宏大敘事」、同質性時間、資產階級的進展過程、以及過往朝向無可避免之未來的必然發展趨勢，這些李歐塔（Jean-François Lyotard, 1924-1998）的論題所代表的連貫性歷史。至於「政治」則代表另一種歷史，也就是大規模暴動和暴動的失敗經驗這一類非連貫性的歷史，此外，人民有權發動武裝起義、推翻君主，並使「萬物復歸於上帝」（apocatastasis），也屬於這種非連貫性的歷史範疇。

但另一方面，班雅明卻可以透過十分不同的方式，而在空間裡——尤其在城市的空間裡、在原型城市（archetypal city，即巴黎）的空間裡——找到那些陳舊過時的事物。他曾談到阿特傑不朽的攝影作品所呈現的、空無一人的巴黎街頭，宛如「犯案現場」：「在那些十字路口上，往來的人流和車流發出如鬼魅般的信號，所發生的事情往往具有難以置信的類似性和交錯性。」此時甚至室內的空間，也是巴黎的公共空間。他還告訴我們：「有些地方，人們（布賀東和娜嘉？參與超現實主義運動的前衛藝術家？巴黎的大眾？）之間的種種就像旋轉門那般地轉動著。」旋轉門是班雅明另一個隱祕的空間性隱喻，而且脫離了人們對空間本身的外觀性敘述（就像他在《單行道》裡提到的道路空間：軍隊在蜿蜒道路的支配下，改變了行進的方向）：誰會消失在這道旋轉門裡？而誰又會出人意外地從這道旋轉門中走出來（就像終極命題裡的彌賽亞）？旋轉門的所在之處，「正是超現實主義抒情詩所表達的空間。」

因此，超現實主義藝術便成為一種奇怪的紀錄，而其中的唯靈論與玄奧性最初留給人們的、具有誤導性的印象，其實含有「（不論是關於內在於事物、或外在於事物的）概念本身乃真實而個別的存在這一信念」，這些概念「總是非常迅速地從邏輯性的概念領域，跨入魔力性的詞語領域」。在這裡，我們一定會想到班雅明從萌芽之初、到後來在著名的〈含有知識論批判性的序文〉（即《德國哀劇的起源》的導論）臻於頂點的語言神祕主義（linguistic mysticism）。關於班雅明的語言神祕主義，我們必須再提到阿波里奈爾（Guillaume Apollinaire, 1880-1918）[17]認為一種更新穎的藝術所具備的特徵：這種藝術創造了「嶄新的實在性，而其所呈現的視覺造形圖像，就和集體所傳達的視覺造形圖像同樣地複雜。」班雅明的「狂熱」（enthusiasm；請依照字面意義來閱讀這個詞語）匯聚了他所有的熱情，並且他還發現，自己的熱情全集中在超現實主義者的藝術計畫上。與此同時，科學技術的發明也超乎人們的預期，因此，「機器那種令人費解的神奇性」便促使班雅明「把這些令人衝動的科技幻想，和薛爾巴特科幻小說所刻劃的烏托邦」進行比較——也就是未來主義vs.玻璃建築[18]，或興奮陶醉vs.科比意的節制冷靜。

至於班雅明有所保留的態度，若未含有自我批判的種種特徵，便含有內在對話的一切特徵。畢竟如前所述，同一位班雅明曾主張：「要擁抱布賀東和科比意……」（A 459, N 1a, 5; V, 573）不過，他們兩人之間的差異所形成的緊張狀態，卻導致「非A即B」的政治評估：小規模的反抗或大規模的革命？超現實主義者的政治策略，就如同班雅明本身的政治策略，顯然源自恐懼震驚，以及對資產階級的憎惡。因此，我們可以看到，這些政治策略從本

17 譯註：法國詩人、劇作家暨藝文評論家，亦被視為超現實主義先驅。

18 譯註：未來主義偏好機械文明的速度、力量和技術元素；玻璃建築則和薛爾巴特所建構的烏托邦有關。

身在那個「引人非議的界域（boundaries）」萌芽以來的發展軌跡。該界域就是暴動的界域，也就是布朗基和波特萊爾的界域。

班雅明後來更有理由再度譴責「左派的憂鬱」和社會民主黨人（「所謂善意的左派資產階級知識分子」），並再度揭穿這些左派人士的政治策略根本是道德主義（moralism; Moralismus），進而確認他們正是超現實主義者應該批判的對象，儘管後者的做法飽受非議。在超現實主義的魔鬼崇拜的「浪漫的假象」（romantic dummy; romantische Attrappe）裡，我們依然可以找到某種「可用的」（usable; brauchbar；布萊希特強而有力的用語）東西，畢竟超現實主義者「對邪惡的推崇，可以作為一種政治手段」。如果我們因為今天的西方已可出版、並可普遍讀到洛特雷阿蒙（Comte de Lautréamont, 1846-1870）[19]和薩德侯爵的著作，而認為我們西方人大多不會理會某些人對這些驚世駭俗之作的道德性譴責，那麼，我們就會忽視崇尚道德的清教主義（puritanism）已化身為政治力量而存在於美國的事實——不論是左派或右派。實際上，班雅明直言無隱地讚揚杜斯妥也夫斯基名著《斯塔夫羅

---

19 譯註：英年早逝的法國詩人，出生於烏拉圭，十三歲被送回法國讀書。他所留下的兩部作品對宗教信仰和倫理道德深具顛覆性和破壞性，使超現實主義者深受啟發，因而將他奉為超現實主義的鼻祖。

金的自白》（*Stavrogin's Confession*）[20]的那段關於兒童性侵害的插曲，彷彿是要激怒大家。至於超現實主義者則對「墮落、背德」念茲在茲（以及對小資產階級和社會主義者深信人性本「善」之「樂觀主義」的指責），而且還出人意料地肯定了杜斯妥也夫斯基這位信仰東正教的俄國作家，因為，杜斯妥也夫斯基所確信的（具有政治鼓舞性的）悲觀已表明，「所有這一切的罪惡都含有原始的生命活力」。如果我們認為，人類「行善的誘惑」其實也是人性的一種惡習——誠如布萊希特劇作《高加索灰闌記》（*Der kaukasische Kreidekreis*）所隱含的寓意——我們就更能了解悲觀主義。這正是納維爾（Pierre Naville, 1903-1993）[21]附和索黑爾的悲觀主義所提出的「悲觀主義的鋪排」（organization of pessimism; l'organisation du pessimisme），會成為人類的「當務之急」的原因。班雅明曾指出：人們「懷疑文學的命運，懷疑自由的命運，懷疑歐洲人的命運，尤其懷疑階級之間、民族之間和

---

20 譯註：這裡似乎將這部作品的標題誤寫為Testament of Stavrogin，譯者已訂正。《斯塔夫羅金的自白》原是杜斯妥也夫斯基的小說《群魔》（*Demons*）中的一章，由於出版社的主編要求他重寫該章而未採用，因此，該章直到杜斯妥也夫斯基過世後，才收錄在《群魔》的附錄裡，或以專著出版。

21 譯註：法國共產黨員、超現實主義作家和社會學家。

個人之間可以完全互相理解，卻獨獨完全信任德國法本化工製藥集團（I. G. Farben）[22]以及納粹空軍促進和平的行動。」

身為知識分子的超現實主義藝術家，對於本身信念的大肆宣告，的確已在本身對創作使命的困惑裡達到顛峰。他們自問：難道我們不該放棄藝術本身？難道我們的創作不就意味著超現實主義對於美學的反抗？班雅明也曾問道：「難道『藝術家生涯』的中斷，不就是（原按：超現實主義藝術家）嶄新的功能不可缺少的部分？」）這些無政府主義者對小規模反抗和大規模革命的混淆，便轉化為興奮陶醉和節制冷靜之間的那股張力。班雅明在〈超現實主義〉一文的最後，再次確認了人類的身體（body; Leib），同時提到以下的條件：「形上學的唯物主義」（mataphysischer Materialismus；即唯物主義的反叛）必須屈從於「體質人類學的唯物主義」（anthropologischer Materialismus）。雖然班雅明還未說明「體質人類學的唯物主義」這個用語和綱領，而且對班雅明來說，它也不是決定性的解決之道，或最正確的說法。不過，這裡的要點是，班雅明對身體的確認還導向另一個更普遍的確認：「只有當身體空間（body space; Leibraum）和圖像空間（image space; Bildraum）在科學技術裡深深地

22 譯註：德國法本化工製藥集團當時與納粹政權合作。

相互穿透，以致於一切革命的張力變成了集體的身體神經支配（Innervation），而一切集體的身體神經支配又轉變成革命的爆發時，現實才會遠遠地超越本身，一如《共產黨宣言》的要求。」那麼，《超現實主義宣言》是否也要求，現實應該遠遠地超越本身？若是如此，「世俗的啟示」即使未轉變為後靈光（post-auratic）性質，也會轉變為科幻性質。關於這一切，班雅明將進一步在〈機械複製時代的藝術作品〉的三個版本裡詳細討論。

班雅明在〈超現實主義〉一文的開頭記述法國文化的發展，而後他的筆鋒便逐漸轉向他的審美政治學的宣言（aesthetico-political manifesto）。最後他希望，不僅僅以他對嶄新的審美政治學（aesthetic politics）含混的呼籲來結束此文，因此便以個人獨特的方式，藉由最後一句話（此句本身就是一起事件）提出他的挑戰：「他們（原按：超現實主義者）一個接一個地把自己的臉部表情，換成秒針可在一分鐘移動六十格的鬧鐘鐘面。」

此時，班雅明或許還記得這則趣聞軼事（而且日後它將再度出現在他的終極命題裡）：一群革命者為了中止並重新啟動時間，而朝著鐘塔開火。無論如何，新的時鐘將同時發揮兩項功用：它將持續不斷地召喚人們進行戰鬥，而且還會把日常生活變成當下已被填滿的、每分鐘確實長達六十秒的時間。因此，在政治的實踐裡，人們的存在性將不再受到忽視：人們的身體若未變成機器，就會變成一種機制，而且會超越空洞的時間。這一點正是超現實主義者普遍的要求，就像布賀東在《超現實主義宣言》的頭幾頁所鄭重宣告的。

四

然而，我們卻需要更密切、更批判性地關注班雅明和超現實主義者密切交流所出現的一個特點：班雅明在接觸超現實主義者後，這場重要的相遇使他的論述充斥著夢與幻象（phantasmagoria）的語言，因此（在我看來）損害了《採光廊街研究計畫》的許多部分，或至少其中的某一概念（例如「從十九世紀甦醒過來」這個概念）。如果班雅明十分籠統地使用「超現實主義」一詞，該詞指涉的意義往往就是我們所謂的「現代」或「現代主義」（而我們對這兩個詞語的使用也同樣很籠統），正因為如此，他才會認為他的《單行道》是一份「超現實主義」的文本。但如果他十分狹義地使用「超現實主義」這個詞語，該詞便意味著，他積極地贊同超現實主義運動對夢的狂熱。

班雅明和阿多諾都認為：藉由書寫，也就是付出大量創造性能量去捕捉自己的夢境，是一件值得做的事。我個人覺得，在當今這個消費社會、晚期資本主義社會裡，民眾已遠遠不像前人那般關注夢的效應。現代人的夢已失去像威爾森（Robert Wilson, 1941-）執導的歌劇

《海灘上的愛因斯坦》（*Einstein on the Beach*）裡的那種夢境景象，也失去像魔幻寫實主義那種風格符碼化（stylistic codifications）所表現出的、感官知覺的強度。我們似乎還清楚地看到，甚至一般的後現代電影的觀點都顯示出，一連串夢境畫面（就像布紐爾〔Luis Buñuel, 1900-1983〕電影裡一連串指涉夢境的、令人震驚的畫面）所形成的「現代主義」效應，就像倒敘手法一樣落伍過時。現在就連精神分析學派也已放棄其開山鼻祖佛洛伊德的「夢是願望的實現」的說法，改而主張夢是慾望形而上的昇華，而非具體願望的現象學綜合體（phenomenological complexities）。那麼，這是否意味著——就像布希亞（Jean Baudrillard, 1929-2007）有時主張的——人類的無意識（作為一種已超越、已無關於商品世界的領域）在我們這個時代，就像自然界許多物種一樣，已經滅絕而不復存在？

無論如何，班雅明（在《採光廊街研究計畫》的某些片段裡）對「幻象」語言的偏好，很可能起因於人們更普遍地爭論「非理性」概念所引發的一些概念性問題：但對他來說，理性所形成的偽概念（pseudo-concept）只能以缺乏內容的名稱來指稱理性所無法了解的東西。在一個像十八世紀啟蒙運動這樣的時代，理性已被十分狹義地解釋成「和當時整個受制於宗教[23]和迷信之環境的對抗」，因此，人們對非理性的譴責便保有某種力量。當時這種譴

23 譯註：即基督教。

責非理性的表現，表面上仍具有客觀性，畢竟精神醫學當時尚未發展出恰當的專有名詞來論述和鑑定所謂的「非理性」。由於整個非理性世界仍存在於那裡，人們便需要進一步強化自己的理性來對抗那個非理性世界。然而，世俗化也意味著人們逐漸開發原本基督教所盤踞的非理性世界，逐漸探索、發現並掌握其中的「隱晦幽暗之處」。因此，神聖世界便日漸消失在從事分析的專家和人類學家所普遍取得的知識裡，至於世俗世界則把本身的能量，投入廣告宣傳和法西斯主義當中。「魔力」（magic; Magie；或譯為「魅力」）這個詞彙其實可以藉由其形容詞「有魔力的」（magical; magisch；或譯為「有魅力的」）而獲得更恰當的解釋，現代社會學之父韋伯則透過他對「卡里斯瑪」（Charisma）[24]的重新定義來解釋「魔力」。其實在晚期資本主義的消費社會裡，或——如果你喜歡這麼說——資料的完整儲存和分類的大數據社會裡，仍存留下來的、所謂「非理性」的東西，已經微乎其微。換句話說，非理性已從哈伯瑪斯所謂的「溝通理性」（communicative reason; kommunikative Rationalität）的力場中遁逃開來。如此一來，夢便化作特殊的效應，而魔力也融入了新穎的媒體科技；至於精神錯亂和心理疾病，我們只需要查閱新編訂的百科全書、《精神疾病診斷與統計手冊》

24 譯註：在基督教裡，「卡里斯瑪」是指蒙受上帝恩賜的聖徒可醫治疾病、展現神蹟等的超凡能力；韋伯則把它重新定義為「對群眾具有感染力和影響力的個人魅力」，而擁有這種特質的領導人物就是「魅力型領袖」。

（*DSM*）或精神醫學辭典，便可以了解它們。

然而，在這個理性化的趨勢下，人們若要分析資本主義的上層建築，就必須面對一個特殊的問題。比方說，馬克思在《資本論》裡為「商品」（commodity; Ware）下定義時（我想，就是他在一八七二年重寫《資本論》前幾章的時候），便已發現自己不得不借助宗教的語言：

> 商品……是一種奇怪的東西，而且充滿形上學的玄奧和神學的微妙……商品的神祕性質並非……來自其本身的使用價值……這（譯按：即商品）只是人們特定的社會關係，但它在人們面前，卻採取了物與物之關係的虛幻形式。因此，為了尋找商品的類比，我們就得逃到虛幻的宗教世界裡。在那裡，人腦的產物會表現為一種具有生命且獨立自主的存在物，一種彼此互有關係、也和人類有關係的存在物。[25]

馬克思把商品所形成的關係稱為「拜物教」（fetishism; fétichisme; Fetischismus），這

---

25 原註：請參照 *Capital*, Vol. I, 163.

個名稱是十八世紀法國貴族哲學家、曾擔任市議會議長的布侯斯（Charles de Brosses, 1709-1777）所提出的。從某種觀點來看，商品崇拜的問題，正是「上層和下層建築（即生產）的關係」這個更普遍的問題明確的實例化。因此，班雅明過於輕率地宣稱：社會的「上層建築是下層建築的表現」（A, K2, 5, 392; V, 495）幾乎沒有解決這個問題。無論如何，馬克思已藉由上面那段著名的話，開創了一個特殊的傳統。在這個傳統裡，資本主義社會的日常生活在最佳情況下，會顯示出本身意識形態的特性，而在最糟的情況下，則顯示出本身受到（譯按：商品魔力）魅惑（enchantment; Verzauberung）的特性。只要商品和上層建築的性質普遍對左派來說，只是次要的事物（這一方面是因為，現代化及其對上層建築的掌控仍不完整，另一方面則因為左派政治圈可持續從工人階級的動員裡，或換句話說，從「下層建築」的處境裡，獲得支持的力量），商品崇拜的問題在左派的眼裡，就沒有特別的迫切性，而馬克思以神學觀點對這個問題的特徵所寫下的論述，也依然具有效力。

不過，當共產主義的世界革命在一九二〇、三〇年代開始走下坡時，生活世界（lifeworld）的資本主義生產便逐漸在世界各地普及開來。因此，尤其在所謂的「西方馬克思主義」（Western Marxism）裡，將上層建築理論化的問題便重新獲得了充分的重要性，而商品化也隨著盧卡奇的劃時代著作《歷史與階級意識》的出版而（在違反他的政治意向下）變成政治問題。其實在二戰過後，商品化——作為政治策略和政治動員的關鍵性問題——已成為人們關注的焦點，甚至早在去殖民化和冷戰展開以前，人們便已認識到美國化（Americanization）所造成的危險。列寧曾談到政治人物對工人階級的討好，並以此解釋為何希特勒的納粹黨在一九三二年獲得工人階級的支持，而贏得德國國會大選。然而，這個說法似乎無法「恰當地」（即使可以確實地）回答「為什麼美國沒有社會主義？」這個老掉牙的問題（或許「種族」是比較貼切的答案）。

馬克思描述的「商品拜物教」的那些特徵，在現代經歷了重要的變化：二戰後，我們可能會主張，西方或「先進」國家已達到徹底的商品化，所以，可以把這種商品化現象改稱為「消費主義」（consumerism；與此同時，殖民主義逐漸式微消失，而改以另一種形式繼續存在；至於資本主義的現代化則逐漸擴及全球，這便近似於馬克思所謂的「世界市場」〔world market; Weltmarkt〕，也就是今天我們口中的「全球化」。）在這種情況下，所謂的「日常生活」的事物連同相關的空間，便被當作新的研究主題，而且還基於本身的研究價值而被理論化。（對「日常生活」的探討，是法國馬克思主義思想家暨都市理論家列斐伏爾〔Henri Lefebvre, 1901-1991〕率先展開的。）於是「日常生活」的特點，便顯示本身為第二種領域，或平行存在的領域，而就這個意義來說，工人本身已是一種分裂的存在（亨利·

福特〔Henry Ford, 1863-1947〕早已了解這一點）：因為，工人既是工廠裡的薪資賺取者，也是商品市場裡的消費者。日常生活就是工人作為消費者（即工人的第二種身分）的影子世界，同時也是社會學家和作家、甚至連作為他們的研究對象的人們，最能看見和掌握的面向。（相較之下，勞動就像性愛一樣，是無法說明的，誠如法國導演高達在某個令人難忘的時刻所宣稱的。）

因此，人們想要找到一種獨立自主的語言，並試圖將目前似乎充斥商品魔力、或被商品魔力魅惑的日常生活領域意象化。班雅明早已意識到這個問題，因此，曾在〈作為宗教的資本主義〉（Kapitalismus als Religion）這篇早期（一九二一年）寫下的文章裡處理它（I, 288-91; VI, 100-3）。班雅明在論述本身對資本主義的見解時，並未得益於盧卡奇對商品形式的理論化，而是著眼於已被商品完全滲透、完全充滿的時間，以及「自然界不會出現跳躍式發展」〔natura non fecit saltam〕[26]這句話所代表的漸進式變遷。他認為，資本主義的無所不在，甚至已不容許工作和「休閒」之間的區分，而且現世的時間性也已徹底屈服於（被班雅明獨獨視為罪惡的）資本主義的宗教儀式。他後來在一個不常重複提起的說法裡，曾談到自

26 譯註：即德國理性主義思想家萊布尼茲的自然哲學主要的原理原則。

己的觀察：人們認為危機就是事件（event），然而「災難卻像這樣持續下去」。（IV, 184; I, 683）[27]班雅明早期的這個發現，似乎和後來的發現有關：資本主義與罪惡所證實的完全滲透，存在著時間的面向。但在這裡至關重要的不只是時間。「罪惡」當然不只是主觀經驗或心理經驗，更是人類往遠古時代的倒退，以及等待被命名的萬物遭受的魅惑。

名稱也許會成為幻象，而且這個新的附加物還把我們導向雙重的世界，畢竟含有物自體（Ding an sich）的一切頑強性的真實世界，仍繼續存在於虛假的表象世界的背後。或者，我們轉到這個說法的另一個關鍵：夢本身已預設另一個人們可以醒來的世界。不過，以上這些說法對資本主義或法蘭西第二帝國的巴黎來說，都不是很恰當。那麼，商品的使用價值是否還持續存在於資本主義（作為我們再度清醒時所面對的現實）之下或其背後呢？還有，法蘭西第二帝國——當然不是後來的法蘭西第三共和國——已清醒過來的人民所面對的真實生活，又是什麼呢？班雅明的說法在意象的、現象學的、或甚至存在的表述之間猶疑不定，這恐怕會損害他的歷史發現，並使其流失歷史的真實性。

此外，在資本主義比較晚期的發展階段裡，追蹤班雅明這些表述的演變，其實是值得

27 譯註：出自班雅明的〈中央公園〉一文。

的。舉例來說，這讓我想到紀・德波的《景觀社會》這部曾造成重大影響的著作[28]，以及他在該書中所強調的、和現實保持沉思性距離的視覺性（visuality）。該視覺性對事物之特徵的察知，跟那種遠遠更普遍的、對於過度強調知識論的批判之間，有一部分是重疊的。這類批判的發展（柏格森思想、實用主義、現象學、存在主義和辯證法等）乃起因於當代哲學對新康德主義的反抗，它們的批判都著重於康德哲學傳統的狹隘性，以及該傳統對於知識本身的哲學性限制、對於涉及現實的其他知識模式的排斥。至於紀・德波在《景觀社會》裡的表述，已為無實質性的、沉思性的知識保留存在的空間。他簡便地把這些無實質性的、沉思性的知識限定在觀看和觀看者的層面，不過，仍包括相關的創造，仍為執行的代理者闢建處所，至少在重建偽現實（pseudo-reality）的鋪排上。偽現實的重建似乎是紀・德波這種表述的偏執面向，而其意象性必定假設，在某種景觀（其看得見的、觀察得到的本質已被建構起來——即便不是被歷史、也至少已被某個統治階級建構起來）以外，還有一個處所存在著。紀・德波當然相信，美國和蘇聯已在這種幾乎普遍存在的幻象當中，相互趨近；雖然，他對「修正主義」所展開的（無政府主義式、而非毛主義式的〔Maoist〕）譴責，好像侷限了

28　譯註：紀・德波在一九六七年發表《景觀社會》一書，並在內容中揭露資本主義的弊端。這部批判性論著不僅是紀・德波所領導的法國左翼組織「情境主義國際」的思想綱領，還催發了一九六八年的巴黎學運。

譴責本身對於特殊事件（即他所謂的「景觀」）的重要性，不過，他對於視覺性的堅持，卻以饒富創造性的方式開展出「商品化」的主題（他曾在一段值得關注的論述裡提到自己的觀察：圖像是商品化的終極形式）。

布希亞的「摹仿」（simulation）概念包含了他對資本主義魅惑理論的看法，而且看來至少在理論上優於紀·德波的「景觀社會」概念。布希亞所謂的「摹仿」首先是、也主要是一種未特別強調事件、但確實包含各種景觀的一般性過程；「摹仿」毋需代理者的存在、或直接為本身之效應負責的代理者，但它卻可以產生扭曲真實的圖像，而且這種圖像的內在性質和包羅萬象還遠遠超越了（在緊要關頭，人們可以砰地關上身後的門而就此拋離的）景觀圖像。因此，我們可以把布希亞的「摹仿」想像成一種心理過程或某種先天性疾病，一種危害人類的魅惑，因為，這種魅惑已經使一切（包括我們自己，還有我們本身的個人認同或集體認同——當然，前提是這些認同確實存在過）失去了真實性。從這方面來看，布希亞的表述所具有的政治性遠不及紀·德波的表述，並且已趨近於形上學的論述性質。

布希亞的「摹仿」似乎在所謂的「駭客任務症候群」（Matrix syndrome）或「楚門世界症候群」（Truman Show syndrome）裡，找到了本身的終極形式。在這類症候群裡，真實從一開始就是已預先安排好的虛擬實境。因此，戲劇導演或參與實境模擬的工作人員，顯然已是戲劇的一部分，而其中的事物必然更普遍地帶有偏執的圖像。如果保留「幻象」概念是絕對必要的，或許我們能以更有創見的方式，將布希亞的「摹仿過程」重新詮釋為班雅明的「審美化」。

實際上，班雅明的「審美化」會把我們導向他思想中比「幻象」輕易顯示的特徵，更令人滿意的、且能代替文化診斷的東西：也就是退步跟「進步」之創造性的對立。畢竟退步已把我們帶往班雅明所謂的「唯美主義」，並且確實更恰當地說明了某種濫觴於他那個時代的現代文化、而在我們這個時代的現代文化達到巔峰的東西。消費主義，以及商品形式擊敗知識論與倫理學（更別提政治本身）所獲得的勝利，當然更犀利地彰顯出現代已被影像所滲透、已被美好表象（aesthetic appearance; schöner Schein）[29]所魅惑、且充斥著商品消費的社會生活！班雅明認為，人類社會的退步和法西斯主義有關，而這樣的看法，或許受限於當時納粹所展現的銳不可當的「景觀」，例如，紐倫堡納粹黨代表大會軍容壯盛的場面，或日耳曼神話的宣傳計劃。不過，如今我們已更有能力觀察到，景觀社會的唯美主義，是如何藉由對傳統審美經驗的連續性破壞，藉由類似傳統法西斯主義的派系意識，而改變了我們對資訊

29 譯註：作者在本書第三章第三節將 schöner Schein 英譯為 beautiful appearance。

本身的消費。

五

不過，我們也必須使自己避開以新事物的拜物化（fetishization）來理解班雅明「進步」概念的誘惑，畢竟這種新事物的拜物化，顯示著（現在已顯得因襲守舊的現代主義風格或時期所普遍定義的）現代主義的特徵。因為，對班雅明來說，新事物的一切形式不一定是進步的，舉例來說，審美化的新思潮也存在著法西斯主義的形式，況且他本身的歷史書寫也偏好描述不新穎的、稍微陳舊過時的東西。他曾談到他的觀察[30]：布賀東「是第一位在『陳舊過時的事物』裡發現革命能量的人……在這一類先知和預言者之前，沒有人察覺到困頓貧乏……會突然轉變成革命的虛無主義。」（II, 210; II, 299）當我們在思考巴黎較不尋常的歷史性時——鑒於它本身的中世紀城市面向，仍延續到法國第五共和時期[31]——便可輕易地把《採光廊街研究計畫》裡的材料，跟巴黎本身逐漸過時落伍之存在所代表的意義連貫起來。

---

30 譯註：請參照班雅明〈超現實主義〉一文。

31 譯註：從一九五八年戴高樂宣告建立法蘭西第五共和國到現在。

由此可之，連一九二〇年代超現實主義者的巴黎，都還把它的十九世紀帶入正在現代化、而仍未完成現代化的二十世紀世界裡。班雅明著名的「可認知過往的現在」便成為怪異地斷斷續續出現的立體視象，而且也跟理論和方法有關。如果有人問，班雅明曾在哪些著作裡對馬克思主義提出徹底的批判（請回想一下他在訪問蘇聯期間，曾巧妙地抱怨接待他的蘇聯文化界人士，不贊同他們當時積極引進和西方盛行的資產階級文化理論有關的、令人厭惡且具有學術性質的一切），為了回答這個問題，我們會發現自己不得不回到他的〈論愛德華．福克斯：收藏家暨歷史學家〉一文裡。當時他受到資助他的法蘭克福學派委託，而寫下這篇文章，但他卻覺得撰寫此文不僅讓他感到十分吃力，也讓他陷入了德國社會民主黨的思想，以及似乎屬於前現代的十九世紀馬克思主義正統學說當中。

因此，重視班雅明的〈論愛德華．福克斯：收藏家暨歷史學家〉這篇文章，是一件更值得大家注意的事。他在此文一開頭便寫道：「愛德華．福克斯畢生的研究屬於最晚近的時代。」（III, 260; II, 465）班雅明對左派思想家「前輩」的論述十分公允，而他本身對恩格斯廣為人知的、介入思想史之行動[32]的尊重，確實與當代那些「辯證歷史唯物主義者」

32 原註：尤其是恩格斯在晚期著作裡，對缺乏歷史感的「思想史」的撻伐。

（dialectical materialists，例如阿圖塞）是格格不入的。這些人曾指責恩格斯的人文主義，以及他依據馬克思的創見，對整個黑格爾哲學所提出的解釋（也就是我們現在所知道的「辯證唯物主義」）。不過，班雅明思想的捍衛者如漢娜．鄂蘭，在編纂《啟迪：班雅明文選》這部開創性文集時，卻沒有把〈論愛德華．福克斯：收藏家暨歷史學家〉這篇重要的文章收錄其中。鄂蘭提醒我們，班雅明其實是在提供他寶貴收入來源的法蘭克福學派囑咐下，才為其刊物《社會研究期刊》撰寫此文的。因此，他在其中探索馬克斯主義的傳統時，需要相當的靈巧度，才不會讓自己對文化領域的論述格外具有實驗性和大膽性，而和法蘭克福學派的思想扞格不入。相較於班雅明，豪澤爾（Arnold Hauser, 1892-1978）[33]和拉菲爾（Max Raphael, 1889-1952）[34]則被人們視為論述文化領域的先鋒。（阿多諾的影響相當晚近，遲至一九六〇年代，他的論述才開始發揮作用；至於布萊希特的理論，在盧卡奇看似正統的馬克斯藝文理論的對照之下，則猶如異端一般。）班雅明對福克斯的闡述所展現的學術嚴肅性，或許讓這篇評論性文章本身比較不帶有暗示性，但那些期待看到通常出現在他文章中的思想火花的讀者，卻對此文大失所望，因為，其中的內容似乎只是一些陳腔舊調，一些普通

33 譯註：匈牙利德裔馬克思主義藝術史學家，其研究領域著重於社會結構的變遷對藝術創作的影響。

34 譯註：德國猶太裔馬克思主義藝術理論家和歷史學家，在納粹崛起後，先後流亡巴黎和紐約，最後在紐約自殺身亡。

平常的東西（除了一開頭探討歷史的那幾頁以外）。今天我們從學術優勢的角度來閱讀此文，當然會特別留意其中班雅明對「人文學科」（the humanities; Geisteswissenschaften）所發表的見解，儘管統治階級總是不把這些學科當一回事！（班雅明晚期對教育的意見，總是在強調教育的階級取向，這往往讓我們注意到，他始終認為自己是資產階級知識分子，而且也以這種觀點來寫作和思考。）

德國社會民主黨在創立初期，便將工人階級的建立和教育作為該黨最重要的任務，因而直接引發該如何處理「人文學科」的問題。班雅明於是抓住這個時機，抨擊該黨一概接受資產階級和實證主義的立場（在此之前，他已對蘇聯藝文界人士提出相同的批評），而且對於「文化資產」（cultural heritage; Kulturerbe）、盧卡奇的「傳統」概念，以及資產階級的、非辯證性知識論的科學主義一律照單全收。當時的左派已陷入種種危險當中：他們接受了資產階級對科技的美化（基於科技本身的神奇力量，及其所帶來的、前所未有的生活舒適性），卻忽略了這個世界在一戰中所體驗到的、科技的「破壞性能量」。關於這一點，任何歷史學家在回顧歐洲十九世紀末期的黃金時代時都會意識到，但班雅明那個時代的思想家，不論其社會階級為何，卻對此視若無睹。在班雅明的著述中，他對科學技術的討論尤其受到人們的關注，而且科技的「破壞性要素」也貫穿著班雅明一生的著作。他不僅在文學和文化評論裡，也在探討機械和物質的「進步」裡，大力強調這個面向。

因此，班雅明在此文裡對福克斯的讚頌，後來卻演變成一場對德國社會民主黨未能在其輝煌年代把握良機的哀悼，同時也開啟了「文化史」這個新議題。班雅明必定會在後來寫下的〈論歷史的概念〉[35]一文中，戲劇性地重述他的名句「畢竟所有人類文化的見證，也同時彰顯了人類的野蠻」，以藉此提醒我們注意「文化史」這個領域。至於他所表示的「藝術產物與科學產物的存在，乃歸因於其時代無名之輩的辛勞」，恰恰可作為上述他那種階級取向之教育觀的綱領，而且魏斯（Peter Weiss, 1916-1982）[36]日後也在自己的小說《反抗的美學》（*Die Ästhetik des Widerstands*）裡實踐了這個綱領：魏斯在這部作品裡，輪流呈現自己對於從前那些「大師之作」（例如他在此書一開頭，便有聲有色地描繪佩加蒙遺址〔Pergamon〕的建築壁面飾帶）的讚賞，以及對於籍籍無名的、賦予作品物質性存在的奴隸和工匠的生動敘述。

---

35 譯註：〈論歷史的概念〉（Über den Begriff der Geschichte）的標題有兩種英譯，即 On the Concept of History 和 Theses on the Philosophy of History。由於後者的英譯已脫離德文原文的意思，所以由此衍生而出、且十分普遍的中譯〈歷史哲學論綱〉是不正確的翻譯。

36 譯註：德國劇作家、小說家暨實驗電影創作者，於納粹上台後，移居瑞典，並於二戰後入籍該國。

不過，文化史的問題不僅止於此。人們若從班雅明秉持人類對過往歷史的認知是不連貫的觀點探索這個問題，就不可能掌握通常被稱為「文化史」的東西。這是因為以下兩個主要的理由：其一，任何對文化事物的考量，若未涵蓋生產過程——更確切地說，即隱藏在文化事物的生產過程背後的、我們所設想的那個生產模式的結構——就會物化和「拜物化」我們所議論的文化事物（使用馬克思原本的用語，使我們有資格把這些語彙變成商品資本主義的術語）。

其二，商品（譯按：包括文化商品）的生產似乎在本質上，具有連貫性。因此，我們很可能傾向於認定，現代主義整體的意識形態，及其促使繪畫（從馬內、塞尚而後到立體主義）連續發展下去的終極目的，在歷史裡是確鑿無疑的。然而，班雅明對歷史主義、對過往歷史之沉思性觀點的批判，卻是在駁斥這種具有連貫性的歷史。班雅明這種史觀會讓我們當中某些仍從事文化事業的「歷史唯物主義者」感到氣餒，不過，它可能不像班雅明在此文所引用的另一個「無懈可擊的結論」那麼令人苦惱：「藝術無法強而有力地參與無產階級爭取解放的鬥爭。」以上這兩個阻礙必然使班雅明的文化分析陷入困境，以及至今仍未解決的形式問題當中。

班雅明在這篇富有開創性的文章裡，會找到什麼可以讚許福克斯的東西？他對福克斯生動的描述，是別人無法仿效的。由於這樣的描述所帶來的喜悅，集中在某種荒誕怪異的矛盾裡（矛盾帶有兩極性，既是美妙的，同時也是更令人厭惡的；班雅明在此文裡，還順便回顧了巴洛克藝術的矛盾性），從而讓我們脫離了該文頭幾頁的教條式論述所造成的拘束感。

不過，這種喜悅的產生卻需要某些初步條件。我們可以把班雅明此文那些更有侷限性的、帶有德國社會民主黨思想的特徵，總結為班雅明的資產階級思維，在他的兩個觀點裡的持續存在：其一，演化論史觀（以及一套本質上屬於倫理學的、或道德化、個人化的歷史判斷）；其二，精神分析學那種完全認同於性（the sexual）、且論述過於簡化的化約式觀點。班雅明這兩個限制性觀點對他本身來說，都意味著個體範疇（在他看來，個體範疇還包括佛洛伊德的「無意識」概念）比集體範疇更為重要。

一旦班雅明確立這兩個限制性觀點，就會讚揚福克斯對於性的解放式見解：福克斯不會像維德金（Frank Wedekind, 1864-1918）[37]那樣。他「儘量」避免採用「壓抑理論和情結理論」，而是「以精采的文字捍衛人們的縱情狂歡」，並將其描述為有別於動物的、人類真正的儀式。對班雅明來說，福克斯為世人尋歡作樂的辯護不僅值得重視，而且還富有開創性

37 譯註：德國劇作家，經常批判資產階級的種種態度（尤其對性的態度），曾支持表現主義運動，並影響布萊希特敘事劇場的發展。

（或許福克斯已預先察知活躍於後超現實主義時期〔post-Surrealist〕、且與班雅明偶有往來的巴黎「社會學苑」所關注的議題）。

恰恰在這一點上，班雅明表現出自己對福克斯這位典範收藏家——連同他以杜米埃為中心的藝術史研究——的重視。實際上，我們對班雅明本人的探索，很可能讓我們想保有他對福克斯這個頗具啟發性的說法：「在他的研究生涯裡，一路有杜米埃這個人物伴隨，而這也使他——我們幾乎可以這麼說——成為一位運用辯證法的思考者。」難道我們不該認為這個說法，其實也反映出波特萊爾在班雅明的研究生涯裡所扮演的角色，而且只有這個說法才能鮮明生動地顯示出其本身的矛盾之處？班雅明在此文裡，描述杜米埃傑出諷刺畫裡的抽象化過程的特徵，甚至還以此暗指布萊希特：杜米埃以「衝突鬥爭的語言」表達巴黎人的公共和私人生活。我們可以透過班雅明一連串直接節錄福克斯著作的引文，說明杜米埃在福克斯的研究成果裡，所占有的分量。班雅明引用福克斯的「杜米埃作品裡的許多人物，眼神都非常專注」這句話，等於已把他的觀察從杜米埃的諷刺畫作轉回杜米埃身上，而這一點便值得藝術史學家弗利德（Michael Fried, 1939-）進行倒轉內容／形式（content-form reversal）的分析。

最重要的是，福克斯在他的論著裡對杜米埃作品的一連串視覺分析，而其中所有的細節也相當值得關注。當他討論這些畫作時，物質世界已充斥於他的遣詞措句裡，甚至充斥於他那些避免明確陳述物質世界的內容裡，以及他精妙地描述杜米埃那個大變革時代平面藝術的特色當中：

每一件事物都僵硬而緊繃，猶如軍事紀律般地嚴整。人們不可以躺下，因為操練場不容許任何的「放鬆」。甚至當人們要坐下時，看起來就像他們想跳起來似的！他們的身體完全處於緊張狀態，就像被拉滿的弓弦上的箭……這對於線條固然如此，對於色彩也是一樣。這些畫作使觀看者感到冷漠、且微不足道……相較於洛可可風格的繪畫……它們的著色必須呈現出艱辛困苦的氛圍……和金屬的色調，這樣才能跟畫作的內容相配。[38]

至於福克斯對無意識拜物（戀物）在過往歷史裡的體現的啟發性評論，就更明確了！他曾指出：「戀鞋癖和戀腿癖的增加顯示出，人們對女性外陰部的崇拜已取代了對男性陽剛之氣的崇拜。」相較之下，戀乳癖的增加則證明了人類的倒退性發展。「對於隱藏在衣鞋之下

38 譯註：出自福克斯的論著《歐洲民族的諷刺畫：從古代到近代》（*Die Karikatur der europäischen Völker vom Altertum bis zur Neuzeit*）。

的足部和腿部的崇拜，反映出女性凌駕於男性的優勢，至於對女性乳房的崇拜則顯示出女性作為男性玩物的角色。」

此外，福克斯還透過對杜米埃繪畫的研究，而深刻洞察到其中的象徵領域。他對杜米埃畫作的「樹」主題的研究成果，是他整個藝術史研究生涯最快樂的發現之一。他在這些樹木裡察覺到：

> 一種全然獨特的象徵形式……它表達了杜米埃的社會責任感，以及他認為社會有責任保護個人的信念……他那種描繪樹木的獨特畫法……就是使樹木的枝枒向外擴展，尤其有人在它們下方站立或躺臥的時候。這些樹木的樹枝向外伸展，就像巨人張開他們的手臂一樣，而且看來似乎可以無限地向外延伸。因此，這些樹枝便構成了一個無法貫穿的屋頂，而使避難於樹下的人們得以遠離危險。

這個美妙的想法也使福克斯洞察到母性（the maternal）在杜米埃畫作裡所占有的主導地位。

六

因此，我們會發現，福克斯著作裡最經得起時間考驗的東西，不只在視覺方面，也在人物相貌方面。這便讓我們想起，超現實主義者在繪畫和運用夢境的創作上，都是傑出的業餘視覺藝術創作者，還有，布萊希特許多具有原創性的作品，連同他那些城市詩，都含有景象以及人物的手勢。此外，這也讓我們想起，班雅明比較少撰寫文學文本的分析，或許我們會覺得，班雅明本身的美學概念已超越了純粹的文學或語言學的限制。

不過，這個說法卻未考慮到班雅明曾在文學分析方面的兩份重要論述文章，即〈說故事的人：論尼古拉．列斯克夫的作品〉和〈論波特萊爾的幾個主題〉，而它們也讓我們看到班雅明著作的深刻性和原創性真正的核心：社會生活所提供的原始材料和故事的敘事性之間的關係，以及歷史本身可表述、可意象化的性質。在這裡，班雅明已弔詭地加入了二十世紀最重要的文學與敘事理論家的行列，諸如盧卡奇、巴赫汀、傅萊和俄國形式主義者。他的弔詭之處就在於，他雖然對小說這種文學形式表達了十分珍貴的洞見，卻對於評論小說史上任何一部作品，顯得興趣缺缺或未真正感興趣。（至於〈評歌德的小說《選擇性親近》〉一文對他個人而言，卻十分重要。他認為此文不只匯聚了他本身對文藝理論的許多關注，也是他對歌德這部偉大小說的探討。在他看來，該小說正是文學經典的珍奇作品之一，如果珍奇作品曾經存在的話。）關於小說分析及其批判性的（甚至是哲學性的）傳統，我們必須注意到這個奇怪的事實：真正對小說形式具有創見的思考者會發現，自己對某一類「小說本身」的研究，並不以其發展至頂點的時刻作為導向，而是以其發軔的開端、或後來遭逢危機而消失（所謂的「小說之死」等等）的時刻作為導向。換言之，小說本身始終是次要，它們或存在或消失，因此從未真正存在於小說分析裡，也從未成為小說分析的焦點。其實對西方思索小說的獨特而「偉大的傳統」來說——就像盧卡奇的重要著作《小說理論》所呈現的——班雅明並非例外，而以下事實便足以說明西方小說研究的傳統：小說根本不是一種文學形式，也不是一種真正的文學類別。小說是人們無法再用言語訴說、無法再以既有的文學形式或類別來表達或表現時，所出現的替代品，它們為不可能存在或一開始便不存在的事物提供存在的空間，並賦予不同的外觀形貌。

我們在這裡，很有機會釐清班雅明對小說的看法：班雅明當然會閱讀小說，這是無庸置疑的，但他似乎認為，沒有必要把小說當作一種文學形式來闡述。因此，他看待小說的態度，不像他看待（賀德林、葛奧格、波特萊爾、布萊希特的）詩作和（卡爾德隆、黑博爾〔Friedrich Hebbel, 1813-1863〕的）劇作那般。〈閱讀小說〉（Romane lesen）是班雅明對小說少有的分析性論述之一，以下是這篇短文的全部內容：

並非對於所有的書籍都應該採取相同的閱讀方式。舉例來說，小說就應該以吞嚥的方式來閱讀。閱讀小說帶給我們吞食（Einverleibung）的快感，卻不會使我們產生移情作用（Einfühlung）。讀者不會站在小說主人公的角度來理解他們，而是吸收本身在小說裡所讀到的東西。小說生動的描述是美味的饗宴，所以，營養的菜餚會被端上餐桌。此時桌上雖然也擺著代表經驗（Erfahrung）的、未烹煮的生食——正如我們吃下肚的生食食物——也就是人們的親身經驗，但小說藝術就如同烹飪藝術，是從處理生的食材開始的，畢竟許多營養素若未經過加熱烹煮，便無法被人體消化吸收。許多體驗（Erlebnisse）值得我們從小說閱讀當中取得，卻不值得親自擁有，因為，人們如果切身遭逢某些體驗，可能會受到這些體驗的重擊，而走向毀滅。簡單地說，倘若還有司掌小說的繆思女神——算是第十位繆思女神[39]——那她身上就會帶有女廚師的標記。她使這個世界脫離未加工的天然狀態，以便可以創造出適合食用的、美味可口的食物。如果非得閱讀的話，人們會在吃飯時閱讀報紙，但從

39 譯註：古希臘神話的繆思女神，是天神宙斯和記憶女神尼莫西妮（Mnemosyne）所生下的九個女兒，所以，繆思女神一共有九位。

不會閱讀小說。因為，飲食和閱讀小說如果同時進行，就會相互干擾。（II, 728-9; IV, 436）[40]

在這裡，班雅明的「思維圖像」（Denkbild）便聚焦在他把小說比作菜餚料理的隱喻。因此，我們可以這麼說：這個隱喻的主旨是吃食，而非閱讀。在我看來，掌握班雅明思想的關鍵，依然在於他和經驗的關係（畢竟經驗和歷史都是他主要的研究主題）。閱讀詩作的詞語和句子，留意其中韻律和節奏的交互作用，以及觀賞舞台上的戲劇，都是個人的存在經驗的材料。在戲劇院裡，不論我身旁有多少觀眾，舞台上演的戲劇就是我個人經驗裡的一個要素。這是我個人的戲劇經驗，就像普魯斯特從貝爾瑪的演出和拉辛（Jean Racine, 1639-1699）[41]的劇作所獲得的經驗一樣。如果戲劇經驗是個人的真實「經驗」（而非「體驗」），它對我來說，便是一個獨特的任務：找到貼切的詞語和句子來描述和傳達自己的戲

40 譯註：關於班雅明的「經驗」（Erfahrung）和「體驗」（Erlebnis）這兩個概念的差異，請參照《機械複製時代的藝術作品：班雅明精選集》，頁108。在這篇短文的英譯裡，Erfahrung（經驗）和 Erlebnis（體驗）均英譯為 experience（經驗），而未加以區分。作者在本書裡使用 Erlebnis（體驗）一詞時，都直接寫德文，而未附上它的英譯。

41 譯註：與高乃依、莫里哀並稱十七世紀法國三大劇作家，普魯斯特早年便已十分喜愛他的戲劇。

劇經驗。

另一方面，小說代表著他人的經驗。實際上，小說的主角可能呈現出我們會碰到的個人經驗；有時，小說的語言也可能達到詩的濃度，而讓我們可以像探索事物那般地探索小說。不過，小說在整體上，無法和主角所呈現的經驗畫上等號（這正是今日小說衰微的祕密），它們愈來愈受制於某些觀點的限制，因而落入心理和主觀的層面），而且人們也不宜認為小說就是作者的心理經驗。閱讀小說其實是一種客觀化經驗（objectified experience），畢竟我在小說裡，獲得來自外界的經驗。雖然套用布萊希特的話來說，小說具有烹飪和美食的性質，讓我可以開心而滿足地把小說吃下肚裡（可能對我有益或有害），不過，它們卻難以歸屬於我（小說所提供的經驗，也存在著一種靈光的辯證〔dialectic of the aura〕：經驗可能是「我自己的」，也可能不是）。小說的經驗有時是獨一無二的，而且還以某種方式影響著身為讀者的我，對我來說，小說的經驗通常是一種樂趣。因此，在這裡我們需要提出這個問題：（屬性與小說類似的）電影劇情片所帶給我們的經驗，是否會落入和小說閱讀經驗相同的狹隘性當中？沒錯！如果我們以向來的觀念解讀班雅明的〈機械複製時代的藝術作品〉一文時，就會看到這種情況。但劇情片所提供的集體經驗和大眾取向的經驗（不同於舞台所提供的經驗），卻標示出故事消費的嶄新階段——這或許是性質上的劇變——而且劇情片的消費也使人們獲得另一種全然不同的經驗。我們現在仍可看到這一點，同時仍可觀察到，大批觀眾一起看電影所出現的、辯證的揚棄（dialektische Aufhebung）是否也同樣出現在人們獨自進行的小說閱讀上：這種辯證的揚棄可能出現在今天消費社會對暢銷小說的閱讀上，就像它出現在十九世紀報紙剛出現時，人們閱讀其中的連載小說一樣。不過，它當然不具有我們現在的文學理論家在小說裡所尋求的作品內在固有的審美價值。

此外，我們還將看到，暢銷小說無法完全作為班雅明所謂的「說故事」的範例。為什麼〈說故事的人：論尼古拉．列斯克夫的作品〉是班雅明論述最完整的文章？因為它不只呈現了一個關於說故事的故事，或釐清了班雅明思想中常被誤述的科學技術概念，它還聚焦在班雅明畢生寫作的主要關懷上，也就是「經驗」（Erfahrung）觀念，以及經驗的演變和轉化。所以，我們如果不閱讀（進而重新定義和論述）此文（III, 143-66; II, 438-65），便難以掌握班雅明最重要的寫作主題。

既然這是一篇關於列斯克夫的文章，這位蘇俄作家當然是此文的重點之一（此文是班雅明接受印行列斯克夫故事集的德國出版社的邀稿，而寫下的文章）。對當時的西方——尤其對西方的左派分子和革命人士——來說，蘇聯這個國家除了擁有象徵性、使人想起「斯拉夫精神」和宗教神祕主義、保存著近乎原始農耕生活的古老民風習俗以外，在它本身非西方的新文學和新城市裡，還有最前衛的音樂、戲劇和視覺圖像文化蓬勃地發展著。對西歐第一批深受蘇聯共產革命吸引的文人而言（例如韋伯和里爾克），甚至對東歐的盧卡奇而言，列寧不啻為杜斯妥也夫斯基的化身，甚至葛蘭西也受到這場革命的鼓舞，而在短短數年後，正式展開他的寫作生涯。在班雅明的眼裡，莫斯科——所謂「第三個羅馬」——在眾多國際都會裡，仍是一座富有傳奇色彩的城市。雖然他在造訪莫斯科時，必須在過度擁擠的街道和電車上，趕赴一個又一個已事先約定的會面。蘇聯的鄉野依然保有本身的靈光，即使班雅明無法親自體驗它，即使集體農場的設置，曾對鄉村地區造成當時仍鮮為外界所知的災難。

實際上，列斯克夫所寫下的故事，以及蘇俄民間普遍的說故事現象，都源自於該國遼闊的鄉野（就像後來西方〔也是我們現在所謂〕的「敘事分析」，都源自於蘇聯民俗學家蒲洛普對俄羅斯民間故事的分析一樣）。時至今日，蘇聯所獨有的特色和命運，究竟來自西方的馬克思主義或其本身的「舊俄特徵」，仍是蘇聯學（Sovietology）的重大爭論之一：史達林雖是一介匪徒，卻似乎懂得如何適時在這兩者當中擇一表現。

像列斯克夫這樣的說故事者，似乎已離我們愈來愈遙遠。在這篇文章的開頭，班雅明便告訴我們，列斯克夫的心裡似乎沒有俄國壯闊的大草原和河流、果戈里（Nikolai Gogol, 1809-1852）和杜斯妥也夫斯基所描繪的地方小鎮，契訶夫（Anton Chekhov, 1860-1904）作品裡的暴風雪，以及托爾斯泰筆下那些征服高加索的沙俄軍官——宛若林肯總統為了鎮壓夏安河蘇族（Cheyenne River Sioux）而派出的那批已身經百戰的軍人。我們在這裡必須提到「距離」一詞，雖然它不常出現在班雅明這篇文章裡（我相信，只出現過三次）。「距離」使我們想起班雅明所描述的神祕事物（即他所謂的「靈光」）的孤寂性，而且它也明瞭人們所假設的奇妙的來世：「雖可能近在眼前、但卻存在於遠處」。[42]

就這一點而言，列斯克夫所撰寫的故事，在我們看來，確實具有靈光，畢竟它們在時間上與我們相距遙遠。列斯克夫所寫下的這些故事，其靈光不在於故事本身那些富有異地奇特風情的、令人著迷的內容，而在於他那種和讀者保持距離的說故事行為。儘管如此，這位有名有姓的說故事者仍會「交代自己是在何種情況下聽到這則故事」，以便拉近讀者和故事的距離。為了預防讀者的誤解，班雅明在此文裡，還提到作家所撰寫的「短篇故事」，和產生於古老的、前現代的講故事活動的「口述故事」（skaz; oral history）[43]的區別。盧卡奇則未

42 譯註：這句話出自班雅明的〈機械複製時代的藝術作品〉，它也是班雅明在該文中，對「靈光」的定義。班雅明還提到，「人們可以在有形物質的層面接近它們（譯按：帶有靈光的儀式圖像），不過，它們在意象上仍和人們保持距離。」以上請參照《機械複製時代的藝術作品：班雅明精選集》，頁61。

43 譯註：skaz 這個俄語詞彙，意指以口語講述的民間故事。

清楚掌握此二者的差異，因為在他眼裡，現代的、以文字敘述的「短篇故事」就是自古以來以口頭流傳、而至今仍存於未現代化地區的敘事史詩的殘留。實際上，盧卡奇對小說的那些富有影響力的讚美和分析（連同巴赫汀類似的姿態〔gesture〕），乃是把小說視為獨特的現代文學形式或非文學類型，而如果這在某種意義上是班雅明〈說故事的人〉的思考起點，它最終卻完全翻轉了此文所要強調的東西。

因此我們可以看到，距離在這裡出現了一個奇妙的特徵。只有旅人才能傳達距離，而班雅明當然是他們當中的一員。因為有距離，人們才需要親近。班雅明在寫作時，會使用一些奇怪的、由他個人所界定的詞語，「距離」則是其中之一。說故事者（就像帶有靈光的事物）所呈現的距離，在實質層面上終究可以被拉近，而且不致於喪失這種距離本身的主要本質。現在就讓我們回到「距離」這個議題上，畢竟它是說故事活動的關鍵特質。如果人們必須著眼於說故事者這個人物類型，而將口述故事視為一種形態，那麼，曾涉足遠方的旅者（或水手，他們的例子其實更為真切）及其講述故事的對象——安身定居的、深深紮根於土地的農民——都有助於說故事者這個角色的建立。班雅明獨特地透過他的想像，對參與說故事活動的人物群像進行更複雜的解析。他認為，這一組人物群像不完全是說故事者和聽故事者這兩方的組合（即旅人和頑強不屈地在土地上安身立命的農民的組合），而是前工業時期勞動系統裡的在地師傅，和來自外地的學徒的組合，因為，從前入行的學徒在成為落戶開業的師傅以前，必須出門遠行、經歷在外地作坊跟隨師傅學習技藝的種種階段。然而，這些階段卻不是一貫的進程：既然歷史是不連貫的，個體所扮演的角色就會發生變化（正如布萊希特的教育劇〔Lehrstücke〕[44]所呈現的）。

不過，我們還應該指出說故事者講述了哪些內容，這些內容又可能含有什麼訊息。我們必須察覺到，來自遠方和出自故鄉的、富有異地風情和大家所熟悉的、自古以來代代相傳的故事材料之間的矛盾性。後者甚至包括人們平日從身邊聽到的那些源自遙遠年代的傳說故事，就像我們克服空間的距離，而在遠方遊歷時，總是可以獲得大量的見聞那般。口述故事所含有的訊息，在班雅明看來，根本不是訊息，我們將會看到，班雅明把它稱為「經驗」（Erfahrung）。班雅明認為，經驗似乎就是某種由人體消化作用所界定的東西。鑒於經驗如此深入人們的體內，他便將經驗的取得，視為比習慣更深入人體的「吞食」（Einverleibung）活動。無疑地，班雅明所謂的「經驗」和布萊希特所提出的「姿態」（Haltung）、或「手勢」（Gestus）有一定的類似性。（但班雅明的「經驗」概念卻沒有真

---

44 譯註：以戲劇作為教育媒介的「教育劇」是布萊希特所開創的實驗性戲劇，但也因為可能淪為特定意識形態的宣傳工具，而備受爭議。

正的相反概念。我們後來多少受到齊美爾對都市精神生活之分析的影響，而傾向於認定，他所謂的「經驗」和「體驗」（Erlebnis；發生在我們身上的一種經驗，也就是令人震撼的、確實使我們受到影響的一次性事件）是一組對立的概念，但這樣的看法或許應該受到抵制）。

只要我們有這個獨特的機會（畢竟班雅明鮮少說明，他的「經驗」概念大概是什麼），首先就該把握這個時刻，來描述「經驗」這種寶貴的事物。關於經驗，班雅明還想告訴我們，人們的經驗正在消失當中，以便讓我們及時「在逐漸消逝的事物裡，找到嶄新的美好」，一如他這個語出驚人的說法。（讓我們保留「嶄新的美好」以及「熱愛過時的事物」這兩個和經驗有關的特徵，以便作為將來討論的參考。就前者而言，波特萊爾在他所謂的「現代性」（modernité）裡，已替我們確認從傷處和膿包所發展出來的「嶄新的美好」；至於後者，班雅明則是從超現實主義者身上、從他們在跳蚤市場的閒逛裡，學會「熱愛過時的事物」。）

但我們不該認為，自己可以直接掌握真實的經驗：即使經驗可以化身為故事的人物角色，經驗仍必須經由一方對另一方的講述，才能傳達出來。（如前所述，小說——即故事的對立物——所處理的東西，是「無法和故事所處理的東西相提並論的」。因為，小說所要傳達的一切，幾乎無法透過面對面的溝通方式，而且它們在某種程度上，對村民集體及其說故事者的（也像故事形式一樣會改變的）諸個體來說，是十分獨特的。）

不過，我這個說法還不算十足的麥克盧漢主義，也不像現代許多班雅明的崇拜者秉持麥克盧漢主義的觀點，而混淆了班雅明的思想。story（故事）——從現在起，我要把 story 稱為 tale（故事）——的本質必定和口語有關，因為它總是暗示著說故事者的存在。至於小說作品當然是印刷文化的實例，不過，小說的產生無法全歸因於那些經常被提到的印刷技術的理由。小說的祕密就在於人們無法從頭到尾、原原本本地把它們複述出來。如果人們明白這個祕密，等於手中已握有那把開啟小說結構分析的未知之鑰。在小說裡，所謂的「劇情概要」本身的貧乏性便已表明，在交談中把小說的情節轉述給朋友有多麼困難！複述小說的困難並非偶然，實乃小說本質使然。

然而，出色的說故事者總是知道如何視情況的需要，而擴展和縮減本身所講述的材料：以弔詭的社會雜聞（fait divers）的形式來濃縮他們的故事，或為了一群聽眾、某個夜晚的主要活動、一般的野外露營，而將他們的故事鋪陳開來。我認為，這些口述故事的原始材料在結構上的特殊之處，已被一個班雅明不使用的詞彙[45]有效地戲劇化，即「趣聞軼事」（anecdote; Anekdote）一詞（它只出現在另一種全然不同的敘事文化的力場裡），而它很可能就是連接尤勒斯的「簡單的形式」（班雅明也不知道這種表現形式）和蒲洛普的「童話」（fairy stories）的那座橋樑。至於後者則是（如今不再被講述、並已被社會遺忘的）更古老的故事本身仍可辨識的殘留之一，誠如班雅明所告訴我們的。

經驗應該存在於口語和事件中，尤其存在於記憶的連接點上。但經驗既不是本體論，也幾乎無助於掌握巴迪歐（Alain Badiou, 1937-）[46]所提出的問題：當事件已成為往事時，事件是否曾發生過？或只存在於發生之後？口述故事的要素在於本身的可重複性（可重複被講述）這個事實，這一點正是它不同於小說（畢竟沒人會想複述小說）或真實生活的地方。因此，人們若在另一個語域（register）裡，或許會從語言、從某種抽象化（即班雅明所謂的「非感官所察知的相似性」〔non-sensuous similarity; nicht-sinnliche Ähnlichkeit〕，這也是他

45 譯註：作者在此說法有誤，班雅明在〈巴黎，一座十九世紀的都城〉和〈論普魯斯特的形象〉這兩篇重要的文章裡，都曾使用 Anekdote（趣聞軼事）一詞。

46 譯註：反對後現代主義和後結構主義的法國左派哲學家，以「事件理論」著稱，並主張事件是既有之情境的斷裂，因此，事件代表新事物的發生，從而形成存在的真理。

對「摹仿」的定義）的角度，其實就是從詞語、名稱和柏拉圖「理型」（Idea; Idee）的角度，重新思考複述故事的可能性。而在文類所構成的、如星座布列的態勢（the constellation of the literary genres）裡，故事的重複講述和民間諺語的抽象化有關。至於在另一個不同於上述的語域裡（正如在班雅明思想的任何地方，重要的實體就像根莖類植物一樣，會讓根莖在土壤裡往四面八方伸展）經驗則和實際的演練相關，而實際的演練就是一種截然有別於本能和無意識的習慣，也是一種不同於反射動作、而是經由學習所獲得的技巧，只不過它們後來會愈來愈趨近於反射動作。

由此可知，重複是經驗的基本特徵之一。從某種特殊的時間意義來說，經驗仍有待人們的界定，而且其本身可能因為相當排斥一切形式的心理學，而受到負面的界定。小說也牽涉到心理學，而「心理學」這個用詞在這裡很可能已擴大到足以涵蓋各種各樣的解釋，就像小說家在創作小說時，不厭其詳地說明小說人物某種特定行為的多重動機一般。解釋（又是另一個不同的語域）可被視為低落的語言領域，人們應該簡明扼要地從訊息的角度來重新界定它。在故事裡，解釋所帶有的訊息就像物品包裝上的說明文字那樣，並不是「有用的」東西：倘若我們還需要別人為我們描述湯匙，並說明其使用方式，我們便已脫離說故事的世界了！（不過，值得注意的是，這裡意外出現的「有用的」〔useful; brauchbar〕這個布萊希特語彙，會在某個時刻變得更重要。）

最後，我還要提到故事的「脈絡」（context），但令人遺憾的是，我在這裡必須倚賴「脈絡」這個詞彙。畢竟故事的「脈絡」有兩個方面：其一，故事的世界本身不需要解釋（不論是心理學或其他的解釋），因為，它就是那一整個已透過本身的類比（analogies），而達到統合的宇宙（就像傅柯在《詞與物：人文科學的考古學》所闡述的人類原初「知識型」所呈現的）；畢竟故事的世界存在於世俗的範疇之外，而且不是受到上帝救贖計畫，便是受到大自然法則的支配（III, 153; II, 452）；其二，故事是說故事者實際的演練（這也是對故事造成更直接影響的脈絡），而且他們所講述的故事已留下他們的身體與獨特性情的印痕。（「正如陶缽上留有陶匠手部的痕跡一樣」〔III, 149; II, 447〕）說故事者對故事所造成的影響，就像故事對聽故事者所造成的影響那般。故事後來會被聆聽者的身體消化吸收（吞食），而成為他們的「經驗」。

可預期的是，班雅明在〈說故事的人：論尼古拉．列斯克夫的作品〉一文裡的闡述，開始聚焦於人物類型學（characterology），其中還出現了嶄新的人物相貌（physiognomy）。班雅明再次把說故事者——即列斯克夫本人——所代表的新類型人物，印刻在列斯克夫所撰寫的故事裡，也就是智者或賢人。在這類人物身上，我們或許最接近讓班雅明粉絲大為著迷的猶太教傳統。因為，這類人物——即班雅明在此所談到的「正直的人」、「忠告者」——確實是布柏（Martin Buber, 1878-1965）[47]在班雅明青年時期振興猶太教哈希迪派的傳說故事的典型主角。說來也奇怪，這種指點迷津的人物，不僅使班雅明延長自己早年對德國青年運動的投入，而且後來還使他與布萊希特為伍，進而從這位劇作家及其藝術實驗裡（從他的「教育劇」以及他對於「藝術應將人們的提案戲劇化、並在迄今普遍穩定的環境裡開啟新的可能性」的堅持裡）獲取新的力量。因此，忠告者便為本身猶太拉比式的教導解惑功能，增添了革命的面向，而說故事的藝術則重新發現本身那個已被遺忘的、教誨世人的古老使命（我們可以看到，這個使命仍存在於民間流傳的俗諺和童話裡，但已在小說中消失）。

附帶一提，當故事回到本身的教育使命時——這是藉由具體實例，而非透過法律的嚇阻和判決所達成的教育使命——我們就會發現童話本身那種獨特的、而班雅明在許多未完成的著作裡始終未指出的功能。人們求助於童話，不該被理解為人們的懷舊，以及往本身的原始古老性（the archaic）的倒退，而應該就像班雅明所談到的：「童話告訴我們，人類早期如何擺脫神話壓在他們心頭的夢魘……從前，童話便教導人類，如何以本身的詭計（cunning;

47 譯註：奧地利猶太裔宗教思想家暨翻譯家，主張哈希迪主義是猶太教文化再生的泉源，並在以色列建國後，歸化為該國國籍。

List）和高傲（high spirits; Übermut）來面對神話世界的暴力，時至今日，童話仍用這種方式來教導孩童。」（III, 157; II, 458）[48]。神話的混亂才是人類真正的原始古老性，也是班雅明往往令人困惑不解的「歷史哲學」的核心（阿多諾和霍克海默雖表示，他們在合著的《啟蒙的辯證》裡「以重要的局勢變遷」再現了班雅明的歷史哲學，但我認為，這部著作無法展現班雅明真正的歷史思維）。

「經驗」在所有這些方面，就是現世暫時的現象，而班雅明在這裡，則試圖把經驗和歷史書寫關聯起來（我們將在後面檢視班雅明在這方面所下的工夫）。盧卡奇在《小說理論》這部開創性的論著裡，曾以現世暫時的時間性所存在的危機來界定經驗的形式。後來班雅明對故事作品的理論化，大多含有盧卡奇嶄新的思維範型（paradigm; Paradigma）的高度原創性：舉例來說，盧卡奇認為，小說就其本質而言說，是一種自傳體式的作品。它們最後必須終結，必須有個確定的結尾，就如同福婁拜成長小說《情感教育》以悲淒的結局畫下句點那樣。不過，班雅明在這一點上，卻無法苟同，而他的反對也因而有了著力點：「雖然每個故事確實都允許人們追問『那接下來怎麼了？』這樣的問題，但長篇小說卻在全文結束後，直

48 原註：這和他所提到的無產階級的美德是一致的：「信心、勇氣、幽默、計謀與堅持不懈。」（出處：〈論歷史的概念〉；IV, 390; I, 694）

接寫下『全篇完』（Finis）的字樣，就此畫下一道界線，連稍稍跨出一小步也不願意，而且它們還在這條界線上，邀請那些思索和猜想生命之意義的讀者閱讀裡面的內容。」（III, 155; II, 455）我相信，班雅明認為小說向讀者發出了虛假的邀請，而且他還把「生命之意義」當作純粹形而上的、無用的問題（畢竟先驗論〔Transcendentalism〕有一部分已將康德哲學傳統所強調的理性思維排除在外）。

故事結尾的「此後過著幸福快樂的日子」，是一個屬於世俗的問題（就像奧爾巴赫可能已闡明的）。至於小說的終結，對小說本身的「完整性」（totality）問題來說，則是個不合理的、沒有意義的答案。畢竟在班雅明眼裡，敘事的結束意味著敘事本身的死亡（III, 156; II, 456）。他以說故事的實際演練，及其教育意義的意象結束了他對〈說故事的人：論尼古拉·列斯克夫的作品〉一文的鋪敘，但我認為，我們反而十分關注他對於此文主題的去心理化（depsychologize）、對於此文的憂傷之表象和終結之企求（death wish）的去除。班雅明告訴我們，故事創造了另一種述說「整個人生」的方式，但小說，即使是如歌德的《選擇性親近》這類最積極闡揚啟蒙運動精神的小說，也無可避免地終結於幻滅和毀壞。班雅明一生的寫作從未在小說這種文學形式上浪費時間，畢竟其結構已注定了本身的毀滅。

七

這正是為什麼班雅明要緊緊抓住歷史書寫之分析（historiographic anatomy）的兩端：因為故事的講述已凌駕於小說的精心鋪排之上，而當我們回顧過往時，小說危機所出現的徵兆（甚至看似已達到最成功的發展），似乎已預示著小說的終結。由此可見，小說這種文學形式已藉由某種出人意料的方式，表達了黑格爾著名的「藝術終結論」（end of art; Ausgang vom Kunstschönen）的要旨。此外，班雅明還為小說的終結增添了第二個弔詭之處：他不在任何偉大的小說家身上，而是透過一位與偉大小說家同時代、卻十分不同的詩人來找出小說之死的徵象和表徵。他就是充分發揮本身的文學技藝、並以生活來實現文學技藝的波特萊爾。

因此，對〈說故事的人：論尼古拉．列斯克夫的作品〉的所有俄國情調（以列斯克夫作為標誌）來說，掌握班雅明從此文到後來的〈論波特萊爾的幾個主題〉那種近乎直接的轉換，是一件重要的事。〈論波特萊爾的幾個主題〉也是班雅明重要的著作，它是班雅明受到霍克海默的囑託，而為其主編的《社會研究期刊》所撰寫的文章。當時阿多諾為了勉強他的精神導師班雅明為該期刊撰稿，曾反對班雅明為《採光廊街研究計畫》所擬定的寫作提綱。

阿多諾這個做法的確應該受到撻伐，但它所產生的結果卻令人雀躍！

班雅明這兩篇文章都記錄了事件這個至高範疇的存在與瓦解（以及隨著事件和相關的回憶所產生的經驗觀），這是班雅明的評論一再敘述的故事。他不斷重述這類故事——就像說故事者不斷以口語重述他們的故事那樣——而其中關於既有經驗已遭破壞的重要主題，也在現代裡重覆地發生。

人們認為既有經驗已遭破壞的想法，似乎因為一戰的衝擊而獲得初步的具體化。舉例來說，約翰．伯格（John Berger, 1926-2017）曾表示：一戰徹底翻轉了我們和科學技術的關係，而戰前的集體幻想和立體主義這類藝術運動所呈現的烏托邦，在歷經坦克戰、壕溝戰、人類初次的空戰，以及令人無法置信的大量傷亡後，已遠比戰前顯得更為兇惡不祥。[49]班雅明在一九三三年寫下的〈經驗與貧乏〉（Erfahrung und Armut）這篇重要的文章裡，當然使用了「經驗」這個帶有宿命不幸色彩的詞語，而且更強調「無表達」這個他從前常用的詞彙，以及退役軍人在離開戰場後的沉默寡言；「徹底的謊言所帶給人們的負面經驗從不曾如此慘烈，比方說，人們在陣地戰裡的戰略經驗、在惡性通貨膨脹裡的經濟經驗、在飢餓裡的身體經驗，以及掌權者所帶給人們的道德經驗。那個童年還乘坐馬車上學的世代，現在站在

---

49 原註：請參照 John Berger, "The Moment of Cubism," *New Left Review* 42, 1967.

天空下……在處處都有毀滅性水攻和爆炸的戰場上……」（II, 732; II, 214）班雅明後來在一九三六年撰寫〈說故事的人：論尼古拉·列斯克夫的作品〉時，還逐字逐句重複了這段話[50]。鑒於一戰對一九一八年投降的德國造成莫大的衝擊，班雅明在〈經驗與貧乏〉裡曾強調，德國人在戰敗後隨即面臨的那場影響廣泛的災難（通貨膨脹）。他始終把某些文學作品所刻劃的戰爭的「詩意」（馬里內蒂和阿波里奈爾作品裡對於戰爭的熱情和審美），謹慎地闡釋為人類的退步和法西斯主義，並將人類的貧乏和損失歸因於科學技術破壞性的那一面。他在〈說故事的人：論尼古拉·列斯克夫的作品〉開頭第一節裡，則更全面、詳細地表述自己這個迥異於讚揚科學技術的觀點，而且也在〈機械複製時代的藝術作品〉裡談到，進步的科學技術往往成為藝術創作的包袱。

班雅明從未入伍從軍，親身參與一戰（他在戰爭後期曾逃避徵兵，而轉學到瑞士伯恩大學）[51]；他是在其他地方，也就是在齊美爾的一篇文章裡，發現了戰爭造成的普遍性貧乏所蘊藏的那條更豐富的礦脈。齊美爾這篇文章和班雅明的〈論波特萊爾的幾個主題〉都呈現出

---

50 譯註：其實仍略有出入，班雅明後來在〈說故事的人：論尼古拉·列斯克夫的作品〉裡，已把〈經驗與貧乏〉裡的「在飢餓裡的身體經驗」這句話，改為「在技術裝備戰（Materialschlacht）的身體經驗」。

51 譯註：其實班雅明在一九一四年一戰剛爆發時，曾報名參加德國志願軍，但因為體檢不合格而未獲徵召。

一種幾近象徵性的生命。如果沒有齊美爾這篇文章，人們便難以清晰地掌握班雅明的〈論波特萊爾的幾個主題〉（以及作為此文之延續的《採光廊街研究計畫》一書）。不過，把齊美爾稱為他的下個世代的作家和評論家的精神導師，可能不是很恰當，即便其中有許多人曾上過他在大學開設的討論課（seminars）——諸如其中年紀稍長的盧卡奇和布洛赫，以及比較年輕的班雅明和他的同學。齊美爾的社會學著作因為本身的特色，而有別於當時剛起步的社會學這門學科，畢竟他的論著《金錢的哲學》（*Philosophie des Geldes*）對社會學成立的目的而言，都過於富有詩意。他的論文就是一場對現代性的探索，而其中的實證與主題的特殊性還匯集了相關的理論性詮釋。後來他的論文形式，還成為認同他所開創的新類型藝文理論的作家（而比較不是他的門生或智識和學術領域的追隨者）仿效的典範。

齊美爾最著名的、發表於一九〇三年的論文〈大城市與精神生活〉早已為班雅明往後從人類社會的損失和惡化（而非從波特萊爾的文學天賦和作品豐厚的內涵）的角度重新評估波特萊爾的詩意現代主義（poetic modernism）奠定了基礎。從一戰所引發的種種非常態事件來看，新興的工業城市已變成貧乏的日常生活（齊美爾曾以「壓力」和「緊張」的字眼描述這種城市生活的特徵），已變成許多讓人們在街道上苦悶地做選擇的分岔路徑，而且還變成在某種程度上已融入日常生活、且至今仍在事物（即海德格所謂的「及手之物」〔readiness-to-hand; Zuhandenheit〕）當中占有主導地位的金錢抽象概念。社會學這門學科在十九世紀末期的創立，確實是為了提供備受威脅的資產階級所需要的材料、分析和武器，好讓他們可以藉此防範新興的「國中之國」（即工人階級）的侵犯。至於在班雅明的眼裡，工人階級就是剛形成的工業世界裡的人群和大眾。然而，齊美爾的論文也是一種探討現代世界裡的飛地（enclaves；即因應環境變化的逃生路線〔lines of flight〕）的地理學。「飛地」在這裡多少使我們想起，盧卡奇對於殘留在不具形式的現代小說裡的、那些不重要的古老敘事形式和類型的看法；而在班雅明的著作裡，飛地往往投射出某些人物角色或人物相貌，例如探險者、異鄉人或情人。

針對城市生活的「緊張不安」（nervousness; Nervosität），這個觀念當時在美國相當流行），班雅明所要做的，就是把這種情緒清晰化，而使其成為當時剛創立的實驗心理學的語彙，並將其打造成所謂的「刺激」概念，也就是「震驚」概念。因此，波特萊爾作品在班雅明的論述裡，便成為一座蘊含嶄新的城市經驗、蘊含個人切身受到眾多同胞（semblables），受到其他城市居民（波特萊爾並非旅人，這是他和班雅明不同的地方！）推擠與撼搖之經驗的寶庫。

不過，班雅明在修改本身對城市的敘述，並提出「震驚」概念後，便需要建構一種與城市生活相反的、且與城市生活處於顯著對抗的生活（其形式與類型還顯示著本身與城市生活的差異，而其本身也是這種差異的表徵）。這正是為什麼班雅明不只覺得，自己應該喚起工業城市形成之前的那種鄉間的、農民的、或村莊的生活（也就是另一種時間性，另一種人事物的更迭遞嬗），而且還覺得自己需要以一套新的術語來敘述這種生活。「經驗」（Erfahrung）是個可涵蓋一切、可形容人們所有普遍的生活內容的現象學詞彙。具有教育性的、經由學習而獲得的、有意義之習慣性的東西，以及手工技藝的實作，在在都增加了經驗的豐富性。不過，「經驗」卻顯得愈來愈特殊化，因此，必須把「經驗」和人們在充斥壓力、焦躁緊張、人群和金錢的新世界裡——換言之，在充斥著刺激和震驚的世界裡——（以不同的方式）「所經驗的種種」徹底區分開來。班雅明把城市居民所感受到的刺激和震驚認定為「體驗」（Erlebnis）的領域，或認定為一次性事件裡、突如其來的衝擊裡所發生的種種。它們不僅是不折不扣的震驚，而且還以林林總總的形式，不斷重現於城市的日日夜夜裡。這一連串的新刺激會誘使它們的受害者發展出防止刺激傷害的防衛機制，以及抵擋刺激的習慣，因而不同於已儲存在體內的、已吞食（einverleibt）在記憶裡的舊「經驗」。人們隨著「體驗」所形成的習慣，並非經由不斷的實際演練而獲得、並精進的知識和體認，而是外面所穿戴的那層甲冑，以及內在所發出的信號及警示，也就是人們對不利之事物的防備與回擊。甚至人們對許多信號的置之不理、留意和警覺，也都屬於這種防衛機制。「街頭生活所造就的精明世故」（streetwise）就是一種美國精神。它恰恰形成於城市生活中特別危險的周遭，而且班雅明早已發現，波特萊爾對它的著墨。它兼具攻擊性和防衛性，並牽涉到波特萊爾獨特的文學風格，以及他那種強勁有力的、足以克服現代性的再現與可再現性之問題的文學語言。

許多思想家都受到班雅明的〈經驗與貧乏〉和〈說故事的人：論尼古拉．列斯克夫的作品〉的吸引，而紛紛對其中既和記憶、也和當下有關的時間性提出解釋。柏格森便因此受到激發，而說明了人們對自己曾生活過的往日時光的壓抑（他在這方面的論述和普魯斯特這個說法有關：如今人們已不流行這種做法），至於佛洛伊德則提出「意識乃形成於回憶的印跡裡」這個至關重要的論點（IV, 317; I, 612）[52]。然而，班雅明以某種獨特且值得注意的方式，運用他的疏離技巧或效果所完成的推論程序，其實和這兩位大師完全相反：因為他不是藉由記憶來定義故事，而是從故事的角度重新對記憶下定義。由此可知，記憶在班雅明的思想裡，不過是經驗本身的徵象。既然記憶發送出事物存在的訊息，人們的記憶便僅僅意味著

52 譯註：出自班雅明的〈論波特萊爾的幾個主題〉一文。

人們所記憶的內容，也就是可被講述的、以及可被傳統的說故事者講述的東西。

現在我們可以確定的是，說故事者講述故事的時刻本身，其實具有歷史性：口頭流傳的敘事史詩的陳述者、在夜間或在圍坐於火爐邊的眾人當中說故事的長者、西非口述傳統的吟遊詩人（griot）以及獨具天分的、聲音似乎昨天仍從收音機傳出的中國說書人……然而，這些說故事者卻屈服於某種從太古以來便已存在的系統，而且該系統就像黑格爾所提到的主奴結構裡的權力鬥爭那般地古老。他們所講述的故事存在著兩種屬性的變換，就如同拋硬幣時，最後落地朝上的那一面可能出現正反兩面的轉換一樣：一方面是和戰士、日本武士（samurai）及歐洲中世紀騎士（horseman；法國年鑑學派歷史學家布洛赫〔Marc Bloch, 1886-1944〕曾指出，中世紀黑暗時代初期，新興的貴族其實只是擁有一匹馬的人）有關的、傾向於死亡且充滿宿命色彩和血腥殺戮的史詩故事；另一方面則是和賜予生命之世界（其中包括願望的實現、可恢復原狀的魔力，和助人的動物）有關的、發展仍未成熟的、由農民所講述的童話故事。班雅明原本打算在寫完《採光廊街研究計畫》後，投入後者之敘事形式的探討和研究，可惜未能如願。

確定無疑的是，關鍵就在於事件本身；但事件卻無法預先取得本身的內容，這是因為歷史的時間性決定了事件的定義，也支配著人們經驗事件的時刻，因此甚至可以修改事件終結的時刻。我們印象中的童話裡的「此後過著幸福快樂的日子」這句話，已表明「人類早期如何擺脫神話壓在他們心頭的夢魘。」（III, 157; II, 458）至於小說則顯示出本身已成為一種自傳，換言之，已成為一種深刻摹仿時間裡的生與死的文學體裁。班雅明在〈說故事的人：論尼古拉．列斯克夫的作品〉裡，語帶贊同地引用一位當代評論家[53]曾寫下的一句話：「一個死於三十五歲的人，無論從他一生中的哪一面向來看，都是一個死於三十五歲的人。」緊接著，班雅明還附上這個但書：他在生者的「憶想裡」（to remembrance; dem Eingedenken），將顯現為一位在三十五歲過世的人（III, 156; II, 456）。在這裡，班雅明其實清晰地呈現出本身對故事、對故事處理人物命運之模式的看法。他認為，小說雖保留了人物的命運，卻因為人物命運的各個時刻似乎和生命的存在有關（也就是命運直接承載著、並充滿著生命所固有的「朝向死亡的存有」〔being-unto-death; Sein zum Tode〕）[54]，而使得人物命運隨著本身的終結，而於我們的憶想中消失。然而，故事卻可以帶我們回到「大自然的演變過程」裡。（III, 151; II, 450）

因此，〈說故事的人：論尼古拉．列斯克夫的作品〉一文便因為本身「略帶救贖的力

53 譯註：即德國小說家、劇作家暨文學批評家海曼（Moritz Heimann, 1868-1925）。
54 譯註：即海德格存在主義哲學的重要概念。

量」，而在班雅明涉及廣泛的大量著作裡熠熠發光。在班雅明一生的著作裡，幾乎只有這篇文章含有救贖的承諾。此文的說故事者最後已化身為智者和忠告者，也化身為在短暫易逝的自然生命裡，將經驗保存下來的猶太拉比。在猶太教哈希迪派的傳說故事中，我們可以看到，這類睿智人士也是其中的主角，而且他們甚至還存在於人們最不容易察覺的地方（例如，在卡夫卡的小說裡）。不過，他們的智慧在事物世界裡所恢復的光芒，卻很容易被挪用，而充作社會的落伍退步和法西斯主義的神話所發出的偽光（false light）：這就類似童話被「充公沒收」，而成為披在神話上、披在預言命運和罪愆的邪惡者身上的那層羊皮。還有，列斯克夫的故事形式還巧妙地把「萬物復歸於上帝」（apocatastasis）的訊息隱藏在本身的結構裡。對班雅明來說，「萬物復歸」就是彌賽亞對人類歷史的救贖，這一點我們將在本書最後一章繼續討論。

至於班雅明在〈論波特萊爾的幾個主題〉裡所暗示的，卻是藝術的另一種可能性，而這個暗示也出現在〈機械複製時代的藝術作品〉一文裡：人們可能創造出一種全新的、以體驗（而非以經驗）為基礎的藝術，也就是一種速成的、本身存續的時間已縮短到如同純訊息的藝術，一種失去歷史性、而完全被禁錮在當前此刻的藝術。這是文化（和政治）的困境，而生活在這個短期記憶占優勢、演算幾乎無所不在、且充斥著模擬、奇異性、人工記憶、「因成癮而自閉」的時代的我們，甚至比班雅明更有能力察知這種困境。班雅明在〈論波特萊爾的幾個主題〉裡，曾指出「對那些沒有經驗能力的人來說，已沒有安慰可言。」（IV, 335; I, 642）然而，賭徒還保有最後的希望[55]：

> 請牢記，時間就是貪婪的賭徒。
> 它始終不以欺詐來贏得賭局！這就是規則。（譯按：I, 636）

我認為，波特萊爾這兩行詩誤解了賭徒所懷抱的希望，況且賭徒的處境是沒有贏面的！時間（就像會下棋的機械人偶）才是真正的贏家，而且「總是旗開得勝」，正如同班雅明在〈論歷史的概念〉裡所談到的（IV, 389; I, 693）。

現在我們應該仔細地思索，什麼是班雅明思想和著作裡最深沉的矛盾。麥柯爾（John McCole）曾在其論著的一個註腳裡，以比較婉轉的方式表達他對班雅明這個矛盾的看法：「其著作的悲愴性（pathos）在於衰微的時代並不存在，而這個提醒對他十分樂於談論人類

---

55 譯註：見波特萊爾的〈賭博〉這首詩作。

經驗的萎縮這件事實來說，必定是一個平衡的說法。」[56] 其實班雅明所要談論，而被麥柯爾稱為「悲愴性」的東西，其實是關鍵的歷史矛盾，也就是「這樣一路發展下去」的、名為「資本主義」的危機。班雅明所做的，就是試圖以歷史來解釋歷史。

56 原註：請參照 John McCole, *Walter Benjamin and the Antinomies of Tradition*, Ithaca: Cornell University Press, 1993, 269n17.

第 8 章

大眾的手與眼

一

班雅明的聲望和他的〈機械複製時代的藝術作品〉這篇傑出的文章密不可分（此文最完整的版本是完成於一九三六年的第二版）。此文的討論範圍涉及廣泛，從古代錢幣的鑄造、近代的石版印刷、後來的照相術，直到班雅明那個年代的電影技術狀態。至於它的基本主題，則存在著許多不確定性。難道這不是一份探討電影的著作？不，它沒有討論任何一部電影，僅僅提到卓別林和米老鼠這兩個電影「人物」，甚至連艾森斯坦都略而不談。實際上，此文的主題就是媒體（雖然「媒體」概念當時尚未存在），既然媒體涵蓋的範圍比較廣泛，電影當然也包括在其中。所以，人們在閱讀此文時，至少會期待班雅明探討廣播（班雅明曾從事廣播工作，因此廣播是班雅明曾使用的媒體），並以更長的篇幅論述出版社和報紙（他也確實關注過這種大眾傳媒）。還有，「靈光」是這整篇文章裡，最廣為人知的「觀念」，它似乎跟美及美學比較有關，而跟作品的機械性複製比較無關，甚至班雅明認為，正是後者導致靈光的消失！

如果我們認為班雅明這篇文章是在闡述一種（關於「現代」、或可能關於「媒體」時代的）新美學，就會錯過它的主旨。其實班雅明已明確地表達此文的政治功能，也就是「排除

（beiseitesetzen）從前所流傳下來的若干（原按：審美的）概念」（III, 101; VII, 350）。後來英文譯者將 beiseitesetzen（排除）英譯為 set aside（使無效），這等於使這個具有策略性的德文動詞產生「抵銷作用」，並將這句話推向一個更有用的方向，而這恰恰是班雅明的意思：也就是讓傳統的審美概念無法發揮效力，從而解除它們的「武裝火力」，就如同人們阻撓兵工廠的運作，並破壞其大量生產的武器那般。從這個意義來說，班雅明在這篇文章裡的鋪排，就是要讓審美化——更確切地說，要讓法西斯主義——無法再利用文藝批評裡的那些舊式的、已過時的價值。

我們毋須認為，科學技術是導致舊有的文學藝術思想過時的主要因素：我們很容易忘記，具有效力的大眾政治（mass politics）遲至（距今還不算久遠！）一戰後，才隨著相關政黨和運動的努力取得成果，而得以存在。這些政治黨派和運動所發起的群眾示威抗議，在人類歷史上首次持續占據了時代舞台的中心位置，而不再只是少見的、時斷時續的爆發性事件。換句話說，數量（number）此後將在班雅明思想裡扮演主要的角色，並作為其中的一個結構性基本範疇。對他來說，大眾已支配著若干新的範疇，也支配著一種新的思維形式，因此，大眾不是（專門研究工業時代新出現的大眾的）社會學的研究主題。

〈機械複製時代的藝術作品〉是班雅明接受法蘭克福學派友人的邀稿，而為該學派的

《社會研究期刊》所撰寫的論文。它的第三個、也是大家最熟悉的版本，其實是這些友人的審稿結果。由此可見，最能彰顯班雅明的（或其摯友布萊希特的）政治思想發展的內容，已在第三版被刪除。這篇文章其實不是一份開宗明義的論證，而是由一組論題所構成的，並且這些論題的重心，還隨著一節又一節的論述而發生轉移。此文在形式上，就和班雅明許多長篇論文一樣，不過，他的長篇論文真正的形式僅清楚地顯現在其中的最後一篇，即〈論歷史的概念〉。我想把這種由若干論題所組合而成的論文形式——也就是我們在前面談到的「插曲化」（episodization）的寫作手法——比擬為視點不斷在廣大空間裡游移、因而缺乏透視消失點（vanishing point）的當代攝影。在此文裡，電影就是其中一個論題。如前所述，〈機械複製時代的藝術作品〉雖大獲佳評，但絕不是一份討論電影的論文，畢竟它只順便提到卓別林和迪士尼（Walt Disney, 1901-1966）這兩位導演（連艾森斯坦都略過不談），根本沒有提到任何一部電影[1]。實際上，電影在這篇論文裡，不過是班雅明那種沉潛在歷史裡——尤其沉潛在歷史變動或變遷裡——的思維發展所拋上來的一只浮筒罷了！

我個人覺得，必須把班雅明的〈機械複製時代的藝術作品〉當作他在一九三一年寫下的

1　譯註：作者在此說法有誤，請參照《機械複製時代的藝術作品：班雅明精選集》，頁39-45。

〈攝影小史〉的續篇。因為，他在〈攝影小史〉裡已經以規模較小卻類似的方式，預先解讀創作媒介的歷史演變過程。至於〈機械複製時代的藝術作品〉一文則處在一種我們將發現的、且對班雅明歷史思想造成影響的對立關係裡，也就是類比（analogy）和因果（causality）法則的對立關係。

〈攝影小史〉對攝影的初步研究，也揭示出班雅明對攝影技術的各種探討核心所存在的矛盾，而使我們獲益匪淺。其實這也是一切攝影理論（也就是和時間有關的理論）的核心所存在的困境。換言之，照片有別於客體世界裡的常態，因為其本身同時存在於過去和現在，即使過去已經消失。一些最有影響力的攝影理論（例如蘇珊·桑塔格〔Susan Sontag, 1933-2004〕、羅蘭·巴特和班雅明的理論）已從攝影本身既存在於過去、亦存在於現在的必然性裡，取得不錯的研究成果，並且把論述聚焦於攝影在本體論上的矛盾。這種矛盾正是攝影獨一無二的特質，人們應該描述它，卻不該解釋它。

這個矛盾不斷重現在攝影現象所涉及的一切範圍裡。攝影現象表明了攝影的雙重性：既是科學技術，又是藝術；既是圖像，又是視覺產業的產物；既是歷史事件，同時也是陶器的碎片或靜立的紀念碑；這種矛盾其實也出現在「圖像」概念的核心裡，卻從未獲得解決。攝影應該是以一項科學發明而被列在編年史裡，作為人類感官經驗的延伸，它在一定程度上已使得本身的理論化變得疑難而棘手。我相信，攝影始終陷在視覺性（visuality）本身的難題裡（儘管也陷在聽覺領域和廣播錄音都必須面對的、可複製性的難題裡），因為攝影本來就屬於原件複製（如果原件存在的話）的視覺領域，而且錢幣的鑄造、書籍的印刷或電影本身，也都屬於這個領域。其實我們在談到聽覺圖像（acoustic images）時，其視覺性彷彿是那塊樹立在感官資料和意義之間的主要界碑。不具意義或理論性內容的純視覺，完全是偶然，至於視覺概念則和觀念論有關，同時還帶有哲學觀念論的、以及（尤其是）抽象性和普遍性的一切難題。人們以種種現代哲學的思想，縫合了各自獨立的身與心（mind and body），不過，仍無可避免地留下淡淡的疤痕。（因此也無可避免地把我們帶回到令人嫌惡而又發人深省的原始時代，人類就是起源於這原始大地生意盎然的紛亂裡。）

然而，在文體論領域裡，歌德著名的「細緻的經驗主義」概念卻使我們找到了介於抽象分類和視覺觀察的折衷物，而且我們還可以假設其中存在著某種「原型」（Urform）。此時我們可以清楚地看到，班雅明的「思維圖像」恰恰是這種折衷物，即含有理論性內容的圖像。「思維圖像」在圖像範疇和理論範疇之間「斡旋調和」（mediate; vermitteln；這正是歌德所使用的詞彙！），從未完全屈從於任何一方。不過，如果班雅明所謂的「思維圖像」可以在語言裡獲得客觀性實現，那麼我們至少可以看到，照片如何為班雅明提供某種遙遠的、具有互補互惠之形式的、且屬於視覺範疇的「思維圖像」。繪畫則完全屬於視覺領域，只有當人們在複製繪畫時，繪畫才具有作為圖示或實例的理論性和抽象性的功能（馬樂侯的《沉默的聲音》〔*Les Voix du silence*〕這部反思藝術的論著，正是透過作品起初的複製來強調這種抽象化過程）。至於照片始終帶有思維性。它們可能像飽受批評的家庭合影照片（作為所有攝影美學的最低點）或甚至個人肖像照一樣，帶有感傷的思維，也可能像遊覽城市所拍下的照片一樣，帶有觀光客的思維。雖然阿特傑鏡頭所捕捉的那些粗陋的城市街景已經證明，遊覽城市所拍下的照片也能昇華為「偉大的藝術」（班雅明所稱的「犯案現場」）！不過，人類的智識與關注（從心理學和哲學的層面來看）必然會介入自己所收到的感官資料和所完成的作品之間，並做出決定：因此，攝影者按下快門時的畫面揀擇，等於已迅速勾勒出本身的思維。至於遊蕩者則是攝影者的先驅。（波特萊爾正是現代遊蕩者的例證，這位吉伊〔Constantin Guys, 1802-1892〕[2]口中的「現代生活的畫家」曾用他那枝妙筆捕捉巴黎當時仍在發展中、尚未定型的種種。）

因此，我們可以認為，班雅明的〈攝影小史〉已為日後的〈機械複製時代的藝術作品〉

2 譯註：十九世紀法國畫家，除了創作水彩畫之外，還為法國和英國報紙繪製插圖。

留下可依循前進的蹤跡，而前者比後者更模糊的論述意向便因此彰顯出來。班雅明在〈攝影小史〉的頭幾頁裡，直接詳述照相從發明到商品化的發展，並聚焦於照相底片演進的必然性。

攝影在當時已顯示出以下兩個外在限制：首先，照相術的發明、發明者達蓋爾、早期攝影家納達爾（Félix Nadar, 1820-1910）以及攝影史上的第一張照片全都屬於手工製造業的範圍。手藝的工作也和說故事有關，而和小說毫不相干；至於歷史，則如我們所見的，無法真正被講述出來。生產製造就是攝影理論本身那個具有馬克思主義精神的核心，而且人們還會把攝影理論跟攝影所有的美學術語——例如靈光——比較一番。這些美學術語看來就像審美價值或審美理論那樣，可以獨立存在。

在攝影史發展的另一端，我們必須把攝影產業的商業化理解為商品化，而這種商品化趨勢正是攝影的另一個外在限制。雖然班雅明未使用「商品化」這個詞彙，但他為當時的攝影商品理論所增添的內容，卻可以闡明他在〈機械複製時代的藝術作品〉結語裡所談到的審美化現象[3]之所以存在的原因，而且也讓我們清楚地知道他的見解：審美是一種用來回復原件

3 譯註：即法西斯主義者所推動的政治審美化。

之表象的補償性倒退（compensatory regression; kompensatorische Regression）。布迪厄（Pierre Bourdieu, 1930-2002）與四位作者所合寫的《論攝影：一種中等品味的藝術》（*Un art moyen*）[4]是一部值得關注的論著。他們記述業餘攝影的幾個特徵，同時也肯定班雅明在〈機械複製時代的藝術作品〉裡對於攝影的理論化。他們指出：業餘攝影的第一個特徵，就是自詡為藝術家的業餘攝影者對全家福照片所表現出的、徹頭徹尾的鄙夷：因為他們從事攝影的主要動機，首先就是要逃離自己的家庭和親人，要建立一種獨立於資產階級社交空間以外的生活。由此可見，業餘攝影顯示出本身是一種「逃生路線」，一種對抗資產階級社交圈（雖然它是「少數人」的圈子）的藝術形式。

這種業餘攝影的第二個特徵，則隨著第一個特徵而出現。從這方面來說，第二個特徵可被視為一種否認政治的藝術形式，而且這個時期的業餘攝影師，也全力逃離已具有產業或商業性質的攝影。他們都想採借繪畫美學，使本身所熱愛的攝影得以從中獲得美學的合理性。因此，這種業餘攝影的美學其實是一種二手的美學，而且顯然忽略了照相術的技術層面，以及照片複製的種種問題（甚至也無法察知照相術本身就是一種困境，誠如當代或後現代攝影

4　譯註：這裡將本書書名誤寫為 Un art mineur，譯者已做訂正。

理論所提到的）。這種從他處採借而來、為本身之合理性辯護的攝影美學，正是「退步」（regression; Regression）這個班雅明在他那些（探討各種主題的）著作裡不斷使用的詞語所指稱的東西，也是最終被他評斷為法西斯主義之表徵與（就另一方面而言）結構的東西。班雅明認為，在攝影大規模商業化和商品化的危機裡，「創造性」（the creative; das Schöpferische；班雅明在使用這個詞語時，曾大大加重其諷刺性）「便愈發成為人們一味崇拜的對象（fetish; Fetisch），這種創造性的特徵所蘊含的生命力，乃源於各個時期所流行的闡釋方式的轉變。因此，攝影的創造性就是攝影對於流行的迎合。『這個世界是美好的』正是這種流行所喊出的口號。」班雅明還在他生前最後一篇長文〈論歷史的概念〉裡表示，流行風潮是「老虎朝向過往的撲躍」。不過，我們在這裡先撇開這句話不談，而仍關注他在〈攝影小史〉所使用的「崇拜的對象」（fetish; Fetisch）這個詞語（馬克思使用該詞語時，把它「定義」為「商品」），並察看他持續對於「藝術的精巧」、「美好的表象」（schöner Schein）和美學本身的抨擊。他認為，審美化會顯現為美學、補償作用、退步、以及某個世界之表徵的形成，而且人們可以藉由剝除、藉由阿特傑的暴力（他把人物從畫面中移除，因而破壞了人本主義的意識形態範疇）、藉由除去（譯按：和廣告宣傳有關的創造性攝影〔schöpferische Photographie〕的）那些「耽於幻想的、不是為了認識商品，而是為了銷售商品的攝影題材」的神祕性[5]，而以更好的方式來展現該世界。因此，他便藉助自己（在《採光廊街研究計畫》裡）所提出的「幻象」概念，以負面性和破壞性的方式，恢復一切事物真實的原貌，並含蓄地為佛洛伊德（在夢的解析過程中，冷酷地剝除夢境本身之魅力和審美吸引力）的研究方法背書。

在這裡，可裨益和啟發我們閱讀〈機械複製時代的藝術作品〉的東西，就是這種弔詭的方式；把時間因素引入攝影分析，而藉此更直接地思考攝影，並使攝影的視覺性擺脫唯美主義的諸多誘惑。攝影者「發現一道純粹的、巧妙的閃光可以完成什麼，而這道閃光比人們為視覺愉悅性所進行的種種安排更為重要」，查拉（Tristan Tzara, 1896-1963）[6]用這句話來描述攝影，就好像他把手邊的燈源轉向一張感光紙。從班雅明獨特的「摹仿」或「類似性」概念，而非就〈機械複製時代的藝術作品〉的影像複製（也就是為了數百萬人而大量複製的影像）而言，各種記錄影像的機械裝置已凌駕於我們的身體及其感官知覺之上，其優勢性可能已大幅超越我們原先對電影的預期，而且日後還顯現在電腦的新勢力裡，因而催生了那些尤其和「後人類」（posthuman）時代有關的理論。

5 譯註：指和廣告宣傳有關的創造性攝影（schöpferische Photographie）裡的題材。

6 譯註：羅馬尼亞裔法國詩人，也是達達主義運動的發起人。

我們在這裡需要保留的東西，就是時間對於帶有靈光的影像本身所產生的雙重效應。我們將會看到，班雅明〈攝影小史〉所提出的「靈光」概念不僅遠遠超越科學技術對攝影的定義，而且還使攝影回歸審美價值（這當然是攝影的起始點）的領域。審美價值僅以政治形式出現在〈機械複製時代的藝術作品〉一文中，而在它著名的結語裡，班雅明寫下了他的結論：他預見世人面臨一個重大的選擇——應該讓嶄新的影像媒介的運用，合乎法西斯主義者的目的？或合乎共產主義者的目的？

我們在〈攝影小史〉裡，看到了攝影這種新穎的技術形式比較不同的歷史面貌，或許我們還可以更純粹地從審美品味的角度來建構它的發展：早期的照片（尤其是銀版照片〔daguerreotype〕）所具有的價值，至少有一部分和工匠的手藝有關，畢竟照相最初是一種跟拍製者身體及其動作所直接參與的技術操作密不可分的活動。但是，那個最早投入攝影的藝術家／技師世代，終究不敵後來湧入這個領域的資金，這是可以料知的事。班雅明便談到：「來自四面八方的生意人後來便湧入職業攝影師這門行業，攝影的品味也隨著底片修圖的普及……而驟然崩壞。」

班雅明藉由真正的辯證法——即馬克斯和黑格爾的研究方法——所展現的優異實效來追蹤攝影的發展。於是他確認，拍照對象或照片內容的發展會伴隨著攝影技術或形式（更糟）

的演變而出現：「在早期的攝影裡，拍照對象和拍照技術彼此相合無間，但它們卻在往後攝影藝術的衰敗時期分道揚鑣。」其實連盧卡奇自己，也無法再以更好的方式將歷史的主體和客體這兩種平行存在的獨立體連結起來。靈光顯現於照片的時刻（我們將在某個時刻檢驗這一點）符合了靈光在真實生活裡的顯現，而湧入攝影這門行業的生意人就像攝影者那樣，彷佛也處於攝影的演變發展中。這些生意人和攝影者就是資產階級社會本身。〈攝影小史〉這份文本曾為我們舉出若干人像照的實例：其中年老的謝林（Friedrich W. J. Schelling, 1775-1854），和（尤其是）那幾位市民（burghers; Bürger）恰恰代表可填補十八世紀富商巨賈，和十九世紀中葉圓滑狡黠的新富之間的演化空缺的過渡性族群：凱勒的小說《馬丁．薩蘭德》（*Martin Salander*）、托瑪斯．曼的小說《布登勃洛克家族》（*Buddenbrooks*），特別是那間出現在左拉（Émile Zola, 1840-1902）小說裡的大型百貨公司（它已稍許超出巴爾札克的眼界），都呈現出十九世紀新富階級的生活，而我們則從那間大型百貨公司對街的一家傳統布行的樓梯走下，並從那兒擺放的一綑綑布匹裡，挑選我們的衣料。從前的世界仍製作出「經久耐用」的衣服（班雅明不僅要以「經久耐用」形容照片裡的物件，還要形容銀版照片本身。）：「肖像照人物的衣著摺痕也有更久的持續性。我們只要看看謝林的那件外衣，便可以明白這一點；那件外衣可以信心十足地走向永恆，因為它在穿著者身上所呈現的樣貌，就跟穿著者臉上的皺紋同樣有價值……（原按：最早期的）攝影師對每一位顧客來說，首先是接受最新訓練的技師，而每一位顧客對攝影師來說，則是新崛起的社會階層的一分子，他們身上的靈光甚至已滲入他們的外衣或領結的皺褶裡。」但是，我們也不該使「新崛起的社會階層」一詞和衰敗的傳統市民階層所呈現的悲哀圖像顯得如此格格不入（盧卡奇的論著或沙特的《家中的白痴》（*L'Idiot de la famille*）都呈現出，市民階層的「崛起」已在一八四八年[7]停頓下來）；至於左拉和莫泊桑在小說裡所描述的市民階層的復興則「符合」照相技術的演進（我在此使用我正在說明的、馬克思和黑格爾辯證法的簡化版）。班雅明希望我們把攝影的發展，理解為影像在機械性複製方面的進步，特別是底片因為本身感光度提升，而縮短需要的曝光時間。班雅明曾談到[8]，在早期的銀版攝影裡，那些為了配合底片的成像、而在鏡頭前久久靜止不動的入鏡者，彷彿已經永恆不朽，而且長久的曝光時間本身就是一種靈光。因此，我們凝視銀版照片所感受到的，正是底片成像過程所歷經的漫長時間：此時人們已親眼看見，照片的靈光和真確性正是照片成影過程之時間性的證據。後來照相館的出現，以及被拍攝者在鏡頭前所擺出的「具有藝術美感的」姿勢，都成為攝影這門新興產

---

7 譯註：一八四八年，歐洲各國陸續爆發反抗君主和貴族體制的武裝革命，但大多以失敗告終。

8 譯註：見班雅明〈論波特萊爾的幾個主題〉一文。

業企圖以人為方式恢復早期照片所帶有的（而今卻已喪失的）靈光的嘗試；這裡存在著一個盧卡奇思想的主題，而班雅明對這段攝影史的不以為然，或許是基於自然主義的觀點，以及本身對巴爾札克寫實主義直接刻畫現實的贊同。我在不久前曾讀到一份書評，其內容聲稱，要吸引我們關注時間本身在美食裡所扮演的角色，而且不只是我們依照食譜烹飪菜餚的時刻，還有品嚐料理的當下。召喚出靈光性作品所吞食（einverleibt）的時間性，就相當於召喚出古籍珍本成書的時代，以及那些已從各種不同的小說體驗轉化而成的經驗。或許這種召喚也和孩童透過一整天不斷在電影院裡觀看自己喜愛的影片（從前只要觀眾不出場，就不需要再另外購票）而試圖將其據為己有關。那麼，我在這裡是否應該補上米榭勒（Jules Michelet, 1798-1874）[9]「歷史就是時間！」（l'histoire, c'est le temps!）這句話？至少他一定曾想起一七八九年八月四日那個風起雲湧的夜晚[10]，才會寫下這樣的吶喊：

> 多麼偉大的一天！你已讓我們久候多時！我們的先人長久以來，一直在等候著你，夢想著你！……他們當時僅指望後代可以見證你的到來，才讓自己繼續撐持下去，不然，他們實

---

9 譯註：法國歷史學家、哲學家暨浪漫派詩人。

10 譯註：這一天，剛成立的法國國民會議正式廢止一切貴族特權、而使全民平等獲得法源基礎。

在無法存活，早已死在工作崗位上……作為他們的伴隨者，我在他們身旁從事歷史研究，並喝下他們的苦杯。除了他們，還有誰曾允許我援救痛苦的中世紀，而且不致於命喪其中。那麼，你——光輝燦爛的一天——是不是自由的第一天？……我活著，就是為了訴說你的故事！[11]

這其實就是米榭勒慶幸法國人民脫離苦海的吶喊！他在完成厚達數冊的《法國史》後，終於又執筆（他當時尚未使用打字機或口授方式）書寫法國大革命，至於承載他昔時吶喊的紙頁上的乾墨汁，當然還散發著本身所帶有的靈光！

因此，把〈攝影小史〉置於〈機械複製時代的藝術作品〉之上，並優先閱讀前文的好處就在於，班雅明已在前文裡闡明主體和客體、攝影器材和攝影主題之間的辯證，並且提醒我們：歷史仍存續於主體與客體裡，而且客體的歷史必然以某種方式伴隨主體的歷史而出現（反之亦然）。聚焦於攝影或電影這些媒介在科學技術上的發展史，其弱點就在於它們忽略了在社會史裡、在新興媒介也必須「呈現」的原始材料裡，所出現的那些平行發展。所以，

11 原註：請參照 Jules Michelet, *Histoire de la revolution française*, Vol. I, Paris: Gallimard, 1952, 203.

這裡就是我們再次面對，且以更恰當的方式面對「靈光」問題的地方（相當意外的是，我們在此也同樣要面對說故事和說故事者的問題）。

二

「靈光」（Aura）是班雅明特別著名、也特別重要的概念，而「靈光」概念的問題，往往就在於使它發揮作用的那些多重理論性脈絡（multiple theoretical contexts）。班雅明對「靈光」一詞的選用（這使該詞跨越了西歐語言）顯示出他對感官知覺模糊性（sensory ambiguities）的策略性運用：Aura是一個和繪畫有關的詞彙，通常是指聖像頭部後方的環狀光暈（nimbus）。從語源學的角度來看，Aura也是希臘文和拉丁文詞語，意思是指「帶有芬芳氣息的微風」。由此看來，靈光在觸及感官知覺的邊緣時，會傳達出某種可感知的、非物質性的東西，同時還保留了已被精煉到最超越凡俗、且可被身體直接感知的東西。靈光訊息的傳達是透過本身的意象化特性，而非那些表示靈光的用語。靈光可被視為某種經驗的名稱，而經驗（Erfahrung）一直都是班雅明思想的核心主題之一（倘若我們不只把經驗當作偶然發生在自己身上的事情，而是從柏拉圖哲學的觀點，把經驗理解為一種持久的存在）。這種具有持久的存在形式的「經驗」在歷史裡的式微或消失，已成為重要的、且值得關注的現象。

當然，靈光取決於現象學的分析。班雅明在〈機械複製時代的藝術作品〉一文裡，曾數次提到靈光，比方說，他在把靈光定義為「存在於遠處的獨特現象，雖然它可能近在眼前」（III, 104-5; VII, 355），而這個定義也彰顯出班雅明遣詞措句的精細與微妙之處。我相信，我們最好一開始就從生物學角度，探索班雅明對「靈光」的「定義」，也就是聯想到那層包覆生物體、使其與外在世界、與它者有所區隔的薄膜組織。薄膜組織所形成的區隔就是「距離」，即內部和外部之間的距離，本身（例如，我的身體）和非本身之間的距離：正是這個距離使靈光之源得以進入客體本身，也就是進入意識的客體，或進入後來阿多諾所謂的「具有自主性」的藝術作品裡。

然而，以上的描述所呈現的靈光的形態，卻不可簡單地視為靈光的一個特徵，也就是與「近」並列在靈光的形容詞清單上的特徵。在這裡，「遠」和「近」的關係是一種絕對的、嚴謹的辯證關係：「遠」和「近」會相互定義對方，如果對方不存在，本身便無法被理解。被劃分為兩個截然不同的詞語，正是它們在穿越語言那條必須經過的通道時，所留下的記號或傷疤。它們的組合必定被理解為矛盾的、不協調的組合，但我們也會領悟遙遠的近處，親密的、無限親近的遠處的獨特性。帶有靈光的外在「客體」必然與我們十分接近，同時也遙不可及。這種高難度的組合，便意味著這種客體其實是一種極為罕見的、獨一無二的類型，而它們也因為本身需要這種矛盾性，而被界定為「審美的」客體；至於人們對靈光經驗的描寫，則經由逐一而詳細的敘述，而進入「美學」這個獨特的哲學領域裡。（美學自康德以降，便與知識論、倫理學同為哲學的三大範疇，因為康德基本上已把形上學——基於其超驗性——排除在理性思維領域之外。）

在這裡，「靈光」幾乎已成為「美」的同義詞，而「美」仍是學院美學的主要構成概念。實際上，「美」也是阿多諾美學的核心，而且極其微妙複雜。即使（尤其是）我們想藉由浪漫派和雨果的作品，而將「醜」引入藝術經驗裡，但我們對「醜」的認定卻仍停留在「美」的力場範圍。至於「表象」作為更廣義的、或許更有用的哲學概念（尤其對德國普遍的哲學傳統和班雅明思想而言），仍和「美」密切相關，因此也和靈光有關（儘管是隱性的關聯）。從歷史來看，只有（起先與席勒劇作有關的）戲劇美學概念，以及後來新穎的建築美學概念，曾設法為本身爭取到與表象或美無關的存在空間，不過，我們不宜把這些戲劇和建築的美學概念視為「靈光」的反義詞。我們處理班雅明這個獨特的術語所面臨的困境之一，就是它本身沒有反義詞。所以，我們不該把「無靈光性」（the non-auratic）當作「靈光性」（the auratic）在辯證上的對立面，畢竟「無靈光性」只是一種缺乏靈光的狀態。既然影像作品欠缺靈光，我們就難以將任何像電影美學這一類的美學（更別提媒體或新媒體的美學！）視為班雅明美學。因此，靈光（連同「美」的概念）的失落，便導致美學這個哲學分支的終結！

「靈光」這個非比尋常的概念，其功能在這裡便受到修正：靈光因為本身的式微或消逝，而脫離了原本的體驗功能和審美功能，並成為一種歷史標記。靈光從藝術裡——也無疑從人類普遍的經驗和知覺裡——消失，可以是一種徵象，也可以是我們所謂的「現代性」的定義。如果靈光已從我們的周遭消失，我們就會發現自己置身在被認定為「現代」的環境裡。在這種情況下，我們如果要把「靈光」概念進一步細緻化，就會把現代性的其他特徵轉回到「靈光」上。現代性跟工業及機器的關聯也讓我們注意到，靈光可能和手工製造業及其工具有關。（我們其實已看到，班雅明在闡述說故事獨特的手工業本質時，確認了這種相關性。起初我們閱讀〈說故事的人：論尼古拉．列斯克夫的作品〉時，還無法真正看到靈光現象，不過，隨著他在這篇精采文章裡對說故事活動的鋪敘與探討，靈光和說故事之間更深層的相互關係便開始顯現出來。）

我們如果在現代性脈絡裡思考靈光，也會獲得其他的哲學成果。然而，我自己一開始在闡述靈光時，卻忽略了某種次要的關聯性，而它似乎總是存在於班雅明難得清楚說明靈光的嘗試裡：「當我們在某個夏日的午後躺下歇息，看著**地平線上的山脈**或注視**那根投影在我們身上的樹枝**時，我們便已浸潤在這片山脈或這根樹枝的靈光裡。」[12]換言之，我所謂的次要的關聯性就是大自然本身，而阿多諾則在《美學理論》（*Ästhetische Theorie*）一書裡，指出「自然之美」的難題。這種次要的關聯性使我們聯想到經常（若非一直）藉由召喚大自然本身、而試圖合理化本身之存在的某種已過時的美學。當靈光式微，而大自然也逐步走向毀滅時，這種過時的美學便顯得更為不祥！（生活在當前這個時代的我們，比班雅明那個世代更了解大自然的危機。畢竟班雅明世代的人們只熟悉一戰後那個荒涼的歐洲。請參照班雅明的〈經驗與貧乏〉一文〔II, 732; II, 214〕。）既然大自然受到威脅，身為主體的人類的生理機能和知覺能力當然會隨之降低，或換言之，面臨經驗的貧乏化，而人類經驗的貧乏化則以否定的方式，為「現代性」提供另一個定義。

不過，靈光的脆弱性，以及最終從過往之生活世界的消失，卻啟動了另一列思想列車，而使「靈光」這個令人捉摸不定的概念產生另一個功能，以及全面具有原創性的文化詮釋路

12 譯註：出自〈機械複製時代的藝術作品〉。為了讓中文讀者更清楚掌握本書作者的論述，譯者在這裡擴大了引文的範圍。引號內的引文為班雅明所寫下的完整句子，而粗體的部分，則是本書作者從中所節錄的文字。

線（最終則是政治詮釋路線）。那麼，在靈光已大幅消逝的現代性裡，有什麼是比藝術家或其他認同靈光的人士那種意圖恢復靈光（或至少以人為方式再現靈光）的嘗試，更勢在必行的東西？這種恢復靈光的嘗試雖然阻礙了班雅明以批判角度使用「退步」概念，卻為那些已認清現代主義的困境、而避之唯恐不及的創作者，提供一個嶄新的策略，例如抵擋種種城市體驗（Erlebnisse）所造成的震驚的波特萊爾，或在以玻璃和鋼材打造的建築裡、排除裝飾和過多視覺元素的科比意。這種恢復靈光的新策略，就是要恢復人們對社會與審美的豐富幻想。人們把該策略視為一種審美化，並用它來掩飾資本主義社會的貧乏性，而使它逐漸和資本主義的基本邏輯——即商品化的基本邏輯——連結在一起。審美化其實就是透過商品來慶祝本身的勝利。審美化的勝利也包括戰爭的美化（而相關慶祝儀式的舉行就是一種審美經驗），並在法西斯主義裡達到巔峰。

因此，靈光（或至少從現代史消逝的靈光）便成為一種診斷工具。但「靈光」的反義詞無法作為建構現代新美學的工具，畢竟「靈光」概念在結構上缺乏真正的反義詞（因此，班雅明建議，只有把經驗政治化和歷史化，才能改正法西斯主義的審美化）。在現代資本主義世界這種艱難的環境裡，可避免退步、並為藝術創作提供另一種真正選擇的進步性藝術，會迴避「靈光」這個已過時的、將其他事物審美化的概念。班雅明所暗示我們的，其實和藝術毫不相干，他在〈超現實主義：歐洲知識界的最後一瞥〉一文的末了，曾提出若干令藝術家感到沮喪的問題，例如「藝術家（譯按：在無產階級專政後）主要的新功能，難道不是中斷本身的『創作生涯』？」（II, 217; II, 309）換句話說，他要藝術家完全放棄藝術，而展開另一種智識生活：政治的智識生活。

就某方面來說，班雅明本身已在實踐這種左傾政治的智識生活，雖然他也清楚地看到在資本主義體制下，自己身為報章雜誌文化版撰稿人的生活所固有的矛盾，並時常詳述這些矛盾。針對這種生活矛盾，我試著從理論方面提出一個更深層的解決之道：也就是放棄像倫理學或美學這類的範疇，放棄以個人領域及其限制和有限功能為前提的範疇，而以數量、大眾和多樣性這些嶄新的範疇取而代之。在後者的範疇裡，像靈光這樣的經驗雖不存在，但或許我們還可以獲得另一種經驗。

我們發現，班雅明在〈攝影小史〉裡對靈光的說明，遠比在〈機械複製時代的藝術作品〉裡對靈光的概述，更為精確而複雜。靈光本身——就像我們在攝影裡看到靈光注定的演變和結局那樣——具有正、反兩面：它們似乎是辯證關係的對立雙方，由於班雅明對它們都深入闡述，因此，它們已迅速消融在班雅明某些錯雜的感覺裡，以及某種同時含有兩個相互對立之訊息的雙重綁定（double bind）裡。靈光的正面形式，讓班雅明為靈光留下一些可靠而真確的闡述，並賦予靈光絕無僅有之經驗的獨特價值。至於人們運用靈光所顯示的負面形式在班雅明眼裡，則是許許多多文化騙術的主要部分。這種以靈光作為主要幌子的文化騙術，補償了工業製造的「千篇一律」和大量標準化生產所導致的商品化的貧乏（commodified poverty）。因此，這種仿造靈光的負面形式，便大受班雅明撻伐。至於在〈攝影小史〉裡，靈光原本看似相互矛盾的正、反兩面，後來則隨著班雅明敘述攝影史的變遷——從最初照相術的發明時期，到人們全力對照相的商業開發——而變得調和一致。（II 507-30; II, 368-85）

班雅明在〈攝影小史〉裡提供我們思索的材料，遠遠不只「遙遠之物不同凡響的顯現，不過，卻有可能近在眼前」這個定義靈光、而後又重複出現在〈機械複製時代的藝術作品〉裡的句子。他還談到，影像的機械性複製既弱化了靈光本身的辯證關係的正面形式，也拉近了大眾和現象之間的距離，這是因為「在圖像裡，更確切地說，在複製的影像裡，捕捉（habhaft zu werden）身邊的事物，已成為現代人日益迫切的需求。」班雅明在這裡所使用的德文原文 habhaft zu werden（捕捉）和它的英譯詞彙 possess（擁有）並不一致，畢竟前者在語意上遠比後者更有觸覺性，更有手藝匠人的意象，且與人體更親近，因此，跟「擁有」這個問題所喚起的合法性網絡比較疏遠。大眾在這裡所擁有的複製性影像，與其原作或原件之間的根本差異，就像時間和永恆之間的差異那般：「在原作或原件裡，唯一性（Einmaligkeit）與持久性密切相關，而在複製的影像裡，可重複性（Wiederholbarkeit）則和暫時性密切相關。」我覺得，布萊希特和古希臘哲學家赫拉克利特（Heraclitus of Ephesus, 535-475 B.C.）關於暫時性的形上學思想已在此文裡被喚起，但它們又迅速地變成一種方法：這種方法比較不是為了製造疏離效果，而是為了揭穿，靈光其實是用來掩飾遠遠更不愉快之現實的幌子。因此班雅明接著寫道：

剝除包覆事物的外殼，並消除圍繞事物的靈光，便表明了人們的一種察覺。這種察覺大大地提升了世界上所有相似之物的意義，以致於人們還會從具有獨特性的事物那裡，透過複製的手段而獲得一些相似之物。

我們在這裡和幻象、和那個充斥摹仿的商品化世界已相距甚遠，而是走向一場奉行始終不變之真理的政治修行。班雅明再次把阿特傑召喚到證人席上，並讚揚其攝影作品裡，那些空蕩蕩的巴黎街道所呈現的新奇性，而且「已在人們與環境之間預備了一種有益的疏離關係」。緊接著，他寫下一個很重要的句子——而其中的承諾直到在後來的〈機械複製時代的藝術作品〉裡，才得以實現——並召喚出一個靈光已被剝除之世界的、迷惑已解決的新視像：他聲稱，阿特傑所拍攝的照片「讓那些受過政治訓練的人可以一覽無遺地看到，那種為了讓局部細節清晰化而充斥著生活親近性的空間。」這也是班雅明讚許人們抱持嶄新的政治洞見的獨特方式。或許他在〈攝影小史〉前幾頁所闡述的早期照片的親近性，值得我們重新審視，畢竟這些影像所呈現的親近性，十分需要各種各樣的現代視覺分析（諸如弗利德的「吸收」〔absorption〕、羅蘭・巴特的「刺點」〔punctum〕和羅莎琳・克勞斯〔Rosalind Krauss, 1941- 〕的「視覺無意識」〔optical unconscious〕這些概念）。舉例來說，「希爾（David Octavius Hill, 1802-1870）[13]曾有一幅以紐哈芬港（New Haven）漁婦為主題的攝影作品。在這張漁婦帶著散漫而迷人的羞澀，且垂眼看著地面的照片裡，我們可以看到某種既不存在於希爾的肖像攝影、也不該被消音的東西……執意要展現，究竟有誰曾生活在這個世界上，而且至今仍然具有真實性，仍然不願徹底消失於攝影『藝術』當中。」這種照片本身怪異而出色的內在性，或許已超越了弗利德希望以「吸收」概念來捕捉的東西，而開始趨近於巴特的「刺點」概念。其實我們在這裡已注意到，這些照片奇特的內在性，就

13 譯註：蘇格蘭畫家暨攝影家。

是照片人物的目光所帶有的、全然不同於觀看者、且無法被觀看者所吸收的他性（otherness），而不是僅僅偶然出現在照片上的某個視覺性細節。班雅明在這裡還提到一對夫妻在訂婚期間所拍攝的照片，照片中未婚夫「似乎挽著她；不過，她的眼神卻越過了他，宛如緊盯著未來將要承受的災厄……照相機鏡頭所捕捉的自然，並不同於人的眼目所看到的自然。此二者的差異尤其在於，人類的無意識所編織出來的空間（譯按：即攝影所呈現的空間）已取代了人類的意識所編織出來的空間。」我們會想思索，我們本身所看見的對象和它們呈現在我們眼前的樣貌之間的差別，而拉岡正是從沙特的思想中，推論出這種差別。[14]依據班雅明的觀察，在攝影的早期，有些人對照片中清晰的人像會感到很害怕，因為他們覺得「照片中那些小小的人臉正看著我們」。

這便使我們想起，不只部落社會的人們，甚至連巴爾札克本人當時也相信，照片會偷走自己靈魂裡的某種東西，而且人們很可能這麼猜想（雖然班雅明從未如此）：當自己在觀看照片時，照片裡的人物——即他者（Other）——也同時在觀看自己。至於人們在觀看團體照時，則是照片上眾人（即大眾）本身的他性在注視著自己；團體照的眾人就和從前銀版照

14 原註：請參照 J. Lacan, *Seminar XI*, Paris: Seuil, 1973.

片的人物一樣，顯得死氣沉沉，而且這些早已被我們忽視的群眾，還在注視著我們。

在哲學家謝林留影於一八五〇年的那張照片裡，靈光已把他身上那件外衣的織理和質感永久留存下來。從這方面來看，靈光也算是一種物質，即時間裡（而非空間裡）的有形之物。班雅明曾思索最早一批出現在照片裡的人們：由於這些入鏡者必須花很長的時間，在鏡頭前耐心地擺出固定的姿勢[15]，因此，時間也同時被記錄在銀版照片的影像中，也就是說，時間也慢慢地把本身的紋理烙印在銀版上。同樣的，當我們回顧班雅明在〈機械複製時代的藝術作品〉裡所提到的那些偉大的默片（例如卓別林或艾森斯坦的電影），甚至當我們再次觀賞好萊塢黃金時代的經典電影或黑色電影（film noir）[16]、抑或法國新浪潮電影時，這些黑白影像媒介所傳達出的時間，肯定不只具有歷史性。因為，這些陳舊的影像已理所當然地變成一種靈光。

班雅明在〈攝影小史〉裡，藉由卡夫卡那張童年個人照，而回想起自己從前在照相館裡被擺飾盆栽所包圍的恐怖經驗。那幾頁雖充斥著他不愉快的經驗，但讀者讀起來卻有滋有味。不過，我在這裡不想再細述其中內容，而只想把這些內容跟一項為所有現代電影奠下根

15　譯註：早期銀版照片感光度較低，需要長時間曝光。

16　譯註：大多指一九四〇、五〇年代以美國底層社會為背景的好萊塢偵探片。

基的偉大創新並列在一起，並加以對照，也就是美國導演格里菲斯（David W. Griffith, 1875-1948）在偶然情況下所開創的特寫鏡頭的技法。當時這種創新的拍攝技法，當然是電影技術的奇蹟，已可和居禮夫人發現鐳的科學貢獻相比擬。我們在這裡可能會想起德勒茲及其所提出的「臉孔性」（faceness; visagéité）概念，進而觀察到人類的臉孔——作為個人的主要特徵（動物個體沒有這種特徵）——也注定要被轉化成商品。肖像的商品可以被買賣，而電影的明星系統正是建立在肖像的商品上。當班雅明試著把肖像的「靈光」打造成一個條理分明的概念時——雖然這是不可能達成的——某種二元性便使他產生各種各樣的感覺。不過，我們不需要為了體驗這種無可避免的二元性，繼續往現代人臉辨識技術這方面思考下去。

三

〈機械複製時代的藝術作品〉一文因為班雅明在其中強調時間性及其困境，以及他所提出的靈光「概念」特別針對當時一些新的脈絡和爭論，而帶有一些已預先存在的限制。在這裡，我們要回歸此文的主要版本，也就是該文第二版這個關鍵版本，並順著其中的若干命題得出一個不完全是結論的綜述。畢竟這些命題本身不具有推論性質，因此不像哲學家所偏好闡述的命題那般，而且它們也不是邏輯論證或邏輯證明的步驟，而是導致若干以近乎結構性、或並時性形態所呈現出的歷史結果的要素。由於班雅明撰寫此文的主旨，就是要把人們固有的概念中性化，因此，把它解讀為班雅明否定、而非肯定某些比較根深蒂固之立場的論述，或許是比較好的方式。

〈機械複製時代的藝術作品〉（III, 101-21; VII, 350-84；即第二版）一開頭便扣合主題地回顧複製技術的歷史，而該技術的高峰則是平版印刷術（lithography; Lithographie）。班雅明這篇文章不僅讓我們聯想到他的〈論愛德華．福克斯：收藏家暨歷史學家〉一文，還把我們帶回到平面大眾媒體和報紙普及開來的決定性時刻（也是一八四〇年代照相術剛發明、「社會主義」一詞及其所指涉的現實剛出現的時刻）。至於複製技術的編年史，其實不是班雅明此文的討論重點，因為他後來突然轉而探討當時最新的作品複製技術——即電影——的辯證性修正（dialectical modification），並指出，只有電影這種「機械性複製的技術……在藝術創作的方法裡，為本身爭得了一席之地。」

這只是班雅明在此文裡處理一連串複製技術問題的方式之一。舉例來說，他在第二節還嘗試另一種處理方式，也就是從原作的此時此地（here-and-now; Hier und Jetzt）[17]分析從前

17 譯註：即原作在此時此地獨一無二的存在。

的藝術作品，從而彰顯出人類感官知覺演變的歷史。這種處理方式使我們立刻落入作品之真確性（authenticity; Authentizität）的討論中，也就是原作獨一無二之真跡性（Echtheit）的討論裡。這樣的討論既認可藝術史研究裡的「真跡鑑定」，也似乎定義了藝術真正的本質與要素。當然，作品的真跡不只讓我們看到了藝術作品的靈光，還構成了所有已過時的（而此文卻想加以「中性化」的）審美價值的基礎。布迪厄與其他作者合著的《論攝影：一種中等品味的藝術》已讓我們看到，他們筆下的那些業餘攝影家曾焦慮不安地、試圖為當時的繪畫潮流辯護，以便藉此合理化他們所愛好的攝影。同樣地，班雅明在此文裡也提到，當時有一批電影的捍衛者為了打造電影創作的傳統，紛紛以「莎士比亞、林布蘭特和貝多芬」（班雅明在此引述法國導演岡斯〔Abel Gance, 1889-1981〕的話）這些非電影領域的偉大藝術家作為電影作品的題材，而「在不自覺的情況下邀請我們參與這場龐大的、文化遺產的清理結算。」如果原作的真跡確實構成純藝術的本質，那麼，新穎的作品複製技術就是在邀請我們參與一場文化傳統慘遭祝融後所舉辦的火災品拍賣會，至於像馬樂侯的《沉默的聲音》這種反思藝術的論著，就變成像西爾斯百貨公司（Sears-Roebuck）的商品目錄一樣。

馬克思曾觀察到像「感官知覺的歷史」（history of the senses）這類存在，如果他的觀察正確的話，那麼我們不僅必須探問複製技術是否對人類的感官知覺和主觀造成改變，還必須檢驗複製技術是否也導致社會生活與社會形態的變遷。班雅明在此文裡寫道：「在漫長的歷史裡，人類的感官知覺方式也隨著藝術收藏品整體的存在方式（Daseinsweise）的改變，而發生變化。」我相信，我們在這裡必須從數量和人口的角度來詮釋班雅明思想，至少就他所關注的社會與藝術的存在狀況這部分來說。

然而，現在正是思索以下問題的適當時機：機械複製的作品可能使人們形成什麼樣的感官知覺的新形態，以及主觀的新結構？取代真跡原作之唯一性的複製品，可能帶給人們什麼樣的滿足和體驗？在這裡，複製品似乎代表大量，也代表大眾。由於它們只想使人們親近本身，因此願意放棄靈光的另一端，也就是消除靈光所帶有的、使物件變成（對個人主體而言的）作品的那種距離：「現在的大眾對於『拉近』自己和藝術品的空間距離和情感距離所投注的關切」，其實「就和本身那種以接受複製品來壓制藝術原作的唯一性的傾向，是同樣地強烈。」人們分別藉由福婁拜的小說和艾森斯坦的電影，想像著巴黎杜樂麗宮（Tuileries）在一八四八年革命遭到劫掠和破壞，以及聖彼得堡冬宮（Winter Palace）在一九一七年十月革命被人民和布爾什維克黨人攻占：難道階級仇恨和階級暴力，是為了攻擊人們至今仍慎重保留「藝術原作的唯一性」？難道以獨一之真跡而存在的個別「原作」，也是應該被摧毀的階級象徵、階級優越性的記號，以及社會階層制度的標誌？班雅明在下一節裡指出從前的藝術作品，跟宗教儀式、宗教崇拜之價值的關聯性，也就是跟基督教會及其神職階級系統的關聯性。基督教的神職階級系統也是歐洲各種舊體制的階級勢力和階層制度的重要部分之一，而且我們還可以清楚看到，這些舊體制一直都是啟蒙運動所引發的那些革命的攻擊目標。

實際上，班雅明還在此文裡導入一個全新的主題：他後來出人意料地談到，另一種和作品之真確性（和原作、此時此刻獨一無二的存在、從前的藝術作品，及其尚未消褪的靈光）相對立、並對時間和空間造成影響的新東西，也就是「世間事物之間的類似性」（Gleichartige in der Welt；班雅明在此引用彥森〔Johannes V. Jensen, 1873-1950〕[18]的話）。這種類似性後來便在各種不同的脈絡裡，顯現為商品世界的千篇一律，即普遍的同一性（阿多諾則以審美和藝術來對抗商品形式）。這句話值得我們在此完整摘錄如下：「揭開事物的面紗並破壞它們的靈光，正是現代人感官知覺的特性。這種知覺大大地『感受到世間事物之間的類似性』，所以會使用複製的方法，在事物的唯一性之外，找到了它們之間的類似性。」這句話所傳達的政治訊息帶有令人訝異的矛盾性：我們原本認為，大眾對作品的親近（也就是對作品裡的人事物的揭示、破壞、去神祕化和批判）是一種正面的發展，但班雅

18 譯註：被譽為二十世紀丹麥最重要的作家，曾於一九四四年榮獲諾貝爾文學獎。

明在這句話的後半段卻話鋒一轉，把那些具有同一性的現代大眾，變成庸俗且知識淺薄的、資產階級傾向更強烈的眾人。一九三〇、四〇年代的左翼評論者（即法蘭克福學派），曾把大眾的資產階級傾向貶斥為墮落的大眾文化。班雅明似乎察覺到，被大量複製出來的作品，其本身在意義上的曖昧性，因此，他在這句話的重要註腳裡，便談到大眾化作品的「雙重意義」。他曾表明，自己對大眾化作品的「雙重意義」的評斷——雖然這樣的評斷彷彿牽涉到他本身的政治立場——總是具有倫理道德的色彩，所以也具有意識形態的色彩。此外，他還主張「辯證唯物主義者」始終必須在本身對歷史必然發生變遷的判斷裡，找到某種立場，而且該立場必須凌駕於本身純粹對歷史的判斷之上。我們在閱讀此文時，之所以有時會感到困惑，主要是因為我們希望知道，班雅明如何判斷自己所堅信的歷史轉變與變遷的原因。舉例來說，許多讀者可能非常期待他（像阿多諾那樣）對靈光消失的現象展開探索，然而，班雅明在此文裡卻只是冷靜地觀察靈光的消失，而且從未像「歷史唯物主義者」（更別提宣稱「藝術的終結」的黑格爾）那樣，明顯地表現出自己對靈光消逝的遺憾。

在接下來幾節裡，班雅明還勾勒出藝術與其後來必須放棄的儀式價值之間的歷史關係，並讓我們看到世俗世界的消費者毫不堅定的審美判斷標準，就連在攝影和繪畫的對決裡，他們對藝術究竟是什麼，也毫無所悉！正如我們曾指出的，他們對藝術不確定的態度，也導致美學這種必然建立於美或靈光上、且作為恆久審美準則的哲學體系的終結。

在這裡，班雅明把這篇文章帶入某種空間：在法蘭克福學派成員嚴格的審查下，他在此文裡展開一連串討論，並大大地接受布萊希特基於本身的戲劇實踐，而對於新藝術可能是什麼、或至少對於應以什麼取代既有之藝術，所提出的新建議。班雅明當時明確地把新藝術和電影劃上等號，在他看來，電影這種新藝術就是一場類似一組測試的實驗：「電影把銀幕的畫面呈現變成一種測試，從而使演員在鏡頭前的測試性演出（test performances; Testleistungen）得以呈現在觀眾面前。」我們可以在班雅明這句話裡，看到布萊希特那種公眾專業人士語言的強勢回歸，而這位劇作家看起來就像叼著雪茄的拳擊或賽馬裁判，簡單地說，就像評定「一切測試性演出」的裁判。班雅明這個電影論述——這顯然是他將傳統審美價值中性化（如前所述）的一部分——已經把「藝術生產」的價值，縮減為電影演員的測試性演出和人們的求職面試所代表的世俗實用主義（secular pragmatism），畢竟技能測試和求職面試在現代社會裡，已愈來愈普遍。

在這裡，電影演員的疏離性演出[19]，已成為個別主體普遍在資本主義體制下的解離和解

19 譯註：電影演員無法在觀眾面前直接演出，而只能間接而片段地透過鏡頭演出。

構的主要意象。特寫鏡頭只是掌鏡者對電影演員更普遍的「疏離性」表演、或對已分解成許多片段和拍攝角度（即現象學所謂的「細微變化」（Abschatungen））的表演所採用的一種視角罷了！在電影發明以前，靈光始終伴隨演員的個人身分，以及身體各部分的協調一致性而出現，但後來演員的這兩方面卻遭到電影的破壞。義大利作家皮蘭德婁（Luigi Pirandello, 1867-1936）在《拍電影》（*Si Gira*）這部小說裡[20]對默片演員的窘境，有一段精采而貼切的描述：「電影演員覺得自己彷彿被放逐一般，不僅被放逐於舞台之外，也被放逐於自身之外……他們的身體已無能為力，已悄悄開溜，而且為了讓自己轉化成銀幕上短暫閃現、又隨即消逝的無聲影像，還不惜讓本身的實在性、生命力、嗓音以及活動時所發出的噪音受到剝奪……。」對此班雅明斷定，電影已不再是應該受到批判的「美好表象」，而且他還在此文最富哲思的兩個註腳裡表明這個主張：「電影是第一個可以表現物質如何影響人類的藝術媒介」。[21]

20 譯註：這裡似乎把這段引文的出處誤寫為皮蘭德婁的小說《拍電影》，但它其實出自皮蘭德婁的〈論錦標賽〉（On Tourney）這篇文章。請參照《機械複製時代的藝術作品：班雅明精選集》，頁41、64。

21 譯註：這句引文的中譯乃依據班雅明的德文原文（der Film ist das erste Kunstmittel, das in der Lage ist zu zeigen, wie die Materie dem Menschen mitspielt.）。若依據作者在本書裡所引用的哈佛大學版的英文譯文（film is thus the first artistic

然而，班雅明提到電影演員的疏離性演出，未必表示從前人類處於更單純的真實狀態（或抱持懷舊的人們對從前人類處於未疏離狀態的信念），而是在批判靈光的美學，以及「美好表象」概念本身的哲理性缺失。我們曾在前面幾個地方強調，〈機械複製時代的藝術作品〉全文就是一份意識形態的批判（Ideologiekritik）：其主旨乃在於將舊有的美學理論中性化，而非試圖展開更令人滿意的電影分析和敘述。但我們在這裡，卻例外地讓自己回到班雅明思想更關鍵的東西，即「摹仿」（mimesis; Mimesis bzw. Nachahmung）概念。

一般來說，班雅明的「門生」阿多諾（班雅明曾戲稱阿多諾是自己的「門生」）和所謂的「法蘭克福學派」，都使用「摹仿」（mimesis; Nachahmumg）和「摹仿衝動」（mimetic impulse; Nachahmungstrieb）這些術語。這兩個術語就像「神話」概念一樣，對該學派的思想似乎不可或缺，但也像任何原理法則那般深奧難懂（在此我必須鄭重表示，「摹仿」和「摹仿衝動」這兩個術語和奧爾巴赫的名著[22]無關）。它們似乎源自於班雅明著作的若干重

medium which is able to show how matter plays havoc with human beings.），此句應該中譯為「電影是第一個可以表現物質如何**傷害**人類的藝術媒介」。由於英譯和德文原意有出入，作者在這句引文後方的括弧裡還附帶談到，他認為這句話的英譯雖然不錯，卻有些偏頗（a nice but slanted translation）。

22 譯註：指《摹仿：西方文學所描述的現實》（*Mimesis: Dargestellte Wirklichkeit in der abendländischen Literatur*）。

要片段，但這些片段如果指向另一個不同的方向，也會如謎一般令人費解。然而，我們在〈機械複製時代的藝術作品〉裡，終於讀到班雅明關於「摹仿」比較實質性的說法之一：「支配摹仿的正反兩極」（die Polarität, die in der Mimesis waltet.）。

「摹仿」概念也是班雅明思想所特有的概念（最初可能來自羅森茨威格思想）。如果我們要掌握「摹仿」概念的關鍵，就必須牢記，它對班雅明而言，首先是個語言學概念。人們對特定之事物或現實的種種「仿效」（imitate; imitieren），其實是用言詞打造出來的，因此，這些仿效至少是名稱。在這裡，請容我斗膽地主張：以本能的（或前哲學的（pre-philosophical））方式來理解「摹仿」概念的人，大多會動手描繪或雕塑自己所要模仿的有形實體。兒童的塗鴉或史前時代的洞穴壁畫，正是這種摹仿的成果。另一方面，對班雅明來說，語言首先是人類對萬事萬物的摹仿。人類最初以語言來「再現」（reproduction）或「仿效」（imitation）這個世界，等於支撐了人類後來對這個世界更富藝術性的種種摹仿。我們在前面已把班雅明所謂的「非感官所察知的相似性」（non-sensuous similitude; unsinnliche Ähnlichkeit; II, 270; II, 211）當作他對「摹仿」的主要表述，由於「非感官所察知的相似性」等於把任何關於主體之視覺或客體之外觀的含義排除在「摹仿」概念（就一般層面而言）之外，因此便產生以下的難題：「非感官所察知的相似性」無法解釋孩童和史前時代的穴居人（摹仿似乎總是意味著原始的存在狀態）以視覺媒介再現其視覺所感知的事物。實際上，班雅明所謂的「摹仿」已假設兩種媒介（如果使用「媒介」這個詞彙是恰當的話）的存在：也就是視覺感知到的、具體有形的周遭世界，以及「語言本身」。語言既不是呈現具體有形之一切的視覺媒介，也不是傳達種種聲響的聽覺媒介，卻因為其本質就是名稱，所以具有摹仿的優勢。在班雅明看來，作為創造本身的詞語和名稱，在本質上都具有深刻的摹仿性。從這方面來說，這個世界的種種甚至早在亞當為它們命名之前，便已擁有名稱；事物的前身就是它們的名稱，因此，人們從前才會這麼說：這個世界如果不是「人類的語言本身」，就已是某一種語言。當代類似的說法，我們也可以在李維史陀的《野性的思維》裡找到，儘管這部名著是以人類學術語、而非以班雅明式神學術語撰寫而成的。

但這就意味著，世界和語言都已具有摹仿性，而各種不同的藝術及其本身的表現語言，不過是主要的摹仿性現實（primary mimetic reality）的次要顯現罷了！（也因此，摹仿性現實截然不同於阿多諾／霍克海默的「摹仿衝動」論題。）以藝術所呈現的摹仿，帶動了藝術本身兩個不同的做法和面向，也就是上述的、支配摹仿的「正反兩極」（polarity）：即作品的外觀（semblance）和創作的遊戲（play），而且它們「就像從種子萌發出的子葉那般，相互交疊著」。班雅明在討論以藝術呈現的摹仿時，怪異地提到生物學、甚或植物生長的現象（從種子冒出的初葉），從而把歷史導入藝術創作的過程中，並在藝術創作媒介的結構和運用裡，決定作品的外觀和創作的遊戲各自的相對商數（relative quotient）。我們所使用的術語在詞義上的含糊不清，是否確實透露出「屬性」（attribute）和「活動」（activity）這兩個用語的不對稱性（dissymmetry）？這種不對稱性是否就是藝術創作的泉源？作品的外觀似乎是藝術的屬性，而創作的遊戲似乎是一種藝術的活動[23]。因此，使這兩者融入概念的單一領域，並使它們在某種哲學美學（philosophical aesthetics；就像柯靈烏所提出的、作品結構和創作表達彼此相互影響的哲學美學）當中融為一體，或許是不可能的事。這是因為，美學始終具有（暗中存在的）標準性，況且這兩者在歷史裡的互動，會隨著其中一方的進展而不斷受到修正。因此，作品的外觀就變成讓某種創作的遊戲發現本身之可能性與限制性的場域，而創作的遊戲則變成人們察覺和表達作品外觀的某些形式、並排除其他形式的活動。這樣的變化乃「取決於第一種技術和第二種技術在世界史裡的較勁」，也就是工具時代和工業時代的較勁。這方面便使我們回到某些更直接的藝術關懷裡、或回到〈機械複製時代的藝術作品〉一文，以及現在的藝術創作所採用的形式當中。工具時代（人類最初的時代）的

23 譯註：譯按：即支配摹仿的「正反兩極」。

「美學」，就是個人手工產品、獨一無二之原作的靈光，以及無法被切分成若干部分的整體（就像被雕塑出來的、「沒有器官的身體」？）所展現的美學；至於工業複製時代的美學，則關聯到勞動者工作片段化的集體生產，這些勞動的主體因為仰賴器材設備（例如，〈機械複製時代的藝術作品〉裡的照相機和攝影機）而和本身種種的才能處於疏離狀態。此外，第二種機器性技術的集體勞動片段化，也造成巨大能量的釋放，而呼應了毛澤東對核裂變的說法。班雅明在本質上是現代主義者，他（和布萊希特）的審美見解，當然會讚揚人們以新穎而進步的、更富有「創造性的方式來運用人類的自我疏離（self-alienation; Selbstentfremdung）。」

我們在這裡必然可以料想到，班雅明在〈機械複製時代的藝術作品〉後面那幾節裡會表示，人們對嶄新的複製性作品的審美，是一種更進步的審美，畢竟新穎的複製性作品帶來了新穎的創作內容，而且大家還因為作品的複製，而看到作品產生的真正過程。不過，我們不宜把班雅明這項關於複製性作品的觀察，簡化為他的自我意識和自我反思對於現代性（modernity）的標準性敘述，儘管這無疑是這種自我思維的極端形式。在這裡我們可以看到，創作所產生的實在性，其本身就是一種建構過程，而且人們無法從外部觀察到這種過程。

這也是「主體之疏離」（即後結構主義的標準論題「主體之死」）這個遠更為簡要的新論題的包袱。既然主體的疏離已發生在某個新層面上，也就是發生在個別電影演員和世界各地未曾謀面的觀眾群的疏離當中，那麼，主體的疏離就不只是皮蘭德婁（和青年馬克思）所描述的個人經驗。不過，我們在這裡還必須注意這種疏離過程的矛盾性：電影既然喪失靈光（這裡是指演員個體失去了靈光），必然在更高的、「崇拜電影明星」的層面上，致力於靈光的假性恢復，並在「觀眾的崇拜」裡，呈現出可供法西斯主義者大肆利用的、假性靈光的對應物（counterpart）。

在這裡，班雅明難得地結合了馬克思特有的術語和論證，進而談到電影的「商品性格那種糟糕透頂的魔力」。他以這句話刻畫好萊塢電影的特徵，遠比阿多諾和霍克海默在《啟蒙的辯證》裡所要表達的想法，更強而有力。然而，班雅明對商業電影的激憤（他很少表現出這種情緒，除了某些以爭論而進行的強力干涉之外）可能也表達出他對此文在形式上受到限制[24]的煩躁不悅。鑑於此文受到形式的限制，他便為它補上各種不同的、內容豐富且具有創見的註腳，而我們則希望他可以在這些註腳裡寫下他的結論。他在其中一個探討階級和階級

24 譯註：因為法蘭克福學派的審查。

意識的註腳裡（III, 129n24; VII, 370-1：該註腳在〈機械複製時代的藝術作品〉的第三版，即最後一版，已被刪除），曾勾勒出解決主動性和被動性之矛盾的集體意識理論，而這種矛盾通常源自於集體文化的問題。他在他的集體意識理論裡，先駁斥由社會心理學家勒龐（Gustave Le Bon, 1841-1931）[25]所創立、並被佛洛伊德採用的傳統「大眾心理學」的分析，而後則轉向小資產階級的分析，畢竟小資產階級（依據沙特的「連續性」〔seriality; sérialité〕[26]概念）確實變成了已客體化的群眾。不過，班雅明也聲稱，參加革命的（或無產階級的）群眾其實在起義時，已出現個體化，而且他們也把領導者本身當作另一個特殊的個體。班雅明這項具有高度創見的分析如果繼續發展下去，不是有可能賦予政治行動一套全新的理論，便有可能成為解決〈機械複製時代的藝術作品〉的美學矛盾的方法。

然而在這裡，班雅明以獨特的方式迴避心理學的問題，而轉向更客觀的、關於電影內容的問題。電影這門新藝術的原創性，就在於它本身的民主化（democratization）：「現在每

---

25 譯註：法國社會心理學家，以研究群體心理著稱。他主張，個體在群體裡，會喪失人性與獨立思考的能力，此時群體的精神便取代了個體的精神。

26 譯註：沙特在《辯證理性批判》（*Critique de la raison dialectique*）裡所提出的「連續性」概念是指，個體跟向來制約個體、客體化個體的社會群體之間的連續性關係，因此，個體會習慣性地表現出與周遭同樣被群體客體化的個體相同的言行。

個人都可以要求上鏡頭。」然而，就像我們所看到的，自拍和人臉辨識技術在當今這個時代裡，仍無法保證可為個人帶來正面的政治效益。在「工作本身便具有發言機會」的蘇聯文化裡，由於勞動者受到當局的鼓勵而紛紛表達自身經驗，因此，群眾在鏡頭前便成為如實表現自己的演出者。班雅明一直深受這個共產蘇聯電影現象的打動，因而在〈機械複製時代的藝術作品〉裡指出，複製性作品大量出現這個前所未見的事實，已改變了作品的形式和內容之間向來的關係，並促使人們更「關注本身和本身的階級」，雖然這是資產階級想盡辦法所要阻撓的！

我們從班雅明這些觀察裡，可以看到他想闡述一種新美學，不過就像我們所看到的，這卻不是他撰寫〈機械複製時代的藝術作品〉的目的，更何況他絕對有個人和政治的理由來抑制這種新美學（這是他和布萊希特的不同之處）。他在此文裡所要追求的東西，其實是我們已預見的電影創作的新穎內容，畢竟這些內容使電影藝術或媒介，不同於舊有的藝術類別，而其中的第一個差別，就是電影容不下電影本身以外的個別視角。使用介於演出者和觀眾之間的攝錄器材便意味著，在觀賞電影畫面的過程裡（其實就是在電影作品理論化的過程裡），不存在觀眾的個人視角的優先性，畢竟電影本身所呈現的一切視角，都得間接透過攝錄器材才能傳達出來。但就電影的拍製而言，無論如何都存在著許多影片處理的視角（例如

「攝影器材、照明裝置以及助理團隊」所採取的視角等）。

因此，人們對電影作品會有各種不同的個人觀點：坐在靠近銀幕的觀眾的觀點、電影敘事者或知曉故事全局的原著作者反思的觀點，以及由未現身的導演或現身的引導者暗中所鋪排的、從眾多演員和電影元素統合而成的場景一致性的觀點。電影本身所呈現的一致性觀點，正是電影帶給人們的幻覺，而它只可能是「特殊處理程序……和大量且精密規劃的結果」，而且也是電影亟欲呈現的技術複雜性和多樣性的結果。班雅明曾在一個十分苦惱而絕望的句子裡表達他在這方面的想法（「超越和分析電影語言的後設語言（metalanguage; Metasprache）仍付之闕如」）：「在片場裡，攝影機的攝錄已強力地介入現實本身，而電影裡純粹呈現現實的視角，也就是把無關於表演內容的那些拍攝和演出設備排除在外的視角，就是電影本身的特殊處理程序的結果。」換言之，像寫實主義這種簡單質樸的藝術創作，並不存在於電影裡。

不過，班雅明後來話鋒一轉，而他的論述也從這種複雜的、令人費解的想法，轉向一些帶有指點性質的意象，而其中最富啟發性（也最受讚許）的意象，就是巫師和外科醫生[27]的

27 譯註：班雅明在這裡把畫家和電影攝影師（Operateur）的不同，類比為巫師和外科醫生的差別。值得注意的是，Operateur 一詞原本就是指「外科手術醫生」，直到電影發明後，Operateur 才被人們用來稱呼「電影攝影師」。

比較：「外科醫生和巫師是一組極端的對立：巫師治療病患是把手擱在病人身上，因此不同於外科醫生以開刀所進行的侵入性治療。」在後面的另一節裡，班雅明便以這個區別作為基礎，而提出「視覺的無意識」這個著名的理論，其中他談到，電影鏡頭所呈現的現實面向，對我們在日常生活裡的觀看來說，不是過於廣大，就是過於細微而深入，就像外科醫師用手術刀讓我們看到內臟器官（或許也像我們透過顯微鏡所看到的細胞）一樣。

班雅明後來又回到畫家和電影攝影師這個相對缺乏創新性的比較上，而得出另一個大家也很熟悉的結論：畫家的繪畫創作仍保有完整性和個體性，而電影的剪接或蒙太奇則必須憑藉多重而複雜的技術性處理。至於我們這個時代的類比技術和數位技術，當然又重現了這種和繪畫創作的對立性。

讀者對班雅明在電影方面的新主張所做出的、可料想到的反應（繪畫裡的立體主義不也做出相同的反應？）正是接下來的論題的起點。這個論題重新思索電影這門新藝術和觀眾的關係：電影應該在新的現實裡訓練它的觀眾！「為什麼畢卡索的繪畫無法像卓別林的電影那樣，廣受大眾的歡迎？」這個答案已顯而易見的問題，和電影具有更重要的社會意義有關，而且還勾勒出歷史演變的理論。當然，它的答案就存在於個人和大眾的辯證裡，畢竟感官知覺的大眾化已經改變了感官知覺本身！當「觀眾們對電影作出反應時，彼此也在相互牽制」，因此，個人品味原本無法接受的東西，便經歷了深刻的改變。建築、長篇敘事詩（主要在其流傳史的某個階段，尤其是它們仍在團體面前被講述的時期）、當然還有今天的電影，都預先選擇了本身的觀眾群或聽眾群，然而，繪畫卻不適合集體欣賞，「儘管人們後來會在美術館或沙龍裡公開展出繪畫作品，不過，大眾卻無法主導和安排本身的觀賞活動。」班雅明這個引人聯想的主張，既超越了僅具有個人性的事物，也找到了一條敏感的、受到（集體對作品之接受所發動的）「神經支配」（innervated）的政治神經（political nerve），但是，他從未致力於闡述這個主張。在我們這個時代裡，被布希亞稱為美術館的「內爆」（implosion）的東西，會使我們聯想到，這種藝術審美機構的社會結構所出現的最新發展（也就是館長獲得前所未有的主導權、而致使個人藝術作品被各種拼湊組合式展覽取代、進而消失的同步性發展）。此外，藝術作品的歷史事件（例如杜奇歐〔Duccio di Buoninsegna, c. 1255-1260 - c. 1318-1319〕[28]接受教會的委託而完成他的名畫〈寶座上的聖母與聖嬰〉後，人們便高抬這幅畫作，在錫耶納〔Siena〕街道上展開一場萬眾歡騰的盛大遊行）也暗示著，我們或許可以重新思考「儀式性崇拜」在人們晚近對作品的審美性接受的發展階段

28 譯註：義大利文藝復興時期畫家，錫耶納畫派創始人，其畫作融合了拜占庭式和哥德式風格。

裡，所發揮的政治作用。

不過，班雅明當時在斷言人們對電影集體反應的政治邏輯時，也必須詳述人們對（當前）新穎的電影器材設備（Apparatur）的反應所涉及的關係。關於電影器材設備，我們從不清楚，班雅明是否會推薦盧卡奇當時剛提出的、由我們周遭的工業文化或機械文化所建構出來的「第二自然」（second nature; zweite Natur）這個概念（一種非馬克思主義觀點的「工業革命」理論），或者他當時只是為了電影本身，而凸顯出這門新藝術的技術性基礎。實際上，班雅明已讓我們看到，電影所帶給人們的感官知覺的擴張，已呈現出令人滿意的、新形式的影像：因此，班雅明便在電影拍製形式的要素裡，全面地呈現前面那個外科醫生意象所暗示的「視覺的無意識」概念（雖然他對「無意識」這個精神分析學概念的使用，比較流於表面，所以也較無法令人信服）。但是，電影鏡頭所揭露的新空間，卻顯得不如布萊希特所謂的人類肢體動作的誇張化，或「手勢」那麼重要。這是因為布萊希特已透過分析，而將手勢裡人類本能的習慣，分解成尚未意識到的（not-yet-conscious; noch nicht bewußt）覺察的若干要素（我在這裡使用布洛赫的「尚未意識到的事物」〔das Noch-Nicht-Bewußte〕這個概念。布洛赫曾想藉由提出這個概念，精確地擴大並補充傳統的精神分析學概念）。

我們在這裡只簡略談到的電影創作過程的矛盾，實際上已經產生某些效應。這是因為電影所造成的意識範圍的擴大，也可能導致非理性、夢、精神異常，以及「虐待狂的幻想或受虐狂的迷妄這類強制性發展」的出現，而且後者還會「自然而危險地演變成集體精神異常」，更確切地說，演變成法西斯主義。電影就像某些處於衰落階段的既有之藝術類型那般，傾向以人為方式來恢復本身的靈光，而且作為一種工業性質的藝術，其本身那種前所未見、卻岌岌可危的「視覺的無意識」，也會受到非理性經驗的利用。此時，「退步」和「倒退」這些強而有力的、具有批判性的概念便開始發揮作用，而且在這種情況下，診斷出那個存在著雙重缺陷的地方。這些缺陷不外乎既有藝術類型的式微所留下的空缺，以及新興藝術類型在技術層面上的調配和安排所受到的不當利用。「退步」將代表法西斯主義者對文化和社會領域所存在之機會的掠奪。

然而，就像超現實主義者所發現的，集體大笑對承受法西斯主義衝擊的人們來說，具有強力的療效，而某一類被班雅明以鮮明醒目的敘事所塑造出來的人物（比如暴君，或在另一個時空脈絡裡的遊蕩者）便體現出這種情緒的釋放。這種人物在電影裡，就是卓別林以出色的演出所飾演的那些「怪人」，而且在班雅明看來，美國的詼諧喜劇和迪士尼動畫片也帶給人們類似的療效（畢竟此文寫於一九三〇年代）！因此，後來法蘭克福學派雖然相當排斥美國好萊塢的文化產業，卻仍願意為「馬克思兄弟」（Marx Brothers）[29]的「裝傻逗笑」背書。

這個搞笑的論題，也把我們帶回到另一個不同的、關於兩種藝術形式之交集的歷史面向裡：也就是向來所固有的、富有靈光的藝術類型，和晚近剛出現的、機械複製性的、藝術類型。人們現在仍在爭論，關於前者轉換為後者的理論性問題（這個問題在人們依據馬克思主義所展開的「生產的轉換性模式」的討論裡，已經過充分的辯論）。班雅明在這裡採用馬克思所提出的、宛如女人臨盆分娩的意象：藝術生產的新模式在舊式藝術的子宮裡正逐漸發展成熟。然而，這也意味著人們雖然逐漸完成這種複製性新模式所需要的資本壟斷，卻不知道相關的、剛成形的集體性體系需要什麼。

在此班雅明將指出，達達主義如何從內部顛覆了西方那種帶有靈光的文藝傳統。達達主義者那些胡扯的詩作表明了新的「藝術作品作為沉思對象的無用性」，並且還透過本身的創作方法而「無所顧忌地摧毀藝術作品的靈光」。新式藝術和舊式藝術的不同之處，還反映在社會層面上，布萊希特談到自己早期的無政府時期時（正如《巴爾》〔*Baal*〕這類布萊希

29 譯註：由五位出生於紐約的猶太裔親兄弟所組成的知名綜藝表演團體，以歌舞雜耍以及舞台劇、電影和電視的演出活躍於二十世紀前半葉。

特戲劇所呈現的），便曾提起新、舊藝術的分歧性：即反社會（antisocial）和異於社會（asocial）的差異，而且這種差異還關聯到班雅明接下來所提出的「分散注意力的消遣」（diversion; Ablenkung或後來班雅明所謂的「散心」〔distraction; Zerstreuung；譯按：即人們觀賞舊式藝術作品的精神狀態。」[30]）這個有助於藝術分析的新概念：「在資產階級的墮落裡，這種專注（Versenkung）卻成為不合乎社會風氣的行為，而分散注意力的消遣（Ablenkung；即人們觀賞新式藝術作品的精神狀態）反而被視為合群的行為。」達達主義者所刻意引起的非議，是為了破壞既有之藝術類型那種衰落的創作形式，並否定既有的唯美主義（即班雅明所謂的「不合乎社會風氣的行為」），進而為人們接受電影這種嶄新的集體性藝術——就其整體而言——鋪路。個體的不合群行為，在電影裡會轉變成集體的反社會行為，也就是革命行為和政治行為。「電影已經憑藉本身的技術結構，而把衝擊生理層面的、

30 譯註：在〈機械複製時代的藝術作品〉一文裡，「散心」（Zerstreuung）和「專心」（Sammlung）是一組對立的概念。班雅明認為，集體會以「散心」消遣的態度來觀賞電影，但繪畫卻要求個人「專心」的凝視。因此，他進一步指出，「人們在電影領域裡，可以真正地練習如何在散心的狀態下接受藝術。這種散心的狀態不僅在各個藝術領域愈來愈受到注目，而且還是人們的統覺（Apperzeption）將徹底發生轉變的徵兆。」。請參照《機械複製時代的藝術作品：班雅明精選集》，頁55－57。

彷彿還被達達主義包裹在道德外衣下的震驚效果，從這種外在的包裝裡釋放出來。」班雅明所謂的「外在的包裝」就是指既有的唯美主義，而達達主義者所創作的藝術作品則已「變成像子彈一般的抛射體」。

班雅明在此文結尾所提出的論題（其實就是此文最後的論題）裡，詳述「散心」這個新穎而重要的概念。他從自己對電影、對聚集在電影院的觀眾這種新群體所形成的多重效應的分析裡，抽離出「散心」概念。Ablenkung（分散注意力的消遣）僅僅表示使人們的注意力從某處轉移開來；至於Zerstreuung（散心）則指涉人們面對大眾文化及其所提供的消遣或娛樂的態度。班雅明使用Ablenkung一詞，是為了試圖描述和分析一種新形態的感官知覺。它似乎是一種無法集中的感官知覺，主要發生在我們把注意力轉移到他處的時候。在這裡，我們必須設法把Ablenkung這個嶄新的、仍不明確的心理學範疇，跟「辯證式注意」（dialectical attention）這個更富有哲學意涵的概念，以及人們增強的意識連結起來。在班雅明晚期的著作裡，我們經常可以看到，他以「聚精會神的當下」（presence of mind；Geistesgegenwart）[31]這個語意含糊的德文詞語來表達人們增強的意識。「聚精會神的當

31 原註：以「注意」問題取代「意識」問題的歷史重要性，正是克雷里（Jonathan Crary, 1951-）的論著《知覺的中止：注意、景象與現代文化》（*Suspensions of Perception: Attention, Spectacle and Modern Culture*, Cambridge: MIT, 2001.）所探討的主題。

下」應該可以和第三意識（third consciousness）的許多歷史理論相提並論。第三意識既不是含有直接「意向」（intention）的意識（就胡塞爾的看法而言），也不是反映個人和意識形態的意識，而是以某種感知的、歷史的和辯證的形態，試圖超越這兩種意識。人們其實可以、或應該針對第三意識嘗試超越這兩種意識的種種努力，撰寫一部歷史。在西方，基督教早期的教父神學和非基督教的神祕主義形式（例如波希米亞人的傳統信仰）曾率先展開這類嘗試，史賓諾莎和黑格爾則以不同的方式進行更精妙的嘗試，後來它們還被馬克思運用在其意識形態的概念裡（馬克思的意識形態概念就像盧卡奇的「立場理論」〔standpoint theory; Standpunkttheorie〕那樣，必然會在意識形態以外，預設某一空間的存在）。從這個增強的辯證意義來說，我們必須不斷嘗試讓班雅明所謂的「聚精會神的當下」對比於某種它嘗試超越的思想或感知，並藉此來解讀這個概念。

不過，當我們在一種更狹隘的審美嘗試的核心裡，探索電影嶄新的集體可能性和政治可能性時，便可以把班雅明的「散心」概念，當作一份為了把感官知覺轉化為「參與」所預先擬定的草圖。散心（Zerstreuung）的反面就是專心（Sammlung）。但德文的 Sammlung 不完全等同於它的英譯 concentration（集中注意力），畢竟 Sammlung 的字面意義是 collected（收集），而且它還含有 calm（寧靜）的意思：Sammlung（專心）在此文裡，其實意指人們已準備讓自己等待，已準備以無我的狀態（selfless）接受將要面對的東西，換句話說，人們不會基基於任何先入之見或先決條件，而是以全神貫注的態度接近自己將要接觸的東西。

然而，以上我對專心的說明，都不如班雅明隨後約略談到的那則中國畫家的故事（班雅明在《柏林童年》的短文〈姆姆類仁〉〔Die Mimmerehlen; III, 393; IV, 262-3〕裡，對這個故事有更詳細而完整的敘述）：這位中國畫家向幾位友人展示他剛完成的山水畫，他們興致盎然地仔細觀賞那幅卷軸後，便轉身想對這位畫家表達自己的評論和讚賞，卻赫然發現，畫家已從他們身邊消失：原來他已走入那幅卷軸裡，而成為自己畫作的一部分！這則故事直接使我們聯想到，班雅明為了讓自己在寫完文章後，可以消失在自己的文章裡，消失在自己的寫作裡，所以維持不使用第一人稱的寫作習慣。但我們還是不明白，在這則故事裡，專心的畫家消失和散心有何關係？這其中只有一種可能性：畫家的朋友們當時因為散心，而沒有發現他的消失。這則故事往往更容易被理解為一則表達作品自主性的寓言：作品外部的種種（除了觀賞者和消費者以外）最終會被吸入作品本身。或許觀賞者和消費者也冒著被作品吸入的風險？

班雅明以消失的中國畫家的故事來說明他的「專心」概念：專注地面對作品的人會陷入作品當中。但緊接著，他把筆鋒轉向「散心」概念，但不是討論集體接受電影媒體，而是接受建築的那種散心消遣的心態。班雅明的「建築」概念使我們想起普魯斯特的經驗[32]，而我們從來無法透過本身刻意的努力，直接在生活中獲得這類經驗。它們向來只從我們關注範圍的邊緣自行浮現，因而令我們訝異不已。雖然它們表面上會重複出現，但其實都是偶然的意外。隨後我們也因為它們的意外性，而認為這是我們的「初次」經驗。然而，當我們改以「聚精會神的」專注，而刻意努力地掌握我們所面對的偉大建築時，就只能看到建築物的外觀，看到建築學家文丘里（Robert C. Venturi, 1925-2018）所謂「裝飾化的棚屋」（the decorated shed）的店面，看到一塊充斥著細節、卻無法概括呈現任何統一的整體印象的薄型螢幕。由此可見，我們應該以漫步閒逛的方式穿越一座大教堂，並在我們一路輕鬆地瀏覽它內部的同時，以散心消遣的態度來接受它：讓這個巨大的造型空間逐漸浸染我們（而不要讓它成為我們所感知的任何客體），讓它進入我們當中（就像中國畫家進入他的畫作那樣）而重新改造我們的意識。

班雅明接下來還試著將人們接受建築物的兩種方式加以對照：也就是透過視覺和觸覺的方式。視覺的感知和靜觀凝視所達到的認識有關（這卻是科學和實證主義〔positivism〕差

32 譯註：在非刻意的憶想（ungewolltes Eingedenken）裡所憶述的經驗。

勁的研究方法，因為這會讓我們的研究對象獨立於我們之外——研究對象其實是一種觀念〔Vorstellung〕——而且我們對研究對象的檢驗也和我們「沒有切身的關係」。）既然以視覺來接受建築物是失敗的嘗試，現在我們就必須改採觸覺的接受方式。以觸覺方式接受建築物，不是要取得它們的外在圖像或觀念，而是要讓自己養成接受建築物的習慣（to form habits）。

班雅明對於當時他尚未稱為「文化革命」（雖然列寧已率先使用這個詞彙）已有具體的構想，而其中最決定性的要素，就是喚起人們以觸覺接受建築物的習慣。這必然伴隨著感官知覺的重構，而這一點正是關鍵所在：「這是因為人類的感官在歷史轉折時期所承負的建築任務，完全無法經由純視覺方式，也就是也就是經由凝視靜觀達成，因而必須透過習慣，必須順著觸覺對建築物的接受，才得以逐漸勝任。」我們接受大教堂建築空間的那種新形成的習慣，宛如語言缺席的存在（absent presence），宛如只有當人們超越一切個別的文本和言詞、超越一切以獨特表達方式所傳達出的言說行為時，才能感知到的一種超越性的統一體（transcendent unity）。正是這種超越任何個人感知和私人情感的、集體的統一體，顯示出本身巨大的力量，也就是存在於全體的普遍意志（the General Will）裡的那股超越一切特別性和獨特性的力量。至於電影這種新媒體，正是人們建立這種新習慣的「訓練場」，而被班雅明類比為電影攝影師的外科醫師，便以其解剖刀來解析我們習慣性的身體姿勢，而使我們意識到其中的個別要素、走路步態的各個動作，以及表達、慾望、意志或意圖的穿插式出現。

最後，我們看到班雅明在〈機械複製時代的藝術作品〉的結語裡，努力傳達他對後來所謂的「文化革命」的看法，並給出一個行動的、非審美的命令：也就是主張（譯按：共產主義者的藝術）政治化、而非（譯按：法西斯主義者的政治）審美化。換言之，此文的主旨既非敘說複製性技術，亦非闡述電影理論。（這兩方面的內容在將近一世紀後的今天看來，已完全過時。）在二戰後的首批班雅明著作的讀者看來（他們對政治和社會改革的狂熱，終於在一九六八年爆發開來），班雅明在此文裡對政治的診斷，以及對法西斯主義利用傳播媒體的警告，已顯得陳舊過時，但奇怪的是，如今這些見解卻再度成為相當重要的東西。

鑒於人們對複製性新藝術所使用的進步技術的沉湎，已完全轉變為戰爭美學，（當時以納粹的德意志國防軍〔Wehrmacht〕為主題的電影，其片長加總起來，已超過此前任何一種主題的電影。因此，希貝伯格〔Hans-Jürgen Syberberg, 1935-〕[33]才會把希特勒戲稱為

33 譯註：德國導演，曾投入德國新電影運動（Neues Deutsches Kino），《希特勒：一部來自德國的電影》（*Hitler, ein Film aus Deutschland*）是他最著名的電影作品。

「二十世紀最偉大的電影製片人」！）班雅明在此文的結語裡，便貼切而巧妙地引用馬利涅蒂（Filippo T. Marinetti, 1876-1944）[34]那篇狂妄地頌揚戰爭之美的宣言，從而對當時盛行的戰爭美學提出敏銳的診斷：戰爭所散發的那種怪異的靈光，是資本主義壓制真正的技術性生產的結果，而且還意味著未被運用的進步性重新受到壓制，同時它也讓我們再度看到，被浪費的能源會「朝向一種違反自然的運用」。戰爭美學已經「證明，人類社會還不夠成熟，因此，還無法把科技變成自己的一部分，而科技也還未發展到足以處理人類社會的原動力（Elementarkräfte）。」由此可知，社會主義是一套研究人們如何有益地運用生產力本身愈來愈強大之力量的理論和政治學。

這正是班雅明不是階級鬥爭理論家的原因：他本身在許多人看來極其反動的智識（reactive intelligence）乃間接定向於那種側重將大眾社會和大眾政治之結果理論化的馬克思主義。然而，人們卻已忘記大眾社會和大眾政治在現代史的出現，二戰後的世代幾乎不會注意它們興起的那個戰前的陌生世界，至於二十一世紀的世代則已無法想像這個世界曾歷經這樣的變遷，更別說提出這方面的問題了！[35]甚至連歷史學家也疏於提醒我們，像大眾政治

34 譯註：義大利詩人暨未來主義運動的發起者。

35 原註：請參照霍布斯邦（Eric Hobsbawm, 1917-2012）的著作《極端的年代》（*The Age of Extremes*）。作者在其中的一章裡，曾精采地論述二戰後所發生的轉變，已使當時的年輕世代無法理解戰前的歷史時期。

這種遲至二十世紀才出現的東西——也就是我們現在以「民主」這個具有誤導性詞彙所指稱的東西——之前在世界史上從未存在過。二戰勝利後，人們已沒必要再提起已大幅式微的法西斯主義；同樣地，一九八九年後，共產主義連同冷戰亦可被世人遺忘。班雅明在此文最後一段所強調的共產主義與法西斯主義的對立，似乎已不存在，或已被代議民主與其敵對者的爭鬥——如果這種爭鬥存在的話——所取代，而這聽起來好像代議民主已無所不在，或甚至已發揮最重要的運作似的！實際上，我們已從階級鬥爭的世界退回到美德與腐敗並存的世界，也就是十八世紀的世界，正如在此之前好幾千年的情況，其中的政治參與，以及掌控金錢和財富的權力，既是政府存在的理論基礎，也是歷史的現實。現代主義者對人類的生產力量和能量正逐步增加的信念，已凝結成一種靜態觀點，而將未來視為反烏托邦（dystopia），因此他們認為，人們現在應該為維護科技成果之價值而奮鬥。

班雅明在一九二〇、三〇年代的人生成熟期所觀察到的三方勢力的對抗，也就是共產主義、法西斯主義和資本主義的對抗，似乎不是歷史的常態，而且這種對抗所教導我們的東西，今天對我們來說，幾乎已毫無用處。我在這裡倒想以班雅明精心構思的概念來暗示大家：班雅明在理論上所達到的一切創造性進步，由於缺乏任何實質投入和發展的可能性，因此已被有心人士（那種往往帶有神祕性和高度理論性的）的純美學推論引離正軌，而被再度利用。班雅明在此文的最後一段，已指出人類的困境：「人類已被科學技術改變的感官知覺，可以從戰爭裡獲得藝術方面的滿足。」由此可見，這種憑靠新穎的思想來源所提出的美學理論，已淪為純美學和純消費主義的處理方式。

若不是法西斯主義和他那位怪異的兄弟納粹主義，確曾危及人類的生存，班雅明的著作在我們看來，就是許多論述空泛的、不著邊際的習作。在二戰後的那幾十年裡，人們採用班雅明用語的論述顯然是不準確的、也是不恰當的策略。但另一方面，當時社會主義儘管仍孤立於社會之外，仍一如往常，繼續在檯面下取得進展、製造地區的混亂、為本身贏得代言者，並從那些資本主義賴以維繫的矛盾裡獲取生命力。如今，社會主義可能已來到另一個危機時刻，但仍預示本身最終將再次顯現為世界市場無法克服之經濟難題（亦被馬克思視為現行體系的終結）的唯一解決之道。

對班雅明所關注的大眾政治來說，代議民主的整體結果，如今已淪為充斥冠冕堂皇之詞的政治會議。如果我們從法西斯主義復燃的現象來看，已遺忘「法西斯主義」這個詞語的大眾政治，其本身往往只是一種腐敗的形式，而比較不是導致腐敗的原因。因此，我們若想學會正確解讀班雅明思想，並從他的預言當中——或許就是他從前那些「略帶彌賽亞精神」的預言——汲取新的能量，或許就應該再次區別共產主義和法西斯主義這兩股運作於國際政治檯面下的勢力，並自覺地為班雅明曾以論述所進行的奮鬥重新定位。「班雅明不願提到資本主義，針對法西斯主義的橫行，他也沒什麼建言要說。」[36]從霍克海默這句值得玩味的話裡，我們便可以看到，大眾政治才是班雅明思想真正的核心。

四

班雅明在上述這些文本裡陸續提出若干概念。然而，就邏輯學的四個基本定理[37]而言，這些概念並沒有相互的關聯性：舉例來說，藝術作品的「靈光」和「可複製性」其實不屬於相同的概念領域；「大眾」這個政治學和人口統計學的概念乍看之下，似乎也和「電影鏡頭與演員身體之距離」這個問題無關，而且我們也不清楚「經驗」（Erfahrung）的理論和照相術（即銀版攝影法）的發明有何關聯性（除非我們把照片當作可留住「體驗」〔Erlebnis〕並使其永恆不朽的媒介，但這卻不是班雅明或波特萊爾的攝影觀點）。班雅明的著作猶如一只混雜著互不相關的概念和問題的摸彩袋，它既不像工具箱，更不像一些基本結構已顯示在

36 原註：請參照 Max Horkheimer, "*The Jews in Europe*"(December 1939).

37 譯註：即同一律、不矛盾律、排中律和充足理由律。

班雅明和各種各樣的、互不相關的朋友和對話者的交談內容裡的題群的匯聚，而且這種不連貫性也無法合理解釋班雅明著作的主題或寓言層面的半自主性（semiautonomy）（但無論如何，人們已預設這種不連貫性的存在）。因此，班雅明隨意的興致和貧乏的注意力所形成的思維混亂，幾乎無法作為一種具有原理原則、且足以對抗系統哲學的立場。

但我相信，班雅明的著作裡仍存在一條主線，引領我們穿越他的思想叢林，他在著作中的許多地方，已把價值賦予他所認定的「進步」（而其對立面就是被他視為「退步」的東西）。為了闡揚班雅明的「進步」概念，我們必須格外謹慎地把進步的條件和任何類似於令人反感的「進步」概念的東西，給區分開來；甚至我們必須更敏銳地，使進步擺脫科學技術和經濟必定提出的建議和暗示，因為我們已習於把它們跟發展性變遷的觀念、品質的改善還有創新發明聯想在一起。新穎性當然是進步的一部分，但進步肯定不等於現代主義者普遍設定之目標的新穎性。生產力（productivity）也存在於進步裡，而且有可能獲准穿越馬克思主義理論的那道窄門。不過，生產力只是某種在哲理上比實證主義的「科學與技術」更包羅萬象的東西，而且通常被人們簡化為「科學和技術」（因此也被用來攻擊人們所謂簡化的馬克思主義式生產主義（reductive Marxist productivism）的武器）。

許多警告也隨著教導如何適當使用「進步」一詞的指示而出現，而且這些警告本身很可能帶有終極的必要性：也就是不宜把「進步」價值的反面等同於退步、等同於被輕蔑的墮落深淵。如果我們想起，班雅明曾主張人類的遠古時代（the archaic）會顯示為兩種形式——即神話本身那種糟糕的混亂，還有宇宙及其相似物本身那種美好的和諧——我們很可能就會想改進我們用來判斷這方面的用語，或想完全超越這些判斷。

所幸，班雅明的〈作者作為生產者〉（II, 768-82; II, 683-701）一文似乎已為以上的問題提供了更成熟的答案。這篇綱領性論文是班雅明在一九三〇年代初期，為了在一場反法西斯主義知識分子的會議裡發表演講，而寫下的講稿。這場演講後來取消，而這篇講稿也從未在他生前發表，甚或在私人間流通（布萊希特當時是否曾注意到這份文本，倒是個令人感興趣的問題），但它卻在班雅明過世後，也就是在一九六〇年代，經歷了一段短暫而輝煌的時期：因為，這篇文章讓恩岑斯伯格（Hans M. Enzensberger, 1929-）、內格特（Oskar R. Negt, 1934-）和克魯格（Alexander Kluge, 1932-）那些討論媒體的著作受到肯定，而且還啟發了以《原樣》（*Tel Quel*）雜誌為核心的那一整個巴黎左派圈子的美學。不過，在這段時期之後，此文的若干提議（連同一九六〇年代本身）似乎又再度被人們遺忘在檔案堆裡。

至於班雅明在此文裡的理論性思辨，則存在於他為了知識分子而勇於提出的少數幾項實際的建議之中。當然，這些理論性思辨也可能（以比較牽強的方式）被用來建構人們所假設的班雅明美學（儘管如前所述，美學恰恰是班雅明在〈機械複製時代的藝術作品〉裡所要拒絕的東西）。

班雅明在〈作者作為生產者〉一文的開頭，便對當時左派的文學觀和文化觀展開強烈的批判（也就是攻擊支持德國社會民主黨的知識分子、或所謂「左派的憂鬱」），卻忽略此文真正的起點，其實在於馬克思主義當中和生產主義無關的概念，或在於某種生產模式：在這種生產模式裡，上層和下層建築的二元性，便反映在下層建築本身那種較為模糊、卻甚至更為重要的二元性當中：即生產力和生產關係的二元性。寇爾胥（Karl Korsch, 1886-1961）[38]曾依據下層建築的二元性而推斷，馬克思主義其實含有兩種可視情況而被不斷解釋的語言、或（馬克思本身的）個人用語：一方面是關於生產和機器設備的「經濟學」語言，另一方面則是關於勞動過程、勞動剝削和剩餘價值的語言。前者顯然比後者更容易量化，就如同生產的原始資料，普遍來說比上層建築那些不明確的發展更容易處理。畢竟上層建築的發展似乎只具有觀念性，因為它們主要是觀念。

在文學史裡，我們也面對相同的二元性：一方面是出版和發行的語言（這種語言似乎是

38 譯註：德國馬克思主義理論家，與盧卡奇和葛蘭西同為二十世紀西方馬克思主義的奠基者。

文學的唯物主義底層，而且幾乎和作品的文本沒有關聯，這就像馬克思的慷慨激昂，幾乎和他對資本主義運作的掌握無關一樣）；另一方面，則是文本的內容和形式，而它們在理想的情況下，應該都可以作為意識形態分析的領域。意識形態本身就和「筆跡」（écriture）一樣，的確是人類某種活動的產物。因此，我們若試圖讓文學的「生產關係」退回到物質關係裡，便傾向於敘述平庸的寓言。

班雅明在此文裡建議大家採取另一種途徑，其中鞏固藝文生產者的地位便是個不錯的切入點。這對身為「自由漂流的知識分子」——以此形容他的生存處境實在很殘酷——的他來說，當然是一件很敏感的事。因為，他當時完全處於失業狀態，在學術界和報章雜誌界都找不到工作，只能靠著撰寫書評的稿費，以及定期向他邀稿的法蘭克福學派（其成員後來為了躲避納粹迫害而流亡紐約）所提供的微薄津貼勉強餬口。當時蘇聯官方為作家成立協會，並為知識分子安排正式職位，使他難免聯想到，自己若是蘇聯作家，便能獲得穩定的工作，因而才願意揭露本身的政治參與，和岌岌可危的生存處境之間的構成關係。但水能載舟亦能覆舟，冷戰期間長期接受官方的調教訓練，勢必也讓蘇聯作家直接成為政治的犧牲品。阿多諾在一篇探討盧卡奇思想、言論審查制度和政治宣傳性作品的論文裡，曾把這種現象稱為「知識分子的犧牲」（sacrifizio del intelleto）。尤其在史達林統治蘇聯時期，蘇聯作家不僅未因正式職位而獲得生存的保障，反而更容易受到人身傷害。不過，班雅明當時似乎很自信可以靈巧地降低因接受官方好處而付出的代價。他顯然是唯物主義的忠實信徒，足以意識到知識分子的政治參與，和本身的生存處境的關係。這種意識不只影響他對此文的撰寫，還使此文因為本身的內容，而成為一份行動綱領。

此外，早在〈莫斯科〉一文裡，他便已洞察到蘇聯不該採取引進西方文化的策略，因此直言不諱地批評蘇維埃政權的文化政策。當時他十分不解，蘇聯既已敏銳地察知本身在生產關係方面已取得革命性進展，已大大地超前西方的經濟生產，為何還要引進西方那些枯燥乏味的學術、文化和智識材料？班雅明也因為提出這些批評，而捲入一場關於社會主義文化政策的辯論裡（他在這方面的參與可能比較不重要，或被忽視）。這場辯論後來被誤稱為「表現主義的論戰」，甚或更糟糕地被誤稱為「布萊希特—盧卡奇論戰」。我們如果認為這場關於社會主義文化政策的論爭，涉及了形式和內容的對立，就是對它的誤解。此外，任何認為班雅明的〈作者作為生產者〉這份準宣言（quasi-manifesto）是在敵視即將形成的社會主義寫實風格（socialist realism）的人，都應該重讀他為這種風格的經典文學作品——即《水泥》——所寫下的那篇書評，他在文中已清楚表示：「葛拉德科夫（Fjodor Gladkow, 1883-

1958）的小說《水泥》是蘇聯當代文學最重要的作品之一。」[39]（II, 49; III, 61）畢竟只要牽涉到嶄新的社會主義文化的生產問題，他仍樂於公開宣揚自己所抱持的雙重標準：「在某些時刻裡，人們會估量事物和思想的重要性，而不會敘述事物和思想；反之亦然，儘管這種情況比較受到忽視。」（II, 9; II, 746）[40]班雅明生活在一個含有多重時間（multiple times）的世界裡，即生活在多重時區（multiple time zones）裡，而這些時區也是他潛在的家鄉，或至少是他流亡和避難的地方。法國代表未來的現代性（雖然巴黎是個古老的城市），但他只有法國的短期簽證；遙遠的蘇聯則代表另一個未來，但這個蘇維埃國家現在已從他的視野裡消失；南歐的地中海地區生活費倒是不貴，並有港口可讓他乘船逃離，而美國和耶路撒冷這些詞彙和名稱都是他無法想像的，但他仍從那裡寄出的信件中獲得一些消息；至於德國則代表可怕的現在，它的向外擴展備受周邊中立國家的阻礙，而這些鄰國在時間裡的在場（present）卻有如夢幻一般。那麼，班雅明該如何在這個多重宇宙（multiverse）裡辨識時間，並感受歷史的風向呢？

有趣的是，他雖打算藉由演講而有計畫地「介入」（即參與）一九三四年的巴黎作家大

---

39 譯註：出自班雅明的〈關於葛拉德科夫的小說《水泥》〉（Fjodor Gladkow, Zement. Roman）一文。

40 譯註：出自班雅明的〈蘇聯作家的政治派別〉（Die politische Gruppeirung der russischen Schriftsteller）一文。

會，卻未在這份預先擬好的講稿（即〈作者作為生產者〉一文）裡，使用「經驗」這個含有內容和個人性質的詞語，而是依據形式和內容必定含有的政治潛在意義，開始具體地弱化人們向來對形式和內容之區分的重要性。（人們認為，左派天真地執著於重視內容的寫實主義，以及本身所直接見證之社會現實的寫實主義，而唯美主義者不論是否自知，則在庇護右翼陣營的觀念主義者、反政治傾向，以及純粹的形式主義。）不過，班雅明在此文裡，卻沒有假設某種進步性的、糅合這兩種藝術思維方式的綜合體（如同盧卡奇後來可能採取的做法），也沒有（仿效盧卡奇的做法而）提出某種既新穎又激進的美學（我們已明確地看到，他在〈機械複製時代的藝術作品〉的一開頭，便建議大家不要這麼做），而是談到他自己的觀察：比起深陷在資本主義系統裡的意識形態結構和種種資產階級文化的那些國家，正處於社會主義建設過程的蘇聯，必須面對相當不同的藝術任務與批判任務。

班雅明在此對左傾的、或支持社會民主黨的知識分子的指控，其實已簡要地再現了他的〈左派的憂鬱：論艾利希·凱斯特納甫出版的一部詩集〉這篇著名文學評論的大部分精神。這篇評論往往因為它的標題，而普遍被誤解為班雅明對政治左傾分子的憂鬱情緒特質的描述。（但其實他在此文裡轉述了凱斯特納對「左派的憂鬱」的斥責。這位對現實深感幻滅的大才子曾寫下既甜美又尖酸的詩句，其詩風介於拉爾金〔Philip Larkin, 1922-1985〕和奧登

〔Wystan Hugh Auden, 1907-1973〕之間。）至於他的〈作者作為生產者〉一文和布萊希特的劇作，則是以文學雞尾酒的一切尖酸辛辣來召喚「美食的」文學：左翼知識分子所固有的才智，使他們在工作閒暇之餘，喜愛與別人分享自己對現實的幻滅感，並以尖銳的措辭表達生命注定死亡的悲觀精神；他們便以這種酸味，相互提醒他們身處的時代的種種愚蠢與無可救藥的積弊——「人性，太過人性」[41]——因此，只有災難才能使同胞因為本身民族性格的缺陷，而受到嚴懲。

班雅明秉持與沙特大致相同的精神，譴責富有馬克思主義精神之「唯物主義」的觀念論，並提醒大家，形式含有特定的意識形態，而且這些意識形態有可能緩和最激進的內容：「資產階級的生產工具和傳播工具已有能力同化、甚至宣傳大量的革命課題，但它們卻不曾鄭重質疑本身的存在，以及占有它們的資產階級的存在。」在當今我們所置身的大環境裡，絕對的資源壟斷已徹底掌控文化性與智識性生產，從這一點來看，班雅明這項提醒對我們來說，是否遠比對從前的人更合乎時宜呢？不過，當我們思考左派分子對問題之解決方法時，也就是當我們意識到文化生產者本身在文化生產機制裡所扮演的角色，以及他們在其中所發

41 譯註：作者在此引用尼采《人性，太過人性：一本獻給自由精神的書》（*Menschliches, Allzumenschliches: Ein Buch für freie Geister*）這部著作的書名。

揮的作用時，我們就會看到，他們所面對的優勢階級的競爭，已為他們的「左派的憂鬱」提供更堅實的基礎。因此，班雅明便在此文裡寫道：「我現在卻更想質問，一部文學作品在當時的生產關係裡是什麼樣的處境？這個問題便直接針對作品在當時的寫作生產關係（schriftstellerische Produktionsverhältnisse）裡所具有的功能。」

為了克服作品的形式和內容始終相持不下的對立，班雅明於是提出「技巧」（technique; Technik）這個概念。但在他看來，技巧不是現代主義藝術實驗的強項，而是圍繞著「現代」這個關鍵概念的事物體系的重要部位。當今的資產階級藝術（班雅明在這裡是指「攝影」而言）「已變得愈來愈細膩，愈來愈摩登，因此，它會出現這樣的發展結果：人們在拍攝垃圾堆以及工人家庭賃居的、簡陋的出租公寓這類照片時，都會加以美化一番……這種攝影是以完美化的時髦方式來理解人們的貧困和不幸，而且還把這樣的畫面變成視覺享受的對象。」簡而言之，我們以「現代主義」指稱的東西，其本身的政治性罪惡，並非人們在寫實主義的辯論裡所提到的、創作技巧的創新和實驗，而是唯美主義本身。唯美主義既是一種對美的消費，也是布萊希特要我們多加留意的、（譯按：憂鬱的左派人士以尖酸辛辣的文字所創造的）具有「美食屬性」的文藝，因此，它無法使傳統形式的創作——例如小說創作——出現正面的發展。當時班雅明決定繼續追隨蘇聯作家特瑞提雅可夫（Sergei Tretjakow,

1892-1937）以報導文學、報紙或其他可取的、不同種類的實驗性媒介——也就是創作者自行打造的新媒介——所進行的文學實驗。更確切地說，班雅明提倡混合媒介的藝術形式，舉例言之，（譯按：我們從前要求攝影師必須具備的）「賦予照片文字標題」的能力，便「來自於流行時尚的行銷，而且還具有革命方面的運用價值。」因此，刻意把文字和影像結合起來，就是這種新穎而「進步」的創作形式的實例，比方說，我們這個時代的高達曾在他的電影作品裡，以令人驚異的方式把文字和影像結合起來（或像布萊希特／魏爾這個劇作家／作曲家雙人組，把文字和音樂融合在他們共同創作的音樂劇，也是一個很好的例子）。班雅明在此文裡接著談到，「（譯按：作家和攝影師）這兩股生產力既有的職權界線都必須被打破」。班雅明這些建言當時多麼富有革命色彩，今天在我們看來，便多麼富有後現代精神。相較之下，人們在二戰後提出的、將打擊貧困的鬥爭變成「貧窮藝術」（arte povera）[42]美學信條的建言，從晚近的觀點來看，就不如班雅明的建言來得有聲有色。在當今這個網際網路和新興科技媒介稱霸的世界，我們或許應該繼續思索，如何把「致力於提升生產」這個課題同時轉變為如何「致力於提升生產工具」。可以預料的是，布萊希特的敘事劇場已在這方

42 譯註：一九六〇年代末期、七〇年代初期的義大利藝術運動，透過裁切和拼貼廉價的、廢棄的材料來進行藝術創作。

面樹立了終極的典範，關於這一點，班雅明在此文裡，以數頁篇幅清晰地論述。布萊希特「進步的」敘事劇場「不是要發展故事情節，而是要呈現某些狀態」，並且藉由中斷敘事的連貫性，實踐蒙太奇的拼貼剪輯，也就是「為整齣戲穿插某些突兀的片段，從而中斷劇情發展的直線連貫性」。「布萊希特把戲劇的實驗室和戲劇的總體藝術作品（Gesamtkunstwerk）[43]加以對照」，畢竟戲劇的實驗室就是要呈現爭辯本身，而不是要在爭辯裡表達立場。敘事劇場主要是「以訓練取代教育，以觀眾群的形成（Gruppierung）取代觀眾的散心消遣（Zerstreuung）。」（II, 585; II, 775）班雅明雖然寫下了這個相當特別、且充滿政治承諾的句子[44]，但他在〈作者作為生產者〉一文裡，實在無法做出這樣的承諾。

由此可見，班雅明的反唯美主義，正是他針對藝術和文化所提出的「進步」概念的關鍵所在，就這方面而言，他和布賀東是一致的：身為超現實主義運動的領導者，布賀東曾開除若干成員（例如阿爾托和巴塔耶〔Georges Bataille, 1897-1962〕），因為他認為他們過度重視美的創造本身。（不過，後來他也把那些置政治於超現實主義之上、並積極投入共產黨活

43 譯註：德國樂劇作曲家華格納所提出的藝術概念。他把自己所創立的樂劇視為一種「總體藝術作品」，也就是一種統合音樂、戲劇、舞蹈、以及舞台和服裝的造型設計的藝術表演形式，並以此顛覆了傳統歌劇過度偏重音樂的結構。

44 譯註：出自班雅明的〈戲劇與廣播〉〔Theater und Rundfunk〕這篇短文。

動的超現實主義者開除，比如阿拉貢。班雅明雖贊同超現實主義者的藝術，卻似乎沒有布賀東的偏見，且我在此必須強調，班雅明和布萊希特一樣，從未加入共產黨，雖然班雅明的弟弟和妹妹都是德國共產黨的傳奇人物。）

所以，我們在藝術活動的產物裡，無法找到藝術和文化的進步性，即藝術作品本身的進步性；此外，人們若要在班雅明曾欣賞的作品裡——不論是德國巴洛克戲劇，凱勒、黑倍爾、列斯克夫的故事、葛林的長篇小說，或布萊希特的劇作和詩作——尋找班雅明的美學，便是錯誤的做法，倒是班雅明所使用的「生產過程」這個名詞片語，可以把我們帶入正確的方向；至於像「實驗」這種把審美的創新融入實驗室科學研究的詞語，在我看來，也比較沒有誤導性。換言之，班雅明對布萊希特的欽佩，主要是因為布萊希特創立「敘事劇場」這個新劇種，而非因為他創作的那些戲劇作品（班雅明甚至不知道布萊希特後來所發表的那幾部傑出劇作）。「敘事劇場」對班雅明來說，就是一套可持續對演員和觀眾進行戲劇實驗、可不斷修正劇本和舞台演出的框架系統。即使我已把數量和多樣性的範疇，當作班雅明思想的基本範疇，然而，我們在班雅明對群眾的政治主張裡，以及對作品的機械性複製和大量傳播（還有大眾本身的藝術創作）的審美主張裡，最好避免把他這個思想範疇具體化為某種簡化的接受理論[45]（或教育學），而是堅持它就是實驗室裡所進行的某種實驗（比方說，在戲劇《伽利略傳》〔*Leben des Galilei*〕主人翁的活動裡，那種被布萊希特戲劇化的戲劇實驗）。這正是為什麼我們無法指出，班雅明曾提出哪些特定的審美「解決方案」、或哪些一般性的、或關於文體論的信條：因為，在他從創作媒介到藝術種類、從作品風格形式到作品傳播的、種種無法預知的跳躍裡，存在著他難以事先確定的實驗性做法。因此，只要研究新媒介的理論家同意，在美學研究的下一波時代浪潮裡，不再為了他們未嘗試和體驗的新領域，而利用班雅明的思想，那麼，他們對班雅明思想的運用，絕對是可以被接受的。

由此看來，班雅明的「進步性創造」概念和那些顧及廣泛大眾、顧及非實驗的藝文與文化的可理解性而創作出來的作品，沒有太多的關聯性，而是和大眾化的政治性、和政治覺醒的群眾的政治性密切相關。因此，我們不一定要依據民眾的接受度來評斷藝術創作的實驗：布萊希特的教育劇都不是為綜藝劇院的觀眾而創作的（其實布萊希特甚至有可能完全不為觀眾、而是為演員本身從事創作），即使是毛澤東在「延安文藝座談會」那些似乎是共產黨正統訓示的談話裡，都還為藝術實驗保留存在的空間呢！

---

45 譯註：接受理論（reception theory）是分析和解釋受眾如何依據本身的精神狀態來接受、理解和評價作品的理論。

我們還無法確認，藝術實驗的條件是否和某種不再是「進步」的、卻還未顯示出「退步」特徵的東西有關。換句話說，我們仍在尋找和進步性創造「相反」的東西，這種東西從歷史方面來說，往往不是衰敗墮落的、而是積極正面的東西。其中我們第一眼可看到的、最明顯的地方似乎是《資本論》本身。馬克思在這套關於工業化生產的理論裡，謹慎地分別舊式勞動（工具是勞動者的一部分）和現代勞動（勞動者是機器設備的一部分）的不同。不過，他的理論其實還不是以商品生產為核心的、或以商品形式和商品拜物教之理論為核心的資本主義理論。我們可能察覺到，商品化在班雅明所排斥的唯美主義的概念裡扮演某種角色（在法蘭克福學派那些顯然依據盧卡奇《歷史與階級意識》的理論裡，商品化所扮演的角色遠遠更為公開而直接）。此外，我們也可以推測，馬克思的資本主義理論所呈現的完整圖像，已預設機器理論和商品化理論這兩條路線的交會點，而且還帶有已被納入社會主義的資本主義「進步性創造」的正面景象，也就是馬克思僅在探討人民共同合作的關鍵篇章裡（僅在他的集體理論裡）所勾勒出的願景。（我們不會忘記，班雅明最後以「大眾的形成」〔Formierung von Massen〕這個相當有先見之明的概念結束〈機械複製時代的藝術作品〉一文。）

形式和內容之間看似無法解決的對立，已被資產階級和共產黨路線的批判者當作他們相互對抗的戰線；至於班雅明在〈作者作為生產者〉裡，對「技巧」的強調，則為這種對立的化解提供一個嶄新的開始。班雅明曾在〈對廣播的省思〉（Reflexionen zum Rundfunk）這篇短文裡告訴我們：「收音機聽眾……在家裡迎接播音員的聲音，就像在迎接客人一樣。（原按：今天我們依然可以在電視觀眾的身上觀察到這種現象。）這正是為什麼廣播節目可能看來毫不重要，卻可以深深吸引聽眾的原因。」然而，恰恰是內容的無關緊要，肯定了班雅明的形式主義，而在班雅明的形式主義裡，技術和形式已經融為一體，因此，他在此文裡又說道：「廣播的技術和形式這個面向，可以讓聽眾培養他們的知識。」（II, 544; II, 1507）換言之，班雅明就是秉持布萊希特的精神，而重新建構布萊希特的主觀性，並將它提升到新穎的、更「進步」的創作媒介所存在的層次。我們如果依循這樣的路線，就可以從班雅明宇宙（Bejaminian cosmos）的相似物那裡，繪製出一條通往（進步的電影產業以機械性複製所生產的）電影、甚或超越電影的途徑。

這條途徑還要求我們有能力把令人反感的「進步」觀念、和破壞此觀念的「新」經驗（experience; Erfahrung）區分開來。也許這二者的矛盾就在於「進步」觀念本身不是概念的存在，而是（不該已為未來定位的）信念的存在（也就是眾所周知的「美好的未來」〔lendemains qui chantent〕信念）。人們對未來的信念和占卜者的預言一樣，具有圖像性，至於「新」則是人們現在的經驗，由於它本身帶有強烈的衝擊性，因此可立刻消除人們對未來的模糊信念。如果資產階級仍抱持廣播或電影這些新媒介，只是技巧和科技的「創新」這種想法，那麼，新媒介所帶來的「新」經驗也許同樣會侵蝕資產階級的唯美主義，並瓦解現代資產階級的終極目標。

我們可以在班雅明一份生前未發表的、零星的筆記當中，看到那個直接把十分不同的主題與洞見，變成純粹由許多單子構成的組群的環節。這份筆記資料顯然是班雅明那份未完成的「賭博」草稿的一部分，依據負責整理班雅明遺稿的編輯的看法，它應該是班雅明一九三一年或三二年在伊維薩島寫下的。在班雅明這份內容零碎的、似乎不重要的筆記裡，摘述其中的「經驗就是生活中所遇到的相似性」（II, 553; VI, 88）[46]這句清晰明瞭的話，對我們這裡的討論來說，其實已足夠了！

現在，整個關於人類經驗的理論學說，以及人類經驗在面對現代城市、尤其在面對現代戰爭（即科技所帶給人類的震驚體驗〔Erlebnis〕）的脆弱性，突然在那個打造伊甸園景觀、並充斥著相似性的偉大宇宙裡，找到了本身的起源，畢竟伊甸園的神話，簡直就是一種

46 譯註：出自班雅明的〈論經驗〉（Zur Erfahrung）這段筆記。

朝向已被摧殘的現代社會的、有害的倒退！我們還記得，童話跟神話是對立的，而講述童話的農民本身的樂觀精神，則是對治當代法西斯主義高度審美化儀式的解毒劑。農民說故事，就是在試圖回想和恢復人類從前那種沒有疏離的存在模式。

說故事在本質上是一種工匠手藝：說故事是身體的活動，就像人們製陶拉胚所使用的轉盤。班雅明敘述的趣聞軼事，還有他身為說故事者的身體活動，都是他個人試圖恢復那種未疏離的精神生產，而這種生產也讓大家聯想到歌德時期（Goethezeit）[47]德國人文主義作家的書信手稿、超現實主義者的夢境紀錄、薛爾巴特科幻小說的怪異景象、黑倍爾的小故事，甚或是科比意對建築的徹底簡化，他所設計的玻璃鋼構建築，既是一種對人類剛出現的「經驗貧乏」的非感官式摹仿（non-sensuous mimesis），也是一堂教導人們如何將「經驗貧乏」進行創造性運用的課程（II, 734; II, 218）[48]。就當今的後工業時代而言，難道我們不該聲稱，網路駭客的工作也是一種工匠手藝？難道現在的網路世界這個人們的白日夢（這使我們想起第一批網路使用者所信仰的烏托邦主義）一定不會被龐大的企業集團和卡特爾壟斷聯盟

47 譯註：即文學家歌德活躍於德語文壇的年代，從一七七〇年代延續到一八三〇年代，前後涵蓋德國文學史的狂飆運動時期和威瑪古典主義時期。

48 譯註：請參照班雅明的〈經驗與貧乏〉一文。

（cartels）掌控？難道某些尚未被發現的幽僻角落，一定不會再被巧妙地破壞？如果這些疑慮都不成立，「進步」在這裡或許可以重新尋回傅立葉（Charles Fourier, 1772-1837）那種童稚般的烏托邦幻想。

那麼，是否有一種已修正的「靈光」新概念，適用於我們這個後機械複製時代？靈光的消失應該是某種新形成的集體意識的跡象和表徵，而這種集體意識如果現今存在的話，只會如影子般存在於我們這個審美化的商品世界裡。因此我們可以推斷，班雅明對靈光的見解，至今可能仍適用於以下三大領域：

第一個領域和新科技所形成的集體經驗有關，而「複製」這個詞語已不適合描述這種新科技。更明白地說，電視的普及使集體所關注的事件進入了新的階段：這些重大事件已不只是新聞，還牽涉到民眾的參與，而且民眾的這種集體參與迥異於早先共產國家的工人提筆書寫的公共參與（班雅明當時認為，這種公共參與的雙向「對話」方式，可作為單向訊息傳播以外的另一選項，後來恩岑斯伯格也贊同班雅明這個看法）。美國總統甘迺迪遭暗殺身亡的事件，正是電視普及後，民眾參與重大事件的典型實例。它不僅改變了歷史大事紀的性質，還形成一種具有明確發生日期的事件類型：數以百萬計的民眾一起參與當時發生的重大事件，並把該事件當作他們的個人經驗，而這種個人經驗還大大超越了震驚體驗（Erlebnis）

類型的範圍。因此，電視媒體的集體性便被視為靈光的新形式，但是，人們卻幾乎從未探索過它們的政治含義（就如同人們從未探索過快閃行動的政治含義一般，舉例來說），更別提透徹的研究了！

其二，對班雅明來說，只要是經驗就是一種準身體現象（quasi-bodily phenomenon），至於靈光則和屬於身體活動的工匠手藝本身，有更深層的親緣關係。工匠手藝似乎自然而然使我們聯想到當今的網路操作和行動（例如程式設計和網站入侵）其實也屬於身體層面，因此，幾乎不該被當作一種非物質性的「勞動」（labor）。

其三，當人們接收影音訊息的主要來源，已從電影銀幕變成電視這種家用產品時，由於國際性投資參與節目製作，而開始播映世界各地的演員以不同的語言所演出的節目，因此，電視節目所發展出的新形式本身，便富有來自跨國合作的異國情調，而大眾接觸異地奇特風情的此時此刻，當然具有靈光商數（auratic quotient）。然而在全球化環境下，各國舉辦的電影節所放映的、來自世界各地的電影作品，其實也可能帶有一種新類型的靈光。因為電影節恢復了以多樣性為基礎的世界電影，並呈現出小眾電影（minor cinemas）以及那些來自較小的國家和語言區、因而更富有異域風土人情的特殊電影作品，相較於今天大量標準化生產的電影工業，它們都是獨一無二的影片。

關於這種可複製性的文化生產機制，馬克思曾把已被自己理論化為生產模式的下層建築（infrastructure; Unterbau）或經濟基礎，劃分為「生產力」和「生產關係」，好讓自己可以把人類社會的整體結構，進一步區分上層建築（superstructure; Überbau）和下層建築。人們通常認為，唯心主義和唯物主義這兩種思維現象的差異，就在於它們對上層建築的說法，而馬克思主義理論家則已經避免以唯心主義和唯物主義來為下層建築做類似的區分（寇爾胥則是個重要的例外）。畢竟人們若依據某種意識形態而將下層建築視為經濟，就很容易把下層建築簡化為生產技術本身，但同樣隸屬於下層建築的「生產關係」卻顯示為勞動者及其本身的（包括無產階級意識在內的）結構。從這方面來看，我們便可以了解，區分上層建築和下層建築遠比我們所料想的更為複雜，因此，我們已無法單從經濟或生產技術的角度思考下層建築。

在從前某個時代的智識氛圍裡，一些被公認為支持唯物主義的立場，就會自然而然壓過當時較受到質疑的唯心主義立場。因此，最常被我們當作生產技術的東西，其本身刻板乏味的物質性，勢必會扭曲生產關係。在這種情況下，信任那種認可歷史和歷史變遷並將其理論化的立場，一直都是比較可靠的做法。在此我還要指出，班雅明的〈機械複製時代的藝術作品〉始終令人困惑難懂的地方，就是他對創作媒介的看法：因為他的論述不論明示或暗示，總是偏重於生產關係，而忽略了純粹著眼於機械器材的觀點。這所導致的理論不對稱性，便使得這篇論文的內容缺乏清晰性和明確性。

第9章

歷史與彌賽亞

一

班雅明以「機械人偶」和「天使」這兩個令人難忘的意象建構〈論歷史的概念〉這篇著名的文章（IV, 388-405; I, 693-704, 1230-46），而這些意象當然也影響著我們對他的歷史論題的解讀。

班雅明所描述的「天使」意象援引自保羅．克利的名畫〈新天使〉（只有我們知道，該幅畫裡的天使跟班雅明的描述，鮮有共同之處）。這名天使是一群短暫存在的天使中的一員，這群天使是為了讚美現在的時刻，也就是此時此刻（Jetztzeit），而被創造出來的，之後祂們便隨著此時此刻的消逝，而立刻灰飛煙滅。如果班雅明筆下這位特殊的天使俯視著當今地面上的大型垃圾掩埋場，俯視著堆積如山、且無法被生物分解的塑膠垃圾時，他是否發現自己已無法歌頌當前這個他被指派要出現的時刻？他是否發現自己只能沉默以對，因此無法再隨著頌讚的歌聲，而從此時此刻消失？

然而，少數幾位評論家似乎已注意到，吹打這位天使張開的雙翼而使其無法振翅翱翔的那場風暴，並未吹向樂園（Paradise），而是從樂園吹來的。這位面向著過往的天使，無法使自己面向未來、烏托邦或其他等等。我們都知道，班雅明熱中於記錄許多衰敗的徵象，比如技巧的衰敗、工匠手藝的衰敗、說故事的衰敗、經驗本身的衰敗，以及人們無法再優雅且富創造性地使用身體的衰敗，其實是為了仔細檢視當代許多表達這種衰敗、並提供嶄新解決之道的創作技巧。在這裡，我們試圖擺脫班雅明至今仍存在於世人眼中的懷舊形象：班雅明認為確實有一個宇宙存在，而這個世界的一切要素在該宇宙裡都相互呼應著；但我們無法確定的是，他是否認為我們可以回歸這個宇宙，甚或他自己是否想回歸這個宇宙。但丁對這樣的宇宙最瞭如指掌，他曾抵達位於煉獄山（Mount Purgatory）山頂上的、現在所謂的「人間樂園」（Earthly Paradise；Paradise 這個詞語源自波斯文，其原義為「花園」〔garden〕），而如今它卻淪為通往另一個樂園的地鐵線途中的某站；至於在另一個大不相同的樂園裡，一切伊甸園的慶祝活動和遊行（trionfi）則顯得不適當：這兩個樂園的差別，就相當於年邁的浮士德博士跟魔鬼訂下契約前，在復活節早晨遇上的那場熱鬧的民俗節慶，和伯克利（Busby Berkeley, 1895-1976）[1]以群舞走位所呈現的「永恆玫瑰」（the Eternal Rose）那種風格華麗、燈光絢爛的綜藝歌舞秀的差別，而後者在我們眼裡，可能更像專門為了取悅極權國家領導人而演出的盛大場面。當班雅明在推想人類社會實驗的新方向時，他腦海裡所浮現

1 譯註：美國編舞家暨好萊塢歌舞片導演。

的景象幾乎就是「莫斯科」，在這方面，布萊希特曾進一步「提出他個人的建議」，而馬克思則關注於他所謂的「史前史」，至於其後信史的本質，他就不感興趣了！（史達林和猶太人一樣，本來就禁止人們探究人類的史前時代。）

不過，史前史的結束卻是我們探索歷史的開始：天使的翅膀和船舶的風帆所遭遇的難題大致相同。船帆若不調整，便無法捕捉歷史的陣陣吹風，也就無法利用這股風力來推動船舶；至於這位特殊的天使顯然拙於應付他所面對的歷史風暴，因此，只能默默承受迎面吹來的陣陣風暴，而無計可施。這到底是誰的過錯？然而，歷史的陣陣吹風依然在某個地方吹拂著！〈論歷史的概念〉裡的天使，就是動作笨拙的班雅明本身，而且他看起來就像那個坐在棋桌旁下棋、象徵「歷史唯物主義」（且受到藏身於棋桌下的駝背侏儒操控）的機械人偶。我們其實應該注意到，這位天使未必是挫敗的，畢竟只有在挫敗發生後，挫敗才會成為他的命運！

至於躲在棋桌下的侏儒，則在這個能與人對弈的著名人偶身上找到自己的定位。這個「機械人偶」的意象促使班雅明嚴肅地展開一連串反思。以土耳其戰士作為造型的他所下的每一步棋，都無往不利，因為所有的棋步全出自棋桌下那位象徵神學的駝背侏儒之手。班雅明在此文開頭的第一節敘述這個土耳其「機械人偶」的寓言，一點兒也不奇怪，不過，這個寓言後來所產生的結果卻影響廣泛，且出人意料。大家都知道，伊斯蘭教在先知穆罕默德過世後的那幾年，迅速地擴張勢力版圖，而後來的鄂圖曼帝國也幾乎同樣銳不可當；這兩股勢力先後阻斷了歐洲當時的對外交流，從前這種東、西兩邊相互隔絕、對峙的情況，十分類似一九二〇年代末發生蘇維埃革命的歐洲，或二戰後史達林「帝國」在東邊所建立的共產主義陣營所顯示的東、西僵持對立。然而，班雅明直到人生的最後階段才知道，這種兩邊鼎峙的局勢已被突破，因為希特勒所發動的閃電戰，以及納粹對歐洲的征服，既是一股無法阻擋的力量，也是一場無從抵抗的軍事擴張。

班雅明認為，「這種所向無敵的人形機械裝置在哲學上的對應物，就是所謂的『歷史唯物主義』」，而我們則把這個象徵歷史唯物主義的機械人偶稱為「辯證法」。由於這個人偶下棋的對象必定是「歷史的建構」，因此他總是旗開得勝：畢竟已發生的事情必定會發生，採用辯證法的「歷史唯物主義者」便明白這一點。接下來我們還在這篇文章裡看到，人們在這種情況下，可以從神學那裡獲取有利於唯物主義的東西。

就像「天使」意象一樣，人們已把「機械人偶」意象，解讀為班雅明對歷史終結的反諷性承認，而非遠更合理而貼切地把它解讀為馬克思主義的終結。我們將在隨後那幾頁裡看到，為什麼把「機械人偶」意象解讀為班雅明對歷史終結的反諷性承認，是一種誤讀；或許

「機械人偶」意象足以使我們想起，不論這場政治棋局的結果如何，神學依然保留彌賽亞信仰，而且「歷史」似乎消除了左派對彌賽亞的誤解。

二

不過，神學就如同歷史唯物主義那樣，是一個完整的符碼領域或術語領域，畢竟神學本來就是一組符碼或術語。我們已在前面不遺餘力地指出，班雅明作品充斥著大量的符碼或術語，它們雖然並存於其中，卻連表面價值（face values）都難以協調一致：畢竟這許許多多的名稱，都需要各自不同的註解。舉例來說，班雅明所謂的「思維圖像」（thought-picture; Denkbild）便可當作他一生以卓越寫作技巧所創作的文類的名稱。我們曾以 prose piece（短文）、art paragraph（技巧卓越的段落）和 discursive episode（論述性插曲）來指稱班雅明所獨創的文類，而避免使用 fragment（零碎片斷）這一類暗示班雅明文本已被他優雅地賦予「無結尾性」的用語。這種情況便讓我們比較無法將班雅明這種文類概括而論：沒有人曾為文探討「班雅明的思維圖像」，如果我們要做這方面的嘗試，我們冒險所寫下的東西頂多只是一篇向班雅明致敬的文章，或關於班雅明作品的集錦性文章。「思維圖像」這個概念的用處，不僅在於它可凸顯班雅明思想的「插曲性特徵」（episodism），也在於它賦予班雅明這類型書寫一個總稱。不過，「圖像」（picture; Bild）一詞對於視覺性的強調，卻更有可能誤導或阻礙班雅明理論的進一步發展。既然視覺性已在文化裡發揮最具支配性的影響力（確實源自於班雅明所關注的視覺媒介的技術進展），它必然會在「意象」（image）一詞裡，找到關於本身最巧妙的理論性說明。但在這方面，我們卻應該問自己，是否「意象」這個用語確實代表一個真正的觀念，而不是我們用來掩飾概念難以傳達感官知覺的詞彙。概念難以傳達感官知覺而面臨的困境，已存在於攝影理論的矛盾裡，畢竟攝影就是一種在過去和現在之間的弔詭性掙扎，也是一種在某個「痕跡」（trace）概念下的折衷妥協（「痕跡」概念只因為本身較低的視覺商數〔quotient of visuality〕，而比較沒有爭議性。）那些以意象為基礎的大眾文化理論當然會發現，在面對本身所呈現出的、最獨特的東西時，不一定要投入哲學對時間性的複雜討論當中，因為不參與對它們來說，反而輕鬆省事。不過，班雅明卻必須討論時間，不論以明示或暗示的方式，因為他後來已把著述的重心轉移到歷史領域。他幾乎不擔憂視覺性的要素，若他真的有所顧慮，充其量只是因為「寓言」概念吸收了視覺性。此外，意象的語言也傾向於逃避哲學的抽象化，然而在哲學抽象化這方面，班雅明無疑是現代理論的先驅。

當班雅明提出「辯證意象」這個他最喜愛的口號之一時，就非得解決一些相關的議題不可，而且這些議題還具有最強的誤導性：他獨特地把「辯證意象」定義為「停頓靜止中的辯證」（dialectic at a standstill; Dialektik im Stillstand），而讀者如果忽略了「辯證意象」的重要特徵——至少兩個歷史要素之間的相似性——就會因為這個定義而把「辯證意象」誤解為「歷史終結」的同義詞（因此舉例來說，我們便會看到當代史家尼特哈摩〔Lutz Niethammer, 1939-〕完全贊成把班雅明列入「後歷史」〔posthistoire〕的代表人物中。）[2] standstill（停頓靜止）這個英文詞語有「中斷」或「不樂見的停止」的意思，因此暗示著該辯證本身注定瓦解的命運。至於我們剛才所討論的「天使的癱軟無力」和「機械人偶暗中求助於（譯按：桌下的侏儒所代表的）神學」這兩個意象，只會強化人們對 standstill（停頓靜止）那種無能為力的印象。不過，班雅明的「停頓靜止」其實比較近似以定格鏡頭凍結人物動作的照片（freeze-frame photography），而比較無涉於拋錨的破車。從班雅明以下對布萊希特「敘事劇場」的獨特描述，我們便能知道班雅明對歷史進程更確實的說法。畢竟在他看來，（譯按：中斷的）歷史進程與戲劇表演所固有的「定格演出」（tableau；即演員在舞台上突然中止所有動作而靜止不動）是一致的：

2 原註：請參照 Lutz Niethammer, *Posthistoire*, London: Verso, 1994.

請您們想像一下家庭生活出現了這樣一幕：媽媽正想抓起一件青銅藝術品，朝女兒丟過去；爸爸看到這種情形，剛要打開窗戶對外呼救時，一個陌生人便在這當兒闖了進來。劇情的發展便立刻中止，而出現了這位陌生人所目擊的狀態：驚慌失措的面孔、開啟的窗戶和毀壞的家具。（II, 779; II, 698）[3]

這個瞬間凍結的時刻，不僅未終止演員的動作，反而使我們可以依據演員動作中斷所顯示、所形成的某個主要的情況、或某個共通的困境，而把這個如X光片般被定格下來的、令人專注的場景，解析成多重的結果或多重的選擇。因此，「定格演出」的技巧，便運用這種突然中止的視覺性來對抗它本身所固有的幻想，並對抗演員表演動作所產生的、以及觀眾視覺消費之樂趣所促進的、失實虛假的戲劇演出。

後來班雅明提出的「現代的時間性」這個複雜而獨特的概念，又再度強化了人們長期以來對他的「辯證意象」概念的誤解，因而促使他表達以下這個獨特的主張：

---

3 譯註：出自班雅明的〈作者作為生產者〉一文。

> 馬克思說，革命是世界史的火車頭。不過，人們可能有完全不同的說法。或許革命是搭乘世界史這列火車的人類拉了緊急剎車。（IV, 402; I, 1232）[4]

在班雅明的著作裡，就屬這個對革命之使命的定義，即「阻斷這個世界前進的路線」（IV, 170; II, 664）[5]最激烈地表達出他本身對持續論（continuism）深切的反對。在他看來，一九一七年的蘇維埃革命確實完成了革命的神聖使命；不過我們將會看到，他還審慎地劃分革命的兩個層面：一方面，革命是突然而猛烈的打斷；另一方面，革命則是嶄新的、長期進行的社會實驗與社會建構。

我當然覺得，我們在討論「辯證意象」這一類班雅明所提出的口號時，應該更審慎地觀察班雅明對使用該口號所提出的建議：「這種意象因為本身的歷史指標（historical index; historischer Index），而有別於現象學的『本質』（essences; Wesenheiten）。該意象的歷史指標不僅顯示，意象屬於某個特定的時間，而且最重要的是，還顯示意象只有在某個特定的時間，才會顯得清晰明瞭。」我們在前面已注意到，「辯證意象」這個名詞片語和「接近」

4 譯註：出自班雅明的〈論歷史的概念〉一文的註釋。

5 譯註：出自班雅明的〈布萊希特〉（Bert Brecht）一文。

（access; Zugang）這個詞彙有關，而且我們必須了解，我們剛才所談到的某個「特定的時間」，就是我們所面對的此時此刻。在此時此刻裡，我們發現自己能解讀過去的某一時刻，也能把握住「可認知過往的現在」。因此，班雅明這個放射線學意象，甚至更重要：「歷史會衰變為意象，而非衰變為故事。」（A462, N3, 1; V, 577）[6]

我相信，以上這一整個問題可以獲得釐清，只要我們主張，班雅明以他的「辯證意象」概念所試圖傳達的東西，正是我們今天所謂的「並時性」（the syncronic），也就是由若干具體因素和相互關聯的現象所構成、而無關於歷史持續性演變的「組群」（constellation）。此外，他還以「辯證意象」概念強調歷史的實證性（而非歷史的純抽象性）並減少時間歷程裡的敘事性要素。相對於在歷史連續體裡持續演變的貫時性（the diachronic）或通史，無關歷史之前因後果的並時性，尤其著眼於弱化本身史料的時間面向，而非本身歷史「標記」的時間面向，因此，我們不該把並時性和某種現在觀（notion of the present）混淆在一起：現在觀就相當於班雅明的「此時此刻」（Now-time; Jetztzeit）概念，我認為，班雅明提出「此時此刻」是為了把「現實」（actuality）和其他的「在場」（presence）形式區分開來；至於

6 譯註：此段的引文出自於班雅明的《採光廊街研究計畫》一書。

並時性則意味著，把現象本身看似因果面向（causal dimensions）的東西，轉變成現象本身的結構面向（structural dimensions），我們都知道，班雅明把後者稱為「相似性」（similitudes; Ähnlichkeiten）。在他的作品裡，往往看來具有前後因果關係的種種，其實是各自獨立、且可重複出現的，因此不存在前因後果的關聯性，比方說，某一種手勢、劃下瑞典安全火柴，以及在賭博裡擲骰子這些動作（IV, 328; I, 630-3）。它們並不是要喚起某種嶄新的、基於前後的因果關係、而在各種不同的領域裡起作用的歷史力量（即「在許多領域裡所出現的……發展」），而是要喚起某種結構的相似性（以便強調某個詞語和他思想中某個特別重要觀念之間的相似性）。班雅明使用無關於歷史之前因後果的「並時性」這個現代概念，以便儘可能地取代和排除「進步」本身、或柏格森所謂的「同質性時間」本身那種他不樂見的時間性。如此一來，他便毋須像人們在使用「本質」或「永恆」這些替代性詞彙時，傾向於將歷史性完全排除在時間歷程之外。

在班雅明和阿多諾針對班雅明註釋波特萊爾作品的細節（尤其針對波特萊爾以「酒」為主題的詩作，以及巴黎市政府徵收酒稅時期的相關資料）所展開的那場著名論戰裡，班雅明「辯證意象」的第一個構成特徵，或許會以最鮮明的方式顯現出來，而且我相信，我們應該從這方面來理解「辯證意象」。這場論戰涉及酒品輸入在理論層面上的議題，大過於相關的歷史書寫的問題。其中的重大關鍵——儘管被不重要的事實細節所掩蓋——其實就是他們對於社會的上層和下層建築的區別，以及他們針對這種區別在文化分析裡應該占有的份量的爭論。阿多諾覺得，人們只能以最普遍的方式，將下層建築聯想成「資本主義式生產」（而且還普遍透過商品形式和商品化的居間調和，雖然他沒有這麼說過），但對班雅明來說，鑒於《採光廊街研究計畫》所包含的大量、且錯綜複雜的資料，事實的細節本身顯然既屬於上層建築，也屬於經濟層面的下層建築。

他們所爭論的議題，就是波特萊爾時代的巴黎為輸入酒品設下關稅壁壘（後來美國有幾個州也採取這種做法）造成城外酒類價格較低，因而吸引巴黎特定社群出城消費的現象所代表的意義。在班雅明看來，這場論辯的重點，不只是波特萊爾描述形形色色的酒醉的詩作文本，還有酒醉本身：酒醉正是文化及其消費所給予人們的允諾（法蘭克福學派喜歡套用斯湯達爾〔Stendhal, 1783-1842〕的「幸福的允諾」〔promesse de bonheur〕這句話），而這一點才是這場辯論的主題。阿多諾則喜歡把巴黎當時開徵酒稅一事，整體上當作一則資本主義的寓言，並以資本主義獨特機制的整體性，完全取代這件事明確的細節或事實。然而，班雅明卻想指出酒稅徵收在本體論上的豐富性，為此他還建構了主體與客體、精神（例如人類的醉態，包括人類受到詩性語言的感動而處於陶醉的狀態）與身體、或精神與物質（例如可被製造、販售和課稅的、實實在在的酒液）之間的對立。由此看來，他的辯證意象恰恰就是位於所有這種二元論之核心的「停頓靜止」（Stillstand）裡，其中也包括馬克思主義的二元論，也就是上層和下層建築的對立，而且班雅明還把它們一起納入某個單一而矛盾的意象裡。

但班雅明的論述不止於此：他為了維護被阿多諾斥為庸俗之因果關係的東西，於是訴諸古典語言學來回應阿多諾[7]（IV, 101; B, 790）。班雅明這個做法（這種做法對大學主修語言學的葛蘭西來說，也具有重大的意義）就是藉由古典時期的法律與具體構成要素，而確實恢復整個世界和生活方式的文化與歷史背景：

> 附著在語言學研究上、並使語言學研究者受到吸引的那種自成一體之事實性（Faktizität）的表象，會隨著人們以歷史觀點來建構事實內容，而消失無蹤。畢竟歷史性建構的平行線會趨向我們本身的歷史經驗，而相交於事實內容所構成的單子上。在這種單子裡，一切神話固定不變的文本是生動活潑的。所以，我們如果在文本裡找到「酒稅和〈酒的靈魂〉（L'Âme du vin）[8]直接的關聯性」，在我看來，就是誤解了事實情況。不過，我們

7 譯註：請參照班雅明於一九三八年十二月九日寫給阿多諾的書信。

8 譯註：波特萊爾的一首詩作。

如果依據語言學的相關性，就更能以合理的方式，建構出這首詩的關聯性——就像我們也從語言學角度來詮釋古典時期的作家那樣。這種做法使這首詩獲得特殊的重要性，換言之，這首詩因為我們真正地閱讀它（in der echten Lektüre）而得到特殊的重要性，儘管至今我們仍不太藉由這種方式來閱讀波特萊爾的詩作。只有當這首詩獲得特殊的重要性，而被重視時，它才會受到這種詮釋的影響，雖還說不上受到震撼。這種詮釋顯示出，我們所討論的這首詩涉及迷醉恍惚（Rausch）對於波特萊爾的意義，而無關於徵稅問題。（IV, 108; B 794-95）

不過，這裡所喚起的關鍵詞彙卻不是語言學，而是單子。因為，單子所組成的統一體（仍是一種有機的整體，它們本身有外部的界限〔outer limits〕，卻可能沒有與他者相互區隔的分界線〔boundaries〕，而其內部的單子則存在著複雜的相互關係）必定占據了班雅明所創造的某種概念性空間，而且這種空間和我們今天所謂的「並時性」有關，抑或從另一方面來說，顯現在德勒茲的「塊莖」（rhizome）[9]意象裡。巴黎這段以關稅壁壘限制酒品輸入的歷史，就像那個時代關於酒醉的醫學理論，或報章雜誌任何關於巴黎外圍地區混亂失

9 譯註：德勒茲以「塊莖」這個植物學專有名詞形容一種去中心化的、多元性和異質性的鏈接，並用這個概念來反對象徵西方思想傳統的「樹」所代表的單一中心之系統思維模式和二元對立原則。

序的報導一樣，簡直就是從單子裡長出來的一串塊莖。實際上，波特萊爾筆下的巴黎拾荒者，或他的巴黎城市神話裡的其他居民，也在巴黎外圍的郊區彼此聚集，並找到了他們之間的親緣關係。

因此，我們不該從因果關係的角度、甚至不該從上層建築自動「反映」下層建築這種關係架構的角度，來理解巴黎當時課徵的酒稅。畢竟經濟措施和詩作推敲構思之間的關係，具有圖像性質，而且還依照班雅明的「相似性」原則來運作。

還有，我們也不宜從因果關係的觀點、或從認同歷史連續性的通史觀點來解讀班雅明對「起源」（origin; Ursprung）一詞的使用，而是應該把班雅明所謂的「起源」當作類似於現象學家喜歡稱為「本質」的東西，雖然我們都知道，班雅明頗為排斥可能帶有非歷史含義的、或柏拉圖哲學含義的「本質」概念。班雅明在一九三一年的日記裡，曾以另一種說法表達他對「起源」的思考，並描述「起源」的特徵，其中有一段話似乎值得我們在此引用：

我試著表達我對歷史的構想，其中「發展」（Entwicklung）概念已完全受到「起源」概念的排擠。因此，我們可以理解，我們已無法在發展過程的河床裡尋找歷史。在這裡——我也曾在其他的著作裡談到——「河床」意象還得到「漩渦」意象的呼應，而一樁事件的之前與之後，即其從前和後來的種種，或更確切地說，一樁事件發生時的先後狀態（status）[10]，便在河床的漩渦裡打轉。由此可見，這種史觀真正呈現的歷史內容，其實不是特定的事件，而是概念層面、或感官知覺層面上某些始終不變的狀態：例如，蘇俄的農業狀況、巴塞隆納這座城市、神聖羅馬帝國邊疆地區的布蘭登堡侯國（Mark Brandenburg）人口移動情況、建築的長筒形拱頂等。如果這種史觀必然具有某種確實性，人們便可據此反駁，歷史存在著演化論要素和普遍性要素的可能性，那麼，它的內部就必然具有某種強烈的極端性（Polarität）。歷史和政治就是這種史觀本身對立的兩端，而且人們可以明確地強調，這兩個極端分別是寫下來的歷史和發生過的事件。此二者乃處於迥然不同的層面上，因此舉例來說，我們絕不可以表示我們經歷了歷史。從這個意義來說，我們也不該認為某種闡述已讓我們看到事件真正的樣貌，而認定自己已十分了解它的歷史，畢竟這是沒有價值的闡述；同樣地，我們也不該認為我們所經歷的事件必定會成為歷史，這是新聞報導的觀點。（II, 502-3; VI, 442-3）

10 譯註：班雅明在此使用的名詞 status 為拉丁文而非德文，因此詞首為小寫。

然而，就像其他我們曾援用的引文那樣，以上這段引文讓我們看到，班雅明在強調他所謂的「辯證意象」的另一重要特徵，也就是辯證意象始終具有深刻的歷史性，所以必如禮格爾那般截然劃分歷史時期。辯證意象和過往有關，更確切地說，他在這裡所談論的每一個辯證意象，就是為某段特定的過往所描繪的圖像，或瞬間以相機所捕捉到的畫面（snapshot）。從這個意義來說，我們的文化所指涉的一切，其實也和過往及其所留下的「檔案資料」有關，因此也和某個歷史時期的概念有關。波特萊爾筆下那個十九世紀的巴黎，對我們來說就是個歷史時期，而禮格爾所研究的「羅馬帝國晚期」和班雅明所探討的德國「巴洛克時期」也都是；此外，莫斯科這座蘇聯城市也代表著某一歷史時期（班雅明認為，這座蘇聯城市就是一種「當下」〔present; Gegenwart〕，即使不完全是他的「當下」）；至於在威瑪共和時期崛起的法西斯主義，不只對我們、而且對當時那些認為「當下即歷史」的旁觀者來說，也同樣是個歷史時期。因此，我敢這麼說，對班雅明思維和想像裡的那種歷史化（historicizing）來說，存在的不是文化、社會和政治的分析項目，而是那種他認為可表達某個歷史時期的探索：筆相學是人類古代的再度出現；左派文化學者福克斯對諷刺漫畫和春宮圖的收藏，透露了第二國際（Second International）成員的心態；至於蘭克的基督教／德意志愛國精神——源自於德國人在一八四八年法蘭克福國民議會（Frankfurter

Nationalversammlung）所斷送的自由主義——對當時處於混亂的威瑪共和時期危殆時刻，而亟欲使自由主義復活（resurrect）的人士來說，則是一種理想的態度（你們即將知道，我在這裡使用「復活」這個動詞是經過深思熟慮的）。

簡單地說，我在這裡要重申，班雅明在這個脈絡下十分重視的用語「辯證意象」，就是單子，而且還是歷史的單子。辯證意象牽涉到我所謂的「歷史時期無過渡階段的斷然劃分」，各個辯證意象的歷史單子就像星空裡的各個星座一樣，已脫離彼此而自由地飄浮，但它們仍需要和「當下」維持關聯性。因為辯證意象若與我們的當下無關，我們便無法了解它們，也無從使用另一個被班雅明賦予豐富意涵的用語，即「威瑪共和時期的當下」。換言之，作為班雅明所身處之歷史現實的一個歷史單子，「威瑪共和時期的當下」含有充足的「表現主義」元素，因此，我們可以理解他所描述的德國巴洛克時期那種怪異的、令人不解的意象，不過，它仍缺乏使我們可以完全掌握古希臘悲劇的某些元素。由此可知，班雅明的歷史主義（其中，過往的某個時刻會從當下汲取足夠的能量，而重新得到生命力〔或許只是短暫的生命力〕，就像冥府裡的鬼魂搶著喝下被奧德修斯〔Odysseus〕宰殺的獻祭牲畜所流下的鮮血一樣）[11]十分依賴我們置身之當下所提供的、可能的情況；但弔詭的是，這些情

11 譯註：鬼魂搶著喝下獻祭鮮血，是為了獲得暫時的生命。

況不只含有更重要的知識和預備性資料，而且已和我們本身所面臨的危機融合在一起。還有，為了再現過往，我們勢必需要過往，一如班雅明在〈論歷史的概念〉的這段著名文句裡所提醒我們的：

以歷史呈現過往的種種並不表示「依照它們當時真實的面貌」（原按：這也是蘭克的名言）來認識它們，而是意味著記憶的捕捉，一種如同人們在危險發生的時刻腦海裡所閃現的記憶。歷史唯物主義所關注的，就是捕捉過往的景象，一種如同歷史的主體在危險發生的時刻所突然看到的景象。（出自〈論歷史的概念〉第六節）

班雅明這段論述使我們看到「辯證意象」的第二個特徵（為了適當地掌握「辯證意象」，我們必須考慮到該特徵），同時也要求我們進行另一個可能更令人意外、且繞道神學的回轉：也就是重新回到駝背侏儒給予機械人偶的下棋提示裡。[12]

12 譯註：此處駝背侏儒象徵神學，機械人偶則象徵歷史唯物主義。

三

在這裡我要強調一個班雅明沒有明講的觀點：他認為神學是有用處的。在他看來，神學的用處不只在於神學所發展出的集體範疇，既是現代政治學純實證的「惡無限」（bad infinities; schlechte Unendlichkeit）[13]所欠缺的，也是現代倫理道德或合法性的純個人化「價值」所匱乏的東西，而且神學的用處還在於神學範疇使我們可以掌握人們思考集體現實的歷史模式，而該模式本質上就是一種敘事模式。

班雅明以上的神學主張，我將用一個無關於班雅明思想的歷史實例來說明，即基督教的命運和集體宿命概念，而這是信仰神話的古希臘羅馬時代所沒有的，且似乎也是世俗化的現代缺乏的。在這些基督教概念的精神裡，我要指出，馬克思主義（以及一些因為擔憂宿命議題而對此緊抓不放的馬克思主義思想家）已在具有歷史必然性的事物上，促使神學界再度針對命運預定論而展開討論。不過，這場神學爭論卻截然不同於立場紛雜的非馬克思主義或反馬克思主義作家，針對馬克思主義是否是一種宗教（或是否「只是另一種」宗教）所進行的

13 譯註：「惡無限」或「惡的無限性」是德國哲學家黑格爾所提出的概念，意指「壞的無限」和「否定的無限」。這個概念雖否定有限的事物，但有限的事物卻仍重複發生，仍未被揚棄。

論戰。更確切地說，這場對於預定論的神學辯論（當然，尤其是喀爾文主義〔Calvinism〕的預定論。人們可能接受韋伯的看法而認為，喀爾文主義把這股力道最大的、出於對天主教會之憤怒的新教神學理論之推力，導入剛萌芽的資本主義裡），就像後來人們對於預定論的政治辯論那樣，乃著眼於人心相同的內在矛盾，甚或還採用了比世俗符碼（secular code）的引導更有效的方式，明確地表達出預定論的不可思議性（unthinkability）。這裡的爭論點當然是「未來」，早在更久遠的年代，預言家便已提到這一點。預定論的辯論預設了個人生命史和集體生命史的必要性，而上帝早已預知其中的細節，即使這些生命歷程並非真正出自上帝安排：因此，著眼於個人命運的預定論，大部分會被投射在集體命運上。對宗教理論家及宗教建構者來說，預定論的缺點就是人類的選擇權或自由意志已被收回：如果你已被上帝永遠命定為祂所要揀選的、或所要懲罰的人，你幾乎無法改變上帝的命定，所以，基督教信仰涉及自由的種種似乎是虛幻不實的。有鑑於此，馬丁．路德便下了這個結論：善行不足以使人得救，況且罪人最後受到神的懲罰對他們本身也有益處。蘇格蘭作家霍格（James Hogg, 1770-1835）在一八二二年發表的《一個稱義罪人的私人回憶錄與自白書》（*Private Memoirs and Confessions of a Justified Sinner*）這本不同凡響的小說裡，便藉由其中的主角而把基督教信仰的內在矛盾戲劇化。他依據基督教信仰的邏輯而得出類似「帕斯卡的賭注」（Pascal's wager）[14]的結論：如果他已預先受到神的揀選，那麼，即使本身為所欲為，也不會失去蒙恩得救的身分（既然已被賜予永恆的恩典）；相反地，如果他未獲神的揀選，就會因為本身的罪惡無法獲得赦免而永墮地獄，既然自己受到永恆的詛咒而無法擺脫，所以，還是可以為所欲為！霍格這部小說是極少數幾乎毋須透過比喻的中介、而能駁斥基督教信仰矛盾的文學作品之一。

喀爾文針對救贖問題所提出的預定論「答案」，就是一種技巧卓越的詭辯：他推論，如果有人被神揀選，而注定成為可獲得救贖和永生的天選之人，那麼，他個人，還有他的個體性和主觀性都會顯露出身為天選之人的原初身分，而且他個人的選擇和行為也必定「顯示出蒙神揀選的外在跡象」。喀爾文對預定論的說法雖不充分，卻能以十分實際的方式，快刀斬亂麻地處理其中的矛盾。比起古代各種關於宿命的神話及其後來的「分歧性發展」，或比起現代人爭論宿命之困境的政治性和世俗性說法，喀爾文對「未來」問題之不可思議性的表述，遠遠更為清晰而鮮明。在現代人對宿命之困境的爭論裡，「革命的必然性」已受到個人

14 譯註：帕斯卡認為，人們不需要證明上帝是否存在，只需要押注上帝的存在，畢竟下這種賭注是最有利的選擇：因為如果相信上帝，而上帝其實不存在，人們所蒙受的損失並不大；如果不相信上帝，但上帝卻存在，人們就會遭受永遠的懲罰和痛苦（永墮地獄）。

選擇或個人意志的無能為力的牽制，所以，宿命論和唯意志論（voluntarism）這兩種效力薄弱的意識形態，便在現代史裡一再相互對抗，而這種持續性對抗所導致的殺戮和犧牲，也是必然的結果。十九世紀末，一些俄國小型無政府主義青年團體所宣揚的那種無益的英勇行為，在這裡便對上了德國社會民主黨人卑屈地對一戰及其壕溝戰的愚蠢屠戮的讓步。

我比較這兩個發生在不同歷史時期的神學論戰和政治論戰，用意並非要以鮮明醒目的例子，來說明所謂「辯證意象」的實際樣貌，儘管這種實例的確可以發揮這樣的作用。我的比較是為了表明，我所謂的「神學符碼」（theological code）雖無法解決某種近似康德的「二律背反」（antinomy; Antinomie）問題（而非近似於黑格爾的「矛盾」〔contradiction; Widerspruch〕問題），但「神學符碼」在許多方面所顯示的二律背反的結構，卻比我們更實際、更世俗地重述具體歷史情況所出現的同樣錯誤的問題，更清楚明瞭。

我認為，這正是班雅明覺得顯然具有意象式、而非抽象式表現形式的神學符碼，在概念上超越世俗符碼和政治符碼（以及歷史符碼和社會科學符碼）的地方。附帶一提，這也是為什麼在我看來，人們以生命史角度，重新表述班雅明從早期崇尚神祕主義到後來「轉而信奉」某一套政治信念的思想變化，其實是一種誤導。班雅明的政治信念就是一些交替出現的符碼或語言系統，它們可以使人們對情況產生不同的解讀，但它們都不是「信仰」。

神學符碼擁有特殊的概念性空間。神學符碼在它的概念性空間裡，無論如何都會成為某種專門處理難以掌握之情況的工具，也就是專門處理「未來」領域的工具。神學符碼的概念性工具，諸如和解、救贖、應驗、盼望、預言、啟示，以及「神學」觀念本身，就是一些可凸顯和指責本身的缺陷、同時又能使本身內容維持有效性的道德觀念或概念性觀念。至於世俗對未來的預測，終究會揭露本身是一種落伍的退步，一種經過偽裝的迷信；某些占卜師會透過宰殺動物並檢視其內臟來預言未來，此外，聲稱時機成熟時會做出決定的政治人物，也在預測未知的將來。班雅明在〈論歷史的概念〉裡曾提醒我們：「猶太教嚴禁猶太人探詢未來。」（IV, 397; I, 704）或許他還想接著談論列寧所發表的演講〈四月提綱：論無產階級在這次革命中的任務〉（April Theses: The Tasks of the Proletariat in the Present Revolution）不是關於祖國未來發展的預言，而是行動。杜爾哥（Anne Robert Jacques Turgot, 1727-1781）[15]曾以先知般的口吻表示：「政治應該事先預見如今的情況。」他這個說法不啻意味著，預言為了維持本身作為預言的威望，就必須否定本身作為迷信的存在，然而，這種否定也對過往產生了弔詭的結果。

15 譯註：十八世紀法國經濟學家暨政治家。

過往無法被改變，以及每個世代都在改變過往，這是兩個相互矛盾的立場，但它們得以並存，似乎並不是件很弔詭的事。班雅明當時已洞察到，法西斯主義如果獲得勝利，人們甚至連過往也會保不住。他這項眾所周知的觀察，和艾略特使用的那張具有跨歷史性意義的閱讀室圓桌所代表的精神，似乎沒有太大差異，因為，艾略特在圓桌上創作的每部新作都修正了傳統，也都略微變更了文化的過往。

班雅明所推崇的神學之所以超越左派政治思想（不然，他其實很容易和左派思想取得一致性）的地方，就在於他所點出的、神學大體上為人類歷史所預備的救贖論。（喬伊斯把人類的歷史稱為「歷史的夢魇」，至於黑格爾則以偏離本身論述風格的方式，將人類歷史的特徵形容成一座巨大的納骨堂。）班雅明認為，當上帝最後的審判隨著號角響起而展開時，死者便得以獲救（這種救贖觀近似於基督教正統信仰裡、令人振奮的「萬物復歸於上帝」〔apocatastasis〕的觀念），而所有曾出現在人類歷史裡的死者，包括罪人和得救者，都將起死回生，都將在最終的、決定性的肉身復活裡得到救贖。班雅明為了他的救贖論，曾公然沉浸在這種宗教幻想裡，他認為這個看法應該獲得霍克海默這位如智者般的正統馬克思主義者（以成年人寬大包容的精神糾正一位天真熱情的青少年那般）的回應：「過去的不公不義已發生，並已完結（completed; abgeschlossen）。被殺的人確實已被殺害……人們如果當真認為不公不義仍未完結（incompleteness; Unabgeschlossenheit），就必須相信上帝最後的審判……或許人們對正面和負面事物的辨別，跟不公不義的繼續存在有關，因此，人們過去所承受的不公正、恐怖和痛苦根本無法獲得彌補。由於樂趣、藝文創作以及經過反覆學習的公義，其正面性因為事物的短暫易逝，而大大地受到否定，因此，它們和時間便存在著截然不同的關係。」（A471, N8, 1; V, 589）[16]由此可見，事物的持續性存在完全牴觸、也徹底否定了班雅明對於事物零散存在的觀點。

霍克海默對「完結」概念的主張，仍富有暗示性：「如果完結還未出現，我們對事物未完結的確認，就是觀念論。」霍克海默所謂的「完結」，就是指事物的無可改變，對此，班雅明則回應道：人們應該以憶想（remembrance; Eingedenken）取代「歷史研究」，取代無可改變之事物和事實的歷史，並取代生命的死亡和事物的短暫易逝。[17]表面上看來，班雅明這樣的回應似乎薄弱無力，而且似乎採取了否定神學（negative theology）[18]的形式：「在

16 譯註：出自班雅明的《採光廊街研究計畫》一書。

17 譯註：班雅明還在此頁裡寫道：「歷史不只是一門學科，還是人們憶想的形式，而且這種憶想可以修改歷史研究所『確認』的東西。」（V, 589）

18 譯註：「否定神學」基於上帝的存在及其一切，已超出人類的認知能力和理解範圍，因而主張，不宜直接論證上帝的存在及其所是，也就是強調上帝的不可認知、不可言狀，進而否定任何對上帝的人為界定。

憶想裡我們會經驗到，自己原則上被禁止以無神論來理解歷史，而且也幾乎不可以直接使用神學概念來試著書寫歷史。」（A471, N8, 1; V, 589）

然而，我們如果了解「應驗」這個神學觀念就相當於世俗領域裡的「完結」，那麼，這兩個詞彙怪異的調換便帶有真實的政治內容與意義。應驗是神學的寓言理論的主要構成要素，而且來自這樣的神學信念：新約聖經的內容「應驗」了舊約聖經的預言，因此，舊約聖經所記載的事件本身（這些事件就像苦難和死亡本身那般地千真萬確，它們絕非不真實、絕非只是象徵），無論如何都是未完結的。畢竟這些先前所發生的事件，還需要未來事件的接續，才得以完結。因此，它們的救贖，並非個人的救贖，並非肉身的復活，而是最終的實現和應驗。

這正是班雅明如謎般令人費解的「辯證意象」的終極意義。我們曾主張，辯證意象的雙重性，就是人們把現在疊加於過去之上的、一種上下堆疊的雙重性。現在我們已更明白，辯證意象的雙重性就是一種寓言意象化的形式，而過往的要素（即歷史單子）就其本身的缺陷來說，既處於未完結的狀態，也預示將來的實現。這一點便是以下這個班雅明經常談到的論點的政治意義——人們在危急時刻對過往的召喚，就是一種朝向過往的「撲躍」：

> 在法國大革命時期政治家羅伯斯比爾（Maximilien Robespierre, 1758-1794）眼裡，古羅馬文明是一段由此時此刻所充滿的過往，而且也是他從歷史的連續統一體（Kontinuum der Geschichte）所強力抽離出來的一段過往……（原按：這）是老虎朝向過往的撲躍……這種在歷史的開闊天空下所出現的撲躍，就是被馬克思視為革命的辯證性撲躍。（出自〈論歷史的概念〉第十四節）

由此看來，羅伯斯比爾和雅各賓派（the Jacobin）革命分子擁有古羅馬共和時期（B.C. 509-B.C. 27）的辯證意象，就像我們現在擁有法國大革命時期這些人士的辯證意象一樣：這些辯證意象以非沉思的、「可操作的」（operative）方式呈現在我們面前。它們本身不是（某種審美的、或其他的）模式，而是有待完成的任務，同時也是我們所預期的、班雅明歷史觀的「神學」面向。（我已儘量避免再度把班雅明寫成論述現代理論的先驅；在這裡，和班雅明「辯證意象」概念最近似的，很可能是德勒茲如電影畫面般的「時間意象」〔time-image〕概念；至於柏格森所指出的、若干在時間裡重疊而似乎同時存在的當下，則不斷地爭相使本身在結構上優先於其他的當下。這種效應對德勒茲或柏格森來說，就是感官知覺活動〔sensorimotor action〕被打斷的結果，因此可能相當合乎班雅明對線性時間或同質性時間的排斥。）

就這方面而言，辯證意象就是我們「已經掌握」的某一時刻；對我們來說，這樣的歷史時刻其實已變成一起事件，故而不同於其他已載入文獻裡的歷史時刻。我們知道歷史文獻就是資料，但這些文獻資料卻不同於我們對歷史過往的認知。（或者，在我們的認知裡，根本沒有等同於歷史記載的東西，正如沒有等同於古希臘悲劇的東西，因此我們對歷史記載仍一無所知。）那麼，究竟是什麼讓我們可以掌握某個歷史時刻？在此應該再次強調的是，我們可以在班雅明思想的相似性範疇裡察覺到，自己和過往的某個特定時刻，存在著一種缺乏連續性的關係。這種關係具有相當明確的時間點、富有生命力和迫切性，而且可以像病毒般迅速擴散開來。布朗基和列寧這兩人的暴動政治學幾乎沒有關聯性，但布朗基在波特萊爾那個時代，簡直就是列寧的化身（其實他們都違背了馬克思主義的革命觀）；當時如果沒有列寧那種毫不妥協的政治意志，無產階級革命就不會有進展。他的政治意志在他過世後仍獲得延續，而且普遍存在於歐洲的「新黑暗時代」（New Dark Age），也就是史達林和希特勒簽署德蘇互不侵犯條約後、納粹德軍鐵蹄橫掃歐洲的二戰時期。願景仍未實現的政治意志，就是一種本身需要完成於未來（若未完成於現在的話）的意象。

歷史的真實性是一個特別複雜的概念性難題。不過，歷史的真實性不像攝影照片的真實性那樣，因為受到本身影像已將過往具體化的限制，而含有內在的矛盾性。當我們藉由建構歷史這種獨特的方式，而使過往「復活」時，便不能以純粹的二元論（dualism）來理解我們置身的當下在其中扮演的角色：歷史的真實性其實是一種更為複雜的、由三個部分所組成的結構體，其中正是過往的兩個要素[19]的部分重疊或相似性，喚起了我們在當下對於過往的認知。羅伯斯比爾對古羅馬共和時期那種富有震撼性的認知，不只把過往的兩個要素轉化為兩個單子，而且也讓我們可以把當下轉化為單子，從而使我們認識到，我們當下在時間裡的那個片刻、那種處境（即班雅明所謂的「危急的時刻」）也同樣是「辯證意象」，而且還跟過往的兩個辯證意象聚合在一起。如前所述，「可認知過往的現在」（the now of recognizability; das Jetzt der Erkennbarkeit）其實不是指我們存在的當下，而是指過往的兩個要素的「歷史指標」，而革命本身便在這種「歷史指標」裡，顯現為一個單子。關於這方面，班雅明在《採光廊街研究計畫》裡，有一段艱深晦澀的內容，值得我們在這裡把它完整摘錄下來：

19 譯註：既處於未完結的狀態，也預示將來的實現。

這種意象（譯按：即辯證意象）因為本身的歷史指標，而有別於現象學的「本質」（海德格曾為了現象學，而徒勞地以抽象的「歷史性」（historicity; Geschichtlichkeit）來拯救歷史）。這些意象應該和「人文學科」的範疇——也就是所謂的形貌和風格等——徹底區分開來。它們的歷史指標不僅顯示，意象屬於某個特定的時間，而且——最重要的是——還顯示，意象只有在某個特定的時間（a particular time; eine bestimmte Zeit）才會顯得清晰明瞭。當意象顯得「清晰明瞭」時，意象的內部就會形成某個引人思索的關鍵點。每一個當下都取決於同時出現的意象：每一個現在，就是可達成某種認知的現在。在現在這一刻裡，時間充塞了真實，直到真實爆裂開來為止（真實的爆裂破碎無異於人們意圖的終止，當人們的意圖終止時，真正的歷史時間，也就是真實的時間，便於焉形成）。意象不會以過往之事物來闡明現在之事物，或以現在之事物來揭示過往之事物。其實在意象裡，過往和現在會突然匯聚成一種星座布列的態勢（Kostellation）。換言之，意象就是停頓靜止中的辯證（Dialektik im Stillstand）。這是因為現在之於過往是一種純粹的時間關係，而過往之於現在卻是一種辯證關係，因此，不是時間性質，而是圖像性質。史前遠古的意象不是真正的歷史意象，只有辯證意象才是。人們所察知的意象，也就是說，出現於「可認知過往的現在」的意象，格外受到從前某個危及的關鍵時刻的影響，而這個關鍵時刻正是對過往的一切察知的基礎。

（A462, N3, 1; V, 577-8）

我們不該認為「寓言的應驗」只是在重複尼采所謂的「永恆輪迴」，或布朗基所主張的歷史往復循環的悲觀主義。其實歷史無法重現，因為第一個歷史意象本身必定是不完整的。換句話說，歷史上所有的革命都是失敗的，畢竟每一場革命似乎都已預設本身負有「無限的任務」，也都有待未來的應驗來達成。這就如同以失敗告終的巴黎公社其實未徹底失敗，而是由後來蘇聯推行的公社制度來完成一樣，因此，我們幾乎無法斷定後者也是失敗的：班雅明對過往的「救贖」，並非要大家聽天由命，而是要召喚大家有所作為、發揚實踐精神，並重新採取行動而將其「完結」。因此，班雅明在這裡所喚起的，不是叔本華的悲觀主義，而是索黑爾積極主動的、令人奮發的悲觀主義：

> 悲觀主義者認為，社會條件塑造了社會體系，並以無可逃避的鐵律維繫該體系。他們還認為，社會條件以區塊作為形式，只有當牽動整體的災難發生時，社會條件才會消失。如果悲觀主義者這個理論已獲得普遍的認可，那麼把社會弊端歸咎於一些惡人，就是荒謬可笑的說法；當樂觀主義者的計畫碰到出乎意料的阻礙，而被逼得發狂時，悲觀主義者並不會屈從

於他們愚蠢的暴行；還有，悲觀主義者也不會夢想讓後代過著幸福快樂的生活，而屠殺當前的自私自利者。[20]

四

我認為，班雅明撰寫〈論歷史的概念〉（IV, 389-411; I, 691-704, 1223-66）的用意，就是要把歷史和歷史書寫區別開來，也就是讓我們可以分辨「我們能獲得什麼歷史知識」和「我們能從歷史本身描繪出、想像出什麼」（即我們的歷史「圖像」或世界觀）的差別。人類的歷史本身才是歷史之風在一天「二十四小時」的世界史[21]即將結束的「最後兩秒鐘」所真正吹往的方向。班雅明在此文裡當然暗示著一種歷史哲學，但他主要還是著眼於我們的歷

20 原註：請參照 Georges Sorel, *Reflections on Violence*, Cambridge: Cambridge University Press, 1999, 11.

21 譯註：作者在這裡所談到的「世界史」，應該就是班雅明所謂的「地球的生物史」。班雅明在〈論歷史的概念〉第十八節寫道：「近來有一位生物學家指出：『比起地球的生物史，智人（Homo sapiens）區區五萬年的存在就像一天二十四小時的最後兩秒鐘。依照這個比例，文明人的歷史甚至只是一天二十四小時的最後五分之一秒。』」請參照《機械複製時代的藝術作品：班雅明精選集》，頁228。

史認知和歷史想像，也就是我們本身所認定的史實形態。

班雅明在此文裡所提出的第一個論點（於此文第二節）就是在探問我們對後代的態度，不過，只要我們是存活在世間的人類，這方面其實沒什麼可以說的（畢竟我們不會嫉妒自己的後代）。接下來在這篇文章裡，班雅明則建議我們，把歷史當作一切人類的生活與其中所有的片刻的總和，並將難以探知的歷史整體，從傳統和連貫性範疇所大量提供我們的、帶有意識形態的歷史圖像裡劃分出來。「真實的」過往——如果這是個適當的形容詞的話——令人難以捉摸，而其中只有某些景象會瞬間閃現在我們的腦海裡（請參照此文第六節）。所以，班雅明在這裡建議我們，如何捕捉過往突然顯現出來的珍貴景象，而它們主要是提醒我們，雖然烏托邦必定仍是個「可調整的觀念」，實際上卻於我們無益（畢竟彌賽亞首先是、而且主要是反基督者的敵人；祂不是締造和平的掌權者，而是爭鬥與戰爭的化身）。

只要我們試著確認掌握真實歷史最好的方式，班雅明發出的警告訊號就會響起，而其中一個警告訊號就是他的憂鬱（melancholy）。班雅明的憂鬱已透露出我們如何壓制已被遺忘在我們「文化傳統裡」的無名勞動者。實際上，傳統本身勢必會遭到抨擊，因為在真實歷史裡唯一存在的連貫性，並非文化的連貫性，而是災難的連貫性。

「天使」於是在災難時刻出現，而其所呈現的災難的歷史視像也必然受到抨擊。在這裡，班雅明略微改變了他在此文的論辯方向，使我們面對一個新的矛盾：如果一切已因為共謀串通而墮落敗壞，那麼，人們若想繼續作為政治的清流，不就等於要退隱到修道院裡？（「妓院」意象就是在此不久後緊接著出現。）

針對這個問題，班雅明所給予的實際答案讓我們看到，他的論辯觀點已經窄化，而且他還再度批判德國社會民主黨所信仰的進步，以及這種進步所依據的「歷史主義」意識形態的願景。（班雅明又回到馬克思對「哥達綱領」〔Das Gothaer Programm〕[22]的批判；因為，馬克思主張，人類應該從事富有創造性、且共同合作的生產，而不該在掌控大自然後，讓勞動階級普遍受到剝削。）德國社會民主黨所宣揚的「進步」等於揭示了本身利用未來願景作為政治宣傳的危險性。（班雅明認為，人類應該指望與未來願景相反的歷史過往，因此，他接下來便將消除階級概念的革命所需要的戰鬥思維，和前人所憧憬的無階級世界的烏托邦思維，徹底劃分開來。）

在這裡，班雅明更精細地分別歷史與歷史書寫的不同，畢竟他已看到觸發歷史書寫的歷史視像，顯然對歷史本身產生了真正的作用。因此，他的歷史探索便走入一條新的途徑，進

22 譯註：一八七五年，德國社會工人黨（SAPD）——即德國社會民主黨（SPD）的前身——在德國中部小城哥達（Gotha）召開黨代表大會，並通過著名的「哥達綱領」。

而撲向我們那些源自現世概念的歷史觀（後者體現了線性連貫的、同質而空洞的時間〔homogeneous and empty time; homogene und leere Zeit〕，以及通史和普世史〔universal history; Universalgeschichte〕那種前後連續的時間，因此，有別於瞬間閃現的歷史單子，和此時此刻突然浮現的過往景象）。

在這方面，班雅明還明確地提到一個不一樣的東西：三重時間（triple time）[23]，此正是我們對他著名的「辯證意象」的界定。辯證意象嶄新的單子歷史觀，也就是從傳統的歷史書寫，轉變為某種更激進、更有影響力的歷史書寫，而且還包括我們剛才所談到的「救贖」或「應驗」在內的歷史概念。它包括了某種濃縮的、猶如「縮時攝影」的時間，也就是同時性的（simultaneous）、沒有歷史連續體之過渡階段的時間。革命的觀點，就是一種含有明確時間點和性高潮的觀點（在「歷史主義妓院裡的一個名叫『從前曾經』〔Es war einmal〕的妓女身上，耗盡本身的精力」）；革命的觀點會以不同的方式，也就是以永恆的同時性，而非線性連貫的、或週期循環的時間性來完結過往。（我們在前面曾批評，班雅明語意含糊地使用Stillstand〔停頓靜止〕一詞，以及因此所造成的誤解。）至於在雙重時間

23 譯註：作者以「三重時間」來界定班雅明的「辯證意象」，這是因為這個概念同時涉及了過去、現在和未來，也就是**過往**的未完結狀態、**未來**終將實現的預示，以及可認知過往的**現在**。

（double time）裡，「他們（原按：歷史學家）掌握了自己所身處的時代以及從前某個特定的時代的情況」，班雅明在正文後面的「附言一」裡補充說道（IV, 397; I, 703）。在正文的最後一段，他則指出，如果把地球的生物史比作一天二十四小時，那麼，人類單子便只出現於一天最後的那「兩秒鐘」。

班雅明在正文後面所補充的兩則附言，雖是兩段看來再普通不過的內容，卻具有豐富的含義與暗示性，因此也應該加以留意。這兩則附言都回到「普世史」這個問題上，也就是再度聚焦於代表線性連貫的、同質的、或通史的時間觀的「劣質」歷史（即班雅明在此文裡所譴責的歷史書寫的原型）。然而，他對「普世史」的批判，看來沒有我們想像的那麼負面，畢竟他對「普世史」的思考具有一種奇特的、因而可能啟發世人的變動性（revealing fluctuation）。他認為，這種「劣質」歷史本身具有學院和資產階級的屬性，而且建立在持續演變的通史和因果關係上（而非建立在單子的邏輯上），所以，應該受到抨擊。事實上，班雅明就是在單子的邏輯裡，試圖建構自己對歷史和歷史書寫的理論。（對他來說，《採光廊街研究計畫》所呈現的時空就和他先前的論著《德國哀劇的起源》一樣，是歷史的單子；至於他的「辯證意象」則連接了兩顆單子，至少是兩顆分別代表我們現在所身處的時期和過往的某一時期的單子。）至於劣質的普世史則試圖以單一敘事（single narrative），概括地看待所有曾經存在的、沒沒無聞的亡者，而且這種歷史敘事的主角都是勝利者。

馬拉美在此倏然以拒絕普世史的理由現身：他強調普世史是由許多語言構成的，因此在他看來，沒有任何一種語言可以代表人類全體（也就是所有的在世者和去世者）。既然世界上存在著有許許多多族群，班雅明似乎在質疑任何一個民族或語族本身的統一性（他曾談到：「認為人類歷史是由人類各個民族的歷史所組合而成，這個概念其實是現代人懶於思考的藉口。」）換句話說，你們如果透過方言來論證某一族群本身的統一性，這是有意義的，但如果你們還記得，「種族」（race；族群的形式之一）已被人們刻意建構成國族（nation）本身的統一體，這就更有意義了！（義務教育、兵役、法律的要求、商業的買賣，以及其他經過審議的政治措施與過程都在強力推動「國族語言」的統一化。）

此外，班雅明還抵拒歷史敘事存在的事實。（他曾輕蔑地表示「歷史就是可被人們講述的東西。」）他已暗示，歷史敘事是人們用歷史碎片建構出來的，或像惡質的普世史那般，是人們基於意識形態的、政治的理由，而試圖把某些東西強加在歷史之上所形成的。

不過，話又說回來，班雅明思想的轉變也顯示出他本身活潑思考的特徵，當他以直接、不帶偏見、不武斷、不預先警告、且出人意料的方式，探查普世史那些可能存在、得以存在、或至少可被想像的情況時。此時我們便隨之走上一條反向的路徑，而從疏離的（譯按：

單子）狀態，退回到某種未疏離的組合情況裡。如果誠如班雅明所言，「缺乏建設性原則的普世史就是反動的普世史」，那麼，一部「不一定是反動的」普世史會是什麼樣貌？班雅明的答案是：「建設性原則可使普世史局部地呈現它本身。換言之，它就是單子學原則（monadological principle; monadologisches Prinzip）。」（IV, 404; I, 1234）[24]更確切地說，單子的邏輯把整部普世史折射成它本身的各個構成部分，也就是把它的各個面向的一切元素折射出來。單子的歷史故事——如果可以這麼說的話——會以各種各樣的形態和形式呈現出來。歷史單子最小的元素，以及人類生活最不重要的構成要素所投射出的故事、或至少投射出的意象，都表現在、也保存在歷史單子最激動人心的冒險裡。

班雅明接下來以「散文」（prose; Prosa），即單子邏輯另一個令人驚訝的特徵，簡要地重述普世史解離成各個部分的過程（並具體說明他所謂的「單子學原則」）。他在這段論述裡突然下了這個結論：「散文的觀點和彌賽亞對普世史的觀點是一致的。」[25]以上這些引文

24 譯註：班雅明接著寫道：「它存在於上帝對人類的救恩史（Heilsgeschichte）裡。」

25 譯註：出自〈論歷史的概念〉附錄的「新論題K」這段筆記（Neue Thesen K; I, 1235）。在這句引文之前，班雅明還寫道：「救贖就是圈限進步的那條界線。彌賽亞的世界，是一個具有全面性與整合性之現實意義的世界。只有在彌賽亞的世界裡，才有普世史，這種普世史不以文字書寫，而是以節日慶典來鋪敘本身的內容。不過，這種節慶已排除一切的慶祝活動，也沒有節日頌歌的詠唱。節慶的語言，就是掙脫文字鎖鏈而獲得解脫的散文。」

全出自班雅明〈論歷史的概念〉的草稿筆記，它們當時被班雅明從正文裡刪除，而後才被收進德文原版的《班雅明全集》正文後面的附錄裡。此外，這些筆記內容也和班雅明的其他著作有關，舉例來說，我們可以在班雅明先前撰寫的〈說故事的人：論尼古拉．列斯克夫的作品〉裡發現一個相關的線索，儘管只是一句以括弧插入的話：「恢弘的散文體式是具有創造力的、孕育種種詩歌音韻學形式的母體。」（III, 154; II, 453）[26]班雅明這個說法，似乎完全相反於維柯認為人類的原初語言是詩性語言的觀點。

如果我們參考班雅明早年寫下的〈論語言之究竟以及人類的語言〉一文，便可以發現，他在其中對人類原初語言的闡論可能更恰當。他在這篇評論裡談到，世界上種種實際存在的語言，猶如人類的原初語言「本身」所投射出來的東西。（關於這個世界所存在的種種語言，馬拉美曾補充說道：「語言的不完美就在於其本身的多樣性」〔Les langues imparfaites en cela que plusieurs〕。）因此，從班雅明這個說法得出以下的結論似乎合理：所有範圍較

26 譯註：作者在這裡所節錄的英文譯文（great pose is the creative matrix of the various metric forms.）因為嚴重的誤譯，而與班雅明德文原文（wie die große Prosa die schöpferische Indifferenz zwischen den verschiedenen Maßen des Verses：正如恢弘的散文體式是各種不同的詩歌形式在創作上不在乎〔Indifferenz〕的地方一般）的語意相去甚遠，因此，他在這裡的相關論述可能是有問題的。請參照《機械複製時代的藝術作品：班雅明精選集》，頁346。

小的、局部的歷史都是原初普世史的投射，正如目前實際存在之語言的種種韻律、節奏和句法，都是散文本身的發散（emanations）一樣（我們對「發散」觀念的表述已漸趨近於普羅提諾的思想，或至少趨近於其中的某些面向）。[27]

人類的原初語言，以及被我們稱為「班雅明宇宙」的原初普世史，當然是無可置疑的。至於班雅明的「救贖」所採取的形式，則是一種演繹推論的虎躍（deductive tiger's leap）。這種撲向過往的虎躍不僅沒有拋開歷史，甚至還把我們帶入班雅明的神學概念及其最深刻的政治邏輯的核心中。班雅明的普世史既是「萬物復歸於上帝」，也是上帝最後的審判。（「每一個時刻，都是在審判先前某些時刻的時刻。」）

五

尼特哈摩的《後歷史》（*Posthistoire*）絕非唯一一部詮釋班雅明思想、並得出以下結論

27 譯註：「新柏拉圖主義之父」普羅提諾融合基督教神學和柏拉圖哲學，並提出著名的「發散論」（theory of emanations）：上帝是宇宙萬有的源頭，因此，宇宙萬有都是上帝所發散出來的。這種發散的過程可依序分為三個階段：第一階段是上帝或柏拉圖理型的純粹思想或純粹精神（nous）的發散，第二階段是靈魂（soul）的發散，第三階段則是物質（matter）的發散，而每一個階段都是下一個階段的起因。

的著作：班雅明的〈論歷史的概念〉已理所當然地在那些提倡「後歷史」觀點和某種涉及「歷史之終結」觀點的人士心目中，占有一席之地！吹打天使而使其無法展翅翱翔的那場風暴，注定讓天使永遠停滯於原地，永遠面對歷史的瓦礫堆，而陷入回顧過往的沉思裡。不論這場風暴被解讀為德國納粹對歐洲所向皆靡的征服，或風行全球的新自由主義（neoliberalism），置身其中的人們當然有可能認為，這是歷史風潮變遷下的不可逆狀態。至於班雅明對「希望」（hope; Hoffnung）的說法則如謎一般令人費解，它既沒有帶給人們充分的承諾，也很少使人們聯想到彌賽亞。通常人們似乎覺得，這位救世主必定是高深莫測而無法捉摸的，而且人們似乎也忽略了彌賽亞再臨的偉大預言。班雅明本人則從未表達過自己強烈的彌賽亞信仰。

未來確實是一個非常特殊的哲學客體。從另一方面來看，未來雖不存在於現實層面，卻存在於包括心理層面在內的其他層面。在人們的想法和經驗裡，未來既不是物自體（thing-in-itself; Ding an sich），也不是現世時間性以外的一個整體。因為，在現世時間性（即使是一種有限的時間性）的多樣化形式裡，人們會把「過去—現在—未來」當作一個時間的連續體。既然人們已將名稱賦予了未來，未來便在這個時間的連續體裡，獲得了存在的正當性。

神學為「未來」範疇保留了一個獨特的強項，即人們口中的「希望」，而「希望」也是班雅明從展開寫作生涯之初到他過早離世為止，一直很關切的主題。但我們卻看到，人們對「希望」觀念的理解其實受限於本身的社會階級，因此，在這裡提出班雅明對社會階級這個主題最重要的說法，是很有意義的。班雅明對於自己身為資產階級知識分子、且必然受限於資產階級身分的覺知，深深影響著他所撰寫的一切內容。他已經看出，「支持無產階級奮鬥目標的知識分子，本身絕不會成為無產者。」這是他在〈引人注目的怪人：論克拉考爾的新著《晚近德國的職員》〉（"Ein Aussenseiter macht sich bemerkbar. Zu S. Kracauer "Die Angestellten. Aus dem Neuesten Deutschland."）這篇重要的書評裡，所發展出來的信念（《晚近德國的職員》是克拉考爾分析德國白領階級的論著）：

這些極左派任隨其欲而無所顧忌，卻從來無法改變這個既成的事實：連知識分子的無產階級化（Proletarisierung），都幾乎從未使任何知識分子成為無產者。為什麼？因為他們出身的資產階級打從他們的童年開始，便已透過教育方式，賦予他們日後謀生所需要的生產工具。他們基於接受良好教育的特權所獲得的生產工具，便使他們形成與資產階級的共同性，甚或使資產階級形成與他們的共同性。雖然這種共同性會從人們的注意範圍消失，甚至瓦解，但仍強烈影響著知識分子，使他們無法認識到真正的無產者那種持續處於緊急戒備的、

持續位於戰鬥前線的存在。（II, 309; III, 224-5）

班雅明以上的見解已經解釋，為什麼透過智識性論著的撰寫來說明本身的階級策略，並宣稱革命是西方作家擺脫專業和經濟困境的途徑，對他而言十分重要（他不僅十分關注無產階級對公共領域的投入，也對於像蘇聯作家協會〔Union of Soviet Writers〕這類組織的設立很感興趣。身為不屬於任何政黨的左派知識分子，他始終意識到即使自己在蘇聯體制下也要面對的難題）。他對於從事文化工作的知識分子在社會主義體制下之階級處境的特定看法，已清楚地彰顯出他個人的未來觀。

在〈論歷史的概念〉附錄的筆記裡，班雅明另一個關於革命的未來的看法甚至更強烈地指出，作為一起事件的革命和作為一種情境的革命，具有不同的時間性：「我們對無階級社會（classless society; klassenlose Gesellschaft）之存在的思考所依據的時間，不適用於我們對那場邁向無階級社會之奮鬥的思考。」（IV, 407; I, 1245）革命分子的心理一定和人們「建設社會主義」所必須具備的心理截然不同，而班雅明在批判德國社會民主黨時，早已暗示這一點。他曾不以為然地指出，該黨堅持「為工人階級安排一個可以扮演未來幾個世代的拯救者的角色，而讓工人階級失去了本身那股最強大的力量。因此，支持社會民主黨的工人階級便立即喪失仇恨和犧牲的決心，因為這兩種決心的滋長源於被奴役的先祖的意象，而非源於已被解放的子孫所懷抱的理想。」（出自〈論歷史的概念〉第十二節）

他在這段筆記裡繼續談到思考無階級社會和思考「邁向無階級社會之奮鬥」的不同：

> 「當下」概念……必定由這兩種時間的秩序來定義。如果缺乏無階級社會的某種人為的考驗，歷史就只是對過往的東拼西湊。就這點來說，每一種「當下」概念都和「審判日」概念有關。（IV, 407; I, 1245）

他對「當下」概念的敘述，使我們聯想到保羅·克利的「新天使」因為著迷於未獲救贖的過往所留下的瓦礫堆，而忘記了未來的「審判日」。

「為了克服絕望，我們才懷抱著希望。」（I, 356; I, 201）班雅明最後以這個突兀、令人費解卻又饒富韻味的句子結束了〈評歌德的小說《選擇性親近》〉這篇文章。班雅明這句格外弔詭的話即是在暗示，我們對希望的理解，無論如何都會隨著本身的階級位置而有所不同。他這個說法顯然和他在〈卡夫卡：逝世十週年紀念〉裡引述卡夫卡回答摯友布洛德（Max Brod, 1884-1968）的那句話有更深切的關係：

「他微笑地答道：『喔，當然有希望，而且還有無窮的希望——只不過我們無法擁有它們。』」（II, 798; II, 414）

卡夫卡這個回答深深吸引著班雅明，現在也已被人們廣為引用。而這句話就是在回應布洛德當時提出的問題：「我們所認識的世界除了這種表現形式外，是不是還存在著希望？」

關於希望，可能有兩個不同的領域，也就是希望存在和不存在的領域。當人們認為希望不必要、不需要或沒有存在的空間時，這樣的想法當然有它的道理；或者，我們也可以換一種更好的說法：只有當人們絕望或迫切需要希望時，希望才有存在的理由。需要希望的地方，毫無希望的地方，都是貧困和匱乏的地方：對絕望的人而言，希望就是未來的吉兆（而且「希望」範疇還超越了可能建立組織並採取社會行動之無產階級的「階級」範疇）。

我們不是絕望者，而是擁有生存優勢的資產階級（就其概略而籠統的意義來說），換言之，我們就是布萊希特的《三便士歌劇》所提到的「活在亮光中」的人。我們沒有懷抱著希望，因為我們不需要希望。我們對未來的看法已符合我們的社會位置，至於希望對我們來說，則隱含著與未來有關的、模糊不清的雙重意義：我們不切望未來的原因，若不在於我們已牢牢地卡在我們不希求未來的現在，便在於那套在生存上束縛我們的系統缺乏未來的面向。因此，當今我們的文化對未來出現了兩種表現：想像著人類悲慘的未來，終將在末日劫難裡達到頂點，或固守著已應有盡有的現在，以致於不會希冀未來，也不會想像未來。無論如何，我們的生產模式以及相關的種種事物，例如家庭、帝國、商業、建築和景觀的持久性，已為我們個人對存在層面的想像，以及對滿足本能欲求的投入，提供了既定的架構；同樣地，我們置身的客體世界的相對延續性，也把這種持久性及其種種的可能性投射回我們身上。梵樂希認為，永恆觀念與手工製造的時間性之間，存在著本質上的關聯性，而這也是班雅明喜歡引用的說法（III, 150; II, 449）。[28]

換言之，希望「對我們來說」──對於我們出身的、且被班雅明預設為讀者群的西方資產階級來說──其實是一種外在經驗，也就是一種從外部、從遠處才得以撇見的實在性。試著「相信」希望，對我們其實無益，但我們卻無法質疑希望的存在。班雅明曾引用洛策（Hermann Lotze, 1817-1881）[29]「每個世代通常對自己的後代不會懷有嫉妒之情」這個奇

---

28 譯註：請參照班雅明的〈說故事的人：論尼古拉．列斯克夫的作品〉一文。

29 譯註：十九世紀德國哲學家暨醫學家，其醫學研究亦為日後的科學心理學奠下基石。

怪的說法來確認希望的存在。[30]

然而，班雅明的「希望」論題卻不斷以出人意料的方式，將我們對未來那種看來冷漠疏遠的態度，轉化為某種我們認為必定和神學有關的、積極主動的狀態，也就是救贖。以下是他在〈論歷史的概念〉裡的說法：

> 換句話說，「幸福」這個觀念始終帶有「救贖」觀念。
>
> （Es schwingt, mit anderen Worten, in der Vorstellung des Glücks unveräusserlich die der Erlösung mit. / The idea of happiness is indissolubly bound up with the idea of redemption.〔I, 389; I, 693〕）

unveräusserlich（始終；不可變動地）的標準英譯為 indissolubly（穩固不變地），然而，我卻想把它英譯為 inalienable[31]（不可轉移的）這個法律術語。我在這裡採用這個英譯是為了表示，不論人們是否意識到事情的法律層面，「救贖」和「幸福」經驗之間總是存在

---

30 譯註：請參照〈論歷史的概念〉第二節。

31 譯註：作者在這裡有筆誤，形容詞 inalienable 應更正為副詞 inalienably。

著「法律」上那種牢不可破的關聯性（Glück〔幸福〕這個德文詞語是指英文的 luck〔幸運〕和 happiness〔快樂〕；幸福是「救贖」這個長期的神學論辯主題所帶有的色調！）因此，神學在這裡便恢復充分的效力，而真正滲入個人幸福或自我實現的存在經驗或現象學經驗當中，而且不論我們喜歡與否，我們個人的幸福都和「救贖」這個神學概念密不可分。班雅明於是依據這項確認，而提出可能是他唯一的倫理學論述：近乎生物學概念的個人幸福和歷史的當務之急，存在著寓言式相關性。不足為奇的是，此二者的結合會立刻進入過往，並和現在、和未來將發生的救贖關聯起來（我們現在憑藉個人的幸福，而在某種程度上確認並連結了未來的救贖）。緊接著上面那句引文，班雅明又以同樣令人費解的措辭，表達過往和救贖之間甚至更為神祕的關係：

「過往」含有一個暗藏的指標，而這份指標也讓「過往」注意到「救贖」。

（Die Vergangenheit führt einen heimlichen Index mit, durch den sie auf die Erlösung verwiesen wird. / The past carries with it a secret index by which it is referred to redemption.〔I, 389; I, 693〕）

針對這句話的英譯（我十分樂於贊同，班雅明以德文所闡述的事物的意義，是無法譯介的），我希望以更強而有力的同義詞來代替 referred（使留意）這個動詞。沒錯！就這句話的意義而言，過往必然會發現救贖，這就好比你在集會時，禮貌地請某些人注意自己應該坐在哪些位子一樣：況且在他們還未就座以前，這些座位已為他們預留，而他們也已獲知座位之所在。不過，我仍不想讓過往負起讓與會者順利就座的責任，也許進一步闡明「救贖」，可以釐清這一切。

真正的問題就在於這句話裡的「指標」（德文及其英譯均為 index）一詞：這裡的「指標」確實代表「標示」嗎？「指標」其實不是指事物被標示出來，而是指事物本身帶有疤痕、刺青、甚或標籤？「指標」是祕密，這是肯定無疑的，因此，我們可能對「指標」幾乎一無所悉，只知道它像「指示方向」（indicate）的食指符號。班雅明式的研究需要使用 index 和 indicate 這兩個詞語，因為，它們可用來指涉沒有名稱、或至今仍無法被歸類的東西。所以，它們也都是班雅明如何優雅地迴避無法述說、或無法表達之種種的寫作實例。（尤其是因為，一般性或普遍性事物都受到歸類系統的管理和支配，而這些事物〔過往的事物！〕也都具有特別性、特殊性或奇特性，因此，絕對值得擁有本身的名稱〔name〕，而非僅獲「詞語」〔word〕的描述。）

班雅明在〈論歷史的概念〉第二節又接著表示：「過去的世代和我們這個世代之間便已存在一個祕密的約定，所以，我們來到人世間是在前人的期待之中，而我們也……都被賦予微弱的、『過往』所要求的救贖力量。」最後，他還明確地寫下這句話作為此節的結尾：「這個要求無法隨便被打發，歷史唯物主義者很清楚這一點。」不！在我看來，歷史唯物主義者不完全清楚這一點，而是多少知道這一點。在接下來班雅明所討論的歷史論題裡，或許我們可以更了解歷史唯物主義者對這一點的認識。

六

彌賽亞、革命、救贖和希望：許多歧異的概念和複合詞對班雅明來說，根本是同義詞，只不過他無法同時使用它們罷了！舉例言之，為了理解他所謂的「彌賽亞」並確認他的「彌賽亞」意象，人們會想起若干不同領域裡的相關概念性詮釋，然而，語言領域裡以句法和豐富語意之組合所呈現的「彌賽亞」意象，或許是最模糊的！「彌賽亞」的神學框架正是人們基於世俗讀本、甚至後現代讀本的需要，而仍在詮釋的東西；至於「彌賽亞」那些交替出現的心理學、精神分析學和實存的框架，則是最淺薄的。班雅明知道「彌賽亞」的這些框架傾向於涵蓋現象學，由此可見，其中的現象學層面無法脫離某種主觀性。那麼，這種含有主觀性的現象學層面算是歷史理論嗎？沒錯，這顯然是歷史理論，但它已預設我們知道它應該是什麼樣的歷史理論。無論如何，「歷史」和海德格的「世界圖像」（world pictures; Weltbilder）都是可悲的現代人所使用的詞彙。歷史甚至不是一種思維，而是名副其實的「意識形態素」（ideologeme）。[32]簡言之，德勒茲應該會把「歷史」當作一種劣質的概念。

由此可見，不論人們主張（比方說）現代性與現代人經驗貧乏的論述，乃是出自班雅明，或挺身為班雅明那些被視為讚揚現代科技與新媒體之發明的言論辯解，其實都是出於意識形態的推論。班雅明當然同時持有這兩種觀點，它們既沒有相互矛盾，也沒有相互融合，而是同時存在於某一歷史境況（也就是同時具有單子性和差異性、因而需要人們以新的時間意識來思考的當前境況或「此時此刻」）的兩個特徵。

比方說，班雅明的生命史就是他以語言描述人生境況的關鍵要素：德蘇互不侵犯條約的簽署、流亡法國期間被當作敵國人民而被關押在拘留營、虛弱的身體、以獨特的方式（和注

32 譯註：即意識形態的基本單位。

定走向死亡的方式）來拖延自己抵達逃亡與未來生活的目的地，這也是語言層面的拖延，以便讓自己可以延長、可以繼續維持自己跟德文的關係，畢竟德文是他從事寫作（猶如工匠從事手工製造）的憑藉。因此，我們不該從倫理學以及他個人的情感傾向（不論樂觀或悲觀的、可彰顯他特有的意識形態之世界觀的情感傾向）這些角度來理解他的人生境況。我相信，只有將他的人生境況視為一種對於新形態時間性獨一無二的、個殊的建構，才最能顧及到班雅明人生中那些似乎無可比擬的事物。

人們如果認為班雅明作品裡和彌賽亞有關的種種，就是指革命，這樣的斷定雖然無誤，但因為班雅明還無法整合他對彌賽亞的若干主張（其實全面探討這個概念會更有建設性），因此，這種看法會造成誤導。相較之下，「微弱的救贖力量」這個經過班雅明審慎斟酌的用語，便成為一條更有力的線索，引導我們探究他所謂的「真確可靠的預言」。我們都知道，他信奉「單子歷史主義」（monadic historicism）。這種史觀破除了過往的連貫性和同質性的時間（或進程），而將我們的當下和此時此刻，併入過往的多重要素裡。此外，我們還可以從這種史觀當中，為我們本身的未來或多重的未來（multiple futures）汲取力量。

班雅明確實已把這個重要的警告、這個方法論的提示寫在〈論歷史的概念〉正文後面（現在已為大家所熟知）的附言裡：

大家都知道，猶太教嚴禁猶太人探詢未來……不過，對不准探問未來的猶太人來說，未來卻不是同質而空洞的時間，因為，未來的每一秒都是彌賽亞可以穿越並顯現的小入口。（IV, 397; I, 704）

或者可見於他的另一個相關論述[33]：

古怪（Spleen）[34]是一座對抗悲觀主義的攔水壩。波特萊爾不是悲觀主義者，因為未來對他而言是個禁忌。（IV, 162; I, 657）

由此我們得出這個結論：預言者最能擁有我們在此所試圖闡明的「微弱的救贖力量」，儘管他們在其他方面受到更顯著的指責。不過，相較於（昔日偉大的預言曾經擁有、而我們卻不准獲得的）真正的知識——即哲學的知識論或可論證的確信——他們的預言依然停留在信念或純屬個人見解的層次，即使這些預言在日後如實應驗（或許就像「當里底亞國王克洛

33 譯註：請參照班雅明〈中央公園〉一文。

34 譯註：Spleen 一詞在英文、德文和法文的拼音雖然一樣，詞意卻都不同。

索斯〔Croesus〕率領軍隊跨越哈里斯河〔River Halys〕時，一個強大的王國將會覆滅」這則確實應驗、卻因為語意含糊而誤導求問者的古希臘神諭一樣）。[35]

所以，我們只能使用我們當下的元素，建構一個極其不同之未來的心像（mental picture）。這正是烏托邦思想的困境，而且確實也是彌賽亞思想現有的形態，而這類思想也許頂多只能在循環式歷史裡，發展本身的力量，並公然顯示本身的限制。我們還記得，班雅明在生前最後幾年發現了《以星辰建構永恆》這部布朗基最後的著作，且深受吸引。這位年邁的法國革命家在撰寫這本書時，因為覺察到「永恆輪迴」，而不斷在內容中提到這個概念，以及他先前發動的一連串失敗的武裝起義。或許我們可以把尼采[36]所狂熱探索的、杜斯妥也夫斯基筆下的魔鬼認為具有「最可怕的無聊」特點的「永恆輪迴」，當作我們所頌揚的悲觀主義本身那種強而有力的形式。當盧卡奇平靜地談到，階級矛盾必然重現於一戰後的希特勒內閣時，焦慮地等待與納粹德軍交戰的莫斯科所出現的階級鬥爭，無疑也像他的觀察那

35 譯註：西元前五四七年，里底亞國王克羅索斯與波斯帝國居魯士大帝（Cyrus II）率軍交戰於皮特里亞（Pteria）。在這場會戰期間，克羅索斯曾派遣使者前往德爾菲的阿波羅神廟，並取得這則神諭，於是他便斷定，波斯帝國的末日已近，而在邊境集結重兵。不過，居魯士大帝當時卻繞過這道防線，而攻入首都薩迪斯（Sardis），里底亞王國遂告覆滅。

36 譯註：班雅明在《採光廊街研究計畫》這部未完成的著作裡，曾並陳布朗基和尼采對於「永恆輪迴」的闡述。

般，是一種永恆輪迴。至於庫柏力克（Stanley Kubrick 1928-1999）那部嘲諷冷戰大災難的荒謬喜劇電影[37]亦不乏永恆輪迴的莊嚴性，正如人們在二戰時期琅琅上口地哼唱著：「我們將會重逢，只是不知何時，不知何地……」[38]

因此，人們若下這樣的結論：「天使那雙宛如破傘被風暴吹開的翅膀，意味著歷史的終結」，這是錯誤的。實際上，班雅明筆下的天使意象既表達人類的挫敗經驗，也提出一個無法回答的問題：人類該如何接受本身相信彌賽亞的救贖而產生的情緒，也就是接受彌賽亞所帶來的希望。在一個已排除未來的時間系統裡，希望其實沒有立足之地，或許阿圖塞（可能是另一個布朗基）晚年試圖思索無法思考的偶然（aleatory）的那部論著[39]，最能傳達班雅明關於希望的哲學論述。然而，在一切相關的論述中，或許仍是卡夫卡對希望之存在（雖然希望「不是為我們」而存在）的確認，最真確地反映出班雅明關於希望的思考。總而言之，希望既不代表幸福的結局，也不代表「歷史的終結」……而是班雅明所留給我們的一切！

37 譯註：即《奇愛博士》（*Dr. Strangelove or: How I Learned to Stop Worrying and Love the Bomb*, 1964）這部諷刺美蘇冷戰時期國際政局動盪不安、卻又顯得荒謬可笑的黑色幽默電影。

38 譯註：即〈我們將會重逢〉（We'll meet again）這首二戰流行金曲一開頭的歌詞內容。

39 譯註：即《關於偶然相遇的唯物主義》（*Penser un matérialisme aléatoire*）這部著作。

西文與中文人名對照表

A

Adorno, Theodor W. 提奧多・**阿多諾**

Aeschylus **埃斯庫羅斯**

Alighieri, Dante **但丁**

Althusser, Louis P. 路易・**阿圖塞**

Ancelle, Narcisse 納西斯・**安諧爾**

Angeno, Marc 馬克・**安杰諾**

Apollinaire, Guillaume 紀堯姆・**阿波里奈爾**

Aragon, Louis 路易・**阿拉貢**

Arendt, Hannah 漢娜・**鄂蘭**

Artaud, Antonin・**阿爾托**

Ashbery, John L. 約翰・**艾希伯里**

Atget, Eugène 歐仁・**阿特傑**

Auden, Wystan Hugh 威斯坦・**奧登**

Auerbach, Erich 艾利希・**奧爾巴赫**

B

Bachelard, Gaston 加斯東・**巴舍拉**

Bachofen, Johann Jakob 約翰・**巴霍芬**

Badiou, Alain 阿蘭・**巴迪歐**

Bakhtin, Mikhail 米哈伊爾・**巴赫汀**

Barrès, Maurice 莫里斯・**巴黑**

Barthes, Roland 羅蘭・**巴特**

Bataille, Georges 喬治・**巴塔耶**

Baudelaire, Charles 夏爾・**波特萊爾**

Baudrillard, Jean 尚・**布希亞**

Beckett, Samuel 薩繆爾・**貝克特**

Berg, Alban 阿爾班・**貝爾格**

Berger, John 約翰・**伯格**

Bergson, Henri 亨利・**柏格森**

Berkeley, Busby 巴斯比・**伯克利**

Bernhardt, Sarah 莎拉・**貝恩哈特**

Blake, William 威廉・**布雷克**

Blanqui, Louis-Auguste 路易・**布朗基**

Bloch, Ernst 恩斯特・**布洛赫**

Bloch, Marc 馬克・**布洛赫**

Borges Acevedo, Jorge L. 豪爾赫・**波赫士**

Bourdieu, Pierre 皮耶・**布迪厄**

Bourget, Paul C. J. 保羅・**布爾杰**

Brecht, Bertolt 貝爾托特・**布萊希特**

Breton, André 安德烈・**布賀東**

Brummel, Beau 博・**布魯梅爾**

Buber, Martin 馬丁・**布柏**

C

D

Daguerre, Louis 路易・**達蓋爾**

Daumier, Honoré-Victorin 奧諾爾・**杜米埃**

De Brahe, Tycho 提可・德・**布拉赫**

De Brosses, Charles 夏爾・德・**布侯斯**

De Certeau, Michel 米歇・德・**塞杜**

De Fusée, Claude-Henri, 克勞德・德・**富塞**

De La Rouchefoucauld, François・**拉羅希福可公爵**

De Lautréamont, Comte 孔德・**洛特雷阿蒙**

De Maupassant, Guy 居伊・德・**莫泊桑**

De Quincy, Thomas P. 湯瑪斯・德・**昆西**

Debord, Guy 紀・**德波**

Dekker, Eduard Douwes 愛德華・**戴克爾**

Delacroix, Eugène 歐仁・**德拉克洛瓦**

Deleuze, Gilles 吉爾・**德勒茲**

Derrida, Jacques 雅克・**德希達**

Di Buoninsegna, Duccio **杜奇歐**

Dilthey, Wilhelm 威廉・**狄爾泰**

Duval, Jeanne 珍・**杜娃**

E

Eliot, T. S. 湯瑪斯・**艾略特**

Éluard, Paul 保羅・**艾呂雅**

Godard, Jean-Luc 尚一盧・**高達**

Gogol, Nikolai 尼可萊・**果戈里**

Gracián, Balthazar 巴塔薩・**葛拉西安**

Gramsci, Antonio 安東尼奧・**葛蘭西**

Grass, Günther 鈞特・**葛拉斯**

Green, Julien 朱利安・**葛林**

Griffith, David W. 大衛 ・**格里菲斯**

Guillén, Claudio 克勞迪奧・**紀廉**

Gundolf, Friedrich 弗利德里希・**袞多夫**

Gutenberg, Johannes 約翰・**古騰堡**

Guys, Constantin 康斯坦丁・**吉伊**

H

Hamann, Johann G. 約翰・**哈曼**

Hauser, Arnold 阿諾德・**豪澤爾**

Hebbel, Friedrich 弗利德里希・**黑博爾**

Hebel, Johann Peter 約翰・**黑倍爾**

Hegel, Georg W. F. 格奧格・**黑格爾**

Heimann, Moritz 莫里茲・**海曼**

Heraclitus of Ephesus **赫拉克利特**

Hill, David Octavius 大衛・**希爾**

Hobrecker ,Karl 卡爾・**霍布雷克**

Hobsbawm, Eric 艾利克・**霍布斯邦**

Hoffmann, E. T. A. 恩斯特・**霍夫曼**

Kraus, Karl 卡爾・**克勞斯**
Krauss, Rosalind 羅莎琳・**克勞斯**
Krauss, Werner 威爾納・**克勞斯**
Kubrick, Stanley 史丹利・**庫柏力克**

L

Lacan, Jacques M. É. 雅克・**拉岡**
Lacis, Asja 阿霞・**拉齊絲**
Lafargue, Paul 保羅・**拉法格**
Laforgue, Jules 朱爾・**拉佛格**
Larkin, Philip 菲利普・**拉爾金**
Lavater **拉瓦特**
Le Bon, Gustave 古斯塔夫・**勒龐**
Le Corbusier **科比意**
Lefebvre, Henri 亨利・**列斐伏爾**
Leibniz, Gottfried W. 哥特弗利德・**萊布尼茲**
Lemaître, Jules 朱爾・**勒梅特**
Lessitzky, El 艾爾・**利西茨基**
Lévi-Strauss, Claude 克勞德・**李維史陀**
Lipps, Theodor 提奧多・**利普斯**
Loos, Adolph 阿道夫・**洛斯**
Lotze, Hermann 赫爾曼・**洛策**
Lukács, György 格奧爾格・**盧卡奇**
Lyotard, Jean-François 尚—法蘭索瓦・**李歐塔**

M

Machiavelli, Niccolò 尼可洛・**馬基維利**

Mallarmé, Stéphane 斯特凡・**馬拉美**

Malraux, André 安德烈・**馬樂侯**

Manet, Édouard 愛德華・**馬內**

Mann, Thomas 托馬斯・**曼**

Maretti, Franco 法蘭克・**馬雷蒂**

Marinetti, Filippo T. E. 菲利普・**馬里內蒂**

Marinetti, Filippo T. 菲利普・**馬利涅蒂**

Marquis de Sade **薩德侯爵**

Marsan, Eugène 歐仁・**馬桑**

Marx Brothers **馬克思兄弟**

Maugham, W. Somerset 威廉・**薩默塞特・毛姆**

McCole, John 約翰・**麥柯爾**

McLuhan, Marshall 馬素・**麥克盧漢**

Menippus **曼尼普斯**

Meyer, Alfred Gotthold 阿弗烈德・**麥爾**

Michelet, Jules 朱爾・**米榭勒**

Mickiewicz, Adam B. 亞當・**密茲凱維奇**

Molière **莫里哀**

Morgan, Frederick Lewis 弗雷德里克・**摩根**

Multatuli **穆爾塔圖里**

N

Nadar, Félix 菲利・**納達爾**

Naville, Pierre 皮耶・**納維爾**

Negt, Oskar R. 奧斯卡・**內格特**

Niethammer, Lutz 魯茲・**尼特哈摩**

Nietzsche, Friedrich W. 弗利德里希・**尼采**

Nordau, Max 麥克斯・**諾爾道**

O

Oehler, Dolf 多爾夫・**歐勒**

Offenbach, Jacques 雅克・**奧芬巴哈**

Olsen, Tillie 蒂莉・**奧爾森**

Origen **奧利金**

P

Paracelsus **帕拉塞蘇斯**

Pascal, Blaise 布雷斯・**帕斯卡**

Passos, John Dos 約翰・**帕索斯**

Perec, Georges 喬治・**培瑞克**

Pirandello, Luigi 路易吉・**皮蘭德婁**

Piscator, Erwin 艾爾溫・**皮斯卡托**

Plotinus **普羅提諾**

Poe, Edgar Allan 愛倫・**坡**

Scholem, Gershom 蓋哈德・**修勒姆**

Schönberg, Arnold 阿諾德・**荀白克**

Scott, Clive 克萊夫・**史考特**

Scott, Tom 湯姆・**史考特**

Simmel, Georg 格奧格・**齊美爾**

Sloterdijk, Peter 彼得・**斯洛特戴克**

Solnit, Rebecca 蕾貝卡・**索妮特**

Sontag, Susan 蘇珊・**桑塔格**

Sophocles **索福克勒斯**

Sorel, Georges E. 喬治・**索黑爾**

Spengler, Oswald 歐斯華德・**史賓格勒**

Spinoza, Baruch 巴魯赫・**史賓諾沙**

Spitzer, Leo 里奧・**胥畢策**

Stendhal **斯湯達爾**

Sternberger, Dolf 多爾夫・**史騰貝爾格**

Strindberg, August 奧古斯特・**史特林堡**

Syberberg, Hans-Jürgen 漢斯─尤根・**希貝伯格**

T

Tretjakow, Sergei 塞爾蓋・**特瑞提雅可夫**

Turgot, Anne Robert Jacques 安・**杜爾哥**

Tzara, Tristan 崔斯坦・**查拉**

V

Valéry, Paul 保羅・**梵樂希**

Van Rijn, Rembrandt 林布蘭特・范・**萊恩**

Venturi, Robert C. 羅伯特・**文丘里**

Vertov, Dziga 吉加・**維爾托夫**

Vico, Giambattista 詹巴蒂斯塔・**維柯**

Virgil **維吉爾**

Virilio, Paul 保羅・**維希留**

Von Grimmelshausen, Hans J. C. 漢斯・馮・**葛利摩斯豪森**

Von Hofmannsthal, Hugo 胡戈・馮・**霍夫曼史塔**

Von Kleist, Heinrich 亨利希・馮・**克萊斯特**

Von Levetzow, Cornelia 馮・**蕾維措芙**

Von Ranke, Leopold 雷歐波德・馮・**蘭克**

W

Weber, Max 馬克思・**韋伯**

Webern, Anton 安東・**魏本**

Webster, John 約翰・**韋伯斯特**

Wedekind, Frank 法蘭克・**維德金**

Weill, Kurt Julian 庫爾特・**魏爾**

Weiss, Peter 彼得・**魏斯**

Wilde, Oscar 奧斯卡・**王爾德**

Wilson, Robert 羅伯特・**威爾森**

Wölfflin, Heinrich 亨利希・**沃夫林**

Wordsworth, William 威廉・**華茲華斯**

Worringer, Wilhelm 威廉・**沃靈爾**

Z

Zeno of Elea **芝諾**

Zohn, Harry 哈利・**措恩**

Zola, Émile 埃米爾・**左拉**

西文與中文專有名詞對照表

A

Abschattungen 細微變化

absent presence 缺席的存在

absolute historicism 絕對歷史主義

Absolute Spirit; absoluter Geist 絕對精神

abstraction 抽象化

access; Zugang 接近／理解／掌握

acedia; Acedia 冷漠倦怠

acoustic image 聽覺圖像

actant 作用者

actor 行動者

aesthetic impulse 審美衝擊

aesthetic of discontinuity 不連續的美學

aesthetic of interruption 中斷的審美

aesthetic politics 審美政治學

aestheticism 唯美主義

aesthetization; Ästhetisierung 審美化

affect; Affek 情緒

alienation; Entfremdung 疏離化

allegorical iconology 寓言圖像學
allegory; Allegorie 寓言
alter ego 第二自我
Americanisms 美洲精神
Americanization 美國化
analogy; Analogie 類比
anecdote; Anekdote 趣聞軼事
angelism 天使論
angry Goethe; tel qu'un Goethe en colère 憤怒的歌德
Anschaulichkeit 鮮明生動
anthropologischer Materialismus 體質人類學的唯物主義
anti-aesthetic; antiästhetisch 反審美
anti-form 反形式
anti-monumentality 反紀念性風格
antinomy; Antinomie 二律背反
antiphilosophical 反哲學的
antipolitical 反政治的
antiquity 古希臘羅馬時代／古典時期
antisocial 反社會的
antisystematic form 反系統形式
apocatastasis 萬物復歸於上帝
Apperzeption 統覺
archetypal city 原型城市
arte povera 貧窮藝術

asocial 異於社會的

assemblages; agencements 拼湊組合

attention 關注

attentiveness 關注

attribute 屬性

aufblitzen 閃現

aura; Aura 靈光

auratic quotient 靈光商數

authenticity; Authentizität 真確性

B

bad infinities; schlechte Unendlichkeit 惡無限

balade 漫步

beautiful appearance; schöner Schein 美好表象

behaviorism 行為主義

being-unto-death; Sein zum Tode 朝向死亡的存有

being; Sein 存有

Bejaminian cosmos 班雅明宇宙

belle époque 美好年代

belles lettres 純文學

Benjaminian Impressionism 班雅明式印象主義

big Other; l'Autre 大他者

bodily relationship 身體關係

body space; Leibraum 身體空間

body; Leib 身體

boundary 分界

Brobdingnag 大人國

bureaucratic society 科層體制的社會

C

caesura 中止

Calvinism 喀爾文主義

cartels 卡特爾壟斷聯盟

category of multiplicity 眾多性範疇

causal dimension 因果面向

causality; Kausalität 因果關係

chaos; Chaos 混亂

characterology 人物類型學

Charisma 卡里斯瑪

Chirrugueresque 奇魯格拉風格

classism 古典主義

classless society; klassenlose Gesellschaft 無階級社會

code 符碼

codified iconography 已符碼化的圖像學

collectedness; Sammlung 收集／收藏

collective dynamics 集體動力學

Collège de Sociologie 巴黎社會學苑

comedy; Komödie 喜劇

commodification 商品化

commodified poverty 商品化的貧乏

commodity universe 商品宇宙

commodity; Ware 商品

communicative reason; kommunikative Rationalität 溝通理性

compensatory regression; kompensatorische Regression 補償性倒退

completed; abgeschlossen 已完結

concept; Begriff 概念

conceptual complex 概念綜合體

conceptual language 概念性語言

conceptualization 概念化

consciousness; Bewußtsein 意識

constellation; Konstellation 星座布列的態勢

constellation; Sternbild 星座

constellation 組群

consumerism 消費主義

continuism 持續論

contradiction; Widerspruch 矛盾

conviction; Überzeugung 信念

corpse poetry; Leichenpoesien 屍體之詩

correspondances 通感

cosmic situation 宇宙情況

counter-psychology 反心理學

cultural constellation 文化的星座

cultural heritage; Kulturerbe 文化資產

cultural reification 文化的物化

cultural revolution 文化革命

cultural studies 文化研究

cultural synthesis; Kultursynthese 文化融合

daguerreotype; Daguerreotypie 銀版攝影法／銀版照片

das Gothaer Programm 哥達綱領

das Noch-Nicht-Bewußte 尚未意識到的事物

D

Daseinsweise 存在方式

deep history 深歷史

degeneracy 心理退化

déménagement 變遷

denarrativize 去敘事化

depersonalize 去個人化

depsychologize 去心理化

dérive 飄移

Deutsche Jugendbewegung 德國青年運動

diachronicity; Diachronizität 貫時性

dialectic of the aura 靈光的辯證

dialectical attention 辯證式注意

dialectical distortion 辯證的扭曲

dialectical identity; dialektische Identität 辯證同一性

dialectical image; dialektisches Bild 辯證意象
dialectical modification 辯證性修正
dialektische Aufhebung 辯證的揚棄
die Eleaten 伊利亞學派
discourse 論述
disjunctive reading 間斷式解讀
dispersal; Zerstreuung 散落
dissymmetry 不對稱性
distraction; Zerstreuung 散心／注意力的分散
diversion; Ablenkung 分散注意力的消遣
divertissement 娛樂消遣
divine violence; göttliche Gewalt 神祇式暴力
double time 雙重時間
dramatistics 戲劇學
dream logic 夢之邏輯
drive 驅力
dystopia 反烏托邦

E

Earthly Paradise 人間樂園
Echtheit 真跡性
écriture 筆跡
einfache Form 簡單的形式
Einmaligkeit 唯一性

einverleiben; Einverleibung 吞食／被人類身體吸納

elective affinity; Wahlverwandtschaft 選擇性親近

Elementarkräfte 原動力

emanation 發散

empathy; Einfühlung 移情／移情作用

empirical content 經驗內容

empty category of space 空洞的空間範疇

enchantment; Verzauberung 魅惑

enclaves 飛地

end of art; Ausgang vom Kunstschönen 藝術終結論

Entartung 墮落

entity 存在體

Entzauberung 除魅化

epic forms; epische Formen 敘事體式

epic theater; episches Theater 敘事劇場／史詩劇場

epic; Epik 長篇敘事詩

episode 插曲

episodic space 如插曲般的空間

episodism 插曲性特徵

episodization 插曲化

épistémè 知識型

Erfahrung par excellence 卓越的經驗

Erlebnis 體驗

essence; Wesen; Wesenheit 本質

eternal return; l'éternel retour; ewige Wiederkunft 永恆輪迴

Ethnie 族群

étui-Menschen 匣盒之人

étui 匣盒

event 事件

exchange value 交換價值

experience; Erfahrung 經驗

experimentalism 實驗主義

expressionism; Expressionismus 表現主義

expressionlessness; Ausdruckslosigkeit 無表達

F

face values 表面價值

faceness; visagéité 臉孔性

fairy tale; Märchen 童話

fait divers 社會雜聞／細瑣的雜聞／八卦閒談

Faktizität 事實性

fall; fallen 墮落

false light 偽光

fetish; Fetisch 崇拜的對象

fetishism; Fetischismus; fétichisme 拜物教

fetishization 拜物化

figural violence 意象式暴力

figuration 意象化

figure; Bild 意象

film noir 黑色電影

flâneur 遊蕩者

Formierung von Massen 大眾的形成

Foucauldian power 傅柯式權力

fragment 片斷

free plan; le plan libre 自由平面

Futurism 未來主義

G

general strike; la grève Générale 大罷工

generic status 屬性地位

genre 文類

George School 葛奧格學派

George-Kreis 葛奧格文學圈子

German observer; deutscher Betrachter 德國觀察者

German Romantics; deutsche Romantik 德國浪漫派／德國浪漫主義

Gesamtkunstwerk 總體藝術作品

Gestaltschule 完形心理學派

gesture; Haltung 姿態

Gestus 手勢

Gewichtssinn 重量感

Glück 幸福

gossip; Gerede 閒聊

grand narrative 宏大敘事

graphology; Graphologie 筆跡學

Grübler 沉思者

H

Habilitationsschrift 教授資格論文

halo 光環

Hasidic tales 猶太教哈希迪派傳說

Haupt- und Staatsaktionen 政治大劇

Heiligentragödie 聖徒悲劇

here-and-now; Hier und Jetzt 此時此地

hermeneutic logic 詮釋學邏輯

heterogeneity 異質性

heterogeneous time 異質性時間

historical index; historischer Index 歷史指標

historical materialism; historischer Materialismus 歷史唯物主義

historicity; Historizität; Geschichtlichkeit 歷史性／史實性

historicize 歷史化

historiography 歷史書寫

homogeneity 同質性

homogeneous time; homogene Zeit 同質性時間

hope; Hoffnung 希望

human finitude 人的極限

humanism; Humanismus 人文主義

I

I-novel 私小說

Idea; Idee 理型

idea; Idee 觀念

identification; Identifizierung 同一化

identity; Identität 同一性

ideogram 圖象式表意符號

ideologeme 意識形態素

Ideologiekritik 意識形態的批判

ideology; Ideologie 意識形態

idiosyncrasy 個殊性

image space; Bildraum 圖像空間

image; Bild 圖像／意象／形象

imitate; imitieren; imitation; Imitation 仿效

Immerwiedergleichen 始終相同的東西

implosion 內爆

incompleteness; Unabgeschlossenheit 未完結

index; Index 指標

individual dynamics 個體動力學

infrastructure; Unterbau 下層建築

instinct of play 遊戲本能 the General Will 全體的普遍意志

intellektuelle Anschauungen 具象的直觀

intention; Intention 意向

Intentionalität 意向性

Intérieur 室內

internal equilibrium 內在平衡

Internationale Situationniste 情境主義國際

internationalist 國際主義者

interruption 中斷

intuition; Intuition 直覺

inwardness; Innerlichkeit 內在精神性

J

judgement; Urteil 判斷

Jugendstil; Art Nouveau 新藝術

K

Kabbalah 猶太教喀巴拉派

Keim des Systems 系統的萌發點

kino-eye 電影眼

kinship; Verwandtschaft 親緣關係

Klassenbewußtsein 階級意識

Kontinuum der Geschichte 歷史的連續統一體

Kontrastwirkung 反差效應

Kunstwollen 藝術創作的意圖

L

l'amour courtois 宮廷愛情

learning-plays; Lehrstücke 教育劇

Lebensweisheit 生活格言

left-wing melancholy; linke Melancholie 左派的憂鬱

legibility; Lesbarkeit 易讀性

lendemains qui chantant 美好的未來

libido 力比多／欲力

lifeworld; Lebenswelt 生活世界

limit; Grenze 界限

linearity 線型性

lines of flight 逃生路線

linguistic mysticism 語言神祕主義

lisibility 可讀性

literarische Montage 文學的蒙太奇

literature criticism; Literaturkritik 文學評論

lithography; Lithographie 平版印刷術

logic of fragmentation 片斷化邏輯

Logos 話語

M

magic of judgement; Magie des Urteils 判斷性魔力

magic realism 魔幻寫實主義

magic; Magie 魔力／魅力

man of letters; homme de lettres; Literaturmensch 作家／文人

Maoism 毛主義

martyr-drama; Märtyrerdrama 受難情節

Marxist productivism 馬克思主義式生產主義

mass politics; Massenpolitik 大眾政治

Massenmensch 具有大眾特性之人

masses; Massen 大量／大眾

mataphysischer Materialismus 形上學的唯物主義

Matrix syndrome 駭客任務症候群

matrix 母體

McLuhanism 麥克盧漢主義

mean 中間狀態

melancholy; Melancholie 憂鬱情緒

Menippean satires 曼氏諷刺

Menshevism 孟什維克主義

mental picture 心像

metalanguage; Metasprache 後設語言

metaphor; Metapher 隱喻

methodology 方法論

metonymy 借喻

microcosm; Mikrokosmos 微宇宙

micrology 顯微學

militant aesthetic 戰鬥式審美

military democracy 軍事民主制
mimetic categories 摹仿範疇
mimetic impulse; Nachahmungstrieb 摹仿衝動
mimetic perspective 摹仿觀點
mimetic reality 摹仿性現實
minor cinemas 小眾電影
minor literature; littérature mineure 少數文學
mirror image 鏡像
missing link 失落的環節
mode of enjoyment 享受模式
modernism; Modernismus; modernisme 現代主義
modes of perception 感知模式
moment of danger 危急的時刻
momentum 動能
monad; Monade 單子
monadic historicism 單子歷史主義
monadological principle; monadologisches Prinzip 單子學原則
montage of attractions 吸引力蒙太奇
moral accent; moralischer Akzent 道德主張
moralism; Moralismus 道德主義
moralistes 道德家
multidimensionality 多維性
multiple futures 多重的未來
multiple theoretical context 多重理論性脈絡

multiple time zones 多重時區
multiple times 多重時間
multitude 群眾
multiverse 多重宇宙
music hall 綜藝劇院
mystery play; Mysterium; Mysterienspiel 奇蹟劇
myth; Mythos 神話
mythic violence; mythische Gewalt 神話式暴力
mythomania 神話癖
name; Name 名稱
narrative representation 敘事性再現
Narrative theater; episches Theater 敘事劇場
narrative 敘事
narratology 敘事學
nation; Nation 國族
naturalism; Naturalismus 自然主義
negative form 否定的形式
negative theology 否定神學
neo-Kantianism; Neukantianismus 新康德主義
neo-liberalism 新自由主義
neo-realism 新寫實主義
nervousness; Nervosität 緊張不安

N

Neues Deutsches Kino 德國新電影運動

New Dark Age 新黑暗時代

New Objectivity; Neue Sachlichkeit 新客觀主義／新即物主義

nimbus 光暈

nominalism 唯名論

non-sensuous mimesis 非感官式摹仿

non-sensuous similitude; unsinnliche Ähnlichkeit 非感官所察知的相似性

nonhistory 非歷史

nontemporality 非現世的時間性

nonviolent struggle; Geste der Gewaltlosigkeit 非暴力抗爭

notion of the present 現在觀

now of recognizability; Jetzt der Erkennbarkeit 可認知過往的現在

now-time; Jetztzeit 此時此刻

number; nombre 數字

numerical linguistics 數字語言學

O

objecthood 物性

objectified experience 客觀化經驗

ontology; Ontologie 本體論

operateur 電影攝影師／外科醫生

opinion; Meinung 意見／見解

optical unconscious 視覺無意識

optische Verbundenheit 視覺關聯性

Ordal 神意審判

organic context 有機脈絡

organization of pessimism; l'organisation du pessimisme 悲觀主義的鋪排

origin; Ursprung 起源

original choice; le choix original 原初的選擇

otherness 他性

Other 他者

outer limit 外部的界限

overdetermination 過度決定性

P

panorama; Kaiserpanorama 環形全景幻燈屋

Panorama 全景式繪畫／全景風光

parable 寓言故事

paradigm; Paradigma 思維範型

Paradise 樂園

paradox; Paradoxon 弔詭／悖論

parody; Parodie 滑稽諷刺的摹仿

participate 有分於

passage à l'acte 行動宣洩／訴諸行動

Passagen 採光廊街

pastime 娛樂消遣

pathos 悲愴性

perceptual abstraction 感知的抽象化

performativity 表現性

personification 以人物來呈現

petty-bourgeois individualism 小資產階級個人主義

phantasmagoria; Phantasmagorie 幻象

phenomenological complexity 現象學綜合體

phenomenon of gaps 間斷現象

phenomenon of regression 倒退現象

philology; Philologie 語言學

philosophical aesthetics 哲學美學

phony war; drôle de guerre 假戰爭

physiognomies; Physiognomien 人物群像

physiognomy; Physiognomie 人物相貌

physiologische Stilkunde 生理學觀點的文體論

physiology of chatter; Physiologie des Geschwätzes 閒話生理學

picture; Bild 圖像／意象

play; Spiel 遊戲

poetic language 詩性語言

poetic modernism 詩意現代主義

polarity; Polarität 正反兩極／極端性

polophony 多重聲音

ponderación misteriosa 奧妙的權衡

porosity; Porosität 可滲透的多孔性

positivism; Positivismus 實證主義

possession 占有

post-auratic 後靈光

post-individualistic life 後個人主義生活

post-narrative 後敘事

post-structuralism 後結構主義

post-structure 後結構

post-subjectivism 後主觀主義

post-surrealism 後超現實主義

post-work 後工作形態

posthistoire 後歷史

posthuman 後人類

power of naming 命名的力量

practice of perception 感知實踐

pragmatism 實用主義

prattle; Gerede; Geschwätz 閒話；

pre-philosophical 前哲學的

pre-theology 前神學

predestination 命運預定論

presence of mind; Geistesgegenwart 聚精會神的當下

present; Gegenwart 當下

present 在場

productivity 生產力

profane illumination; profane Erleuchtung 世俗的啟示

Proletarisierung 無產階級化
promenade surréaliste 超現實主義者的散步
promesse de bonheur 幸福的允諾
property 所有
prose; Prosa 散文
providential determinism 神意決定論
pseudo-concept 偽概念
psychologische Tatbestände 心理層面的事實情況
punctum 刺點
pure language; reine Sprache 純粹語言
puritanism 清教主義

Q

quasi-bodily phenomenon 準身體現象
quasi-theology 類神學
quotability 可引用性
quotation; Zitat 引文
quotient of instruction 教導力指數
quotient of visuality 視覺商數
rappel à l'ordre 回歸秩序的呼籲

R

Rausch 恍惚迷醉
reactive intelligence 反動的智識

readiness-to-hand; Zuhandenheit 及手之物

reality 實在性

Realpolitik 實力政治

reception theory 接受理論

reconciliation; Versöhnung 和解

register 語域

regression; Regression 倒退／保守落伍

reified abstraction 具體的抽象化

reify; reification; Verdinglichung 物化／具體化／實質化

relative quotient 相對商數

relativism 相對主義

relativity 相對性

remembrance; Eingedenken 憶想

rencontre 邂逅

representation 再現／表現

reproblematization 再度問題化

resurrect; resurrection 復活

romantic dummy; romantische Attrappe 浪漫的假象

ruin; Ruine 廢墟

Russian Futurism 俄羅斯未來主義運動

S

sacred sobriety; heilige Nüchternheit 神聖的清醒

sacrifizio del intelleto 知識分子的犧牲

Sammlung 專心

SAPD 德國社會工人黨

Schicksalsbegriff 命運概念

Schockerlebnisse 震驚體驗

schöpferische Photographie 創造性攝影

schriftstellerische Produktionsverhältnisse 寫作生產關係

scientism 科學主義

scriptible 可寫性的

Second International 第二國際

second nature; zweite Natur 第二自然

secular abstraction 世俗抽象化

secular code 世俗符碼

secular logic 世俗邏輯

secular perception 世俗知覺

secular pragmatism 世俗實用主義

self-alienation; Selbstentfremdung 自我疏離

semblance; Schein 外觀

semiautonomy 半自主性

sense 意義／感覺

sensibility 感受性

sensorimotor action 感官知覺活動

sensory ambiguities 感官知覺模糊性

sensory 感官

sentimentalism 感傷主義

seriality; sérialité 連續性
shock; Erschütterung 震驚
signature; Signatur 標記
signifier 意符
signifying chain 意符鏈
sign 徵象
similarity; Ähnlichkeit 相似性
simile 明喻
similitude; Gleichnis 比喻
simulate; simulation 摹仿
simultaneous 同時性的
single narrative 單一敘事
situationist; situationiste 情境主義者
skaz; oral history 口述故事
socialist realism 社會主義寫實風格
society of the spectacle; la société du spectacle 景觀社會
Soviet avant-garde 蘇聯先鋒派
Sovietology 蘇聯學
Sozialdemokratie; SPD 德國社會民主黨
space 空間
spatial conjuncture 涉及空間的推測
spatial expression 空間性表達
spatial metaphor 空間性隱喻
spatial perception; räumliche Wahrnehmung 空間感知

spatial sentence 涉及空間的文句
spatial temporality 空間的時間性
speech act 言說行為
speech; Sprechen 言說
speechlessness; Sprachlosigkeit 無言
spirit of the age; Zeitgeist 時代精神
spiritualism 唯靈論
standpoint theory; Standpunkttheorie 立場理論
standstil; Stillstand 停頓靜止
stimulant 刺激物
stroller; Müßiggänger 遊手好閒者
structural dimension 結構面向
style studies; Stilstudien 風格研究
stylistic codifications 風格符碼化
subjective aura 主觀氛圍
subjectivize; subjectivization 主觀化／主體化
sublimation; Sublimierung 昇華
superstructure; Überbau 上層建築
surrealism 超現實主義
syllogisms 三段論
synchronicity; Synchronizität 並時性
syntactical act 造句行為
systematic philosophy 系統哲學

T

temperament 性情

temporal double standard 雙重時間標準

temporality 時間性／現世的時間性

tender empiricism; zarte Empirie 細緻的經驗主義

terrorism 恐怖主義

test performance; Testleistung 測試性演出

text 文本

the Annales School 法國年鑑學派

the archaic; die archaische 遠古時代／原始古老性

the auratic 靈光性

the chthonic 地府鬼神

the Fall; Sündenfall 亞當和夏娃因犯下原罪而墮落

the humanities; Geisteswissenschaften 人文學科

the infinite; das Unendliche 無限

the Jacobin 雅各賓派

the maternal 母性

the nameless 無名稱

the non-auratic 無靈光性

the Tsimshian 欽西安人

the urban 城市性

theatricality 劇場性

theological code 神學符碼

theoretical observations 理論性觀察
théorie des jeux 遊戲理論
theory of emanations 發散論
theory of ideas; Ideenlehre 觀念論
there-being; Dasein 此在
thing-in-itself; Ding an sich 物自體
Thing; Ding; chose 欲望物
third consciousness 第三意識
third way 第三種途徑
thought-picture; Denkbild 思維圖像
tiger's leap; Tigersprung 虎躍
time-image 時間意象
totality 完整性
trace 痕跡
tragedy 悲劇
transcendence 超越
transcendent unity 超越性的統一體
transcendental content 先驗內容
transcendental level 先驗層次
transcendentalism 先驗論
transhistorical 超越歷史的
Trauerspiel 哀劇
triple time 三重時間
tropology 轉喻學

Truman Show syndrome 楚門世界症候群

typology of spaces 空間類型學

U

unconceptualized other 尚未概念化的他者

undecidabilitiy 無可確定性

understanding; Verstehen 理解

ungewolltes Eingedenken 非刻意的憶想

Union of Soviet Writers 蘇聯作家協會

unity 單元／統一體

universal ; Universalien 共相

universal history; Universalgeschichte 普世史

unthinkability 不可思議性

ur-language; Ursprache 原初語言

urban Bolshevism 城市布爾什維克主義

urban individualism 城市個人主義

Urform 原型

usable; brauchbar 可用的

V

V-effect; Verfremdungs-effekt 疏離效果

vanishing point 透視消失點

Verfassungspatriotismus 憲政愛國主義

Versenkung 專注

Vexierbild 猜謎畫
violent will 暴力性意志
vision of history 歷史視像
vision 異象／視像
visual appearance 視覺性顯現
visuality 視覺性
voluntarism 唯意志論
Vorstellung 觀念

W

wars of movement 運動戰
wars of position 陣地戰
Wehrmacht 德意志國防軍
Western Marxism 西方馬克思主義
Wiederholbarkeit 可重複性
Wiener Secession 維也納分離派
will to style; Stilwollen 建立風格的意向
wisdom literature 智慧文學
word; Wort 詞語
world market; Weltmarkt 世界市場
world of things; Dingwelt 事物世界
world picture; Weltbild 世界圖像
world-literature; Weltliteratur 世界文學
wrench out; herausreissen 撕扯下來

國家圖書館出版品預行編目資料

班雅明：多重面向 / 詹明信(Fredric Jameson) 著；莊仲黎 譯. -- 初版. --
臺北市：商周出版，英屬蓋曼群島商家庭傳媒股份有限公司城邦分公司
發行, 民111.03
面； 公分
譯自：The benjamin files.
ISBN 978-626-318-156-4（平裝）
1. CST: 班雅明(Benjamin, Walter, 1892-1940) 2. CST: 學術思想
3. CST: 西洋哲學
147.79 111000667

班雅明：多重面向

作　　者 / 詹明信（Fredric Jameson）
譯　　者 / 莊仲黎
企畫選書 / 林宏濤
責任編輯 / 梁燕樵

版　　權 / 黃淑敏、林易萱
行銷業務 / 周佑潔、周丹蘋、賴正祐
總 編 輯 / 楊如玉
總 經 理 / 彭之琬
事業群總經理 / 黃淑貞
發 行 人 / 何飛鵬
法律顧問 / 元禾法律事務所　王子文律師
出　　版 / 商周出版
城邦文化事業股份有限公司
臺北市中山區民生東路二段141號9樓
電話：(02) 2500-7008 傳眞：(02) 2500-7759
E-mail：bwp.service@cite.com.tw
發　　行 / 英屬蓋曼群島商家庭傳媒股份有限公司城邦分公司
臺北市中山區民生東路二段141號2樓
書虫客服服務專線：(02) 2500-7718・(02) 2500-7719
24小時傳眞服務：(02) 2500-1990・(02) 2500-1991
服務時間：週一至週五09:30-12:00・13:30-17:00
郵撥帳號：19863813　戶名：書虫股份有限公司
E-mail：service@readingclub.com.tw
歡迎光臨城邦讀書花園　網址：www.cite.com.tw
香港發行所 / 城邦（香港）出版集團有限公司
香港灣仔駱克道193號東超商業中心1樓
電話：(852) 2508-6231　傳眞：(852) 2578-9337
E-mail：hkcite@biznetvigator.com
馬新發行所 / 城邦（馬新）出版集團 Cité (M) Sdn. Bhd.
41, Jalan Radin Anum, Bandar Baru Sri Petaling,
57000 Kuala Lumpur, Malaysia
電話：(603) 9057-8822　傳眞：(603) 9057-6622
E-mail：cite@cite.com.my

封面設計 / 萬勝安
排　　版 / 新鑫電腦排版工作室
印　　刷 / 韋懋印刷有限公司
經 銷 商 / 聯合發行股份有限公司
電話：(02) 2917-8022　傳眞：(02) 2911-0053
地址：新北市231新店區寶橋路235巷6弄6號2樓

■2022年（民111）3月初版1刷
定價 750 元

Printed in Taiwan
城邦讀書花園
www.cite.com.tw

ISBN 978-626-318-156-4

商周出版

廣	告	回	函
北區郵政管理登記證			
台北廣字第000791號			
郵資已付，免貼郵票			

104台北市民生東路二段141號2樓

英屬蓋曼群島商家庭傳媒股份有限公司　城邦分公司

請沿虛線對摺，謝謝！

商周出版

書號：BK7109　**書名：**班雅明：多重面向　**編碼：**

請於此處用膠水黏貼

商周出版

讀者回函卡

線上版讀者回函卡

感謝您購買我們出版的書籍！請費心填寫此回函卡，我們將不定期寄上城邦集團最新的出版訊息。

姓名：________________________ 性別：□男 □女

生日：西元________年________月________日

地址：________________________

聯絡電話：________________ 傳真：________________

E-mail ：

學歷：□ 1. 小學 □ 2. 國中 □ 3. 高中 □ 4. 大學 □ 5. 研究所以上

職業：□ 1. 學生 □ 2. 軍公教 □ 3. 服務 □ 4. 金融 □ 5. 製造 □ 6. 資訊

□ 7. 傳播 □ 8. 自由業 □ 9. 農漁牧 □ 10. 家管 □ 11. 退休

□ 12. 其他________________

您從何種方式得知本書消息？

□ 1. 書店 □ 2. 網路 □ 3. 報紙 □ 4. 雜誌 □ 5. 廣播 □ 6. 電視

□ 7. 親友推薦 □ 8. 其他________________

您通常以何種方式購書？

□ 1. 書店 □ 2. 網路 □ 3. 傳真訂購 □ 4. 郵局劃撥 □ 5. 其他______

您喜歡閱讀那些類別的書籍？

□ 1. 財經商業 □ 2. 自然科學 □ 3. 歷史 □ 4. 法律 □ 5. 文學

□ 6. 休閒旅遊 □ 7. 小說 □ 8. 人物傳記 □ 9. 生活、勵志 □ 10. 其他

對我們的建議：________________________

____

____

請於此處用膠水黏貼